KB246239

서비스경영능력시험
Service Management Ability Test

SMAT

서비스 마케팅 / 세일즈

Module B

기획 SP&S컨설팅
저자 서비스 세일즈 가치 향상 연구회

BM 성안당
www.cyber.co.kr

Module B 서비스 마케팅 · 세일즈

2015. 6. 18. 초판 1쇄 인쇄
2015. 6. 26. 초판 1쇄 발행

저자와의
협의하에
인지생략

지은이 | 서비스 세일즈 가치 향상 연구회
펴낸이 | 이종춘
펴낸곳 | **BM** 성안당
주소 | 121-838 서울시 마포구 양화로 127 첨단빌딩 5층(출판기획 R&D 센터)
      | 413-120 경기도 파주시 문발로 112(제작 및 물류)
전화 | 02) 3142-0036
      | 031) 950-6300
팩스 | 031) 955-0510
등록 | 1973.2.1 제13-12호
출판사 홈페이지 | **www.cyber.co.kr**
도서 내용 문의 | insgod6955@naver.com, ranglee@nate.com
ISBN | 978-89-315-5331-4 (13000)
정가 | **15,000원**

이 책을 만든 사람들
책임 | 최옥현
진행 | 최창동
기획 | SP&S 컨설팅
본문 디자인 | 인투
표지 디자인 | 박원석
홍보 | 전지혜
국제부 | 이선민, 조혜란, 신미성, 김필호
마케팅 | 구본철, 차정욱, 나진호, 이동후, 강호묵
제작 | 김유석

머리말

현대사회는 우리가 변화를 인식하기도 전에 너무나 빠른 변화를 하고 있다. 이에 경제 행위를 하는 개인이나 기업들도 변화에 대응하거나 이끌기 위해 그 어느 때보다 더한 노력을 기울이고 있다. 현시대는 초변화, 초경쟁, 초세분화의 시대이며, 그 영향력은 국가도 예외일 수 없다. 개인과 조직, 기관, 기업, 나아가 국가도 차별화된 경쟁력을 향상시켜 지속성장이 가능한 상황을 만들기 위해 최선의 노력을 다하고 있는 상황이다. 이에 산업발전법상 산업생산성 향상의 전담기관인 한국생산성본부에서는 산업통상자원부와 함께 2012년부터 MAT(경영능력시험)제도를 개발하고 있다. MAT는 국내 각 주요산업 및 직무별 핵심지식을 체계화하여 각 자격시험으로 평가/인증하는 제도이며, 매년 1개 종목씩 개발 중에 있다.

이제 많은 국가들은 제조업을 뛰어 넘어 서비스 산업의 경쟁력 향상에 많은 관심과 투자를 하고 있다. 특히 우리나라 경제의 지속적인 성장 모멘텀 확보를 위해 서비스 산업의 전략적 육성이 필요한 바, 관련 인재를 양성하기 위해 MAT제도의 첫 번째 자격종목으로서 SMAT(서비스경영자격)를 시행하고 있다. SMAT는 Philip Kotler교수의 'Service Marketing Triangle' 모델을 기반으로 한다.

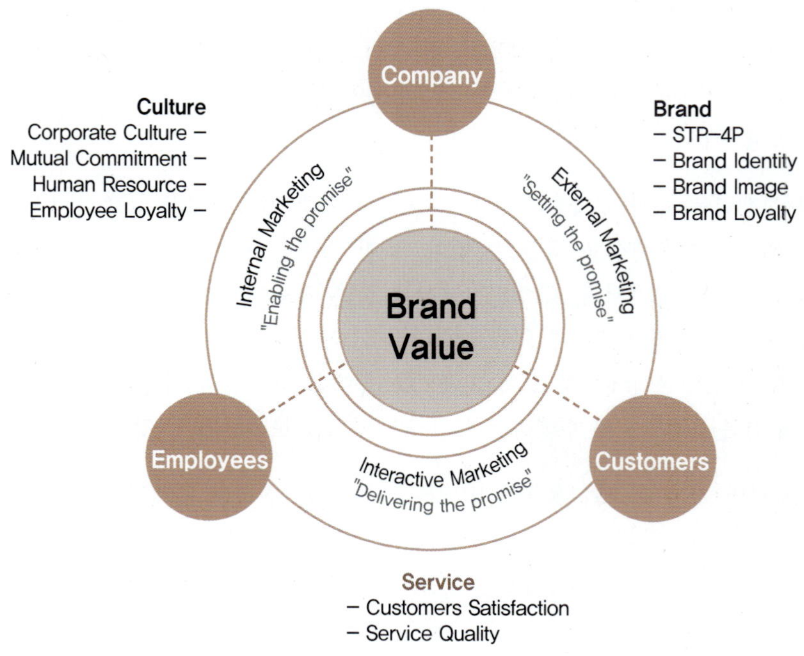

이는 서비스 경영분야의 학문연구에서 가장 많이 인용되는 모델로서, 기업의 브랜드 가치 향상을 위해서는 회사와 직원 간의 내부적 마케팅(HR 및 운영관리), 회사와 고객 간의 외부적 마케팅(브랜드), 직원과 고객 간의 상호작용적 마케팅(서비스) 간에 상호괴리가 없어야 함을 의미한다. 즉 서비스-브랜드-문화 간의 일체화를 이루어야 타사 대비 높은 수준의 서비스 차별화 및 조직경쟁력 확보가 가능하다는 것이다.

코틀러가 기업의 서비스 경쟁력 강화를 위해 제시한 3가지 요소는 실제 서비스 기업에서의 직무와도 일치한다. 대부분의 서비스 기업에서 직원들은 (1)고객현장 커뮤니케이션, (2)서비스 제공/세일즈 활동, (3)내부 운영관리 중 하나의 역할을 수행하게 된다. 따라서 서비스 현장의 실무 능력을 강화시키기 위한 노력은 곧 현장 업무수행 효과로 이어지고 이를 통해 기업의 경쟁력 강화에 기여하게 된다.

또한 체계의 우수성과 사회적 통용성을 갖춘 자격제도는 기업과 내부직원, 그리고 고객 모두에게 만족과 시너지를 제공해준다. SMAT자격은 관광/의료/금융/유통 등 국내 주요 서비스 산업의 기업에서 도입이 늘어나고 있으며, 2015년 국가공인 승격에 따라 교육기관에서의 활용 또한 활성화될 것으로 예측하고 있다. 특히 중견/중소기업의 경우 인사고과, 교육훈련 등 HR 전 분야에 걸쳐 신뢰성 있는 객관적 지표인 SMAT를 활용함으로써 보다 적은 비용으로 고객 서비스 차별화 및 경쟁력 강화를 이룰 수 있을 것으로 판단된다.

우리의 대다수 기업은 고객 접점의 현장보다는 고객 대중의 관심을 끄는 마케팅에 집중해온 것이 사실이다. 그러나 이제는 고객 접점의 세일즈 및 서비스 활동에서 새롭게 창조되는 고객가치에 집중해야 하는 시대가 펼쳐지고 있다. 각 기업의 경쟁이 심해지고 고객들의 요구가 다양, 개별, 복잡해지고 있기 때문이다.

서비스 현장의 경쟁력을 높이는 SMAT 자격 제도는 기업의 매출증대와 고객 만족도를 높이는 것과 동시에 브랜드가치의 향상을 꾀할 수 있다. 또한 자격을 획득한 서비스 제공자는 직업에 대한 자부심과 만족도가 향상되며, 고객입장에서는 같은 가격에 최상의 서비스를 제공받을 수 있다. 역동적인 서비스 현장을 체계적으로 학습하고 기초 역량을 강화하는 과정 속에서 기업과 소속 구성원들은 서비스 현장에서의 고객 이해도를 높이고 고객과의 커뮤니케이션의 중요성을 인식함과 동시에 이를 효과적으로 수행하는 실질적인 방법을 모색하게 될 것이다.

이러한 SMAT자격의 기본 취지와 목표에 맞도록 본 교재는 변경된 출제기준에 맞추어 SMAT 자격시험을 준비하는 수험생들이 효율적이면서도 쉽게 학습할 수 있도록 하였다. 또한 시험합격만이 아닌 실무에서 구체적이고 실질적으로 적용할 수 있도록 현장전문가를 포함한 최고의 집필진을 구성하였다. 본 교재는 SMAT시험을 주관하는 한국생산성본부의 인증을 받은 공식교재이며, SMAT의 공식 추천 도서인 '세일즈 커뮤니케이션 스킬12'와의 접목을 통해 이론과 현장을 아우르는 국가공인 자격시험의 수준과 방향에 맞추어 다음과 같이 구성하였다.

1. 변경된 출제기준에 맞추어 적중률 높은 내용으로 구성하였으며, 각 모듈과 주요 출제 범위들을 수험생이 이해하기 쉽도록 현장 업무의 흐름에 맞추어 구성하였다.

2. '서비스 현장 스케치'를 통해 현장 실무적인 내용을 제공함으로써 학습한 내용들이 실제 서비스 현장에서 어떠한 의미가 있는가를 인식하는 데에 도움을 준다. 이를 통해 SMAT 자격시험의 차별화인 '사례형, 통합형' 문제 풀이 역량이 강화될 것으로 기대된다.

3. 각 파트별 이론을 학습하기 전에 해당 파트에서 배워야 할 내용과 학습목표를 제시하였다. 이로써 내용의 구성과 흐름을 스토리로 이해하여 학습의 효과를 높일 수 있다.

4. '핵심 Key Word로 이해하기'와 '사례형, 통합형 문제 대비하기'에서는 본문 내용에서 반드시 이해하고 외워야 할 내용과 사항들을 정리하여 복습할 수 있도록 하였다.

5. '실력 평가 문제'를 통해 각 파트별 이론에 대한 내용을 점검할 수 있도록 하였다.

6. '실전모의고사'를 통해 중요 문제를 선별하여 최종적으로 실력을 점검할 수 있도록 하였다.

본 교재를 통해 학습하는 많은 수험생들에게 자신의 미래를 열어가는 데 실질적이고 구체적인 도움이 되고자 하는 마음으로 정성껏 집필하였으며, 이를 위해 SP&S컨설팅은 '서비스·세일즈 가치향상연구회'를 특별히 신설하였으며, 앞으로도 SMAT의 발전을 위해 더 많은 노력과 열정을 다하고자 다짐해본다. 이 책이 나오기까지 수고해주신 '서비스·세일즈 가치향상연구회'의 모든 집필진들과 최고의 수험서를 발간하기 위해 아낌없는 지원과 응원을 보내 준 성안당출판사와 한국생산성본부에 감사의 마음을 전한다.

SP&S 컨설팅 공동대표 박두환·이경랑

이 책의 구성과 특징

■ 본 교재는 경영능력시험(MAT) 공식교재로서 다음과 같은 구성과 특징을 가지고 있습니다.

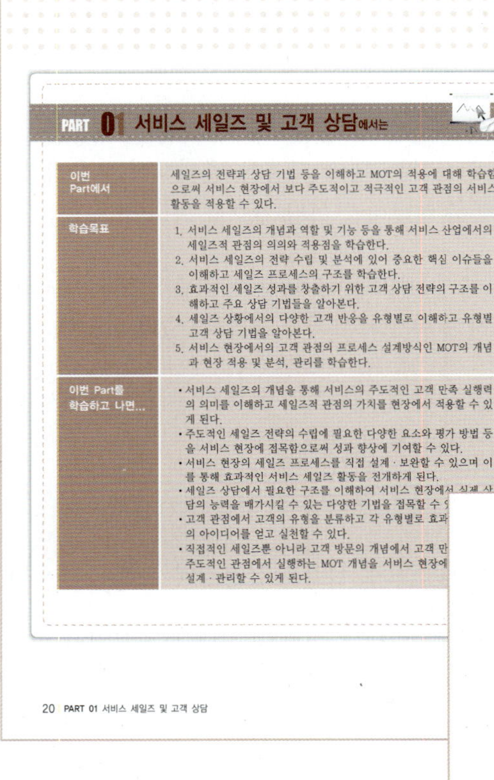

≫ 학습목표

이번 Part를 왜 학습해야 하는가/학습해야 할 중요 내용/학습의 기대효과를 제시하였습니다.

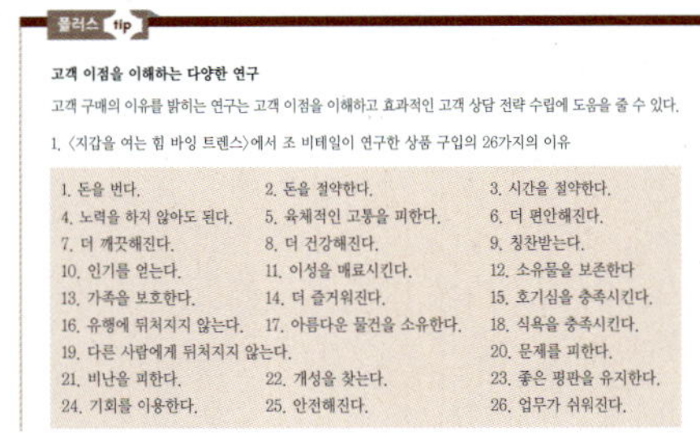

이론 정리 ≫

SMAT 출제기준과 출제 범위를 세밀히 분석하여 출제확률이 높은 내용만을 엄선하여 수록하였습니다.

「플러스 tip」 & 「서비스현장 스케치」 ≫

본문 내용의 보충 설명이나 추가적으로 학습해야 할 내용을 [플러스tip]으로 정리하였고, 실제 현장업무에서 진행되고 있는 중요한 사항을 [현장스케치]로 수록하였습니다.

핵심 Key Word로 이해하기

- **VOC 의 개념** : 사전적 의미와 협의적 해석과 광의적 해석의 VOC 개념 이해
- **VOC의 범위** : 기업 내부 채널로 접수되는 Internal VOC, 기업의 외부 채널을 통해 전달되고 있는 고객의 소리인 External VOC, 웹채널 접수 여부에 따라 나누어지는 On, Off line VOC로 구분할 수 있다.
- **VOC 시스템 구축시 고려사항** : VOC와 고객 정보의 저장, 분석 / VOC 처리 부서 및 담당자의 배치 / 일관성 있는 체계 / 전사적 관리 시스템 / 전사적으로 내용 공유 / 업무 개선에 적용 및 고객에게 피드백
- **VOC 진화 과정** : 정보처리 기술을 활용하여 고객 의견을 수집, 처리하는 VOC 1.0 → VOC를 기업의 자원으로 연식하여 통계를 만들고 근본적인 원인을 해결하는 노력 VOC 2.0 → 적극적, 능동적 개념에서 고객이 미처 표현하지 않았던 요소까지 미래 발견하여 해결하고자 하는 VOC 3.0
- **VOC를 관리하는 목적** : 서비스 품질 향상, 업무 효율의 증대, 고객 만족도 향상
- **VOC 프로세스별 세부 진단 내용** : 수집 단계(비용이 아닌 이익의 관점, 서비스 현장의 구성원들의 적극적 수집 활동, 다양한 채널의 세분화된 VOC 수집), 처리 단계(처리 과정의 정확한 기준, 운영 정책이나 지침, 유형별 대응 기준, 등급별 우선순위와 객관적 기준, 신속한 전달 체계), 활용 단계(데이터 분석을 통해 마케팅과 경영에 도움이 될 소스를 추출하고 관리 지표를 통해 지속적으로 체크, 개선, 업무 개선에 활용)
- **VOC 유형 분류** : 제안형, 불만형 / 고객 주체, 사내 직원 주체 / 접수채널/ 형성 장소
- **VOC 관리시스템의 중요 속성** : 서비스의 즉시성, 수집채널의 다양성, VOC 정보시스템의 통합성, 고객 및 내부 프로세스로의 피드백
- **VOC 데이터의 특징** : 내부 데이터 특징(키워드 형식으로 구성, 약어, 구어체 형태, 문장보 단어의 나열, 비정형화된 데이터), 외부 데이터 특징(다양한 채널에서의 비정형화 데이터, 과 분류가 없는 방대한 양으로 실시간 변화 특성, 빅 데이터 특성 공유됨)
- **VOC 데이터 분석 기법** : 랭킹 분석, 연관분석, 추이 분석, 평판 분석
- **빅 데이터 개념** : 대량의 정형 또는 비정형 데이터 집합 및 이러한 데이터로부터 가치를 추고 결과를 분석하는 기술
- **빅 데이터의 특징** : 데이터 양, 다양성, 속도

≫ 핵심 Key Word로 이해하기

본문 내용에서 반드시 이해하고 외워야 할 내용과 사항들을 정리하여 복습할 수 있도록 하였습니다.

사례형, 통합형 문제 대비하기

- 다양한 고객 불만 및 의견 접수의 상황을 제시하고 이를 통해 다음과 같이 VOC의 개념과 적용을 이해할 수 있는가를 확인
    - VOC의 범위(내 · 외부)와 종류(the VOC, Over the VOC, Under the VOC)
    - VOC를 수집, 처리, 활용하는 과정에 대한 이해 여부
    - 고객 불만의 내, 외부 피드백 방향에 대한 이해
    - VOC 관리 시스템의 중요 속성이 반영하여 이해할 수 있는가의 여부

- 고객 불만 상황을 제시하고 이를 통해 다음과 같이 컴플레인의 개념과 대응 원칙을 이해하고 적용할 수 있는지 확인
    - 해당 컴플레인의 발생 원인을 해석할 수 있는가의 여부
    - 서비스 실패의 원인에 따른 유형별 구분이 가능한가의 여부
    - 서비스 실패의 다양한 원인을 통해 해당 고객 불만의 의미를 잘 이해할 수 있는가를 판단
    - 고객 불평 행동의 원인과 영향 요인의 관계를 파악할 수 있는가의 여부
    - 효과적인 서비스 보증의 개념에 따라 서비스보증을 이해하고 설계할 수 있는가의 판단
    - 고객 컴플레인을 회복하는 서비스 회복 과정에서 고객이 기대하는 것을 구분하여 이해하고 있는가를 판단
    - 서비스 회복의 중점적인 전략과 회복 수단을 활용할 수 있는가를 판단

- 다양한 컴플레인 상황에서의 서비스 제공자의 실질적인 응대 요령 및 고객 이해에 대한 판단력 확인
    - 불량 고객에 대한 명확한 의미를 이해하고 있는가
    - 불만 고객을 대하는 고객 응대의 기본적인 자세를 확인
    - 불평 처리의 원칙과 단계에 따라 응대할 수 있는가
    - 서비스 접점의 컴플레인 응대를 위한 태도를 이해하고 있는가
    - 컴플레인 상황 및 고객에 따라 어떤 것을 실행하고 유의해야 하는 가를 확인

사례형, 통합형 문제 대비하기 ≪

현장 실무적인 내용을 통해 '사례형, 통합형' 문제 풀이의 역량을 강화할 수 있도록 하였습니다.

≫ **실력 평가** 문제

SMAT 서비스경영자격

01~16 선다형

01 다음 서비스 세일즈에 대한 설명 중 틀린 것은?

① 서비스를 전달하거나 매개로 하여 기업의 재화나 서비스에 대한 대가를 수령하는 것이다.
② 직접적인 세일즈 관점에서는 고객이 상품, 서비스를 구매할 수 있도록 설득하는 과정과 결과를 의미한다.
③ 고객의 구매를 돕고 구매 전 · 후 과정에서 서비스를 제공함으로써 기업의 세일즈 활동 전반에 긍정적인 영향을 미치는 적극적 개념의 서비스 활동을 포함한다.
④ 기업 경영의 핵심 가치가 고객과의 장기적이고 안정적인 관계 구축으로 변화되면서 서비스 세일즈 활동은 과거에 비해 소극적 개념의 응대 개념으로 축소되는 경향이 있다.
⑤ 과거에 비해 현재의 서비스 세일즈에서는 상품, 서비스 자체보다는 서비스 제공자의 세일즈와 서비스 역량에 경쟁력의 초점이 맞춰져 있다.

고객과의 장기적, 안정적인 관계 구축으로 핵심가치가 변화되면서 상품, 서비스의 구매는 물론 과정상에서의 만족감을 제공해야하므로 서비스 세일즈의 역할은 더욱 중시된다.

02 다음은 서비스 세일즈의 어떤 기능을 설명하고 있는가?

> • 고객에게 상품, 서비스의 특징, 장점, 이점을 설명 · 설득한다.
> • 고객의 염려나 거절, 질문에 효과적으로 응대하여 고객의 이해를 돕는다.
> • 현장에서의 고객 니즈 및 다양한 의견 등을 서비스 기업에 전달한다.
> • 서비스 세일즈맨에 의해 직접적으로 실행된다.

① 커뮤니케이션 기능　　　　② 고객 개발 기능
③ 기업 및 브랜드 인지도 향상 기능　　　　④ 고객 관리의 기능
⑤ 수익성에 대한 예측 기능

기업과 고객 사이에서의 커뮤니케이션 기능을 의미한다.

Answer　1. ④　2. ①

실력 평

≫ 실력평가문제

각 파트별 이론에 대한 내용을
점검할 수 있도록 문제를 선별하여
수록하였습니다.

≫ **실전모의고사**

SMAT 서비스경영자격

01~24 선다형

01 서비스 세일즈의 특징으로 적절하지 않은 것은? (기출)

① 서비스 세일즈의 핵심은 서비스 직원이다.
② 직원에 투자하는 것이 상품개발과 같은 것이다.
③ 서비스 직원은 고객의 판매촉진 수단이 될 수도 있다.
④ 서비스 직원은 서비스라는 상품을 바로 생산해 내기도 한다.
⑤ 서비스 세일즈는 판매 전 활동과 판매 시의 활동까지만 포함한다.

서비스 세일즈는 판매 전 활동과 판매 후 활동까지 모두 포함하는 것으로, 고객관리를 위한 사전, 사후 활동이 모두 이루어지는 것이다.

02 서비스 세일즈의 전략 수립에 관한 내용이다. 가장 적절치 못한 설명은 무엇인가?

① 세일즈 활동이 적극적으로 진행되면서도 서비스에 대한 만족감이 감소되지 않도록 고객 부담을 최소화하여 균형있는 서비스 세일즈가 실행되는데 있어 필요한 부분이다.
② 서비스의 가치를 고객에게 전달하면서 이를 기업과 조직의 성과에 반영할 수 있도록 하는 조직 문화 형성에 기여하는 전략을 수립해야 한다.
③ 서비스 제공자의 개인적인 역량과 고객 가치의 방향을 본인의 개성에 맞게 다양한 관점에서 자유롭게 전달할 수 있도록 하기 위한 개념이다.
④ 서비스 기업과 조직의 세일즈 과정을 평가하고 방향을 설정할 수 있게 된다.
⑤ 좋은 전략은 효과적인 서비스 세일즈를 전개하여 기업의 매출과 수익에 기여할 수 있다.

기업이 추구하는 서비스 가치를 고객에게 효과적으로 전달하는 공통의 방향 수립이 가능하다.

03 다음 괄호 안에 들어갈 공통적인 단어는 무엇인가?

> (　　)는 세일즈 활동을 사전에 준비하고 계획할 수 있게 한다. 또한 세일즈 기술뿐 아니라 기준과 방향을 습득함에 있어서도 정형화된 (　　)에 의한 활동은 도움이 된다. 세일즈맨 개인은 물론 조직의 매출을 예측함에 있어서도 (　　)는 중요한 역할을 수행하는데 바로 세일즈 활동과 과정을 수치화 할 수 있기 때문이다.

실전모의고사 ≪

SMAT 출제유형과 난이도를 분석하여
최종적으로 시험에 대비할 수 있는 문제를
자세한 해설과 함께 수록하였습니다.

1. 시험안내

① 시험 접수방법

구분	접수 방법	비고
정시	MAT 홈페이지(www.mat.or.kr) 접수	연 6회 시험시행/개인 및 단체(5인 이상) 접수 가능
상시	지역센터 방문 접수	월 1회 시험시행/기관 및 학교 단위 단체접수(30인 이상)

※ 한국생산성본부 MAT 지역센터 연락처 참조

② 응시료

구분	1개 Module	2개 Module	3개 Module
응시료	20,000원	36,000원	50,000원

※ [환불기준] 100% 환불 : 인터넷 접수 시작일로부터 13일(18:00)전까지 가능
50% 환불 : '100%환불기간' 익일 10:00부터 시험일 포함 3일전 18:00까지 가능
(MAT 정기시험은 토요일 실시하므로, 3일전 목요일 18:00까지 50% 환불)

③ 합격자 발표

- MAT 홈페이지(www.MAT.or.kr)에서 로그인 후 개별 또는 단체로 확인 가능
- 응시 익일부터 15일 후 홈페이지 공고
- 발표 시 과목별 취득 점수 및 문항별 정오표 제공

④ 자격증 발급

- 발급기관 : 한국생산성본부
- 신청방법 : MAT 홈페이지(www.MAT.or.kr)에서 신청 가능(자격증 발급비용 별도)
- 자격증 신청 기간 : 매주 월요일(09:00)~금요일(18:00)
- 자격증 배송 : 신청 후 수령까지 3주가 소요(신청 후 MAT 홈페이지 "자격증 발급·수정" 메뉴에서 확인 가능)

2. 평가 체계(펼친면 편집)

① 시험 구조

(Module B)
서비스
마케팅/세일즈

(Module C)
서비스
운영전략

(Module A)
비지니스 커뮤니케이션

- **1급(컨설턴트) :**
  A+B+C 3개 Module 모두 취득
  (프로페셔널, 전문가)

- **2급(관리자) :**
  A+B or A+C 2개 Module 취득
  (직무별 특성화 인재)

- **3급(실무자) :**
  A(기본) 1개 Module 취득
  (서비스산업 신입사원)

② 시험모듈 및 합격기준

모듈	검정목표	과목	배점 및 합격기준
(Module A) 비지니스 커뮤니케이션	고객 접점에서 올바른 비즈니스 매너와 이미지를 바탕으로, 고객 심리를 이해하고 고객과 소통할 수 있는 현장 커뮤니케이션 실무자 양성	비즈니스 매너/에티켓	
		이미지 메이킹	
		고객심리의 이해	
		고객 커뮤니케이션	
		회의기획 및 의전실무	
(Module B) 서비스 마케팅/세일즈	서비스 현장에서 CRM 및 상담역량을 바탕으로, 서비스 유통관리 및 코칭/멘토링을 통해 세일즈를 높일 수 있는 서비스 마케팅 관리자 양성	서비스 세일즈 및 고객상담	– 100점 만점(70분간 50문항) – 총 70점 이상 합격 – 각 과목 40% 미만 시 과락 – 각 과목별 10문항 – 5가지 유형 혼합 출제
		고객관계관리(CRM)	
		VOC 분석/관리 및 컴플레인 처리	
		서비스 유통관리	
		코칭 교육훈련 및 멘토링 및 동기부여	
(Module C) 서비스 운영전략	서비스 현장에서 CSM 및 HRM에 대한 이해를 바탕으로, 우수한 서비스 프로세스를 설계하고 공급/수요를 관리할 수 있는 서비스 운영전략 관리자 양성	서비스 산업 개론	
		서비스 프로세스 설계 및 품질관리	
		서비스 공급 및 수요관리	
		서비스 인적자원관리(HRM)	
		고객만족경영(CSM) 전략	

③ 자격종목별 출제 범위

모듈	과목	출제 범위
(Module A) 비즈니스 커뮤니케이션	비즈니스 매너/에티켓	매너와 에티켓의 이해, 비즈니스 응대, 전화응대 매너, 글로벌 매너
	이미지 메이킹	이미지 메이킹의 개념, 표정이미지 분석, 상황별 제스처 분석, Voice 이미지 연출, 패션이미지 연출
	고객심리의 이해	고객에 대한 이해, 고객 구매행동 이해, 고객 성격유형에 대한 이해, 고객의 의사결정과정
	고객 커뮤니케이션	커뮤니케이션의 이해, 효과적인 대화기법 이해, 커뮤니케이션 스킬 습득, 프레젠테이션 작성, 설득 및 협상기법 익히기
	회의기획 및 의전실무	회의운영 기획, 회의운영 수행, 의전실무 기획, 의전실무 수행, MICE 이해
(Module B) 서비스 마케팅/세일즈	서비스 세일즈 및 고객상담	서비스 세일즈의 이해, 서비스 세일즈 전략 분석, 고객상담 전략, 고객 유형별 상담기법, MOT 분석 및 관리
	고객관계관리(CRM)	고객관계관리 이해, 획득-유지-충성-이탈-회복 프로세스, CRM 시스템, 고객 접점 및 고객경험관리, 고객 포트폴리오관리
	VOC 분석/관리 및 컴플레인 처리 실무	VOC 관리시스템 이해, VOC 분석/관리법 습득, 컴플레인 개념 이해, 컴플레인 대응원칙 숙지, 컴플레인 해결방법 익히기
	서비스 유통관리	서비스 구매과정의 물리적 환경, 서비스 유통채널 유형, 서비스 유통 시간/장소 관리, 전자적 유통경로 관리, 서비스 채널 관리전략
	코칭 교육훈련 및 멘토링 및 동기부여	성인학습의 이해, 교육훈련의 종류 및 방법, 서비스 코칭의 이해/실행, 정서적 노동의 이해 및 동기부여, 서비스 멘토링 실행
(Module C) 서비스 운영전략	서비스 산업 개론	유형별 서비스의 이해, 서비스업의 특성 이해, 서비스 경제 시대 이해, 서비스 패러독스, 서비스 비즈니스 모델 이해
	서비스 프로세스 설계 및 품질관리	서비스품질 측정모형 이해, 서비스 GAP 진단, 서비스 R&D 분석, 서비스 프로세스 모델링, 서비스 프로세스 개선방안 수립
	서비스 공급 및 수요관리	서비스 수요 예측기법 이해, 대기행렬 모형, 서비스 가격/수율 관리, 서비스 고객기대 관리, 서비스 공급 능력 계획 수립
	서비스 인적자원관리 (HRM)	인적자원관리의 이해, 서비스 인력 선발, 직무분석/평가 및 보상, 노사관계 관리, 서비스인력 노동생산성 제고
	고객만족경영(CSM) 전략	경영전략 주요 이론, 서비스 지향 조직 이해, 고객만족의 평가지표 분석, 고객만족도 향상 전략 수립

구분	지역센터	시험시행 담당 지역	주소	연락처
수도권 (11곳)	서울남부	강서구, 양천구, 구로구, 영등포구, 동작구, 금천구, 관악구, 서초구	서울시 양천구 오목로189 남진빌딩 3층	02-2607-9402
	서울동부	도봉구, 강북구, 노원구, 중량구, 동대문구, 성동구, 광진구	서울시 중랑구 동일로946(묵동) 신도브래뉴 4층 420	02-972-9402
	서울서부	은평구, 종로구, 서대문구, 마포구, 중구, 용산구, 성북구	121-748 서울 마포구 독막로331(도화동) 마스터즈타워 2306호	02-719-9402
	서울강남	강남구, 송파구, 강동구	서울시 강남구 개포로668(일원동) 강남빌딩4층	02-2226-9402
	인천	인천시(강화군 제외)	인천광역시 남동구 동대로935(간석동) 리더스타워 A동 902호	032-421-9402
경기북부		고양시, 의정부, 동두천, 파주, 남양주, 연천, 포천, 가평, 양주, 양평, 구리	경기도 의정부시 추동로9(신곡동) 휴먼시티빌딩 509호	031-853-9408
	경기동부	성남시, 용인시, 하남시, 광주시, 이천시, 여주군	경기도 성남시 분당구 야탑남로128번길9-4(야탑동)/판교로592번길 9-4	031-781-9401
	경기남부	수원시, 평택시, 오산시, 화성시, 안성시	경기도 수원시 팔달구 중부대로223번길9(우만동) 우신빌딩 5층	031-236-9402
	경기중부	안양시, 과천시, 군포시, 의왕시, 안산시	경기도 군포시 군포로787-1(산본동) 세화빌딩 3층	031-429-9402
	경기서부	부천시, 김포시, 시흥시, 광명시, 인천광역시 강화군	경기도 부천시 원미구 중동로248번길86(중동) 현해탑프라자 505호	032-323-9402
	강원	강원도내 전지역	강원도 원주시 소방서길8(명륜동) 1층	033-731-9402
대전 충청 (3곳)	대전	대전시, 공주시, 청양군, 보령시, 부여군, 논산시, 계룡시, 서천군, 금산군, 세종시(12.7.1.출범)	대전광역시 중구 대흥로20(대사동) 선교빌딩 602호	042-222-9402
	충청북부	천안시, 아산시, 당진군, 예산군, 서산시, 홍성군,태안군[충북 : 음성군, 괴산군, 충주시, 제천시, 단양군 이상 5개 시군지역]	충청남도 천안시 서북구 오성9길(두정동) 1층	041-556-9402
	충북	진천군, 증평군, 청주시, 청원군, 보은군, 옥천군, 영동군 이상 7개 시군지역	충북 청주시 흥덕구 덕암로28(봉명동) 대진빌딩 1층	043-268-9402

구분	지역센터	시험시행 담당 지역	주소	연락처
부산 경남 (4곳)	부산동부	금정구, 동래구, 해운대구, 수영구, 남구, 기장군	부산광역시 해운대구 해운대로 143번길(재송동) 3층	051-313-9402
	부산서부	부산진구, 북구, 사상구, 강서구, 동구, 서구, 중구, 사하구, 연제구, 영도구	부산광역시 연제구 중앙대로 1073(연산동) 전국교수공제회관 1002호	051-465-9402
	경남	경남도내 전지역	경상남도 진주시 동진로111 디럭스타워 5층	055-762-9402
	울산	울산시 전지역	울산광역시 남구 북부순환도로17(무거동) 남운프라자 OP 1303호	052-223-9402
대구 경북 (4곳)	대구	경산시(경북), 대구시(달서구, 동구, 남구, 중구, 수성구)	대구광역시 달서구 달구벌대로 301길14(용산동)3층	053-622-9402
	대구경북서부	구미시, 김천시, 상주시, 칠곡군, 대구시(북구), 대구시(서구), 고령군, 성주군, 청도군	경상북도 구미시 형곡로64(형곡동)	054-451-9402
	경북북부	군위군, 문경시, 봉화군, 안동시, 영양군, 영주시, 예천군, 의성군, 청송군	경상북도 안동시 경북대로 391(옥동)	054-841-9402
	경북동부	경주시, 영덕군, 영천시, 울릉군, 울진군, 포항시	경상북도 포항시 북구 양학로 70-22(학잠동) 보성아파트상가 2층	054-277-9402
호남 지부 (6곳)	전북	전북도내 전지역	전북 전주시 완산구 팔달로 141(전동) 우성프라자 3층	063-286-9402
	광주	광주광역시(남구, 동구, 북구, 서구)	광주광역시 서구 매월2로53(2 매월동) 광주산업용재유통센터 29동 209호	062-603-4403
	전남서부	목포시, 무안군, 영암군, 장흥군, 강진군, 해남군, 완도군, 진도군, 신안군	전남 목포시 통일대로37번길 38(상동)2층 전남서부자격정보센터	061-283-9402
	전남동부	순천시, 광양시, 보성군, 고흥군, 여수시	전남 순천시 강남로93(동외동) 강남타워 803호	061-745-9402
	광주전남북부	장성군, 담양군, 화순군, 영광군, 함평군, 곡성군, 구례군, 나주시, 광주광역시 광산구	광주광역시 북구 첨단과기로 313(대촌동) 하이테크센터 506호	062-973-9402
	제주	제주도내 전지역	제주특별자치도 서광로289-1(이도일동) 하나빌딩 1층	064-726-9402

※ 전국 총28개 MAT 지역센터 (상기 지역 외 거주자는 가까운 지역센터를 통해서 시험 문의 가능)

목차
CONTENTS

PART 03 ▶ VOC 분석/관리 및 컴플레인 처리

Chapter 01 VOC 관리 시스템 이해

Chapter 02 VOC 분석/관리법

PART 04 ▶ 서비스 유통관리

Chapter 01 서비스 구매 과정의 물리적 환경

Chapter 02 서비스 유통채널과 유형

Chapter 03 서비스 유통채널의 설계

Chapter 04 서비스채널 관리 전략

Chapter 05 전자적 유통경로 관리

PART 05 코칭/교육훈련 및 멘토링/동기부여

Chapter 01 성인학습의 이해

Chapter 02 교육훈련의 종류와 방법

Chapter 03 서비스 코칭의 이해/실행

Chapter 04 정서적 노동의 이해 및 동기부여

Chapter 05 서비스 멘토링 실행

PART 06 실전모의고사

PART 01

서비스 세일즈 및 고객 상담

기업의 모든 경영활동에서 고객만족의 개념과 무형의 가치인 서비스에 대한 인식이 커지고 있다. 서비스 산업을 단순한 무형의 서비스에 국한하지 않고 거의 대부분의 기업에서 일어나는 고객 접점의 활동을 서비스의 영역으로 이해할 수 있는 시대이다.

여기에 고객 구매 결정을 주도적으로 전개하고 기업의 수익과 매출 목표에 직접적인 영향을 미치는 세일즈 활동을 이해하고 접목함으로써 서비스 경영을 보다 현실적인 기업 경영의 활동으로 이해할 수 있게 된다. 서비스 관리자와 서비스 제공자가 세일즈적 관점과 역량을 보유하게 될 때 서비스 현장과 기업이 더 많은 고객에게 더 높은 만족을 제공할 수 있다는 관점에서 학습해야 한다.

이번 Part에서	세일즈의 전략과 상담 기법 등을 이해하고 MOT의 적용에 대해 학습함으로써 서비스 현장에서 보다 주도적이고 적극적인 고객 관점의 서비스 활동을 적용할 수 있다.
학습목표	1. 서비스 세일즈의 개념과 역할 및 기능 등을 통해 서비스 산업에서의 세일즈적 관점의 의의와 적용점을 학습한다. 2. 서비스 세일즈의 전략 수립 및 분석에 있어 중요한 핵심 이슈들을 이해하고 세일즈 프로세스의 구조를 학습한다. 3. 효과적인 세일즈 성과를 창출하기 위한 고객 상담 전략의 구조를 이해하고 주요 상담 기법들을 알아본다. 4. 세일즈 상황에서의 다양한 고객 반응을 유형별로 이해하고 유형별 고객 상담 기법을 알아본다. 5. 서비스 현장에서 고객 관점의 프로세스 설계방식인 MOT의 개념과 현장 적용 및 분석·관리를 학습한다.
이번 Part를 학습하고 나면...	• 서비스 세일즈의 개념을 통해 서비스의 주도적인 고객 만족 실행력의 의미를 이해하고 세일즈적 관점의 가치를 현장에서 적용할 수 있게 된다. • 주도적인 세일즈 전략 수립에 필요한 다양한 요소와 평가 방법 등을 서비스 현장에 접목함으로써 성과 향상에 기여할 수 있다. • 서비스 현장의 세일즈 프로세스를 직접 설계·보완할 수 있으며 이를 통해 효과적인 서비스 세일즈 활동을 전개하게 된다. • 세일즈 상담에서 필요한 구조를 이해하여 서비스 현장에서 실제 상담 능력을 배가시킬 수 있는 다양한 기법을 접목할 수 있다. • 고객 관점에서 고객 유형을 분류하고 각 유형별로 효과적인 응대 아이디어를 얻고 실천할 수 있다. • 직접적인 세일즈뿐 아니라 고객 방문의 개념에서 고객 만족 설계를 주도적인 관점에서 실행하는 MOT 개념을 서비스 현장에 적용하여 설계·관리할 수 있게 된다.

Chapter 01 서비스 세일즈의 이해

고객 만족을 추구하는 서비스 개념에 적극적이고 주도적으로 판매 및 진전, 시장을 창출하는 분명한 목적을 갖고 있는 세일즈가 결합되는 것이 서비스에 있어 어떤 의미를 부여할 수 있는지 이해해보자. 또한 고객이 기업의 서비스를 선택하기 위한 과정으로써의 서비스 세일즈 개념을 알아보고 이러한 활동이 기업과 고객에게 어떤 기여와 역할을 수행하고 있는지를 학습해 본다.

1 서비스 세일즈란 무엇인가

서비스 세일즈는 기업이 고객에게 전달하고자 하는 서비스를 세일즈 하는 과정을 의미한다. 광의로 해석할 경우에는 고객의 구매 결정을 자극하는 서비스 행위를 포함하여 이해할 수 있다.

1) 서비스와 세일즈의 정의

① 서비스에 대한 정의

ㄱ. 협의의 서비스에 대한 정의

- 고객이 편익을 얻을 수 있는 임대의 형태(Christopher Lovelock, Evert Gummesson)
- 소유의 이전이나 물리적 요소의 소유를 수반하지 않는다.

ㄴ. 광의의 서비스에 대한 정의

- "서비스 산업이란 것은 없다. 서비스 요소가 다른 산업에 비해 많고 적은, 그런 산업이 있을 뿐이다. 모두가 서비스 활동을 벌인다." (Harvard Univ. 시어도어 레비트 교수)
- 재화의 생산 그 자체를 제외한 모든 활동은 서비스이다.

② 세일즈에 대한 정의

ㄱ. 세일즈에 대한 다양한 정의

위키백과	상품 따위를 팔아서 상품의 소유권을 이전하는 것을 말함
브리태니커 백과사전	값을 받고 상품 따위를 파는 일
위키피디아	돈이나 다른 보상을 위해 상품이나 용역을 판매하는 행위
옥스퍼드 사전	세일즈란 돈을 위한 상품의 교환
필립 코틀러	세일즈란 기업의 제품이나 서비스를 구매하도록 고객을 설득하는 과정

ⓒ 세일즈의 기능

- 기업이 생산하는 상품 및 서비스를 고객에게 전달하는 유통의 기능
- 기업이 생산하는 상품 및 서비스를 고객이 잘 이해하여 선택할 수 있도록 하는 설득의
  기능
- 고객이 상품 및 서비스를 이용함에 있어 그 가치를 이해하여 만족도를 높일 수 있는
  가치 생산의 기능

2) 서비스 세일즈

① 용어의 이해

기업의 상품과 서비스가 고객에게 전달되는 일련의 과정에서 상품과 서비스의 품질을 고객이
이해하고 만족할 수 있도록 고객의 구매 의사결정을 돕거나 긍정적인 영향력을 미칠 수 있는 모든
행위이다.

② 서비스 세일즈 개념의 이해

ⓐ 직접적인 세일즈의 관점

- 기업의 상품 및 서비스를 고객이 구매할 수 있도록 설득하는 과정과 결과를 의미한다.
- 서비스 기업의 유·무형의 상품을 고객이 구매하도록 직접적으로 판매를 하는 세일즈맨의
  세일즈 활동은 상품, 서비스의 설명, 설득이라는 서비스 행위를 통해 이루어진다는
  개념이다. 즉, 대부분의 세일즈 활동을 서비스 세일즈의 개념으로 이해할 수 있다.

ⓑ 서비스 활동 전반에 영향을 미치는 세일즈의 개념으로써의 이해

- 기업의 상품 및 서비스를 직접 판매하지는
  않지만 서비스 활동을 통해 고객의 구매를
  돕고 구매 전·후 과정에서의 서비스를
  제공함으로써 기업의 세일즈 활동 전반에
  긍정적인 영향을 미치는 적극적 개념의
  서비스 활동을 포함한다. 즉, 보편적인
  서비스 활동에 보다 주도적이고 적극적인
  개념의 세일즈적 관점이 도입되어 서비스
  활동을 이해할 수 있는 측면이다.

ⓒ 고객을 응대하는 개념의 고전적인 서비스에
  세일즈의 적극적 개념을 접목함으로써 실제 상품 및 서비스를 세일즈 하는 경우는 물론
  그렇지 않은 경우에도 세일즈에서의 다양한 전략을 서비스 현장에 접목할 수 있는 새로운
  개념이다.

직접적 세일즈 개념에서의 서비스 세일즈	서비스 활동 전반에 영향을 미치는 서비스 세일즈
• 호텔의 컨벤션 행사 유치를 세일즈함 • 병원의 의료 서비스를 알려 적극적으로 환자를 유치함 • 금융기관에 방문한 고객에게 자사의 대출 서비스를 설명하고 판매함	• 컨벤션 행사 진행요원의 적극적인 서비스로 고객사의 만족도가 높아 향후 추가 행사가 유치됨 • 병원의 서비스 제공자가 새로운 서비스 상품을 적극적으로 알리고 만족도를 높임 • 금융기관 콜센터 직원이 문의 고객에게 상세하게 상품을 안내하여 고객의 의문사항을 해소함

서비스로 세일즈하다

세계적인 미래학자인 다니엘 핑크는 〈파는 것이 인간이다〉에서 누군가의 행동을 변화시키는 모든 일은 세일즈라고 말하면서 반드시 어떤 물건을 판매하지 않는다 해도 – 비판매 세일즈라는 명칭으로 현대를 살아가는 우리들은 대부분 세일즈에 해당하는 일을 하면서 현대를 살아간다고 주장하고 있습니다.

서비스도 마찬가지로 볼 수 있습니다. 직접적으로 세일즈를 하지 않는다 하더라도 서비스 활동을 통해 고객이 우리의 서비스를 인지하고 만족할 수 있도록 하며 나아가 우리 서비스 조직과 기업을 다시 찾을 수 있도록 하는 활동이기 때문입니다. 이를 현장에서 실행할 수 있는 방향으로 해석하자면 친절함을 대표하는 서비스 현장에 명확한 목표와 자기 역할이 강조되는 세일즈적 관점이 결합하는 것입니다. 이를 통해 서비스는 고객의 입장을 보다 입체적으로 해석하고 고객을 리딩하는 활동으로 성장할 수 있으며, 비로소 21세기 서비스 기업이 추구하는 전략적인 서비스 경영이 활발하게 서비스 현장에 접목될 것입니다. 특히 서비스 현장 관리자의 경우에는 조직의 목표와 방향을 서비스 제공자와 공유하고 이것을 고객에게 보다 적극적으로 전달하는 데에 있어 세일즈의 경쟁력을 학습하는 것은 우리 조직의 경쟁력 향상에 중요한 영향을 미칠 것입니다. 이것이 바로 서비스 조직이 세일즈를 학습하고 세일즈의 경쟁력을 조직에 적용해야 하는 이유입니다.

③ 서비스와 서비스 세일즈의 차이

서비스	서비스 세일즈
물리적 재화의 가치를 상승시키는 모든 행위(물리적 재화를 제외한 생산, 소비에 이르는 모든 과정을 의미)	기업의 상품, 서비스를 고객에게 전달하는 과정에서 고객의 이해와 만족을 목표로 하여 고객 구매결정에 긍정적 영향을 미치는 행위
예 매장 방문 고객에게 상품의 주요 사항을 안내	예 매장 방문 고객에게 상품의 주요 사항을 안내하면서 고객이 상품의 가치를 인식할 수 있도록 도와 구매 결정에 긍정적인 결과를 유도하는 것

1) 서비스 세일즈의 시대적 배경

① 수요와 공급의 변화

　㉠ 서비스와 상품 공급이 고객의 필요, 즉 수요에 미치지 않았던 과거와 달리 현 시대는 고객의 수요에 비해 많은 공급이 일어나는 공급 초과의 시대이다.

　㉡ 공급이 수요에 비해 많으므로 적극적인 세일즈 활동 없이는 기업의 상품과 서비스는 고객의 소비, 구매로 이어지지 못할 수 있다.

② 다양한 상품과 서비스의 등장

　㉠ 기업은 상품과 서비스의 품질을 향상시키고 다양한 고객 니즈를 만족시키기 위해 많은 신상품과 다양한 서비스를 지속적으로 개발, 출시하고 있다.

　㉡ 다양한 종류의 상품과 서비스에 대한 정보를 고객이 인지하고 이해하는 것이 과거에 비해 어려워졌기 때문에 기업은 고객에게 자사의 다양한 상품과 서비스를 적극적으로 알리고 장점과 이점을 설득해야 하는 상황이 되었다.

③ 서비스 기업 간의 치열한 경쟁

　㉠ 공급 초과의 상황으로 인해 기업 간의 경쟁이 치열해졌으며 기업의 상품, 서비스 간의 본질적인 품질의 차별화가 고객이 쉽게 인지할 수 없을 정도로 미미하게 되었다.

　㉡ 특별한 차이가 없는 상품, 서비스의 평준화 상황에서 자사의 상품, 서비스를 적극적으로 알리고 고객이 인지할 수 있도록 하는 세일즈 활동이 필요해졌다.

④ 고객 욕구의 다양성

　㉠ 고객의 욕구가 점차 세분화되고 다양화되기에 기업은 다양화된 욕구를 파악하고 대응하기 위해 고객 접점의 활동이 필요해졌다.

　㉡ 매스 미디어를 통한 광고, 홍보와는 별개로 개별고객에 대한 만족도 향상과 니즈 개발의 역할을 수행하는 세일즈 활동에 의미를 부여하게 되었다.

⑤ 고객 욕구의 증가

　㉠ 고객은 과거에 비해 상품, 서비스를 통해 얻고자 하는 만족의 수준이 높아졌다.

　㉡ 동일한 상품, 서비스를 구매하였다 하더라도 구매과정에서 고객이 스스로의 욕구를 인지하고 만족하는 정도는 구매과정에 따라 달라지게 되고, 이에 따라 세일즈는 고객 욕구의 개발, 충족이라는 부가가치를 생산하게 된다.

⑥ 기업 경영의 핵심 가치 변화

　㉠ 기업은 고객과의 관계를 장기적, 안정적으로 구축하고자 하므로 고객이 자사의 상품,

서비스 소비, 구매 행위의 결과는 물론 과정상에서 충분한 만족을 제공하고자 한다.

ⓛ 만족한 고객을 충성고객으로 확보하여 기업의 안정적인 수익 창출을 달성하고자 하므로 고객의 최접점 활동인 세일즈의 역할을 중시하게 되었다.

2) 서비스 세일즈의 역할

① 서비스 세일즈 역할의 변화

과거	현재
기업의 입장을 전달하는 역할	기업과 고객 입장을 연결하여 상호 보완하는 역할
일종의 유통과정으로써의 역할	일종의 컨설턴트로서의 역할
고객이 표현하는 욕구에 대한 해결안으로써 기업의 상품, 서비스를 전달	고객의 문제점과 욕구를 서비스 제공자가 주도적으로 파악하고 개발하여 가장 적합한 솔루션으로써 상품과 서비스를 제안하는 역할
판매 결과에 초점을 맞춤	판매의 결과뿐 아니라 판매 전·후 과정 전체에 초점을 맞춤
상품, 서비스에 초점	서비스 제공자의 세일즈, 서비스 역량에 초점

② 서비스 세일즈의 역할

㉠ 기업의 서비스 활동을 고객과 연결하여 기업의 수익을 창출하고 고객의 만족을 높인다.

ⓛ 고객 접점에서 기업을 대표하는 역할을 수행하여 기업이 추구하는 서비스의 철학을 알리고 서비스 이미지를 구체화 시킨다.

ⓒ 기업의 상품, 서비스에 추가적인 부가가치를 생산하는 역할을 한다.

ⓔ 고객과의 관계를 통해 기업의 인적 네트워크를 형성하여 직접적인 고객 관리 활동을 전개한다.

ⓜ 현장에서의 고객 니즈를 파악하여 기업의 상품, 서비스 개발, 마케팅 방향 등의 아이디어를 제공함으로써 기업 경영활동에 직·간접적으로 영향을 미친다.

3 서비스 세일즈 구성 요소

1) 서비스 세일즈의 기능적 측면

서비스 세일즈가 서비스 기업 및 조직에서 어떤 역할과 기능을 하는가이다. 이는 직접적 세일즈뿐 아니라 세일즈적 관점을 서비스 조직에 접목하였을 때에도 유효하게 적용될 수 있다.

① 커뮤니케이션 기능

　㉠ 고객에게 기업의 상품, 서비스의 특징, 장점, 이점을 설명·설득한다.

　㉡ 고객의 염려, 거절, 질문에 효과적으로 응대하여 고객의 이해를 돕는다.

　㉢ 현장에서의 고객 니즈 및 다양한 의견 등을 서비스 기업에 전달한다.

② 고객 개발 및 유지 기능

　㉠ 신규고객을 발굴하는 시장 개발 활동을 수행한다.

　㉡ 개별고객을 소개 받거나 직접적인 시장 개척 활동을 전개하여 매스 미디어를 통한 고객 확보 활동에 비해 적극적이고 주도적인 고객 창출이 가능하다.

　㉢ 새로운 고객을 소개 받거나 추가 구매를 염두에 두는 등 세일즈 활동의 연속선상에서 기존고객 관리 활동을 수행하여 고객과의 신뢰 관계를 유지한다.

③ 기업 영역의 확대 기능

　㉠ 기업의 브랜드와 개별 상품, 서비스에 대한 적극적인 고객 발굴 및 커뮤니케이션 활동을 통해 기업의 인지도를 넓게 된다.

　㉡ 현장 접점에서의 활동을 통한 성과 및 과정 관리는 기업 전체의 경쟁력 및 수익성에 대한 불확실성을 효과적으로 관리하고 예측을 가능하게 한다.

2) 효과적인 서비스 세일즈의 구조적 측면

구성 요소	내용	예시
서비스 세일즈맨	• 서비스 세일즈를 실행하는 사람 • 세일즈 조직의 구성원, 서비스 현장의 서비스 제공자 등	00병원의 상담, 마케팅실 서비스 제공자
서비스 세일즈 조직 및 관리자	• 서비스 세일즈맨으로 구성된 조직과 조직의 리더 • 서비스 세일즈의 성과와 고객 만족의 문화를 형성하는 토대	00병원 마케팅 실장 및 원장
서비스 세일즈 화법 및 주요 콘셉트	• 세일즈 전개에서 고객에게 전달해야 하는 가장 핵심적인 가치 • 상품, 서비스가 세일즈를 통해 어떤 부가가치를 추가로 생산할 것인가에 대한 콘셉트	00병원 세일즈 주요 콘셉트 및 화법 – 안전과 편안함
서비스 세일즈 지원 체계	• 서비스 세일즈가 기업과 조직의 수익 창출에 도움이 될 수 있도록 체계적으로 진행되도록 하는 지원 체계 • 세일즈에 필요한 다양한 도구, 교육 시스템, 업무 지원 제도 등	00병원 세일즈 지원 – 안내 브로셔, 명함, 세일즈 미팅 및 교육

02 서비스 세일즈 전략 분석

서비스 조직에 세일즈의 경쟁력을 대입함으로써 세일즈 성과를 향상시키는 것은 물론 고객에 대한 보다 전략적인 마인드 세팅 및 프로세스 구성이 가능할 것이다. 보다 구체적으로 세일즈 활동의 특성과 전략 수립의 주요 이슈들을 알아보고 주도적으로 세일즈 활동을 전개하기 위한 구조를 이해하여 이를 서비스 현장에 접목해 볼 수 있다.

1 서비스 세일즈 전략 수립

1) 서비스 세일즈의 특성

① 세일즈의 목표

　㉠ 기업 및 서비스 조직의 목표

　　신규고객의 지속적인 창출과 기존고객의 안정적 유지를 통해 수익성이 높은 매출을 확보하여 기업 경영에 기여하는 것이 서비스 세일즈의 목표이다.

　㉡ 서비스 세일즈 제공자 개인의 목표

　　각 서비스 세일즈의 과정을 효과적으로 수행하여 고객이 해당 상품, 서비스를 구매하여 일정한 성과를 창출하는 것을 목표로 한다.

② 세일즈의 특성(표준화, 체계화의 어려움/개인별 역량과 결과물의 폭이 넓음)

다양한 변수	현장에서 고객과 직접 대면하여 진행하므로 고객의 다양한 상황이 직접적인 변수로 작용하며 그 외에도 서비스 제공자의 컨디션, 서비스 현장의 물리적 상황 등의 변수가 즉각적으로 반영된다.
세일즈 과정의 부담감	고객은 세일즈 상황에서 구매에 대한 부담을 안고 있으며 세일즈맨 역시 고객의 반응에 따라 심적 부담을 지닌다.
결과에 대한 부담감	세일즈는 진전 혹은 계약이라는 결과물을 목표로 하여 진행되므로 과정상의 평가보다는 결과가 중시되는 경향이 있어 세일즈맨은 목표에 대한 압박을 가지게 된다.
평가와 보상	세일즈는 궁극적으로 매출 및 고객 창출이라는 결과를 수치적으로 평가받으며 이는 개인과 조직에 다양한 형태의 보상으로 이어진다.

2) 서비스 세일즈 전략 수립

① 세일즈 특성을 고려한 서비스 세일즈 전략 수립

- 변수의 영향을 최소화하고 안정적인 세일즈를 전개할 수 있는 전략 수립
- 고객의 부담을 줄이며 세일즈맨의 설명, 설득을 효과적으로 전달할 수 있는 전략 수립
- 세일즈맨의 부담감을 효과적인 세일즈 활동으로 승화시킬 수 있는 전략 수립
- 효과적이고 건강한 세일즈 활동 및 성과를 독려하는 보상 체계에 대한 전략 수립

② 고객 만족의 목표를 고려한 서비스 세일즈 전략 수립

- 적극적인 세일즈 활동으로 인해 서비스에 대한 만족감이 감소하지 않도록 고객의 부담감을 최소화하는 균형 있는 서비스 세일즈의 실행이 필요하다.
- 목표 달성과 함께 과정상의 고객 만족을 동시에 추구해야 하는 상황을 고려해야 한다.
- 보다 주도적이고 적극적인 서비스의 가치를 고객에게 전달하고 이를 기업과 조직 성과에 반영할 수 있도록 하는 조직 문화의 형성에 기여하는 전략을 수립한다.

③ 서비스 세일즈 전략 수립의 기대효과

- 기업이 추구하는 서비스의 가치를 고객에게 효과적으로 전달할 수 있는 공통의 방향을 수립할 수 있다.
- 서비스 제공자는 고객에게 주도적이고 적극적인 세일즈 활동을 통해 기업의 서비스에 가치를 부여하고 고객 만족과 고객 의사결정에 긍정적인 영향을 미칠 수 있다.
- 서비스 기업 및 조직의 세일즈 과정을 평가하고 방향을 설정할 수 있다.
- 서비스 세일즈의 효과를 높여 기업의 매출과 수익에 기여할 수 있다.

2 서비스 세일즈 전략 분석

1) 서비스 세일즈 평가와 분석

① 서비스 세일즈 평가

   ㉠ 세일즈는 매출과 성장, 조직의 건전성 등을 입체적으로 평가해야 한다.

   ㉡ 단기, 중기, 장기적 목표와 기업 경영의 방향에 부합되는 활동을 펼치고 있는가를 전략 분석을 통해 평가해야 한다.

ⓒ 서비스 세일즈에 대한 평가 요소

목표 달성에 대한 평가	주어진 목표 매출 달성 여부
성장률에 의한 평가	다양한 지표의 성장 정도
고객 만족도에 의한 평가	충성고객 점유율, 고객 불만율 및 유지율 등
세일즈 조직 구성원 평가	조직 인당 성과 지표, 내부 고객 만족도 등
세일즈 조직의 안정성 및 경영 능력 평가	특정 상품(신상품) 판매 비율, 세일즈 조직과의 피드백 정도, 세일즈 조직의 안정성 등

② 서비스 세일즈 역량 평가 방법

서비스 세일즈는 결과는 물론 과정을 평가하면서 조직의 건전성, 안정성 등을 확인하여야 한다. 세일즈는 물리적인 제품의 생산과 달리 반복적으로 새로운 과제에 직면하고 이를 해결해야 하는 프로세스를 보유하고 있기 때문에 지속적으로 그 과정과 역량을 관리하여야 한다. 이러한 과정 관리 및 평가에 있어서 서비스 세일즈를 입체적으로 바라보기 위해 네 가지 측면을 고려한다.

서비스 세일즈 과정의 입체적 평가 방법 – S.M.B.A 평가

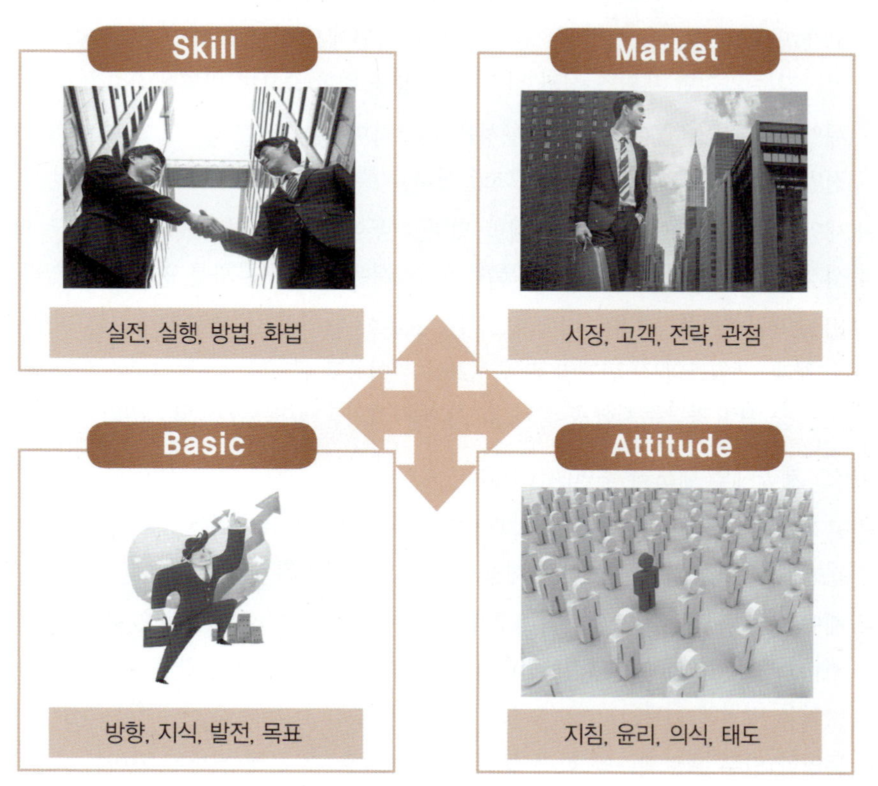

㉠ 세일즈 스킬의 측면 (Skill)

- 고객과의 상담 과정에서 구매 확률을 높이고 서비스 기업과 조직의 목표를 효과적으로 이루고 기업의 상품, 서비스의 가치를 고객에게 전달해 내는 능력이다.
- 다양한 서비스 세일즈 커뮤니케이션 능력이 가장 중요하게 평가된다.

  예 Ice Breaking 능력, 효과적인 질문, 경청하는 능력, 상품 및 서비스의 이점을 고객에게 설득하는 능력, 고객의 염려 및 저항을 적절히 응대하는 능력 등

㉡ 고객 발굴, 관리 및 시장 확대의 측면(Market)

- 서비스 기업의 신규고객을 발굴하고 기존고객을 효과적으로 관리하여 꾸준히 세일즈의 기회를 넓혀가는 능력이다.
- 새로운 시장 확보를 위해 새로운 관점으로 자사의 상품, 서비스의 고객군을 이해하여 가망, 잠재고객군을 넓혀가는 전반적인 활동을 포함한다.
- 서비스 제공자 개인과 조직의 신규고객 확보에 대한 중요성과 실질적인 활동을 평가함으로써 현재는 물론 미래의 세일즈 성과를 예측할 수 있는 중요한 지표가 된다.

  예 기존고객 정기 DM 발송하기, 잠재고객 대상자에게 할인 쿠폰 발송하기, 전화로 상담 약속 확보하기, 기존고객에게 신규고객 소개를 요청하기

㉢ 세일즈 활동의 기본기를 다지는 학습, 자기 계발의 측면(Basic)

- 고객 만족의 수준을 높일 수 있는 다양한 측면에서의 기초 역량 강화 및 심화과정으로 급하지는 않지만 세일즈 성과 및 가치 향상을 위한 중요한 영역을 의미한다.
- 세일즈 활동을 체계화하고 방향성을 수립하며 세일즈 스킬, 고객 확보 및 좋은 태도 전반에 골고루 영향을 미치는 요소들이다.
- 세일즈 활동의 표준화, 자기 계발 및 동기부여 등과 관련되어 세일즈 활동의 건전성, 성장성 등을 확인할 수 있으며 특히 조직에서는 체계와 문화를 평가할 수 있다.

  예 고객의 다양한 심리를 이해하고 이를 표준화 함. 세일즈 활동의 효과를 위한 시간 관리 체계, 세일즈의 각 단계별 활동 목표를 부여하고 관리함. 해당 업종에 관한 지식 전반을 학습, 관련 자격증 시험 공부, 세일즈 활동의 효과를 높이는 조직 및 기업의 다양한 제도 수립

㉣ 서비스 제공자의 태도적 측면(Attitude)

- 고객에 대한 서비스 및 세일즈 마인드로 구체적으로 측정되기는 어렵지만 세일즈 역량 전반에 영향을 미치는 서비스 제공자의 인성에 관련된 영역이다.
- 세일즈의 업무 특성상 모든 경우에 대해 구체적으로 행동 지침을 정할 수 없는 만큼 서비스 제공자의 기본적인 업무에 대한 태도는 다양한 상황에 대한 응대에 중요한 영향을 미치게 된다.
- 동일한 업무 프로세스와 학습 등에도 고객 만족 및 구매 결과에 차이가 나는 근본적인 요소로 평가되며 나머지 평가 영역 향상의 잠재적 기초가 된다.

예 직업에 대한 자부심, 고객에 대한 친절 마인드, 열정적인 태도, 성실성, 정직함, 성공에 대한 의지, 목표의식, 동료들 간의 협력

③ 서비스 세일즈 평가의 유의점

㉠ 서비스 세일즈의 업종과 조직 특성에 따라 다양한 변수들을 고려하여 평가해야 한다.

세일즈 활동과 성과의 시간적 간격	세일즈 활동과 최종 고객 구매 결과까지 걸리는 시간이 길어지면 과정상의 '진전'에 관해서도 평가할 수 있는 도구가 필요하다(추가적인 평가 도구의 필요).
비용과 성과의 효율	구매 결과로 매출이 증가하였다 하더라도 세일즈 활동 중에 발생하는 다양한 비용을 고려하여 세일즈 성과를 평가하여야 한다(정량적 평가의 정확성).
고객 가치에 미치는 영향	서비스 기업의 철학과 브랜드에 맞는 성과의 창출인가에 대한 판단이 필요하다(정성적 평가의 병행).
지속성에 대한 평가	세일즈 성과를 이루어낸 방법과 구조가 향후에도 지속적으로 해당 서비스 조직이나 기업에서 보편적으로 유효한 것인지에 대해 판단한다(조직적 역량으로써의 평가).

㉡ 서비스 세일즈 역량의 균형적 측면을 고려해야 한다.

서비스 제공자 개인 및 조직의 세일즈 역량을 평가하거나 지속적으로 성장시키기 위해 역량 평가의 Skill, Market, Basic, Attitude 부문을 다음과 같이 고려해야 한다.

– 일정한 형식이나 주기를 가지고 지속적으로 평가, 리뷰해야 한다.

예 입사 초기에는 시장 개발을 열심히 하였으나 시간이 지날수록 신규 시장 개발 활동을 소홀히 하는 경우를 발견할 수 있다.

– 서비스 제공자 개인 및 조직의 역량이나 활동이 특정 부문에 치중되어 있거나 혹은 그 반대인 경우에는 부족한 역량을 강화하는 등 전체적인 세일즈 평가 요소를 균형있게 발전시켜 가는 것을 목표로 한다.

예 세일즈 활동이나 역량이 좋은 태도와 목표의식에만 집중되어 있는 경우 세일즈 스킬이나 시장개발 역량을 강화하면 정체되어 있던 성과가 성장할 수 있게 된다.

– 조직에서는 서비스 제공자들의 선호 역량 및 강화 역량을 서로 공유하여 긍정적인 시너지를 발휘할 수 있도록 해야 한다.

예 세일즈 미팅 및 회의 시에 시장 개발 역량이 뛰어난 서비스 제공자가 다른 동료들에게 사례발표를 시행함으로써 좋은 아이디어를 얻고 시너지를 발휘한다.

㉢ 객관적이고 체계적인 평가 방법을 보유해야 한다.

서비스 세일즈 관리자는 자신의 경험이나 노하우에 의해 주관적으로 평가하지 말고 보다 객관적이고 체계적인 방법을 통해 평가해야 한다. 특히 과거의 세일즈 경험이나 성공 원인이 현재의 세일즈 과정에서 그대로 적용되지 못하는 경우도 발생하므로 세일즈 관리자는 끊임없이 세일즈의 과정을 체계화 하는 방법을 수정·보완해야 한다.

2) 전략 분석의 효과

- 서비스 세일즈가 기업 경영에서 차지하는 비중과 가치에 맞는 역할을 수행하고 있는가의 절대적 평가를 통해 서비스 세일즈의 개선점과 향후 전략의 수정 · 보완을 모색한다.
- 서비스 세일즈가 빠르게 변화하는 시장 환경에 잘 대응하고 있는가와 그에 맞는 역량을 보유하고 있는가를 객관적으로 평가한다.
- 서비스 세일즈가 기업의 미래 성장 동력으로써의 역할과 위상에 걸맞는 수준인가를 평가한다.
- 서비스 세일즈 조직이 단기, 중기의 목표를 예측할 수 있는 세일즈 활동을 펼치고 있는가를 평가하고 개선점을 찾는다.
- 장기적인 기업 경영에 있어 고객 확보, 유지 및 수익성 극대화를 위해 세일즈 전략의 개선, 수정 사항이 있는가를 면밀히 확인하고 실행한다.

3 세일즈 단계별 전략 수립의 주요 이슈

상품, 서비스의 특성이나 세일즈 조직의 형태 등에 따라 전략 수립 방법은 달라질 것이다. 하지만 보편적으로 세일즈의 단계별로 공통된 주요 이슈가 존재하며 이러한 이슈는 세일즈 실행 전략을 수립함에 있어 필수적으로 반영되어야 하는 주제이다.

1) 고객 확보 단계

세일즈 전개는 상담에 앞서 만날 수 있는 고객이 있어야 가능하다. 고객이 스스로 찾아오는 경우도 있고 직접 고객을 발굴해야 하는 경우도 있기에 이에 대한 부담감도 다양하다. 하지만 고객을 만나지 않으면 세일즈는 시작될 수 없으므로 고객을 확보하고 발굴하는 과정은 매우 중요한 단계이다.

① 고객 발굴의 관점

ㄱ 협의의 개념

가망고객을 발굴해서 계약이나 판매를 달성하는 것으로 볼 수 있으며 이에 따른 전략으로 지인시장이나 세일즈맨이 접촉할 수 있는 사람, 혹은 매장을 방문한 고객을 통해 세일즈 활동을 시작하는 관점이다.

ㄴ 광의의 개념

직접적인 고객 발굴을 넘어 주도적으로 시장을 개발하고 고객 발굴을 위한 투자의 관점을 포함한다. 즉, 고객 발굴에서의 키-맨(key-man : 적극적으로 고객을 소개해 주는 조력자)을 양성하거나 보다 많은 사람들에게 적극적이고 효과적으로 소개를 요청할 수 있는 방법을 개발, 실천하거나 특정 시장의 고객에 대해 타깃 마케팅을 실시하는 등의 활동 전반을 포함하는 개념이다.

② 고객 발굴의 활동 범위

　㉠ 해당 상품, 서비스의 특성과 세일즈 조직의 특성 등을 고려하여 고객을 어떻게 발굴할 것인가의 주요 전략을 모색한다.

　㉡ 서비스 제공자 스스로 시장을 개발, 유지, 확대하는 경우도 있으나 이를 기업의 서비스 경영 전반의 다른 활동과 연계하여 진행되는 경우도 있다.

　㉢ 서비스 조직의 고객 발굴 활동 범위를 어떻게 설정하느냐에 따라 세일즈 과정에서 서비스 제공자들의 고객 발굴 역할을 정하고 활동 체계를 정형화 시킬 수 있다.

시장 개발	새로운 가망 고객층과의 접점을 만들어 가기 위한 초기 단계의 모든 활동	서비스 제공자의 세일즈 활동을 다양한 접점에서 활발히 알림
시장 유지	기존고객과 가망고객에게 지속적인 관계를 유지하여 구매 고객으로 전환될 수 있는 활동	가망고객이 구매고객이 될 수 있도록 꾸준히 관계를 유지
시장 확대	새로운 시장을 개척, 발굴하는 과정으로 기존의 세일즈 활동에서 고객 영역을 넓히는 활동	소개, 개척, 기타 모임 활동 등 전략적인 계획과 과정으로 새로운 고객군(群)으로 영역을 확대

> **플러스 tip**
>
> **시장 확대 전략 수립 – PICA의 법칙**
>
> PICA의 법칙이란 시장 확대를 위한 세일즈 활동을 수행함에 있어 중요한 네 가지 법칙이다. 이 법칙은 시장 확대 전략을 실제 세일즈 활동으로 실행함에 있어 필수적인 요소이자 단계이다.
> 1. Planning : 계획 수립/걱정만 하고 구체적인 계획이나 목표가 없는 것은 아닌가?
>   예 지역시장의 가망 고객군을 대상으로 올 상반기까지 DM, 지역사회 홍보 활동을 계획
> 2. Information : 정보 수집/시장 확대에 필요한 정보 없이 무작정 뛰어든 것은 아닌가?
>   예 주변의 영향력 있는 아파트 부녀회와 동호회 모임 등의 정보를 수집
> 3. Continuous : 지속적인 활동/한 두 번의 이벤트성 활동으로 그친 것은 아닌가?
>   예 특정 아파트를 대상으로 DM을 월 2회 발송하고, 부녀회와 동호회 등에 참석하여 활동
> 4. Awareness : 차별화된 활동/기계적인 활동으로 차별화 전략이 없어 효과가 적은 것은 아닌가?
>   예 해당 지역의 특성을 고려하여 DM에 자녀와 함께 할 수 있는 이벤트를 삽입하고 쿠폰을 동봉

2) 초회 면담 단계

시장이 발굴되면 대면에 의한 활동(상담, 컨설팅, 설명, 설득 등)을 통해 세일즈의 진전이 이루어진다.

① 초회 면담의 중요성

  ㉠ 세일즈 상황에서 고객과의 만남은 서비스 제공자와 고객 모두 부담감을 가지고 있기 때문에 고객과의 첫 면담에서는 이를 적절히 해소하여 이후 원활한 세일즈 과정이 진행될 수 있는 기반을 조성해야 한다.

  ㉡ 초회 면담에서 고객에게 신뢰감을 주고 공감대를 형성할 수 없으면 이후 세일즈 진행에서 계속적으로 고객의 저항에 부딪히게 되며 경우에 따라서는 세일즈 과정의 기회를 가질 수 없게 될 수 있다.

② 효과적인 초회 면담을 위한 조건

  ㉠ 고객의 자유 의사와 관심

    – 고객이 세일즈 상황에서 서비스 제공자와의 최초 면담 과정에 고객이 집중하지 않거나 원하지 않은 상황을 만들지 않도록 유의한다.

    – 특히 서비스 제공자가 직접 고객을 발굴하거나 찾아가게 되는 아웃바운드 세일즈의 경우에는 사전에 고객과의 면담에 대한 일정을 계획하고 고객의 동의를 얻어내는 T/A(Telephone Approach 전화 접촉)의 과정이 중요하다.

  ㉡ 부담감 해소를 위한 Ice Breaking

    – 공식적인 설명이나 안내를 하기 위한 오프닝 단계로 고객의 부담감을 해소하고 신뢰감과 공감대를 형성하여 전문가적 이미지를 제공하는 과정이다.

    – 라포(Rapport)의 형성 : 고객과의 친밀감 형성을 목표로 하여 편안한 분위기에서 상담이 진행될 수 있도록 고객에게 맞는 주제를 준비한다.

    – 고객의 오픈마인드를 목적으로 하는 고객맞이 인사 및 본격적인 상담 전단계의 모든 활동을 의미하며, 방문 혹은 상담 목적을 밝히는 것으로 마무리 한다.

      예 그럼 제가 저희 회사 서비스에 대해 간략하게 설명드려 보겠습니다.

    – 회사소개 및 자기소개 : 상황에 따라 생략할 수도 있지만 본격적인 세일즈 상담에 앞서 소속 회사와 서비스 제공자 자신에 대한 소개는 고객에게 신뢰를 줄 수 있는 효과적인 방법이다.

③ 초회 면담의 주요 전략

  ㉠ 상품, 서비스의 필요성 부각(고객 니즈의 개발 및 강화 전략)

    상품과 서비스가 왜 필요한가에 대한 당위성을 제공하기 위해 좀 더 본질적인 부분에서의 고객 니즈를 밝히고 구체화 시키는 과정이다. 이를 통해 고객 스스로 본질적인 고객 니즈를 인식하게 되어 상품 구매의 확률과 욕구를 강하게 만든다.

      예 투자 상품 권유인 – 효과적인 재무 설계의 필요성을 부각

      예 가구 유통 매장의 서비스 제공자 – 좋은 공간 구성의 필요성을 부각

ⓛ 기준 및 원칙 제시(설득의 근거 강화 전략)

제안하고자 하는 상품이나 서비스를 직접적으로 설명하기 이전에 구매에 따른 의사결정에 도움이 되는 객관적인 기준과 원칙을 제시함으로써 고객은 보다 종합적, 입체적인 시각으로 선택의 기준을 확보하게 된다. 이는 향후 세일즈맨이 설명하는 내용에 대한 이해를 보다 명확하게 할 수 있으며 판단과 결정에 결정적인 도움을 주게 한다.

> **예** 투자 상품 권유인 - 좋은 투자 상품을 선택하기 위한 기준과 원칙을 제시
>
> **예** 가구 유통 매장의 서비스 제공자 - 만족할 수 있는 가구 선택의 기준과 원칙 제시

ⓒ 전문성 부각 및 상담의 진행 단계 안내(신뢰도 확보 및 협조 전략)

고객의 욕구를 충족시켜 줄 수 있는 제안을 위해 필요한 세일즈 상담의 진행 과정을 안내하는 과정이다. 효과적인 상품, 서비스를 고객에게 제안하기 위해서 도움이 되는 과정으로 서비스 제공자의 전문성을 부각하면서 고객의 협조를 이끌어 낼 수 있도록 하는 전략으로 특히 제안형(맞춤형, 컨설팅형) 세일즈 및 고객 관여도가 높은 구매 상품, 서비스의 경우에는 그 효과가 더욱 크고 중요하다고 볼 수 있다.

> **예** 투자 상품 권유인 - 효과적인 투자 제안을 위해 고객의 투자 성향, 목표 등을 알아야 함을 안내하고 이를 통해 맞춤형 투자 제안 및 상담이 이루어질 것에 대해 동의를 구한다.
>
> **예** 가구 유통 매장의 서비스 제공자 - 고객의 집안 공간 및 원하는 배치에 따라 적합한 상품이 다름을 안내하고 이에 따라 공간 구성 시뮬레이션이 가능함을 설명한다.

3) 고객 니즈의 발견 및 개발 과정

최적의 해결안이나 제안을 하기 위해 고객의 정보를 획득하는 과정이다. 이 과정을 통해 얼마나 양질의 정보를 획득하는가에 따라 세일즈의 성과나 수준이 달라지게 된다.

① 고객 정보에 대한 이해

㉠ 고객의 정보는 객관적인 상황이나 사실 파악의 개념과 고객이 원하는 것이 무엇인가를 알아내는 고객 니즈(needs) 파악의 두 가지로 이해할 수 있다.

ⓛ 고객 니즈는 필요와 욕구로 구분되며 고객이 직접 표현하고 인지하고 있는 니즈와 함께 고객이 구체적으로 인지하거나 표현하지는 않지만 서비스 제공자가 이해할 수 있는 잠재적 니즈의 개발 가능성 등을 포함한다.

ⓒ 고객이 만족할 수 있는 최적의 제안을 하기 위해서는 고객의 정보를 제대로 파악해야 하며, 이를 위해 서비스 제공자는 고객에게 어떠한 사항들을 질문할 것인가를 중요하게 생각하여야 한다.

② 고객 정보에 대한 중요성 및 보안에 대한 유의사항

너무 많은 정보를 파악하는 것보다는 질적인 정보가 우선이며, 고객 정보의 보안에 대한 신뢰를 줄 수 있어야 한다.

4) 최적의 제안 및 마무리

고객과의 상담을 통해 고객의 니즈에 가장 적합한 상품, 서비스를 제안하고 고객 구매 결정을 마무리 하는 과정이다. 특히 맞춤형 상품, 서비스가 가능한 경우에는 더욱 중요하며 그렇지 않은 경우에도 고객이 구매 이후 상품, 서비스를 사용하는 과정에서의 만족도를 높일 수 있는 서비스 상담은 고객의 의사결정을 마무리 하는 결정적인 요인으로 작용될 수 있다.

① 제안 준비 과정(최적의 제안을 위한 구체적인 전략 수립의 단계)

효과적인 세일즈 결과를 위해서는 준비과정이 매우 중요하나 이미 파악된 고객의 정보를 통해 최적화된 제안을 준비하게 된다.

㉠ Presentation= Preparation이라는 마음가짐과 실천이 중요하다.

㉡ 최적의 제안을 준비할 수 있는 표준화된 틀이나 제안의 원칙 등을 보유하고 있으면 제안 준비 과정을 효율화하고 제안 내용의 고객 만족도를 높일 수 있다.

> **예** 금융판매 대리점의 제안서 작성 프로그램 – 고객의 연령, 소득, 가족 구성, 상품 가입의 목적, 기간 등의 변수를 제안서에 표기하며 상품 제안에 적합한 금융상품의 종류를 자동 선정한다.

㉢ 고객 상담시 확보한 고객 정보와 고객 니즈를 충분히 반영하고 있음을 표현하도록 하여 제안 상품, 서비스는 물론 이에 대한 근거를 확보하는 과정이 필요하다.

> **예** 2000cc 자동차를 제안하는 자동차 세일즈맨 – 고객 상담시 확보한 고객의 예산, 출·퇴근 거리, 연령, 가족 구성원, 고객이 원하는 자동차 교체 주기 등을 반영하여 해당 차량과 차량 구입 프로그램을 선정한 이유를 제안할 수 있도록 준비한다.

㉣ 표준화된 상품, 서비스를 세일즈하는 경우에는 구매 이후 더욱 효과적으로 고객의 만족도를 높일 수 있는 관련 정보 등을 제공하는 과정으로 준비할 수 있다.

> **예** 컨벤션 센터의 회의실 대여 서비스 세일즈 – 회의실 사용시 활용할 수 있는 각종 다양한 부대 시설의 안내, 예상 회의 참석자의 특성과 회의 주제에 맞는 공간 배치, 기기 사용 등을 추천한다.

㉤ 인바운드 세일즈 상황이나 전화 상담 세일즈(tele marketing)의 경우에는 별도의 준비 시간 없이 즉시에 고객 제안이 이루어지므로 고객 정보를 간단히 정리하여 이를 상품 제안 내용에 표현하여 제안할 수 있는 능력(세일즈 화법 능력)을 높여야 한다.

② 제안 및 요청 단계

잘 준비된 제안 내용으로 고객에게 상품, 서비스를 입체적으로 설명하고 제안하는 단계이다.

㉠ 고객에게 해당 상품, 서비스가 어떤 도움이 되는가에 대한 설득과 그에 대한 객관적인 근거를 통해 제안 및 프리젠테이션을 진행한다.

㉡ 고객이 구매결정을 할 수 있도록 구체적으로 제안하고 결정을 독려하는 단계이다.

ⓒ 의사결정자가 많은 경우, 의사결정 시간이 긴 경우 등 다양한 세일즈 상황이 존재할 수 있으며 경우에 따라 제안 과정이 여러 차례에 걸쳐 나누어질 수도 있다.

③ 고객 거절과 마무리

거절은 세일즈 활동 과정에서 필수적으로 진행되는 과정이다. 고객의 다양한 거절 요소를 과정상에서 미리 파악하고 진행함으로써 거절의 강도를 예방하고 응대할 수 있다.

4 서비스 세일즈 프로세스

서비스와 세일즈는 모두 정형화되기 어려운 무형의 과정이다. 따라서 과거에는 개인의 노하우나 성실성 등으로 이해되었으나 이러한 비정형화의 비효율을 개선하기 위해 탄생된 것이 바로 프로세스이다. 세일즈에서의 프로세스 개념과 그 효과를 이해하여 실제 서비스 현장에서 적합한 세일즈 프로세스를 설계할 수 있게 된다.

1) 서비스 세일즈 프로세스의 개념과 효과

① 서비스 세일즈 프로세스란

ㄱ 개념 및 목적
- 세일즈 프로세스는 세일즈를 효율적으로 수행할 수 있도록 돕는 도구로써 서비스 제공자는 물론 서비스 세일즈 조직 전체의 세일즈 방향과 원칙, 고객 가치를 담아내는 구체적인 세일즈 실천의 원칙이자 방법이다.
- 세일즈맨인 서비스 제공자와 고객이 동일한 목표를 향해 나아가는 합의 과정이며, 고객 구매의 확률을 높인다는 분명한 목적을 가지고 동시에 세일즈 과정의 진전을 확인할 수 있도록 계획된 구조이다.

ㄴ 필요성
- 세일즈는 서비스 제공자의 개인적 특성과 고객의 상황 등 다양한 변수로 인하여 각 과정을 일관되게 측정하거나 평가하는 것이 어렵다.
- 이러한 변수를 최소화하여 세일즈의 목표를 보다 효과적으로 달성하고 세일즈 성과를 예측하고 발전시키기 위해 세일즈 과정을 정형화시킬 필요가 생겼다.
- 세일즈를 개인의 기술이나 특별한 노하우로 이해하던 시절에 비해 경쟁이 심해지고 고객 욕구가 다양해지면서 세일즈를 과학화, 체계화하여 세일즈 조직의 효율화를 꾀할 수 있는 실행적 측면의 전략이 필요해졌다.

② 서비스 세일즈 프로세스의 기대효과

좋은 프로세스를 통해 체계적으로 진행되는 세일즈는 다음과 같은 구체적인 효과를 거둘 수 있다.

㉠ 계획성
- 세일즈 활동을 사전에 준비하고 계획할 수 있도록 한다.
- 고객과의 세일즈 과정에서 다음에 무엇을 해야할 것인가에 대한 목표 수립과 계획의 기준이 된다.
  > 예 고객에게 제품의 이점을 설명한 이후에는 제품을 직접 시연해 볼 수 있도록 안내한다.

㉡ 반복, 정형성
- 정형화된 세일즈 프로세스를 통한 세일즈 활동은 세일즈의 기술뿐 아니라 기준과 방향을 반복하게 함으로써 습득이 가능해진다.
- 습득된 세일즈 프로세스는 개인의 역량에 따라 변형되고 실제 세일즈 상황을 반영하면서 발전이 더해져 그 자체가 세일즈 전략이 되고 세일즈 문화가 된다.
  > 예 신입 서비스 제공자는 정형화된 세일즈 단계를 반복적으로 수행하면서 세일즈의 기술, 기준과 방향을 익힌다. 시간이 지나면서 자연스럽게 개인의 특성이 반영된 자신의 세일즈 전략으로 발전시킬 수 있게 된다.

㉢ 선순환
- 효과적인 세일즈 프로세스는 세일즈 과정의 질적 수준을 높여 고객 구매 확률을 높이고 동시에 고객 만족의 정도가 향상된다.
- 생산성과 효율성이 향상되면 서비스 세일즈맨은 자신감이 높아지고 고객 발굴, 유지, 관리 등의 활동에도 긍정적인 영향을 미쳐 세일즈 활동의 선순환이 이루어진다.
  > 예 잘 짜여진 세일즈 프로세스를 통해 고객은 만족을 느끼고 구매는 물론 서비스 제공자에게 새로운 고객을 소개한다. 서비스 제공자는 보람을 느끼고 더 많은 잠재고객에게 확신을 가지고 상품, 서비스의 가치를 적극적으로 세일즈 한다.

㉣ 매출(성과)의 예측
- 세일즈 프로세스는 세일즈의 활동과 과정을 수치화 할 수 있게 하며 각 단계별 수치를 일정한 기간 동안 분석하면 단계별 진전의 확률을 확인할 수 있어 이를 통해 최종적인 성과인 매출 규모를 예측할 수 있게 된다.
- 서비스 제공자 개인의 목표 및 활동 관리가 가능해지며 세일즈 조직 및 서비스 기업은 전체 매출 예측에 있어 객관적인 기준이 될 수 있다.
  > 예 당월 잠재고객과의 신규 상담이 익월 최종적인 구매로 이어지는 확률이 약 20%라면 이번 달의 잠재고객 신규 상담 숫자가 총 10건이므로 다음달 이 상담으로 인해 2건의 신규 매출이 발생될 것으로 예상된다.

◎ 발전성

- 세일즈 과정과 단계를 수치화 하고 이것이 매출로 이어지는 부분을 분석하면 부족한 부분을 수정 · 보완 · 발전시킬 수 있게 된다.

- 각 단계별로 진전의 확률이 떨어지는 부분을 강화하거나 세일즈 과정을 리뷰, 평가할 수 있게 됨으로써 세일즈가 훈련, 트레이닝을 통해 발전할 수 있다는 의미이다.

　　예 고객 초기 면담 성공률은 높으나 제안과정에서 구매 확률이 조직 평균보다 떨어지는 경우, 제안 및 설득의 역량을 강화하거나 추가적인 보조 도구 등을 활용하는 등의 보완이 필요함을 판단할 수 있다.

서비스 제공자와 조직을 돕는 세일즈 프로세스 이야기

세일즈 업무는 다른 업무에 비해 감정의 기복이 심할 수 있습니다. 고객에 대한 이해와 배려라는 무게감도 있지만 업적, 즉 성과에 대한 염려나 부담이 감정의 기복을 일으킵니다. 프로세스에 의한 세일즈 활동은 매출을 예측하는 객관화된 통계이자 근거가 되어 세일즈맨이 세일즈의 성과가 아닌 세일즈 과정에 집중할 수 있도록 도와줍니다. 과정에 집중하는 세일즈는 세일즈 활동의 지속성을 이어주고 촉진하는 자기 설득의 근거가 되며 결과적으로는 일정 수준의 세일즈 성과를 보장합니다. 또한 세일즈 프로세스는 세일즈 역량을 학습하고 발전시킬 수 있는 '기준'과 '형식'이 되어 세일즈를 배울 수 있는 과정으로 이해하게 합니다. 이로써 세일즈에 대한 막연한 두려움을 해소하고 세일즈를 전문적인 영역으로 발전시킬 수 있습니다. 마지막으로 세일즈 프로세스를 통해 세일즈를 진행하게 되면 세일즈의 과정 전반이 섬세해 집니다. 과정상의 진전을 목표로 하면 각 과정의 세심성과 차별화에 집중하게 되고 창의력과 전략이 생겨납니다. 고객의 반응과 설득 과정을 섬세하게 진행하면 서비스 제공자는 개인적으로 자기 성장이 가능해지고 세일즈 조직은 전략과 전술에 민감해 집니다.

2) 서비스 세일즈 프로세스 설계

상품, 서비스의 특성 및 서비스 조직의 상황에 맞는 세일즈 프로세스는 매우 다양하게 설계할 수 있다. 또한 기존의 프로세스를 재정비하거나 점검하는 데에 있어서도 세일즈 프로세스 설계 방법을 대입하여 현재의 서비스 세일즈의 상황과 전략을 좀 더 구체화하는 도구로 활용할 수 있다.

① 설계 전 준비, 확인 단계

㉠ 프로세스 설계의 목적을 확인한다.

㉡ 서비스 세일즈 조직에서 실행 가능한 수준을 고려함과 동시에 세일즈 역량의 수준을 향상시킬 수 있는 목표를 반영해야 하므로 현상과 발전 방향의 두 가지 균형을 감안한다.

㉢ 개별적인 세일즈 상황의 특수성보다는 보편적인 상황을 고려하여 서비스 제공자 및 조직이 추구하고자 하는 방향에 집중하여 설계해야 한다.

ⓡ 세일즈 과정에서 서비스 제공자와 조직, 고객이 함께 공유할 수 있는 가치를 명확하게 설정하고 이를 프로세스 단계에서 중요하게 다루어야 한다.

② 1단계 – 세일즈의 단계 나누어 보기

ㅈ 현재의 보편적인 세일즈 진행 순서를 흐름에 따라 나누어 본다.

ㅓ 서비스 기업 및 조직의 공식적인 프로세스가 존재한다면 이를 기준으로 나열해 볼 수 있다.

> **예** 고객 방문 – 첫 인사 – 고객 질문에 대답 – 구체적으로 상품을 권유 – 기다린 후 – 고객에게 한 번 더 권유하고 마무리 – 계산, 포장 – 마무리 인사

③ 2단계 – 세부 목표 설정

ㅈ 이미 나누어본 세일즈의 각 단계를 통해 과정에서 집중해야 할 세부적인 목표를 정한다.

ㅓ 세일즈 프로세스를 실제 세일즈 과정에서 구체적으로 활용하기 위한 것으로 세일즈 프로세스 설계의 가장 핵심적인 과정이다.

ㅕ 세부적 목표 설정 방법

- 고객 반응의 진전을 목표로 한다.
- 고객의 정보나 니즈를 발견하는 정도 혹은 상담 내용의 심화를 목표로 설정할 수 있다.
- 세부 목표를 구체적인 이정표로 삼을 수 있도록 설정한다.
- 단계별 진전을 서비스 제공자가 직접 판단할 수 있는 목표로 설정한다.

> **예** '첫 인사' 단계의 세부 목표 : 고객의 부담감을 해소하여 고객이 편안하게 매장을 둘러보고 궁금한 것을 질문할 수 있도록 한다.

④ 3단계 – 단계별로 고유의 이름 붙이기

ㅈ 각 단계의 주요 상황과 세부 목표를 기억할 수 있도록 프로세스의 단계별 이름을 붙여 프로세스 설계를 마무리 한다.

ㅓ 각 단계별 이름은 서비스 제공자 개인에게는 세일즈 과정의 의미와 목표를 강조하는 역할을 하며 세일즈 조직에서는 세일즈 과정의 핵심적인 쟁점을 통일화 시키는 역할을 수행하는 중요한 요소이다.

> **예** 고객의 부담을 해소하고 고객이 매장을 편안히 둘러보게 하는 '첫 인사'의 단계 → 오픈마인드

> **예** 고객의 궁금증을 해소하면서 상품 설명과 권유의 상황을 조성하기 위한 '고객 질문에 대답' 단계 → 대답과 질문으로 이어가기

3) 다양한 서비스 세일즈 프로세스

서비스 세일즈 프로세스는 세일즈 상품, 서비스의 특성 및 서비스의 방향 등에 따라 다르게 구성될 수 있다. 기본적인 세일즈 프로세스의 대표적 유형을 통해 좀 더 구체적으로 이해할 수 있다.

① MOA-DC 모형

    ⊙ 모든 세일즈 프로세스의 가장 기본적인 단계로 이해할 수 있으며 특히 In-Bound 형태, 즉 고객이 서비스 장소를 방문하여 이루어지는 세일즈 과정에 적용하기 좋은 모델이다.

    ⓒ 세일즈 진행 과정 중 단계별 활동 목표에 집중하는 프로세스의 구조로 구체적인 서비스 세일즈에 따라 각 단계를 다시 세분화하는 데 있어 좋은 기준으로 활용할 수 있다.

    ⓒ 프로세스 단계

프로세스	주요 활동	예시 (의류매장)
Market focus 고객 발굴/개발	더 많은 세일즈 접점을 개발하고자 하는 노력. 시장 확대를 위한 다양한 활동	고객에게 DM을 발송하고 전화가 온 고객에게 방문을 요청
Opening 공감대 형성	초기 상담시 고객의 오픈마인드를 목적으로 하는 활동. 신뢰감을 구축하고 고객이 세일즈 상품, 서비스에 관심을 가지고 적극적으로 세일즈맨의 이야기에 귀를 기울이게 하기 위한 상황 조성	매장에 방문한 고객이 부담감 없이 편안하게 서비스 제공자의 이야기를 들음
Advance 상담의 진전	고객의 니즈를 구체적으로 확인하고 고객에게 상품, 서비스의 정보나 메시지를 본격적으로 전달하는 과정. 고객과의 상담에 진전이 일어나서 구체적인 상담이 진행된다.	고객의 구체적인 니즈 상황을 확인하고 우리 회사 제품의 특징과 최근 유행 트렌드 등을 안내
Designing 설명과 지원	본격적인 설명 단계로 파악된 고객의 니즈를 상품, 서비스와 연결하여 부각하는 단계. 맞춤형 제안 및 의사결정을 지원하기 위한 다양한 활동	본격적으로 몇 가지 상품을 권유하고 비교하며 고객이 직접 입어볼 수 있도록 한다.
Closing 제안과 마무리	구매 결정을 독려하고 제안하는 마무리 단계. 고객의 거절, 염려, 고민에 대해 세일즈맨은 주도적으로 참여하여 고객 결정을 이끌어내게 된다. 이후 추가적인 서비스로 이어지는 활동까지 포함될 수 있다.	고객의 결정을 돕고 예산범위 내에서 최적의 결정을 하도록 지원함. 포장, 계산 등

② **주도적 활동의 7단계 프로세스**

    ⊙ 고객 발굴에서부터 사후 관리까지의 구체적인 세일즈 활동을 핵심적인 지침을 기준으로 하여 단계를 나눈 프로세스로, 주로 고객을 직접 발굴하는 Out bound 형태에서 많이 활용되고 있다.

    ⓒ 세일즈 단계별로 활동 지침의 개념으로 구성된 프로세스이며 적극적이고 주도적인 형태의 세일즈 업종에서 보편적인 프로세스의 기준이 되고 있다.

    ⓒ 프로세스 단계

프로세스	주요 활동	목표
Prospecting 가망고객 발굴 단계	가망고객을 발굴하는 활동으로 소개 요청, DM 발송 등	세일즈 상담의 시작 단계
Telephone Approach 면담 약속 잡기	가망고객에게 전화를 걸어 면담 약속을 확보하는 활동	초회 면담 일정을 잡음

Approach 초회 면담	가망고객을 만나 필요성을 알리고 관계를 구축하는 활동	신뢰감 구축, 세일즈 상담의 필요성을 인식
Fact & Feeling Finding 고객 정보 및 니즈 발견	고객의 객관적인 상황과 관련 니즈를 발견하는 고객 이해의 활동	효과적인 제안을 위한 정보 확보와 방향 설정
Presentation 상품 설명 및 제안	상품, 서비스를 설명, 제안하는 활동	구매 결정
Closing 반론 극복 및 계약 체결	고객의 염려, 저항, 거절을 효과적으로 응대, 마무리 하는 활동	계약, 지불 등 최종 결정
Customer Service 사후 관리 및 서비스	구매 이후 고객 만족을 위한 지속적인 관계의 유지 및 관리	고객 만족, 추가 계약, 소개 등

③ B2B 세일즈의 10+5단계 프로세스

㉠ 기업과 기업 간에 이루어지는 세일즈는 보다 복잡하고 섬세한 프로세스 단계를 설계해야 하고 고객의 의사결정에 주요한 흐름을 보다 논리적이고 입체적인 관점에서 바라보고 준비해야 한다.

㉡ 다양한 의사결정자가 존재하고 상대적으로 긴 세일즈 과정을 기획하고 평가하며 효과적으로 수행하기 위한 프로세스의 단계로, 경쟁적인 세일즈 상황에서 세일즈맨 혹은 세일즈 조직이 고객의 문제를 해결하는 솔루션을 제공하기 위해 무엇을 해야 하는가에 대한 개념으로 구성되어 있다.

㉢ B2B 세일즈 프로세스 샘플 모델(기술 영업 모델)

주요 과정		프로세스	핵심 활동
프리 마케팅 & 세일즈	상품, 솔루션, 서비스 등을 고객에게 인식시키는 단계	0단계	비즈니스 기획 & 프리 마케팅
		1단계	예상 고객 개척 및 발굴(리스트)
		2단계	상담 약속, 관계 형성의 기초 단계
		3단계	고객의 니즈와 필요사항 파악
제안 과정	상품, 솔루션, 서비스를 설명, 설득하는 단계	4단계	제안서 제출(가격 포함)
		5단계	경쟁력, 차별화, 우수성 설득
		6단계	고객 거절, 염려, 의문사항 해결
고객 동의, 수용 및 계약 과정	상품, 솔루션, 서비스를 고객이 동의하고 수용하여 계약하는 단계	7단계	수주 기업 선정 및 협력사 선정
		8단계	고객 최종결정 및 가격 협상
		9단계	계약 조건의 최종 협의 및 결정
		10단계	계약 체결
팔로 서비스 및 고객 유지 관리 과정	상품, 솔루션, 서비스에 대한 사후 서비스 및 유지, 관리 단계	11단계	납품 및 설치, 검수
		12~15단계	대금 청구 및 수금, 사후 서비스 및 고객 관리 등

03 고객 상담 전략

목표를 가지고 진행되는 세일즈 상담에서는 고객의 상황을 이해하면서 이를 효과적으로 전개할 수 있는 전략이 필요하다. 이러한 고객 상담 전략은 세일즈 방향을 일관되게 유지하면서 서비스 제공자의 주도적인 세일즈 활동을 돕는 효과적인 도구이다.

1 세일즈 고객 상담의 기본 구조 이해

① 상담의 효과적인 흐름 : 질문과 경청

효과적인 질문으로 시작하여 고객의 이야기에 적극적인 경청을 표현하여 재질문으로 이어지는 구성으로, 질문–경청(기본단계)–경청(고급단계)–질문의 흐름으로 이어지는 구조이다.

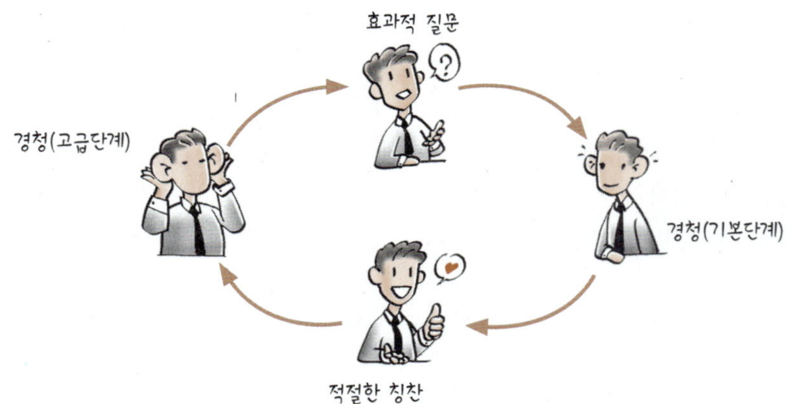

② 상담의 목적 : 세일즈 상담의 진전, 구매 결정 및 관계의 강화

- 세일즈 커뮤니케이션은 상담의 진전 혹은 고객 구매 결정 등의 명확한 목적이 있다.
- 의심–잠재–일반–단골–옹호 고객의 5단계 분류를 기준으로 하여 세일즈 커뮤니케이션을 통해 관계를 강화, 진전, 유지시키고자 하는 목적이 있다.

③ 상담에서 전달할 내용 : 세일즈 상담에서 고객에게 전달할 주요한 내용

상담의 목적을 이루기 위해 고객 결정에 영향을 미치는 주요한 내용이 무엇인지를 결정해야 한다. 서비스 세일즈에 있어 고객에게 전달해야 하는 주요 내용은 매우 다양하지만 필수적인 구성 요소는 다음과 같이 분류하여 이해할 수 있다.

분류	내용	사례(건강검진 패키지/웨딩플래너 상담)
필요성 부각	상품, 서비스 혹은 상담이 왜 필요한가에 대해 안내하고 설득하는 내용이다.	예 건강검진 서비스가 주기적으로 필요한 이유 예 결혼식 준비를 위한 전문 프로그램의 필요성을 안내

원칙과 기준의 안내	상품, 서비스에 대한 서비스 제공자의 전문성을 토대로 고객에게 정보를 제공하는 내용으로 고객이 상담을 받아야 하는 이유이자 근거가 될 수 있다.	예 건강관리에 도움이 되는 효과적인 건강검진의 원칙에 대한 안내 예 만족스러운 결혼식의 여러 부문을 결정하고 서비스 하는 원칙과 기준에 대한 안내
고객 정보와 니즈 확인	고객과의 공감대가 형성된 이후 고객의 니즈를 확인하고 고객 상황에 맞는 적절한 제안을 하기 위한 고객 정보 확인을 위해 상담 내용이 구성되어야 한다.	예 건강검진을 자꾸 미루게 되는 이유와 이를 극복하기 위한 고객의 요구 사항 확인 예 추구하고자 하는 결혼식의 핵심 콘셉트와 하객의 숫자 및 대략의 기대 예산 범위 등의 확인
상품, 서비스에 대한 안내	고객이 의사결정을 내리기 위해 필요한 상품, 서비스에 대한 정보를 전달해야 하며 이는 객관적인 사실과 장점 및 고객 이점 등의 내용으로 구성된다.	예 우리 병원에서 진행하는 건강검진 서비스의 주요 사항과 장점 등을 안내 예 결혼식 프로그램의 모듈과 각각의 장·단점의 비교 안내
해결안의 제시	서비스 제공자가 제안하는 내용이 고객의 니즈에 부합되고 고객의 문제점을 해결하는 솔루션임을 전달한다.	예 고객의 상황과 의사를 통해 적합하다고 판단되는 건강검진 패키지를 제안 예 고객의 상황에 잘 부합되는 두 가지 정도의 최종적인 프로그램을 제시

④ **전달 효과 : 고객에게 전달할 주요 내용들의 전달 효과를 높이기 위한 방법**

서비스 제공자가 전달하고자 하는 내용을 고객에게 효과적으로 이해, 설득시키기 위해 내용의 구성, 순서 등을 재구성하거나 다듬는 과정이 필요하다. 이는 전달 내용의 언어적 구성은 물론 말의 어조, 강약, 빠르기 등과 함께 제스처, 눈빛, 표정 등의 비언어적 영역 모두를 포함한다.

2 주요 상담 전략

① **경청 기법**

㉠ 경청은 적극적, 공감적 태도를 기본으로 하되 실제 상담 커뮤니케이션상에서 실천할 수 있는 방법들을 활용하여 표현하는 것이 중요하다.

㉡ 경청의 5단계 활용

1단계 눈맞춤, 끄덕임	2단계 감탄사	3단계 동의 및 추가 이야기	4단계 따라하기 및 정리 기법	5단계 공감적 경청
적절한 표정, 눈맞춤과 끄덕임	적절한 맞장구	고객의 이야기에 곧바로 세일즈의 목적을 이야기 하기보다 적절한 질문으로 고객에게 더 많은 이야기를 할 수 있도록 하는 태도	고객의 이야기 중 세일즈 전개에서 중요한 핵심 단어를 따라하고 고객 이야기의 중요한 내용을 정리하면서 다음 상담으로 자연스럽게 이어갈 수 있도록 하는 기법	고객이 직접 표현하지 않은 부분까지 공감적 태도로 이해하여 이를 표현하는 최고 수준의 경청 기법

② 주도적인 세일즈 전략 · 질문 기법

   ⊙ 효과적인 질문은 고객의 심리적 방어를 해소하고 양적, 질적으로 의미있는 정보를 발견할 수 있고 고객을 존중하는 마음을 전달하여 공감대를 형성하고 대화의 집중도를 높인다.

   ⓒ 서비스 제공자의 효과적인 질문 사용으로 고객은 고객 니즈와 이점을 스스로 발견할 수 있게 된다.

   ⓒ 효과적인 질문의 구조

목표	연속	흐름
• 질문을 통해 고객에게 전달하고자 하는 메시지 • 최종적으로 고객에게 던지고 싶은 목표 질문의 설정	• 단편적인 질문이 아닌 경청과 결합된 질문의 연속으로 자연스러운 대화가 전개되도록 한다. • 최종적인 목표 질문에 앞서 고객에게 던질 수 있는 질문들	• 상담이 진행됨에 따라 질문의 내용이 자연스럽고 논리적인 흐름으로 구성되도록 한다. • 목표 질문을 던질 수 있는 흐름으로 구성
예 A와 B 중 어떤 상품이 더 마음에 드시는지요?	예 언제 사용할 계획인지? 누가 사용할 건지? 그 전에 사용한 경험은?	예 어떤 문제가? 그 문제가 실제 발생한다면? 문제를 예방한다면? 해결안이 있다면?

   ⓔ 목표 질문의 개념

     – 세일즈 상담을 진행하면서 진전을 이루거나 고객 설득의 중요한 포인트가 될 수 있는 질문을 의미하며 최종적으로는 구매를 유도하는 질문이 될 수 있다.

     – 목표 질문에서 고객의 동의를 얻게 되면 세일즈 프로세스의 각 단계별 진전이 이루어진 것으로 볼 수 있다.

     – 목표 질문을 설정하게 되면 질문의 흐름과 방향의 집중력을 일관되게 유지할 수 있으며 대답하기 어렵거나 모호한 질문이 아닌 구체적인 질문을 준비할 수 있게 된다.

     – 목표 질문은 고객의 최종적인 동의를 목표로 하고 있으므로 연속 질문을 통해 목표 질문의 효과를 높일 수 있도록 계획하여야 한다.

       예 제가 이 상품을 구체적으로 설명드려도 되겠습니까? 고객님께 좋은 제안을 드리기 위해 몇 가지 질문을 드려도 되겠습니까? 고객님께서는 어느 정도의 예산으로 패키지를 준비하는 것이 좋으실까요? A와 B 중 어떤 상품이 더 마음에 드시는지요? 견적서를 작성해 드리면 검토하시기 편하실 것 같습니다만? 등

   ⓜ 프로세스 연속 질문

   목표 질문을 향해 준비된 질문을 연속적으로 전개하여 고객이 질문에 대한 대답을 통해 자연스럽게 스스로의 상황, 문제점, 니즈를 발견하고 앞으로 제시될 세일즈 제안에 동의할 수 있는 근거와 상황을 제시하게 하는 질문 기법이다.

프로세스 연속 질문	질문 내용	문제해결 질문 순서
오프닝 질문	• 대화를 풀어가는 가벼운 질문 형태 • 현재의 상황, 의견, 성향 등 개략적인 정보 파악이 목적	상황질문 – 배경 사실과 자료 수집을 위한 질문

추가 질문	• 문제점이나 니즈를 파악하는 데 필요한 정보를 얻을 수
	  있는 질문
	• 구입이 필요한 상황, 판단과 결정에 도움이 될 질문
		문제 질문
		– 고객의 문제점이나 어려움
		  을 밝히는 질문

마무리 질문	• 고객이 문제를 해결하거나 니즈를 충족하게 되었을 때
	  얻게 되는 고객 이점을 파악하거나 이끌어내는 질문
	• 서비스 제공자의 역할을 찾아내고 고객의 관심사를 구
	  체적으로 해소할 수 있는 내용으로 구성
	• 목표 질문으로 나아갈 수 있는가를 확인할 수 있다.
		시사 질문
		– 고객의 문제나 어려움이 야
		  기하는 결과를 탐색하여 문
		  제의 중요성을 심화시킨다.

목표 질문	최종적으로 고객에게 하고 싶은 질문(이야기)	해결 질문 – 고객의 문제 해결의 중요성 과 가치를 탐색

③ 세일즈 전달 메시지의 강화 전략 – 고객 이점 표현(FABE 화법)

서비스 제공자가 고객에게 세일즈하고자 하는 상품, 서비스를 특성·장점·이점으로 구분하여 설명할 수 있다. 보편적으로 특성과 장점은 서비스 제공자나 기업의 입장에서 상품과 서비스를 설명하는 관점이라면 이점은 고객의 입장에서 상품과 서비스를 구매하거나 사용해야 하는 이유로 이해할 수 있다. 따라서 이점은 고객이 구매를 결정하는 근본적인 이유이므로 상담 전략에서 가장 중요한 고객 전달 내용 중 하나로 표현되는 것이다.

㉠ 특성, 장점, 이점의 구분

특성(Feature)	장점(Advantage)	이점(Benefit)
• 상품, 서비스의 사실적인 기능 • 고객이 사실을 파악하는데 도움이 되는 사항 • 구체적인 사양, 가격, 특별한 성능이나 기능 등	• 상품, 서비스의 탁월함, 차이점, 차량거리 등 • 고객이 좋은 점으로 인식하고 긍정적으로 판단할 수 있다. • 좋은 점, 탁월한 점, 보편적으로 인정되는 장점	• 상품, 서비스를 통해 얻게 되는 이익이나 문제의 해결 • 고객 구매의 결정적인 이유 • 특성이나 장점이 고객에게 어떤 영향을 미치고 그래서 무엇이 어떻게 변화되는가
예 높은 층에 배정되어 시내가 내려다 보이는 전망을 보유한 객실	예 만족스러운 멋진 전망을 제공 예 탁월한 홍콩시내 전망 보유 예 가장 좋은 야경 포인트	예 스카이라운지 바를 연상할 수 있는 멋진 나만의 공간을 소유 예 쉽게 가질 수 없는 특권으로 잊을 수 없는 추억을~

ⓛ 특성, 장점, 이점의 연결 화법

- 고객 구매의 결정적 이유인 이점을 어떻게 표현하는가의 전략으로 상담 상황이나 전달 화법의 뉘앙스에 따라 달라지게 된다.
- 특성과 장점은 이점에 비해 보다 객관적이고 사실적인 내용이므로 이점으로 설득하는 경우 고객의 판단 근거로 작용되므로 이점과 함께 사용하여 전체적인 상담을 효율적으로 구성할 수 있다.

연결 화법의 종류	화법의 구성	화법의 적용
상향식 연결 특성-장점-이점	• 특성과 장점에 대한 객관적 설명 이후 이점을 표현 • 미괄식 구조	• 구매 결정을 유도하는 구조 • 고객 니즈가 구체화되었거나 여러 대안을 놓고 검토하는 경우에 효과적 • 고객이 설명에 집중하고 있는 경우
하향식 연결 이점-장점-특성	• 고객 이점을 먼저 표현한 이후 그 근거로써 장점과 특성을 설명 • 두괄식 구조	• 고객의 구매 동기를 자극하는 구조 • 고객 니즈가 구체화되지 않은 단계에서 자극을 주고 근거를 제시하는 순서 • 고객의 집중력을 유도해야 하는 경우

ⓒ 상향식, 하향식 화법의 설득력과 뉘앙스의 비교 예시

상향식 화법	여러 가지 상품을 비교하는 고객에게 전달
이 객실은 최고층에 배정되어 있어 아주 좋은 전망을 가지고 있습니다. 한눈에 멋진 홍콩의 야경을 즐기실 수 있습니다. 다른 여행객들이 얻을 수 없는 특권을 소유하시게 되는 것입니다. 마치 스카이라운지를 연상할 수 있는 나만의 공간에서 잊을 수 없는 추억을 가지게 되실 것입니다.	

하향식 화법	고객의 관심을 끌고 구매 동기를 자극하면서 전개함
고객님, 홍콩에서의 하룻밤을 다른 사람들의 경험과는 확실하게 다른 멋진 추억으로 만드신다면 어떠십니까? 여기 스카이라운지에서 즐기는 바와 같은 나만의 공간을 소유할 수 있게 해드릴 수 있는 방법이 있습니다. 이 객실은 한눈에 멋진 홍콩의 야경을 즐길 수 있는 전망을 가지고 있습니다. 여기 보시는 것처럼 최고층에 배정되어 있어 홍콩 최고의 전망이라고 말씀드릴 수 있습니다.	

ⓔ 이점 표현의 영역

- 세일즈 하는 상품, 서비스를 이점으로 표현 (예 오래 사용할 수 있습니다. → 교체에 대한 부담없이 사용할 수 있습니다.)
- 서비스 기업, 브랜드에 대한 안내를 이점으로 표현 (예 브랜드 → 많은 사람들이 인정하는 검증된 브랜드는 안전합니다.)
- 각종 제도, 특별한 상황을 이점으로 표현 (예 특별 할인 기간 → 쇼핑 후 귀가하시는 길에 멋진 곳에서 외식을 할 수 있는 정도의 할인 이벤트입니다.)

So What?으로 질문하기

세일즈 하는 상품, 서비스의 이점을 찾고 발견하는 것은 쉽지만은 않습니다. 또한 장점과 이점의 경계가 모호한 것도 사실입니다. 따라서 이점이 과연 어떤 것인가를 정의할 때는 이론적인 느낌보다는 이점 표현의 목표를 기억하는 것이 더 좋습니다. 고객 이점은 고객이 상품, 서비스를 사용하였을 때의 만족감을 쉽게 상상할 수 있도록 하고 미처 생각지 않았던 고객의 혜택과 이익을 전달함으로써 고객의 구매 동기를 생생하게 자극하는 데 목표가 있다는 점이 중요한 것이지요. 이때 장점과 이점을 구분하기 위해 우리는 "So What?"이라는 질문을 던져 봅니다. 예를 들어 아름다운 풍경을 감상할 수 있다고 광고하는 커피숍이 있다고 가정해 보면 어떨까요? 아름다운 풍경이라는 점은 장점으로써 충분한 매력이 될 수 있습니다만 우리의 이익과 혜택을 생생하게 전달하지 못하고 '내 것'이 되기에는 조금은 부족합니다. 이때 "그래서 뭐가 어떻다는 것인가?"라는 질문을 던져 아름다운 풍경을 감상하면 커피가 더 맛있게 느껴질 것이다, 그 자리에서 나누는 대화가 아름다워질 것이다, 시간과 돈이 아깝지 않을 것이다 등 더 구체적이고 생생한 고객의 이익과 혜택이 표현될 수 있다는 것입니다.

ⓜ 특성, 장점, 이점에 영향력을 미치는 근거(Evidence)

　근거(evidence)는 특성, 장점, 이점을 객관화하고 증명할 수 있는 다양한 증거를 의미한다. 언론의 보도, 통계, 실험 결과, 시연, 사진 등 다양한 증거를 통해 특성, 장점, 이점의 설득력을 높일 수 있다.

　　예 홍콩의 야경이 한눈에 보이는 객실 전망 사진, 객실을 사용했던 고객들의 경험담이 담긴 인터넷 블로그 내용, 홍콩 여행 잡지에 소개된 기사 등

플러스 tip

고객 이점을 이해하는 다양한 연구

고객 구매의 이유를 밝히는 연구는 고객 이점을 이해하고 효과적인 고객 상담 전략 수립에 도움을 줄 수 있다.

1. 〈지갑을 여는 힘 바잉 트렌스〉에서 조 비테일이 연구한 상품 구입의 26가지 이유

1. 돈을 번다.	2. 돈을 절약한다.	3. 시간을 절약한다.
4. 노력을 하지 않아도 된다.	5. 육체적인 고통을 피한다.	6. 더 편안해진다.
7. 더 깨끗해진다.	8. 더 건강해진다.	9. 칭찬받는다.
10. 인기를 얻는다.	11. 이성을 매료시킨다.	12. 소유물을 보존한다
13. 가족을 보호한다.	14. 더 즐거워진다.	15. 호기심을 충족시킨다.
16. 유행에 뒤처지지 않는다.	17. 아름다운 물건을 소유한다.	18. 식욕을 충족시킨다.
19. 다른 사람에게 뒤처지지 않는다.		20. 문제를 피한다.
21. 비난을 피한다.	22. 개성을 찾는다.	23. 좋은 평판을 유지한다.
24. 기회를 이용한다.	25. 안전해진다.	26. 업무가 쉬워진다.

2. 〈구매의 심리학〉에서 케빈 호건과 윌리엄 호튼이 제시하는 16가지 구매의 욕구

평화, 식욕, 성욕, 경쟁, 보금자리, 사회적 관계, 영향력, 지위, 자립, 육체적 활동, 알고자 하는 욕구, 수용, 신의, 이타심, 질서, 저축

④ 공감대를 이끄는 표현 전략 – 정의내리기 기법

㉠ 정의내리기란 어떤 말이나 사물의 뜻을 명백히 밝혀 규정한다는 의미로 세일즈에서는 고객에게 전달하고자 하는 메시지의 본질적인 의미를 밝힘으로써 고객의 생각을 자극하고 메시지의 강조점을 부각하는 기법으로 활용할 수 있다.

㉡ 정의내리기 기법을 활용한 상담 화법의 제작

- 의미, 비유, 상징의 세 가지 기법을 하나 이상 사용하여 정의내리기 화법을 제작할 수 있다.
- 정의내리기 기법은 고객에게 전달하고자 하는 상품, 서비스의 이점을 좀 더 효과적으로 표현하는 방법으로 이해할 수 있다.

의미	세일즈 하는 상품, 서비스가 고객에게 어떤 의미인가	예 보험은 보호를 의미한다. (보험은 소중한 것을 보호하는 의미를 담고 있습니다.)
비유	부여된 의미를 표현할 수 있는 비유의 대상으로 연결	예 보호의 의미로 우산에 비유함. (갑자기 내리는 비를 막아주는 우산과 같습니다.)
상징	의미와 비유를 통해 완성한 상징 혹은 이미지를 하나의 문장으로 정의	예 합리적인 준비로 상징함. (정말 필요할 때 우리 스스로를 돕기 위한 합리적인 준비입니다.)

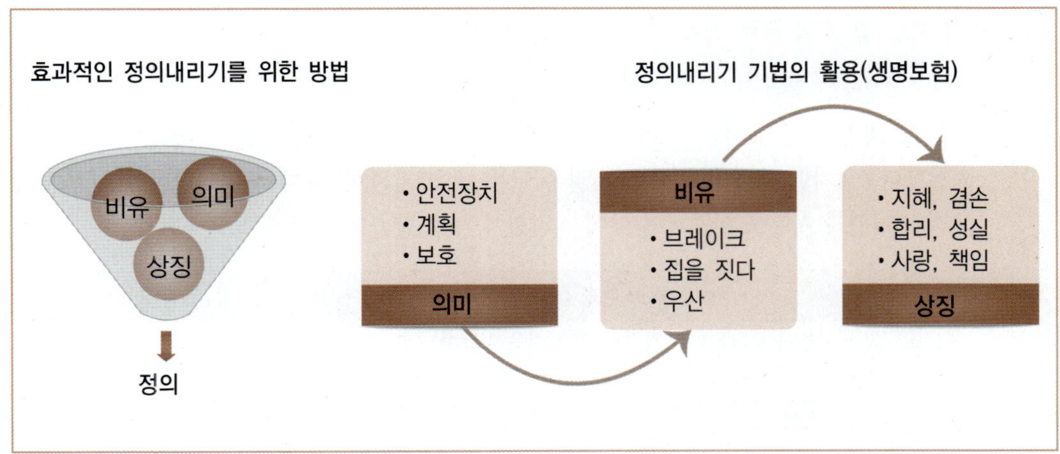

ⓒ 세일즈 상담에서의 정의내리기 효과

- 정제된 단어와 문장으로 그 의미를 재해석하여 은유적으로 새롭게 표현할 수 있다.
- 남다른 시각, 전문가적 분석을 통해 상품, 서비스의 가치를 더하고 의미를 부여하여 고객 만족의 범위와 깊이를 향상시킨다.
- 고객의 호기심을 자극하고 고객이 스스로 상품, 서비스의 이점을 상상해 볼 수 있어 설득력이 강화된다.
- 직설적인 표현에 비해 고객의 부담이 적고 전달하고자 하는 핵심을 표현할 수 있다.
- 서비스 제공자가 고객에게 전달하고자 하는 본질적인 가치를 탐색하게 하는 고객 관점 강화의 훈련 효과를 가진다.

ⓔ 정의내리기 기법의 활용

서비스 제공자 및 조직은 정의내리기 기법을 세일즈 상담의 전략과 기법에 활용함에 있어 다양한 분야에서 이를 적용할 수 있다.

나의 직업에 대한 정의내리기	고객에게 서비스 제공자가 자신의 역할과 직업을 어떻게 알리는가에 대한 부분으로 동시에 서비스 제공자와 조직이 스스로의 역할을 어떻게 이해하고 있는가에 대한 소명의식에 해당하는 영역이다.	예 호텔 컨벤션 센터 - 고객님의 빛나는 순간을 다듬는 보석 세공사와 같은 역할을 합니다.
세일즈 상품 및 서비스의 본질 및 다양한 기능	상품과 서비스에 대한 가치와 의미를 스스로 부여하여 이를 고객에게 전달함으로써 고객이 상품, 서비스에 대해 새롭게 인지하는 계기와 함께 설득의 근거를 제공한다.	예 투자 상품 - 천천히 가는 마음 편한 에스컬레이터입니다.
고객의 상황에 대한 이해	고객 상황에 대해 서비스 제공자가 이해하고 있으며 이러한 상황이 세일즈하고자 하는 상품, 서비스에 어떻게 반영될 수 있는가의 복선 역할을 수행한다.	예 적금 만기 수령 - 누구나 꿈꾸지만 아무나 해낼 수 없는 행복한 순간

⑤ 고객의 저항 및 거절 극복 전략 · 고객의 거절 응대

㉠ 고객 저항 및 거절의 네 가지 유형

세일즈 과정에서 고객들은 매우 다양한 이유와 표현으로 구매를 거절하거나 저항을 표현한다. 하지만 대체적인 고객 거절은 모두 네 가지 유형 내에서 일어나며 각 유형별로 고객의 거절과 저항을 이해하여 이에 적절한 응대 전략을 선택할 수 있다.

유형	주요 표현과 내용	응대 전략
지불에 대한 저항	• '비용이 부담된다', '가격이 비싼 것은 아닐까' • 지불 금액이 구매 후 만족감이나 실질적인 가치와 비교했을 때 적절한지의 판단이 어렵다는 의미이다.	고객 이점을 다른 비용과 함께 충분히 고려할 수 있도록 안내

꼼꼼한 결정자	• '좀 더 생각해 보겠다', '이 방법이 최선일까?' • 여러 가지의 대안을 두고 고민하는 경우 구매 결정에 앞서 더 세부적인 부분까지 검토하고자 한다.	고객의 상황에 맞는 최적의 제안임을 근거를 가지고 설명함. 여유를 가지고 판단할 수 있는 상황을 조성
염려, 위험 회피형	• '확신이 안 선다', '구매하고 후회하면 어쩌지?' • 꼼꼼해서라기보다는 후회가 걱정되는 경우로 결정에 앞서 염려가 강해지는 경우이다.	고객이 자신의 염려 사항을 표현하도록 하고 이를 이해하고 해소시켜주는 응대
니즈의 재확인형	• '꼭 필요한 것인지 모르겠다', '나에게 필요한가?' • 상품, 서비스에 대한 니즈와 이점을 명확하게 인식하지 못한 상태에서 구매의 압박을 느끼는 경우 저항 혹은 거절로 표현되는 경우이다.	고객의 필요성을 일방적으로 설득하기보다는 질문, 경청의 구조를 통해 프로세스를 재전개

ⓛ 세일즈 상담 과정에서 고객 관심사의 변화와 저항의 관계

고객과 서비스 제공자 간의 세일즈 프로세스가 진행됨에 따라 고객은 각 단계별로 다양한 저항, 염려, 거절의 표현을 한다. 고객의 관심사가 세일즈 상담 과정에 따라 조금씩 변화되기 때문에 고객의 저항이나 거절도 다양하게 변화되어 표현된다. 이를 이해하면 저항 및 거절을 사전에 예측하고 예방하는 응대 전략을 수립할 수 있다.

- 상담 초기 : 고객은 필요성(needs)과 가격(cost)에 대해 관심을 보이며 평가를 한다.

  예 그렇지 않아도 세탁기를 바꿀까 했는데, 30%나 할인을 하네? 한 번 알아볼까?

- 상담 진행 과정 : 상담이 어느 정도 진행되면 가격보다는 과연 나에게 필요한 것인가와 더불어 해당 상품, 서비스가 최적의 해결안(solution)인가에 대해 관심을 가지게 된다.

  예 그런데 세탁기를 지금 꼭 바꿀 필요가 있을까? 세탁기를 A/S하거나 부품을 교체하는 방법은 어떨까? 이 제품이 정말 나에게 제일 좋은 선택인가?

- 상담의 마무리 단계 : 결정을 할 시점에서는 고객은 리스크(risk)에 가장 초점을 두게 된다. 즉, 선택을 잘못하였을 경우에 겪을 위험, 손해 등에 신경을 많이 쓰기 때문에 갑작스레 다른 대안을 급히 찾아보기도 하며 가격에 대한 부분도 재등장한다.

  예 혹시 사용하기 불편해서 후회하면 어쩌지? 괜히 돈을 많이 써서 다른 계획에 차질이 생기면 어쩌지? 처음 써보는 브랜드인데 고장이 자주 나거나 소음이 심하면 어쩌지?

ⓒ 고객 저항 및 거절 응대 전략

- 기본 전략 : 고객의 반응을 확고한 고객의 거절이나 반대의 개념이 아닌 머뭇거림과 염려의 표현으로 이해하고 응대해야 한다. 또한 핵심적인 고객의 이유를 이해하고자 하는 경청의 태도를 통해 고객에게 반박하는 느낌을 전달하지 말고 적절히 응대할 수 있는 상황을 조성한다.

- 응대 전략 : 고객의 저항과 거절을 서비스 제공자가 재해석하여 전달하고자 하는 내용을 표현하는 응대 기법을 사용한다.

기법	이렇게 생각해 보시면	바로 그래서	오히려 더 좋습니다.
개념	고객에게 새로운 관점이나 생각을 제시하는 기법	고객이 거절하는 이유를 구입의 이유로 바꾸어 고객 상황을 이미 배려하여 제안하고 있음을 표현하는 기법	고객 거절의 요인(마이너스)을 상품, 서비스 제안의 근거(플러스)로 해석하여 고객이 염려하는 부분을 통해 고객 니즈를 재인식 시킨다.
화법	네. 맞습니다. 그런데 이렇게 생각해 보시면~	네. 맞습니다. 그런 이유 때문에... 그래서~~	네. 그렇기 때문에~~
사례	네. 고가의 제품인 것은 사실입니다. 그런데 더 오래 사용할 수 있는 점을 생각하신다면~	네. 고객님께서 경제적인 제품을 원하셨기 때문에 그래서 이 제품을 권유해 드렸습니다. 가격이 올랐지만 훨씬 더 오래 사용하실 수 있기 때문에~	네. 고가의 제품이기때문에 고객님께서 필요하다고 말씀하신 기능들과 내구성을 갖출 수 있습니다. 그 부분을 감안한다면 오히려 저렴한 편입니다. 고객님께서 필요하신 부분이~하다면~

- 예방 전략

세일즈 과정에서 만나는 고객의 저항 및 거절의 유형을 미리 예상하고 분류하여 고객이 미리 자신의 염려와 머뭇거림을 서비스 제공자와의 대화를 통해 일부 해소할 수 있도록 예방하는 전략이다. 이를 통해 세일즈 과정상에서 고객의 저항과 거절의 강도를 줄이거나 예방함으로써 반복적인 저항 및 거절 응대에 따른 비효율을 줄일 수 있다.

기타 다양한 고객 상담의 화법 종류

- 쿠션 화법 : 단호한 표현보다는 미안함을 먼저 표현하여 고객의 저항이나 실망감을 완화하는 화법(예 죄송합니다만, 수고스러우시겠지만, 공교롭게도...)
- 레어드 화법 : 고객이 서비스 제공자의 요청사항을 명령조로 오해할 경우를 대비하여 의뢰형 혹은 질문형으로 바꾸어 전달하는 화법(예 ~이쪽으로 앉으시겠습니까? ~이렇게 하시면 어떨까요?)
- 후광 화법 : 고객이 신뢰할 수 있는 영향력있는 사람(유명인, 관련 기관의 저명인사 등)이나 관련된 자료(매출 자료, 언론 및 통계 자료 등)를 제시하여 고객의 저항을 감소시키고 상품, 서비스의 호감도를 높이는 방법(예 최근의 00프로그램에서도 소개되었던~)
- 보상 화법 : 고객의 저항요인을 다른 강점으로 보완하여 저항을 해소시키고 고객의 이해도를 높여 상품, 서비스의 장점을 더 돋보이게 하는 화법(예 가격이 비싼만큼 아무나 사용할 수 없는 희소성 있는 ~)
- 아론슨 화법 : 부정과 긍정을 한번에 표현할 때는 부정적 내용을 먼저 표현하고 긍정적 내용으로 마무리 하는 것이 좋다는 의미로 고객의 저항 혹은 상품, 서비스의 부정적 요인을 설명할 때 긍정적 표현으로 대화를 마무리 하는 방법(예 공항에서 멀지만 고급스러운 호텔입니다.)
- 부메랑 화법 : 고객의 저항이나 염려 요인이 상품, 서비스의 장점으로 전환시켜 설득하는 화법(예 예식홀이 넓지 않아 오히려 집중력이 분산되지 않을 것입니다.)

Chapter 04 고객 유형별 상담 기법

세일즈에서 발생하는 다양한 고객 상황을 보다 효과적으로 응대하기 위해 고객을 유형별로 이해하고 이에 대한 상담 전략을 사전에 준비함으로써 세일즈의 역량을 강화시킬 수 있다.

1 다양한 세일즈 상황에 대한 이해

① 세일즈의 구성 요소

고객	상품, 서비스	세일즈맨(서비스 제공자 자신)
누가 이 상품, 서비스의 구매 대상자인가?	판매하고자 하는 상품, 서비스는 어떤 것인가?	세일즈 과정을 이끌고 진행하는 사람은 누구인가?

② 세일즈 구성 요소의 다양한 변수

㉠ 고객

- 성별, 연령, 소득, 결혼 및 자녀 여부, 거주 지역, 직업 등의 인구학적 특성이 모두 다르다.
- 라이프 스타일, 개인적인 욕구나 동기, 사회계층, 취미, 개인적 경험 등 사회심리적 특성에 따른 고객의 심층적인 변수가 존재한다.
- 고객들마다 각자의 의사결정 속도와 기준, 개인의 의견을 표현하는 정도, 커뮤니케이션의 능력 등 개인적인 성향이나 성품 등이 다르다.
- 상품, 서비스와 서비스 기업에 대한 과거의 경험, 선입견, 정보, 충성도 등 구매 결정에 영향을 미치는 요소들의 보유 정도가 다르다.

㉡ 상품, 서비스

- 세일즈의 목적물인 상품, 서비스 고객 의사결정 과정의 중요도 및 관여도가 어느 정도인가에 따라 저관여 혹은 고관여 상품으로 나누어지고 이에 따라 세일즈의 과정 및 상담 전략이 달라진다.
- 직접 눈으로 보고 만져지거나 시연해 볼 수 있는 유형의 상품이 기반이 되는 경우와 그렇지 않은 무형의 상품, 서비스인 경우에 따라 세일즈의 전개 형식이나 상담 방식이 달라진다.

- 의사결정의 구조가 복잡하고 기간이 긴 대형 세일즈인 경우와 간단하고 짧은 시간에 결정을 내릴 수 있는 소형 세일즈인 경우에 따라 세일즈의 전략과 준비에 걸리는 에너지 등이 달라진다.

ⓒ 세일즈맨(서비스 제공자 자신)

- 세일즈를 진행하는 서비스 제공자의 세일즈 경험, 지식 및 상품, 서비스에 대한 확신, 자부심 등의 태도에 따라 세일즈 과정의 진행 상황이 달라진다.
- 세일즈맨 개인의 성향, 커뮤니케이션의 수준 등에 따라서도 세일즈 전략과 프로세스의 설계 등이 달라질 수 있다.

③ 다양한 고객 반응에 대한 이해

㉠ 세일즈 상황에서 고객 반응은 고객 개인의 변수와 상품, 서비스의 특색, 서비스 제공자인 세일즈맨이 보유한 변수 등에 의해 매우 다양하게 펼쳐지게되므로 고객의 반응은 세일즈의 주요 요소들이 입체적으로 반영된 결과이자 표현이다.

㉡ 세일즈를 진행하는 서비스 제공자는 이러한 변수들을 종합적으로 판단할 수 있어야 하며 고객의 반응에 따라 유연하고 적극적으로 응대해야 한다.

㉢ 유의할 점은 세일즈맨은 다양한 고객 반응에 따라 적극적으로 응대하더라도 세일즈의 방향이나 고객 응대가 즉흥적이거나 일관성을 잃게 되지 않도록 세일즈의 상황을 주도적으로 전개할 수 있는 프로세스와 전략을 보유하고 있어야 한다.

세일즈에 인문학적 소양이 필요한 이유

탁월한 세일즈맨은 고객의 성향을 판단하여 그에 맞는 적절한 고객 응대를 수행합니다. 그만큼 유연하게 상황을 판단하고 세일즈 화법 및 응대를 적용한다는 뜻입니다. 하지만 백인 백색이라는 고객의 상황을 어떻게 판단하게 되는 것일까요? 유능한 세일즈맨은 고객을 백 가지의 색으로 이해하기보다는 본인의 경험과 기준으로 쉽게 분류할 수 있는 몇 가지의 고객 상황으로 이해하고 이를 통해 유연성을 발휘합니다. 이는 고객에 대한 관심과 배려를 바탕으로 고객을 이해하고자하는 세일즈맨의 노력의 결과입니다. 또한 세일즈의 결과를 위해 어떤 고객이라도 잘 응대하겠다는 단순하고 결과론적 접근이 아니라 판매하는 상품, 서비스의 가치에 대한 확신을 바탕으로 고객에게 이를 어떻게 잘 전달할 것인가라는 고민의 결과이기도 합니다.

세일즈를 잘 하기 위한 역량의 바탕에는 고객에 대한 애정과 관심은 물론 인간에 대한 고민이 있습니다.

바로 세일즈맨의 인문학적 소양이 필요한 이유입니다. 사람에 대한 이해를 강화시키는 문학, 역사, 심리학은 물론 다양한 예술적 분야의 관심이 세일즈 활동을 깊이 있게 다져줄 것입니다.

2 다양한 고객 유형별 상담 기법

1) 유의해야 할 고객 반응별 상담 기법

상담을 시작하면서 고객이 보여주는 표현과 반응에 따라 세일즈맨은 다음과 같은 유의사항을 염두에 두고 상담을 진행하는 것이 좋다.

① 전문가처럼 보이고 싶은 고객 유형

ㄱ) 특징

- 자신을 과시하고자 하는 타입으로 모든 것을 다 알고 있는 전문가인 것처럼 유창하게 말하고 행동하고자 한다.
- 자신의 생각이나 주장에 대해 고집을 꺾지 않고 서비스 제공자에게 설득당하지 않으려고 한다.
- 권위적인 느낌으로 서비스 제공자 혹은 동행자의 판단에 영향을 미치려 한다.
- 보편적으로 언어 예절을 지키며 겸손한 듯 행동하지만 강한 우월감과 거만한 인상을 풍기는 타입이다.

ㄴ) 상담 기법

- 고객의 능력과 견해에 대해 경청하고 칭찬의 말로 응수하여 상대를 인정하고 친밀감을 조성한다.
- 고객의 주장에 덧붙여 대안이나 개선안을 유도하되 이를 서비스 제공자의 의견이 아닌 고객의 의견이나 아이디어인 것으로 표현한다.
- 직접적인 반론을 제기하거나 고객의 자존심을 건드리지 않도록 하며 서비스 제공자의 전문성을 드러내기보다는 고객을 지원하고 돕는 입장에서 상담을 전개한다.

  > 예 네. 고객님 말씀처럼 보편적으로는 사용하지 않는 기능입니다. 잘 알고 계시네요. 이런 기능에 대한 이해도가 높으신 것으로 봐서는 고객님께서는 이 기능의 활용도를 이해하고 계실거라 생각됩니다. 잘 알고 계시겠지만 제가 조금 정리해 드려도 되겠습니까?

② 결단력 없고 우유부단한 고객 유형

ㄱ) 특징

- 협조적이고 서비스 제공자에게 질문도 많이 하는 등 활발한 커뮤니케이션을 하지만 스스로 의사결정을 내리는 것을 어려워 한다.
- 의사결정의 기준이나 핵심 요점을 말하기를 회피한다.

ⓛ 상담 기법

- 고객이 자신의 생각을 정리하고 표현할 수 있는 시간적 여유가 필요하다.
- 고객에게 효과적인 질문을 던지면서 자신의 생각을 솔직하게 드러낼 수 있도록 도와준다.
- 고객의 이야기를 잘 정리하여 고객이 객관화하여 인지할 수 있도록 하며 몇 가지의 결정 기준과 선택안을 제시한 후 결정할 수 있도록 유도한다.

> 예 그럼 고객님께서 말씀하신 내용으로 보자면 우선 디자인이 가장 중요하지만 가격이나 다양한 기능들도 검토하고 싶다는 말씀이시죠? 그러면 세 가지 정도의 상품으로 다시 설명을 드려볼까 합니다. 우선 이 세 가지는 고객님이 디자인 측면에서 마음에 드신다고 하셨던 제품입니다. 디자인이 가장 중요하니 그 이후 가격과 기능을 염두에 두고 판단하시는 것이 좋을 것 같습니다. 어떠십니까?

③ 빈정대고 불만이 많은 고객 유형

㉠ 특징

- 서비스 제공자의 상담 내용에 대해 빈정거리거나 비꼬며 말하며 무엇이든 부정적으로 해석하여 표현하는 경우이다.
- 상품, 서비스의 주요한 핵심 이슈보다는 주변의 부수적인 사항이나 서비스 제공자가 사용한 단어의 의미 등에 대해 이야기 한다.

ⓛ 상담 기법

- 정중하게 이야기하고자 하는 방향을 잘 유지하여 전개해야 한다.
- 효과적인 질문을 통해 고객의 진심과 의도가 무엇인지를 파악하고자 노력하되 감정적으로 고객에게 휘말리지 않도록 조심해야 한다.
- 자존심을 존중해 주면서 경우에 따라 핵심적인 사항을 질문하여 세일즈 상담의 목적에 대해 고객의 동의를 얻어내면서 진행하는 것도 필요하다.

> 예 네. 꼭 필요한 상품이 아닐 수도 있고 기업들이 이윤을 창출하기 위해 만들어낸 서비스라고 생각하실 수도 있습니다. 도움을 받고 만족하는 고객들도 있고 그렇지 않은 고객들도 있겠지요. 오늘은 제가 고객님께 이 상품이 도움이 될 수 있는 부분들을 설명해 드리기 위해서 상담을 진행하고자 합니다. 괜찮으시다면 고객님께서 결정을 하시는 데에 도움을 드리려고 하는 것입니다만, 판단은 고객님께서 고객님의 입장과 상황에 맞게 잘 내리시리라 생각합니다.

④ 지나치게 호의적인 고객 유형

㉠ 특징

- 서비스 제공자의 상담에 대해 협조적이며 사교적이고 합리적인 대화를 전개해 나가는 고객이다.
- 하지만 모든 상황에서 상대가 좋아할만한 이야기를 하는 것이 습관이 되어 지킬 수 없는 약속을 하여 서비스 제공자의 이후 세일즈 과정에 혼란을 야기하는 경우가 있다.
- 상대방이 자신을 좋아해 주기를 바라는 욕구로 인해 초기 반응이 표현된다.
- 보편적으로 세일즈 상담에서는 고객이 저항감을 가지거나 염려나 거절을 표현하는 것이 가장 자연스러운 것이며, 세일즈를 진행하는 서비스 제공자가 이를 해소해 주는 과정이 세일즈 과정에서의 진전이다. 따라서 지나치게 호의적인 고객 유형은 서비스 제공자 입장에서는 매우 편안하고 즐거운 상담과정이 되지만 결과적으로는 실망하게 되거나 기타의 문제를 발생시킬 수 있어 유의해야 한다.

㉡ 상담 기법

- 고객의 호의적인 반응을 통해 세일즈의 결과를 추측하거나 불필요하게 기대하지 않고 구체적인 사항으로 재질문하여 고객의 의도를 명확히 한다.
- 고객이 서비스 제공자의 이야기를 제대로 이해하고 있는가에 대해 중간에 동의를 받으면서 세일즈 상담을 진행하는 것이 필요하다.
- 서비스 제공자의 역할에 대해 고객에게 물어보고 확인하여 판단하는 근거로 사용한다.
- 고객이 대화를 주도하게 되는 경우가 있을 수 있으므로 세일즈 상담에서 반드시 전달해야 하는 항목들을 프로세스에 맞게 잘 진행하면서 주도권을 잃지 않도록 해야 한다.
- 경우에 따라서는 고객에게 보편적인 고객의 염려나 저항에 관한 부분을 직접 질문하여 고객의 생각을 정확하게 물어보는 것이 좋다.
    - 예 네. 고객님의 상황에 잘 맞으실 것 같다고 하시니 저도 기분이 좋습니다. 하지만 대체적으로 금융상품은 수익률이 높으면 그만큼 위험한 요소가 따르기도 합니다. 고객님께서 원하시는 투자상품이긴 합니다만 원금 손실에 대한 염려로 인해 많은 고객분들은 처음에는 주저하십니다. 고객님께서는 이 부분에 대해 어떻게 생각하시는지요?

⑤ 의심이 많은 고객 유형

㉠ 특징

- 서비스 제공자의 설명에 대해 의심하며 이것 저것 질문이 많으며 본인이 이미 알고 있는 정보에 대해서도 진위여부를 계속 확인한다.

- 대체로 이미 어떤 정보를 알고 있거나 확인한 경우가 많으며 한 번의 세일즈 상담으로 의사결정을 하지 않으며 서비스 제공자의 세일즈에 설득당하지 않겠다는 의지를 보이기도 한다.

ⓒ 상담 기법
  - 너무 친절하고 자세한 설명은 오히려 고객의 의심이 더 강해지게 하는 원인이 될 수 있다.
  - 간결하게 핵심적인 부분으로 상담하며 고객이 스스로 판단할 수 있도록 명확한 근거를 제시한다.
  - 고객이 궁금한 점이나 염려되는 점을 서비스 제공자에게 마음 편히 표현할 수 있도록 하는 것이 세일즈 진전이나 결과에 더 효과적이다.
  - 상품, 서비스에 대한 서비스 제공자의 확신을 강하면서도 간결하게 전달하여야 하지만 너무 자주 표현하지 않는 것이 좋다.
    예 네. 고객님 이런 중요한 결정을 하실 때에는 여러 가지 측면을 꼼꼼히 검토하시는 것이 좋습니다. 고객님께서 궁금해하시거나 염려되시는 점은 무엇이든 다 말씀하셔도 됩니다.

⑥ 반응이 없고 과묵한 고객 유형

㉠ 특징
  - 특별한 저항이나 염려의 표현도 없고 자신의 기호나 니즈에 대한 표현도 하지 않는 고객 유형이다.
  - 서비스 제공자의 설명을 묵묵히 듣고 특별한 질문도 하지 않는 고객으로 인해 서비스 제공자는 당황하게 되거나 고객의 의중을 파악하지 못해 효과적인 세일즈 전개를 하지 못하게 된다.
  - 고객의 개인적 성향일 수도 있고 세일즈 상담의 상황을 불편해 하는 경우일 수도 있으므로 이 두 가지의 상황을 동시에 고려해 보아야 한다.

ⓒ 상담 기법
  - 고객과의 상담에 앞서 Ice Breaking의 과정을 거치지 못하여 발생된 경우로 생각할 수도 있다.
  - 서비스 제공자가 고객에게 전달하고자 하는 내용이 무엇인지를 알려 고객의 부담을 덜어낼 수 있는 상황을 조성하기 위해 노력해 본다.
  - 고객의 개인적 성향이거나 Ice Breaking 시행이 어려운 상황이라면 선택형 질문으로 시작하여 고객의 의사를 확인하고 점차 개방형, 폐쇄형 질문으로 확대하는 것이 좋다.
  - 낯가림이나 내성적 성격으로 인해 발생된 상황일 수 있으므로 고객이 편안함을 느낄 수 있도록 서비스 제공자가 너무 많은 말을 하기보다는 천천히 부드럽게 상담을 진행하는 것이 좋다.

　예 고객님. 오늘은 제가 원하시는 상품, 서비스가 맞는지 판단하실 수 있도록 조금씩 설명드려 볼까 하는데 괜찮으신지요? 우선 조금 가격대가 높지만 패키지 구성이 잘된 경우와 저렴한 가격대가 장점인 두 가지 상품 중 어떤 것으로 설명드려 볼까요?

2) 고객의 성격 및 성향별 상담 기법

사람들의 성격을 유형별로 구분하는 다양한 심리검사 및 해석 방법이 있다. 인간 관계에서 오는 문제를 해결하고자 하는 필요에 의해서이다. 하지만 세일즈에서는 고객의 성격을 사전에 판단하여 이를 상담에 응용하는 것은 여러 가지 위험 요소를 안고 있다. 고객을 만나는 초기 단계에서 단정적으로 고객 성격 유형을 구분하게 되면 선입견이 생겨 오히려 고객과 공감대를 형성하는 데에 장애물이 되기 때문이다. 더군다나 세일즈라는 상황에서는 고객이 부담을 안고 있고 방어적인 자세로 임하기 때문에 고객의 성향이 왜곡되게 표현될 수 있다. 따라서 고객의 관심사와 의사결정 방향을 존중해 주는 차원에서 고객의 성격을 이해하고자 하는 노력이 더욱 중요하다고 할 수 있다.

① 주도형 / 장군 스타일의 장형 고객

　㉠ 특징

- 주요 관심사가 지금 현재의 시점에 머물러 있으며 타인을 통제하거나 지배하려는 성향이 있다.
- 빠른 의사결정과 세일즈 상황에서 서비스 제공자를 주도하려는 경향이 있다.
- 자신의 품위나 존재감을 중시하는 상품, 서비스에 관심이 많다.
- 서비스 제공자의 세일즈 방식이 마음에 들면 신속하게 의사결정을 내리는 경향이 있다.

　㉡ 상담 기법

- 자아 존중감, 자신의 권위 등이 매우 중요하므로 고객을 존중하는 데에 특별히 더 주의를 기울여야 한다.
- 상품, 서비스를 통해 얻을 이점 : 사회적 지위에 부합, 자아 존중감, 자랑할 수 있는가, 특별함
- 왜 해당 상품, 서비스를 구매해야 하는가의 대 전제를 설명하고 이에 동의를 구한 후에 구체적인 상품, 서비스를 제안하는 것이 좋다.

② 관계지향형 / 따뜻한 가슴형 고객

　㉠ 특징

- 주요 관심사가 과거의 경험과 느낌에 있으며 타인과의 관계를 맺고 그 속에서 인정받고자 하는 욕구가 강하다.

－ 의사결정에 영향을 주는 주변 상황 모두를 고려하고자 하여 쉽게 결정을 내리지 못하는
경향이 있다.
－ 구매에 대해 영향력을 행사하는 누군가를 떠올리며 상품, 서비스를 바라보기 때문에
영향을 주는 대상자가 누구인가에 의해 의사결정의 방향이 달라질 수 있다.

ⓛ 상담 기법
－ 관계를 맺는 것에 의미를 두기 때문에 고객의 감성에 공감해 주는 것이 매우 중요한
포인트이다.
－ 상품, 서비스를 통해 얻을 이점 : 자아 존중과 위로, 행복한 경험, 주변사람으로부터의
인정
－ 고객의 상황을 잘 이해하고 배려하고 있음을 설명하여 고객 맞춤형 제안으로 설득하는
것이 유효하며 고객과 관계된 주변 사람들에 대한 만족감을 찾아 표현해 주는 것이
좋다.
－ 경우에 따라 스스로 결정하는 것을 어려워할 수 있으므로 서비스 제공자가 신뢰를
형성하여 고객의 결정을 지지하고 확신을 부여하는 등의 주도적인 세일즈 전개가
효과적이다.

③ 논리적, 이성적 스타일 / 머리형 고객 유형

㉠ 특징
－ 세일즈 상황에 있어 전반적인 모든 상황을 고려하면서 구매 이후에 어떤 이익과 혜택,
위험 요인이 존재할 수 있는가를 입체적으로 판단하려 하는 성향
－ 명확한 답변을 요구하는 질문을 하고 불확실성을 싫어한다.
－ 본인 스스로 논리적이고 합리적인 판단을 하고자 하며 서비스 제공자의 설명을 통해
판단의 근거가 될 수 있는 다양한 정보를 요구하므로 설명을 유의깊게 듣지만 신속하게
결정을 내릴 이유가 없을 때에는 판단을 보류하거나 생각을 정리할 시간이 필요하다.

ⓛ 상담 기법
－ 논리적이고 정확한 세일즈 설명이 필요하다.
－ 불확실성을 싫어하므로 명확한 장·단점을 설명하고 고객이 표현한 고객 상황에 적절한
이점 표현을 통해 고객이 스스로 판단을 내릴 수 있도록 지원한다.
－ 상품, 서비스를 통해 얻을 이점 : 효율적인 소비, 절약, 합리적 판단, 오래 사용, 높은
가치
－ 세일즈 상담 전체에서 얻은 고객의 결론을 논리적으로 재구성하여 타당한 의사결정임을
지지할 수 있도록 하는 상담이 효과적이다. 따라서 서비스 제공자는 좀 더 치밀하고
섬세하게 세일즈 상담 과정에 집중력을 높일 필요가 있다.

3) 기타 다양한 고객 상황에 따른 고객 응대

① 연령에 따른 고객 응대

학생층인 경우	도움을 준다는 느낌으로 세일즈를 전개
젊은 고객층	고객이 스스로 판단할 수 있도록 하면서 설득하기보다는 여유를 가지고 진행하여 부담감을 줄여야 한다.
연령이 많은 층	고객의 경험이나 의사를 존중하면서 정중히 세일즈를 진행한다. 두 세 가지의 대안으로 좁혀서 고객이 선택할 수 있도록 한다.

② 세일즈 상담의 상황에 따른 응대

어린이를 동반하고 상담하게 되는 경우	• 자녀의 특징을 파악하여 칭찬을 하면서 고객이 상담에 집중할 수 있도록 한다. • 집중할 수 있는 시간이 길지 않으므로 주요 포인트를 핵심적으로 설명할 수 있어야 한다.
동행이 있는 경우	• 동행자의 의견이 반영될 가능성이 높으므로 동행인에게도 상품, 서비스를 동시에 설명하여야 한다. • 개인적인 상담 내용이 포함되어 세일즈 진행에 무리가 간다고 판단되면 다음 기회에 제공할 상담 내용을 고객에게 알려 별도의 기회를 마련한다.
경쟁사 정보를 통해 비교하고자 할 때	• 고객이 알고 있는 정보 이외의 다양하고 객관적인 경쟁사 정보를 제시하면서 상담의 주도권을 확보해야 한다. 고객은 여러 상품, 서비스를 비교하고자 하는 욕구가 있으므로 이를 환영하면서 친절하고 자세하게 장ㆍ단점을 설명한다. • 경쟁사 상품을 일방적으로 비하하지 않도록 하며 좋고 나쁨의 선호도의 문제가 아니라 고객에게 어떤 것이 더 유익하고 적합한지를 관점에 두고 상담하는 것이 좋다.

Chapter 05 MOT 분석 및 관리

직접적인 세일즈가 아닌 경우라도 서비스 전반에 세일즈적 관점, 즉 주도적인 서비스 진행과 고객 관점의 활동을 접목하는 것은 매우 중요하다. MOT 분석은 고객이 서비스 기업을 찾아오는 경우에 서비스 활동을 보다 구체적이고 주도적으로 또한 고객 관점에서 실행하기 위한 효과적인 방법이다. 서비스 세일즈적 관점을 서비스 현장에서 즉시 도입해 볼 수 있으며 동시에 서비스 제공자의 주체적인 활동을 학습시킬 수 있는 학습 도구로 활용하기에도 효과적이다.

1 MOT의 이해

1) MOT(Moment Of Truth)의 의미

① 유래와 정의

ㄱ 고객이 기업의 소속 직원, 서비스 제공자 또는 특정한 자원 등과 접촉하면서 그 서비스의 품질에 대한 인식에 영향을 미치는 상황으로 정의할 수 있다.

- 서비스 제공자와의 접촉 : 서비스 제공자, 조직이 실행하는 서비스, 이미지 등 모든 순간

- 특정한 자원 : 서비스의 물리적 환경, 광고, 상품, 서비스의 포장 등

ㄴ MOT는 '진실의 순간'이라는 뜻이지만 서비스 품질에 대한 인식에 결정적 역할을 하는 의미이므로 '결정적 순간'으로 해석되기도 한다.

ㄷ 유래는 스페인의 투우 용어로 투우사와 소가 일대일로 대결하는 상황에서 투우사가 소의 급소를 찌르는 매우 중요하고 짧은 순간을 말한다.

ㄹ '피하려 해도 피할 수 없는 순간' 혹은 '실수가 허용되지 않는 매우 중요한 순간'을 의미하여 스페인의 마케팅 학자인 리처드 노먼 교수가 서비스 품질 관리를 위해 처음 제창한 용어이다.

② MOT 등장의 배경과 중요성

㉠ 1980년대 스칸디나비아 항공(SAS)의 얀 칼슨 사장이 새로운 경영 기법으로 MOT 마케팅을 도입하여 큰 성공을 거두게 되면서 널리 확산되었다.

㉡ 기존의 마케팅 활동에서 고객은 기업의 메시지를 전달받아 소비를 하는 수동적 대상으로 보았지만 MOT의 관점에서는 고객이 느끼고 인식하는 것을 중요하게 생각하여 고객 중심의 마케팅, 서비스 활동을 전개하게 된다.

㉢ 고객에게 서비스의 품질을 보이는 짧은 순간이 고객의 서비스에 대한 인상을 좌우하게 된다는 사실에 주목하여 고객이 인지하는 매 순간의 서비스 활동 모두를 중요하게 다루게 되었다.

플러스 tip

스칸디나비아 항공의 MOT 마케팅

한 해에 천만 명의 승객이 각 5명의 스칸디나비아 항공사의 종업원과 접촉했으며 접촉 시간은 1회당 평균 15초였음을 강조하여 매 순간이 서비스 성공을 좌우하는 결정적인 순간임을 강조하였다.

MOT의 개념을 통해 서비스 접점 관리를 도입하여 얀 칼슨 사장은 불과 1년 만에 스칸디나비아 항공을 연 8백만 달러의 적자 기업에서 7천만 달러의 흑자 기업으로 전환시켰다.

㉣ MOT 법칙

기업의 서비스 경영에 미치는 고객 접점의 매 순간의 영향력을 통해 MOT 관리의 기본적인 원리와 중요성을 이해할 수 있다.

- 곱셈의 법칙 : 고객은 전체 서비스에 대한 만족도를 고객이 경험한 서비스 접점에서 각각의 만족도의 합으로 인식하는 것이 아니라 곱셈에 의해 결정한다는 의미이다. 즉, 각 접점의 만족도가 아무리 우수하다 하더라도 단 하나의 항목에서 '0'점을 받았다면 전체 서비스의 만족도가 '0'으로 인식된다는 사실이다. 따라서 모든 서비스 접점이 중요하게 다루어져야 한다.

  예 분위기도 좋고 음식맛도 훌륭하였으며 식사 중 서비스도 만족스러웠지만 계산 착오가 발생하여 원래 금액보다 높은 금액을 지불하였다는 사실을 알게 되자 해당 레스토랑에서의 경험은 불쾌한 것으로 기억되었다.

- 통나무 물통의 법칙 : 여러 조각으로 만들어진 통나무 물통에 물을 담을 때 여러 조각 중 단 하나의 조각이라도 깨어지거나 부서지게 되면 그 물통이 담을 수 있는 물의 양은 깨어진 조각의 높이밖에 되지 않는다는 의미이다. 즉, 고객 서비스의 다른 모든 항목이 우수하다 하더라도 부족한 서비스 항목 하나의 품질이 전체 서비스 품질의 기준이 된다는 것으로 고객은 가장 부정적인 서비스에 대한 기억을 가장 오래 유지한다는 현실을 이야기한다.

예 대부분의 매장에서는 편안하게 쇼핑을 하였으나 유독 식품 매장에서는 오랜 시간 계산대 앞에서 기다리는 불편을 겪은 고객은 해당 백화점을 복잡하고 짜증났던 곳으로 기억하게 된다.

- '100-1=0' 법칙 : 사소해 보이는 단 하나의 실수가 전체 서비스에 중요한 영향을 미칠 수 있다는 의미로 곱셈의 법칙과 마찬가지로 모든 서비스 접점을 중요하게 다루어야 한다는 의미이다.

예 대다수의 고객이 만족스러운 식사를 했는데도 불구하고 재방문율이 떨어지는 이유를 확인하자 주차장에서의 오랜 대기시간으로 인한 불편함이 확인되었다.

2) MOT 적용

① MOT의 3요소

㉠ 하드웨어(hardware)

서비스의 물리적 환경(매장의 위치, 분위기), 제공하고자 하는 상품의 품질, 고객이 인지하는 상품, 서비스의 기능 및 편의성 등

㉡ 소프트웨어(software)

서비스 운영 프로세스, 신속한 업무 처리, 서비스 제도, 고객에게 전달되는 상품, 서비스의 이미지, 광고 및 홍보 등의 판촉 활동 등

㉢ 휴먼웨어(human-ware)

서비스 제공자의 전문성, 고객관점의 응대, 표정과 언어, 자세 등 인적 자원을 통해 제공되는 서비스 품질

② MOT 적용의 원칙

㉠ 고객 접점의 모든 순간에 적용한다.

- MOT는 매 순간을 의미하지만 결국 전체 서비스를 구성하는 모든 접점의 MOT를 동시에 고려하여 적용해야 한다.
- 곱셈의 법칙이 적용되는 것이 MOT이므로 고객 접점의 모든 상황을 관리해야 한다.
- 서비스 접점을 전체적으로 바라보고 세분화하여 적용할 수 있어야 한다.

㉡ 고객 관점에서 이해한다.

- 서비스 제공자가 이해하고 있는 고객의 기대와 실제 고객의 생각이나 요구가 다를 수 있다는 점을 기억하고 항상 고객의 관점에서 각 MOT를 바라보고 점검해야 한다.
- 이를 위해 실제 고객의 입장에서 경험해 보고 고객의 현장 목소리에 귀를 기울이는 활동 등을 통해 MOT를 발견하고 MOT에서의 서비스 개선 사항을 도출해야 한다.

2 MOT 분석 및 평가

서비스 조직의 MOT가 서비스 품질에 어떻게 적용되고 관리되는가를 분석하고 평가함으로써 MOT의 중요성은 물론 실제 서비스 실행에 있어 고객 만족을 높이고 불만족 요소를 개선, 보완할 수 있다.

1) MOT 차트 분석 및 평가

① MOT 차트

㉠ 서비스 접점의 각 MOT에서 고객이 가지는 기대를 기준으로 고객 경험을 강화시키는 요소와 손상시키는 요소를 파악하기 위한 분석 및 평가의 방법이다.

㉡ 차트의 중앙에는 고객의 표준적인 기대치가 무엇인지를 작성하고 왼쪽에는 플러스 요인, 오른쪽은 마이너스 요인으로 작용되는 서비스 수행을 작성한다.

㉢ 차트 예시

플러스 요인	표준적인 기대치	마이너스 요인
• 상담원이 자세히 설명하여 쉽게 이해가 된다. • 문제가 신속히 해결된다.	• 한 번의 전화로 해결된다. • 상담원이 문제를 해결해 준다. • 예의 바르게 응대한다.	• 전화 연결이 잘 안된다. • 불친절하다. • 문제가 잘 해결되지 않는다.
동반 자녀를 고려하여 객실을 배정하는 섬세한 서비스	• 예약한 대로 객실이 배정된다. • 친절하게 기본 사항을 안내한다.	객실 위치를 제대로 안내하지 않아 불편을 겪게 된다.

② MOT 차트의 의의

㉠ MOT에 있어 고객의 기대를 고객의 시선에서 재확인하고 서비스 제공자와의 시각차를 좁힐 수 있도록 고객의 기대치를 현실적으로 확인하여 반영할 수 있다.

㉡ 서비스 제공자 및 기업이 각 MOT들을 고객의 관점에서 분석하고 평가할 수 있는 기준으로 현재의 서비스 수행 정도와 향후 개선 방향을 발견하는데 도움을 준다.

2) MOT 사이클의 분석 및 평가

① MOT 사이클

㉠ 서비스의 프로세스에서 나타나는 일련의 MOT를 보여주는 시계모양의 도표로써 '서비스 사이클 차트'라고도 한다.

㉡ 시계모양의 원을 기준으로 서비스 접점의 최초 MOT에서부터 마지막 MOT까지를 시간적 순서에 따라 표시하여 관리할 수 있는 도구이다.

ⓒ MOT 사이클 예시

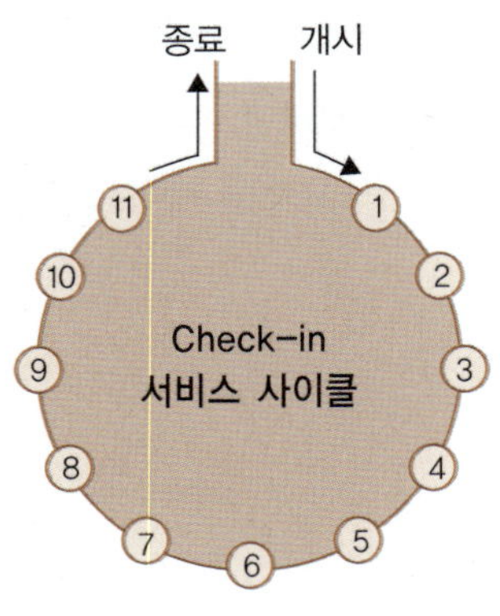

항공사 서비스 MOT 사이클	1. 전화를 걸어 예약
2. 공항 카운터에서 대기	3. 탑승권을 받고 수하물을 부칠 때
4. 탑승구에서 대기할 때	5. 탑승할 때
6. 좌석을 찾을 때	7. 좌석에 탑승했을 때
8. 비행이 시작되었을 때	9. 음료 및 식사가 서비스 될 때
10. 도착하였을 때	11. 수하물을 찾을 때

② MOT 사이클의 의의

㉠ 서비스 프로세스를 고객의 입장에서 이해하고 서비스 접점의 처음과 끝의 전체 과정을 세심하고 정밀하게 분석하고 관리할 수 있다.

㉡ 서비스 제공자들이 자신에게 해당되는 서비스 접점뿐 아니라 전체 서비스 과정을 이해하고 또한 각 서비스 접점의 유기적인 관계를 통해 자신의 MOT 영역의 중요성을 인식하는 효과를 거둘 수 있다.

㉢ MOT 차트에서 반영하지 못한 시간별, 프로세스별 분석을 가능하게 해 준다.

㉣ MOT 사이클의 확장성 : 서비스 접점의 시작과 끝의 시점을 더욱 확장하여 본격적인 서비스 진행 시점 이외에 일어나는 다양하고 포괄적인 상황에 대해서도 분석할 수 있게 해준다.

진화하는 MOT, 확장하는 MOT

글로벌 소비재 기업인 P&G는 2004년 실시한 자체 조사에서 구매고객의 약 75%는 매장을 방문한 이후 상황에 따라 구매 의향을 최종 결정한다는 결과를 얻게 되었습니다. 이 결과의 의미는 고객의 구매 결정이 자사 제품을 구매하도록 하는 수많은 브랜드 메시지로 이루어지기보다는 실제 구매 현장에서의 변수들 속에서 즉흥적으로 이루어지고 있다는 뜻으로, 이를 통해 판매 접점에 대한 마케팅 활동이 강화되어야 한다는 필요성을 느끼게 되었습니다. 이에 P&G는 기존의 전시 위주의 디스플레이와 다양한 판촉 전략에다가 자동차나 전자 제품 세일즈 현장에서 주로 활용되는 판매 방법을 도입하는 등 기존 소비재 산업에서 상대적으로 등한시 하던 판매 접점까지 종합적으로 관리하며 시너지 효과를 창출하려는 시도를 하여 효과를 거두었습니다.

또한 과거의 MOT가 일종의 판매 테크닉으로 이해될 수 있는 한계를 극복하기 위해 다양한 마케팅 심리학을 이용하여 고객이 기업의 서비스 이미지를 어떻게 인지할 것인가를 보다 입체적이고 다양한 방법으로 연구하고 실행하게 되었습니다. 이에 따라 고객이 구매를 하는 순간을 구매 전ㆍ후 단계로 폭을 넓힘으로써 MOT는 고객 관점의 마케팅 영역 전반에 영향을 미치는 개념으로 확장하게 되었습니다.

3) MOT 차트와 MOT 사이클을 활용한 MOT 분석 및 개선

① 고객의 입장으로 고객 접점을 진단한다.

    ㉠ 고객의 관점과 경험으로 현재의 서비스 프로세스를 정밀하게 진단한다.

    ㉡ 다양한 고객 만족의 경우를 조사하여 고객의 불만족 요소를 찾아낸다.

    ㉢ 각 고객 접점에 MOT의 3요소(하드웨어, 소프트웨어, 휴먼웨어)의 관점을 적용하여 바라본다.

    ㉣ 기업의 서비스 품질에 영향을 미치는 고객 접점이 어디에서 시작되어 끝나는지에 대해 고려한다.

    예 병원을 방문하는 고객의 경험을 동선을 따라 걷고 세심하게 관찰한다.

② 고객 접점의 MOT 설계하기

    전체 서비스 프로세스에서 주요한 핵심적인 MOT를 설정한다.

    예 병원 전체의 고객 접점 MOT를 총 8단계로 나누어 본다.

③ 각 MOT를 세분화하여 MOT 사이클로 세분화하기

    ㉠ 기업 전체는 처음부터 끝까지의 MOT 사이클을 세분화하고 하위 서비스 단위는 각 서비스 영역의 MOT 사이클을 세분화하여 작성한다.

    ㉡ 또한 세분화된 각 MOT의 서비스 영역 담당자는 해당 영역의 MOT를 또다시 세분화하여 설계함으로써 서비스 제공자가 고객과의 최초 접촉에서부터 마무리까지의 서비스 흐름을 파악한다.

    예 수납 지점에서의 MOT 사이클 세분화 : 주사실에서 고객이 나올 때 – 수납 대기 중일 때 – 호출할 때 – 수납 금액을 안내할 때 – 결제할 때 – 기타 안내사항을 전달할 때 – 마무리할 때

④ 고객 접점의 시나리오 만들기

    ㉠ 서비스 제공자가 직접 서비스를 수행하는 지점에서의 세분화된 MOT는 보다 효과적이고 구체적으로 서비스 개선을 가능하게 한다.

    ㉡ 서비스 제공자는 MOT 차트를 활용하여 각 MOT에서 표준적인 고객 기대치와 현재의 상황을 점검함으로써 문제점과 개선점을 찾아내게 된다.

    ㉢ 개선점에 맞는 나만의 고객 접점 MOT 시나리오를 구상한다.

    예 안내사항 전달시 고객의 표준적인 기대치 – 상세하고 친절한 설명, 추후 관리사항 안내, 처방전과 영수증 전달, 다음 진료 여부 및 예약 안내 / 플러스 요인 – 의사 지시사항을 간단히 메모하여 전달, 인근 약국에 안내지도 전달 / 마이너스 요인 – 이해하기 어려운 전문용어, 불친절함

⑤ 새로운 고객 접점의 서비스 표준안을 구체화하고 실행하기

각 서비스 접점에서는 단위별로 보다 구체적이고 세분화된 새로운 고객 서비스의 표준안을 만들어서 실행한다.

예 정확하고 친절한 수납 → 고객 수납 안내시 대기 좌석 안내, 수납 금액에 대한 상세한 안내, 진료 후 의사의 추가적인 지시사항 재전달, 인근 약국 안내지도 전달 등으로 더욱 구체적인 고객 서비스 안을 작성하고 실행

플러스 tip

MOT 대응 전략

서비스 현장에서 서비스 제공자들의 MOT 대응 전략은 표준화된 서비스 행동 지침은 물론 다양한 고객 응대 상황에서 그 영향력과 중요성이 강조된다. 다음의 상황별 MOT 대응 유형을 통해 서비스 제공자의 MOT 관리, 실행이 고객 만족에 어떻게 영향을 미치는 지 알아볼 수 있다(CARS 모형).

① 문제 고객에 대한 대처(Coping)

문제 고객의 불만사항에 대한 MOT 관리로 고객 자신에게 문제의 원인이 있지만 이를 인정하지 않고 규범이나 원칙에 어긋나게 행동하는 경우 서비스 제공자의 대응 방식은 이를 지켜보는 다른 고객들로 하여금 서비스 품질에 대한 인상을 좌우하게 한다.

예 너무 큰 소리로 떠드는 고객의 테이블에 가서 온화하고 부드러운 목소리로 좋은 일이 있는지 물어보고 독립된 공간으로 안내해 드릴 것인지에 대해 물어서 고객이 자연스럽게 목소리를 조절할 수 있는 분위기를 연출함(VS 고객에게 조용히 해줄 것을 요청하여 불만이 야기되는 경우)

② 고객의 다양한 니즈나 요구 사항에 대한 대처(Adaptability)

고객의 특별한 요구사항이나 니즈에 대해 서비스 프로세스나 시스템이 어느 수준에서 적응 가능한가의 정도이며 이는 서비스 제공자의 고객 지향적이고 유연한 대처 능력을 의미하기도 한다. 고객은 자신의 특별한 요구에 유연하게 반응하는 서비스를 원하며 이를 받아들이는 서비스 실행에 만족을 느끼고 그렇지 않은 경우 불만족을 느끼게 된다.

예 예약 인원보다 초과된 인원이 레스토랑을 방문하여 추가 테이블과 좌석을 요구하는 경우 - 서비스 조직이 유연하고 민첩하게 고객 요구사항을 적응하는 경우 VS 불가함을 통보하는 경우

③ 서비스 실패에 대한 대응(Recovery)

서비스 실패 상황에서 고객 불만에 대응하는 서비스 제공자의 행동에 따라 고객들은 만족과 불만족을 강하게 경험하고 기억하게 된다.

예 호텔에서 초과 예약으로 인해 고객이 객실을 배정받지 못한 경우 - 동일한 가격에 스위트 룸을 제공하거나 동급의 다른 호텔 객실을 알선하면서 무료 숙박권을 증정하는 경우 VS 죄송하다는 말 이외에 아무런 조치도 실행하지 않는 경우

④ 기타 서비스 제공자의 자발적인 행동(Spontaneity)

고객이 요구하지 않은 상황에서 관심을 가지거나 기대 이상의 추가적인 서비스를 제공받는 경우 고객은 큰 만족을 경험한다.

예 비가 오는 날 우산을 가져오지 않은 고객에게 우산을 빌려주는 레스토랑의 매니저

- **서비스 세일즈** : 기업의 상품과 서비스가 고객에게 전달되는 일련의 과정에서 상품과 서비스의 품질을 고객이 이해하고 만족할 수 있도록 고객의 구매의사결정 과정을 돕거나 긍정적인 영향력을 미칠 수 있는 모든 행위이다.

- **서비스 세일즈의 시대적 배경** : 수요와 공급의 변화, 다양한 상품과 서비스의 등장, 서비스 기업 간의 치열한 경쟁, 고객 욕구의 다양화, 고객 욕구의 증가, 기업 경영의 핵심 가치 변화

- **서비스 세일즈의 구성 요소** : 기능적 측면(커뮤니케이션, 고객개발 및 유지, 기업 영역 확대), 구조적 측면(서비스 세일즈맨, 서비스 세일즈 조직 및 관리자, 서비스 세일즈 화법 및 주요 콘셉트, 서비스 세일즈 지원체계)

- **서비스 세일즈의 특성** : 목표, 변수, 부담감(과정, 결과), 평가와 보상

- **서비스 세일즈 전략 수립의 기대효과** : 공통의 방향 수립, 가치 부여 및 의사결정에 긍정적 영향, 세일즈 과정의 평가 및 방향 설정, 매출과 수익에 기여

- **서비스 세일즈 평가 요소** : 목표 달성, 성장률, 고객 만족도, 세일즈 조직 구성원, 세일즈 조직의 안정성 및 경영 능력 평가

- **서비스 세일즈 과정의 역량 평가** : Skill, Market, Basic, Attitude

- **세일즈 단계별 전략 수립의 주요 이슈** : 고객 확보, 초회 면담, 고객 니즈의 발견 및 개발 과정, 최적의 제안 및 마무리

- **초회 면담의 주요 전략** : 상품, 서비스의 필요성 부각, 기준 및 원칙 제시, 전문성 부각 및 상담의 진행단계 안내

- **서비스 세일즈 프로세스의 기대 효과** : 계획성, 반복, 정형성, 선순환, 매출의 예측, 발전성

- **MOA-DC 프로세스 모형** : 고객 발굴, 개발(Market) - 공감대 형성(Opening) - 상담의 진전(Advance) - 설명과 지원(Designing) - 제안과 마무리(Closing)

- **프로세스 7단계 모형** : 가망고객 발굴 단계 - 면담 약속 잡기 - 초회 면담 - 고객 정보 및 니즈 발견 - 상품 설명 및 제안 - 반론 극복 및 계약 체결 - 사후 관리 및 서비스

- **세일즈 상담의 기본 구조** : 상담 흐름, 상담 목적, 상담에서 전달한 주요 내용, 전달 효과

- **효과적인 질문의 구조** : 목표 질문의 설정, 연속 질문의 구조, 목표 질문을 향한 논리적 흐름

- **경청의 5단계** : 눈맞춤과 끄덕임, 감탄사, 동의 및 추가이야기, 따라하기 및 정리, 공감적 경청

- **프로세스 연속 질문** : 오프닝 질문, 추가 질문, 마무리 질문, 목표 질문(상황 질문, 문제 질문, 시사 질문, 해결 질문)

- 특성, 장점, 이점의 구분 및 연결 화법의 종류(상향식 연결, 하향식 연결)

- **정의내리기 기법의 효과 :** 은유적 표현, 고객만족의 범위와 깊이 향상, 고객 호기심의 자극, 설득력 강화, 핵심을 표현, 고객 관점 강화 훈련 가능

- **고객의 선택에 영향을 미치는 다양한 효과 :** 손실 회피, 사회적 입증, 후광 효과, 대조, 비교 효과, 프라이밍 효과, 프레이밍 효과

- **고객 저항 및 거절의 네 가지 유형 :** 지불에 대한 저항, 꼼꼼한 결정자, 염려, 위험 회피형, 니즈의 재확인형

- **다양한 고객 유형별 응대 요령 :** 전문가형, 우유부단형, 불만형, 호의형, 과묵형

- **MOT 법칙 :** 곱셈의 법칙, 통나무 물통의 법칙, 100-1의 법칙

- **MOT 차트 :** 표준적 기대치를 기준으로 플러스 요인과 마이너스 요인으로 구분하여 고객과 서비스 제공자의 시각차를 좁히고 개선 방향을 발견하는 도구

- **MOT 사이클 :** 고객의 입장에서 서비스 접점의 처음과 끝의 전체 과정을 세심하게 분석하고 관리하여 시간별, 프로세스별 MOT를 종합적으로 분석한다.

- **MOT 분석 및 개선 :** 고객 접점 진단 – 접점의 MOT 설계 – 각 MOT를 MOT 사이클로 세분화 – 고객 접점의 시나리오 만들기 – 새로운 고객 접점의 표준안을 구체화하여 실행하기

사례형, 통합형 문제 대비하기

- 서비스와 서비스 세일즈 관점의 차이를 서비스 제공자의 역할에 따라 구분함
- 과거와 달라진 서비스 세일즈의 역할을 서비스 현장에서 서비스 제공자의 행동이나 태도를 통해 이해함
- 서비스 세일즈 과정의 역량 네 가지 측면을 서비스 현장에서의 다양한 능력으로 구분해 내기
- 시장 개발, 유지, 확대를 위한 서비스 제공자의 행동을 판단하기
- 초회 면담의 상황에서 전개해야 하는 주요 활동을 서비스 현장에서 판단하기
- 세일즈 상황을 세일즈 프로세스 모형에 맞게 재배치하기
- 세일즈 상담 상황에서 질문, 경청, 이점, 정의내리기, 거절 응대 등의 세일즈 상담 기법을 활용하거나 판단해 내는 형식
- 세일즈 상담 상황에서 고객 유형별로 효과적, 비효과적 상담을 판단하기
- MOT 차트나 사이클을 해석할 수 있는가를 확인하는 문제
- 특정한 서비스 현장을 통해 MOT를 진단할 수 있는 형식

≫ 실력 평가 문제

01~15 선다형

01 다음 서비스 세일즈에 대한 설명 중 틀린 것은?

① 서비스를 전달하거나 매개로 하여 기업의 재화나 서비스에 대한 대가를 수령하는 것이다.

② 직접적인 세일즈 관점에서는 고객이 상품, 서비스를 구매할 수 있도록 설득하는 과정과 결과를 의미한다.

③ 고객의 구매를 돕고 구매 전·후 과정에서 서비스를 제공함으로써 기업의 세일즈 활동 전반에 긍정적인 영향을 미치는 적극적 개념의 서비스 활동을 포함한다.

④ 기업 경영의 핵심 가치가 고객과의 장기적이고 안정적인 관계 구축으로 변화되면서 서비스 세일즈 활동은 과거에 비해 소극적 개념의 응대 개념으로 축소되는 경향이 있다.

⑤ 과거에 비해 현재의 서비스 세일즈에서는 상품, 서비스 자체보다는 서비스 제공자의 세일즈와 서비스 역량에 경쟁력의 초점이 맞춰져 있다.

해설 고객과의 장기적, 안정적인 관계 구축으로 핵심가치가 변화되면서 상품, 서비스의 구매는 물론 과정상에서의 만족감을 제공해야하므로 서비스 세일즈의 역할은 더욱 중시된다.

02 다음은 서비스 세일즈의 어떤 기능을 설명하고 있는가?

> • 고객에게 상품, 서비스의 특징, 장점, 이점을 설명·설득한다.
> • 고객의 염려나 거절, 질문에 효과적으로 응대하여 고객의 이해를 돕는다.
> • 현장에서의 고객 니즈 및 다양한 의견 등을 서비스 기업에 전달한다.
> • 서비스 세일즈맨에 의해 직접적으로 실행된다.

① 커뮤니케이션 기능　　　　　　② 고객 개발 기능
③ 기업 및 브랜드 인지도 향상 기능　　④ 고객 관리 기능
⑤ 수익성에 대한 예측 기능

해설 기업과 고객 사이에서의 커뮤니케이션 기능을 의미한다.

Answer　1. ④　2. ①

03 다음은 서비스 세일즈의 변화된 역할을 표현한 것이다. 적절하지 않은 것은?

① 과거에는 기업이 원하는 메시지를 일방적으로 전달했다면 현재는 고객과 기업의 입장을 연결하는 역할을 수행한다.

② 과거에는 상품, 서비스를 구매하는 통로였지만 현재는 컨설턴트로서의 역할을 수행하는 방향으로 변화되고 있다.

③ 과거에는 고객이 알 수 없는 욕구를 설득하였지만 현재는 고객이 표현하는 욕구를 찾아서 전달하는 역할을 수행한다.

④ 과거에는 판매 결과에 초점을 맞추었지만 현재에는 판매 전·후 과정 전체에 초점을 맞추어야 하는 상황으로 볼 수 있다.

⑤ 과거에는 어떤 상품, 서비스인가가 중요했지만 현재에는 세일즈를 진행하는 서비스 제공자의 역량에 대한 중요성이 더욱 강조되고 있다.

해설 과거에는 고객이 표현하는 욕구를 해결하는 입장이었다면 현재는 고객의 문제점과 욕구를 서비스 제공자가 주도적으로 파악하고 개발하여 가장 적합한 솔루션을 제안하는 역할로 그 중요성과 깊이가 더해지고 있는 상황이다.

04 다음은 세일즈 평가에 필요한 질문들이다. 다른 나머지와 성격이 다른 것은?

① 주어진 매출 목표를 달성했는가?
② 신규고객을 소개하고 지속적으로 재구매 하는 충성고객의 비중은 어떠한가?
③ 세일즈 조직의 인당 성과에 대한 지표는 어떠한가?
④ 회사가 원하는 상품의 포트폴리오로 판매율이 구성되고 있는가?
⑤ 세일즈 성과 창출을 위한 판촉 활동은 어떻게 이루어지고 있는가?

해설 세일즈 평가의 핵심적인 내용이 아니라 과정상의 평가로 볼 수 있다. 나머지는 모두 결과적인 평가

05 다음은 서비스 세일즈 역량 중 고객 발굴, 관리 및 시장 확대 측면에 대한 평가를 설명하고 있다. 가장 잘 설명한 것은?

① 고객 상담에서 사용하는 다양한 커뮤니케이션 능력이 가장 중요하게 평가된다.
② 신규고객 확보에 대한 중요성과 실질적인 활동을 평가하여 현재는 물론 미래의 세일즈 성과를 예측할 수 있는 중요한 지표가 된다.
③ 고객 만족의 수준을 높이는 다양한 측면에서의 기초 역량 강화 및 심화과정이다.
④ 세일즈 활동을 체계화하고 방향성을 수립하여 여러 역량에 골고루 영향을 미친다.
⑤ 동일한 업무 프로세스에도 고객 만족 및 구매 결과에 차이가 나는 근본적인 요소로 평가되며 나머지 평가 영역 향상의 잠재적 기초가 된다.

해설 ①은 세일즈 스킬의 측면, ③, ④는 기본기를 다지는 학습, 자기 계발의 측면, ⑤는 서비스 제공자의 태도적 측면

06 다음 중 세일즈의 특성을 가장 잘 표현한 것은 무엇인가?

① 세일즈맨은 고객의 반응에 대한 심적 부담을 지니고 있지만 고객은 그렇지 않으므로 부담감의 차이에서 오는 상황적인 특성이 있다.
② 세일즈는 계약이라는 목표를 향하여 진행되기 때문에 세일즈맨이 진행 과정에 대한 평가에 대해 심적 압박을 지니게 되는 것이 세일즈의 특성이다.
③ 고객의 다양한 상황은 매우 자연스러운 현상이며 세일즈맨의 응대능력으로 극복할 수 있으므로 간접적으로 영향을 미치는 요소로 볼 수 있다.
④ 세일즈맨의 컨디션이나 서비스 현장의 상황 등은 변수로 해석되기보다는 역량 강화를 위한 교육, 훈련의 필요성으로 이해해야 한다.
⑤ 세일즈는 궁극적으로 매출 및 고객 창출이라는 결과를 통해 평가받으며 이는 개인과 조직에 다양한 형태의 보상으로 이어진다.

해설 ① 고객도 세일즈맨도 부담을 가지고 진행된다.
② 세일즈맨은 결과와 목표에 대한 압박을 가지게 된다.
③ 고객의 다양한 상황은 직접적인 변수로 작용한다.
④ 세일즈맨의 컨디션과 현장 상황 등도 매우 중요한 변수로 세일즈 상황에 즉각 반영된다.

07 다음은 세일즈 과정에서 어떤 단계에 대한 중요성을 이야기하고 있는 것인가?

> • 세일즈 상황에서 고객과의 만남은 서비스 제공자와 고객 모두 부담감을 가지고 있기 때문에 이를 적절히 해소하여 이후 원활한 세일즈 과정이 진행될 수 있는 기반을 조성해야 한다.
> • 고객에게 신뢰감을 주고 공감대를 형성할 수 있는 기회이며 그렇지 않으면 이후 계속 고객의 저항에 부딪히게 되며 경우에 따라서는 세일즈 과정의 기회를 가질 수 없게 될 수 있다.

① 초회 면담의 중요성　　　　② 니즈 발견의 중요성
③ 고객 발굴의 중요성　　　　④ 최적 제안의 중요성
⑤ 고객 저항 해소의 중요성

해설 초회 면담의 중요성을 설명하고 있으며 전화접촉 및 Ice Breaking 단계 등이 포함되어 있다.

Answer　3. ③　4. ⑤　5. ②　6. ⑤　7. ①

08 다음 중 서비스 세일즈 프로세스의 기대효과가 아닌 것은?

① 계획성– 세일즈 활동을 사전에 준비하고 계획할 수 있도록 한다.

② 유연성 – 다양한 세일즈 상황에 대해 유연하게 응대함으로써 세일즈 경험을 축적하게 한다.

③ 선순환 – 세일즈 과정의 질적 수준이 높아져 고객 구매 확률을 높이고 서비스 세일즈맨은 자신감이 높아져 세일즈 활동의 선순환이 이루어질 수 있도록 한다.

④ 매출의 예측 – 세일즈 활동에 대한 수치적 관리를 통해 매출 예측에 객관적인 기준이 될 수 있다.

⑤ 발전성 – 세일즈 과정과 단계를 수치화하여 분석함으로써 부족한 부분을 수정, 보완, 발전시킬 수 있게 한다.

해설 반복, 정형성 – 정형화된 활동을 통해 세일즈 기술이 습득될 수 있도록 한다.

09 고객과의 올바른 상담원칙에 해당하지 않는 것은? (기출)

① 고객의 말을 끝까지 듣고 경청한다.

② 중요 포인트마다 간단히 메모하고 반복하여 확인한다.

③ 고객의 주장에 논리적으로 설득하면서 자신의 입장을 명확히 한다.

④ 상담 중에 수시로 칭찬과 공감함으로 고객을 신명나게 만든다.

⑤ 감정적인 말에도 미소로 응대하며 고객이 원하는 것이 무엇인지 파악한다.

해설 ③ 고객의 주장에 동조하면서 상대방의 입장을 파악하며 탐색한다.

10 세일즈 상담의 기본 구조에 대한 설명이다. 가장 거리가 먼 것은?

① 세일즈 상담의 효과적인 흐름은 질문과 경청으로 이어지는 구조이다.

② 세일즈 상담의 목적은 상담의 진전 및 구매 결정이라고 할 수 있다.

③ 세일즈 상담도 자연스러운 대화의 흐름이므로 일반적인 커뮤니케이션과 같이 이해하면 된다.

④ 세일즈 상담의 목적을 이루기 위해서는 고객 결정에 영향을 미치는 주요한 내용들을 잘 전달할 수 있어야 한다.

⑤ 고객을 이해, 설득시키기 위해서는 내용의 구성, 순서 등을 전략적으로 재구성하거나 다듬는 과정이 필요하다.

해설 세일즈 상담은 목적이 분명하므로 그에 맞게 구성되고 전개되어야 하는 것이 일반적인 커뮤니케이션과의 다른 점이다.

11 다음은 세일즈 전달 메시지를 강화하기 위한 다양한 전략이다. 적절치 않은 것은?

① 상품, 서비스의 특성과 장점은 고객의 입장에서 상품과 서비스를 구매하거나 사용해야 하는 이유이므로 상담 전략에서 가장 중요한 고객 전달 내용 중 하나이다.

② 고객 구매의 결정적인 이유를 어떻게 표현하는가는 상담 상황이나 전달 화법의 뉘앙스에 따라 달라지게 된다.

③ 근거는 특성, 장점, 이점을 객관화하고 증명할 수 있는 다양한 증거를 의미한다.

④ 세일즈 상담에서의 정의내리기는 고객의 호기심을 자극하고 고객이 스스로 상품, 서비스의 이점을 상상해 볼 수 있어 설득력이 강화되는 메시지 전달 기법이다.

⑤ 세일즈 프로세스가 진행됨에 따라 고객은 저항, 염려, 거절의 표현 방식이나 내용이 달라지게 되는데 이러한 심리적 변화를 염두에 두고 고객 저항에 대한 응대 전략을 수립할 수 있다.

해설 특성과 장점은 판매자의 입장에서 상품과 서비스를 설명하는 관점이고 이점은 고객 입장에서의 구매나 사용 이유라고 할 수 있다. 이점이 고객 구매 결정의 가장 근본적인 이유이므로 상담 전략에서 가장 중요한 고객 전달 내용 중 하나인 것이다.

12 고객의 저항 및 거절은 다양한 유형으로 표현된다. 다음의 고객 저항 및 거절의 표현을 가장 적절히 설명하고 있는 것은 무엇인가?

> '구매하고 후회하면 어쩌지?', '아직 확신이 없어서 결정하기가 어려운데…'

① 여러 가지 대안을 두고 고민하는 경우로 고객의 이점을 다른 비용과 함께 충분히 고려할 수 있도록 안내해야 한다.

② 구매 결정에 앞서 세부적인 부분을 꼼꼼히 결정하고자 여러 가지 대안을 비교하는 경우로 볼 수 있다.

③ 결정에 앞서 염려가 강해지는 경우로 고객이 자신의 염려를 구체적으로 표현할 수 있도록 하여 이를 이해하고 해소하는 응대가 필요하다.

④ 상품, 서비스의 니즈와 이점을 명확히 인식하지 못하는 상태에서 구매 압박을 느끼고 있는 상태의 저항 유형으로 볼 수 있다.

⑤ 제안의 근거를 가지고 설명하면서 여유를 가지고 고객이 판단할 수 있도록 하는 것이 필요하다.

해설 고객 저항의 유형 중 위험을 회피하고자 하는 유형에 가깝다.

13 유의해야 할 고객 반응별 상담 기법을 설명하고 있다. 적절치 않은 것은 무엇인가?

① 전문가처럼 보이고 싶은 고객에게는 직접적인 반론을 제기하거나 고객의 자존심을 건드리지 않도록 하며 고객을 지원하고 돕는 입장에서 상담을 전개해야 한다.

② 결단력이 없고 우유부단한 고객이라면 시간적 여유를 주기보다는 주도적으로 대안을 제시하고 결정을 독려하는 것이 좋다.

③ 빈정대고 불만이 많은 고객 유형에서는 고객의 진심과 의도를 파악하기 위해 효과적인 질문을 통해 상담을 진행하며 세일즈 상담의 목적에 대해 고객의 동의를 얻으며 진행하는 것이 필요하다.

④ 지나치게 호의적인 고객이라면 고객이 상담내용을 제대로 이해하고 있는가에 대해 중간에 동의를 받으며 상담을 진행하고 각 세일즈 주요 프로세스를 정확하게 진행하는 것이 중요하다.

⑤ 의심이 많은 고객이라면 간결하게 상담하면서 고객이 스스로 판단할 수 있도록 명확한 근거를 제시하고 궁금증이나 염려 사항을 마음 편히 표현할 수 있도록 배려하는 것이 좋다.

해설 우유부단한 고객을 재촉하게 되면 결정을 더 못내리거나 결정을 내린 후 후회하거나 반품하는 등 결과가 좋지 않을 수 있다. 자신의 생각을 정리할 수 있는 시간을 주고 고객이 이를 객관적으로 인지할 수 있도록 몇 가지의 결정 기준과 선택안을 제시한 후 결정할 수 있도록 유도한다.

14 MOT에 대한 설명으로 가장 부적절한 것은?

① 고객이 기업의 소속 직원, 서비스 제공자와 접촉하는 순간을 이야기하는 것으로 서비스 품질에 대한 인식에 영향을 미치는 인적 요소를 의미한다.

② 기존의 마케팅 활동에서는 고객을 메시지를 전달받는 수동적 대상으로 보았다면 MOT 관점에서는 고객이 느끼고 인식하는 것을 중요하게 생각하는 고객 중심의 마케팅, 서비스 활동이 전개된다.

③ MOT 적용은 고객 접점의 모든 순간에 적용되므로 모든 접점의 MOT를 동시에 고려해야 한다.

④ 서비스 제공자가 이해하는 고객 기대가 아니라 고객 관점에서의 실질적인 MOT를 바라보고 점검하여 서비스 개선사항을 도출해야 한다.

⑤ 사소해 보이는 단 하나의 실수가 전체 서비스에 중요한 영향을 미칠 수 있다는 의미인 100−1=0의 법칙은 MOT 관리의 기본적인 원리와 중요성을 뜻한다.

해설 MOT는 특정한 자원과의 접촉 등을 포함하며 하드웨어, 소프트웨어, 휴먼웨어의 3요소를 포함하고 있다.

15 다음 중 MOT 사이클에 대한 설명으로 가장 적절한 것은?

① 서비스 접점의 각 MOT에서 고객이 가지는 기대를 기준으로 고객 경험을 강화시키는 요소와 손상시키는 요소를 파악하는 방법이다.

② 고객의 기대를 고객의 시선으로 재확인하고 서비스 제공자와의 시각차를 좁힐 수 있도록 고객의 기대치를 현실적으로 확인하여 반영하는 것에 의의가 있다.

③ 서비스 접점의 최초 MOT에서부터 마지막 MOT까지를 시간적 순서에 따라 표시하여 관리하는 도구이다.

④ 서비스 제공자가 자신에게 해당하는 서비스 접점에 집중하여 이해할 수 있는 효과가 있는 도구이다.

⑤ 중앙에는 고객의 표준적인 기대치를 작성하고 왼쪽은 플러스 요인, 오른쪽은 마이너스 요인의 서비스 수행을 배열한다.

해설 ①, ②, ⑤는 MOT 차트에 대한 설명이다.

④ 서비스 제공자가 전체의 서비스 과정을 이해하고 각 서비스 접점의 유기적 관계를 통해 자신의 MOT 영역의 중요성을 인식하는 효과를 거둔다.

16~18 O/X형

16 효과적인 질문을 통해 고객의 심리적 방어를 해소하고 의미있는 정보를 발견하며 고객 존중의 마음을 전달할 수 있다. (① O, ② X)

해설 효과적인 질문의 이점을 설명하고 있다.

17 세일즈의 다양한 상황은 고객은 물론 상품, 서비스에 대한 고객 의사결정의 관여도 및 유·무형 등의 특색에 따라서도 달라지며 세일즈맨 자신의 성향이나 태도에 따라서도 영향을 받게 된다. (① O, ② X)

해설 고객, 상품과 서비스, 세일즈맨 자신의 세 가지 구성 요소에 의해 세일즈 상황은 다양하게 펼쳐지게 된다.

18 서비스의 가장 민감한 현장인 MOT에서는 곱셈의 법칙이 적용되지 않는다. (기출)

(① O, ② X)

 서비스의 전체 만족도는 MOT 각각의 만족도 합이 아니라 곱에 의해서 결정됨을 주지해야 한다.

19~21 연결형

※ 다음은 세일즈 상담에서 고객에게 전달해야 하는 필수 구성 요소이다. 설명과 구성 요소를 연결하라.

① 필요성 부각 ② 원칙과 기준의 안내
③ 고객 정보와 니즈의 확인 ④ 상품, 서비스에 대한 안내
⑤ 해결안의 제시

19 서비스 제공자의 전문성을 토대로 고객에게 정보를 제공하는 내용으로 고객이 상담을 받아야 하는 이유이자 근거가 될 수 있다. (   )

해설 필요성을 안내한 후 진행되는 객관적인 정보 전달의 개념

20 고객의 상황에 맞는 적절한 제안을 하기 위한 일종의 준비과정이다. (   )

해설 고객과의 공감대가 형성된 후 고객 니즈와 고객 정보를 확인하여 상담 내용을 구성하기 위한 요소이다.

21 서비스 제공자가 제안하는 내용이 고객의 문제점을 해결하는 솔루션임을 전달한다. (   )

해설 고객 니즈에 부합되는 솔루션을 제안하는 내용이 포함되어야 한다.

22 다음은 00면세점의 서비스 관리자들을 대상으로 하는 세일즈 역량 강화 교육과정의 커리큘럼이다. 각 교육 과정이 강화시키고자 하는 관리자들의 서비스 세일즈 역량을 표현한 것 중 가장 거리가 먼 것은 무엇인가?

〈00면세점 서비스 관리자 역량 강화 교육 과정 안내〉

1. 고객 응대 커뮤니케이션 스킬 : 오전 9시~12시
2. '고객의 여행에 행복을 선사하라' 00상무님 특강 : 오후 1시~2시
3. 손님의 시선을 끄는 디스플레이 방법론 : 오후 2~3시
4. 단골 고객 관리 노하우 : 오후 3~5시
5. 망설이는 고객 심리 이해하기 : 오후 5~6시

① 세일즈 스킬의 향상 측면에서 고객 응대 커뮤니케이션 스킬 교육이 실시된다.
② 서비스 현장에서의 좋은 태도를 함양하기 위해 00상무님의 특강이 진행되었다.
③ 디스플레이 방법론은 세일즈 스킬 측면과 관리자로서 기본기를 다지는 학습의 의미도 있으며 동시에 신규고객 유입을 위해 적용된다면 고객 발굴 역량으로도 이해될 수 있다.
④ 단골고객 관리 노하우는 고객 관리 측면에서의 역량 강화로써 세일즈의 기회를 넓히는 활동을 강화하기 위한 교육으로 볼 수 있다.
⑤ 고객 심리의 이해는 고객을 새롭게 발굴하는 역량을 강화하는 교육으로 이해할 수 있다.

해설 세일즈 활동의 기본기를 다지는 학습 및 자기 계발의 측면으로 보는 것이 더 바람직하며 당장의 효과보다는 기본 구조를 익히는 의미에서 그 효과를 찾을 수 있으며, 이러한 내용이 세일즈 상담에 적용된다면 세일즈 스킬 향상 측면에서의 의미도 있을 수 있다.

23 다음은 OO여행사가 기업 인센티브 관광 패키지를 세일즈하기 위해 계획한 활동들이다. 각 활동들을 서비스 세일즈 프로세스의 단계로 볼 때 F와 G단계에서 실행할 활동을 가장 잘 설명한 것은 무엇인가?

A. 관심 기업의 리스트와 전화번호 확보하기

B. 전화하여 담당자 찾기

C. 담당자와 전화로 면담 약속 잡기

D. 인센티브 관광이 기업 행사에 도움이 되는 점 알리기

E. 회사 소개 및 패키지 구성의 기본 구조와 특성, 장점,이점 설명하기

F. (   )

G. (   )

H. 기업 니즈에 맞는 패키지 제안 구성하기

I. 견적, 제안서 제출 및 PT

J. 염려 요소 확인 후 수정하기

K. 계약

L. 행사 진행 및 사후 관리

① 예정된 행사 여부 및 특성과 기업이 원하는 주요 니즈나 가능한 예산 범위 등을 알아보는 정보 수집과 니즈 발견의 단계이다.
② 인센티브 관광이 기업의 목적에 잘 부합됨을 알리고 신뢰를 쌓아가는 과정이다.
③ 인센티브 관광에 대한 담당자의 의문사항과 거절 내용 등을 해결하는 과정이다.
④ 우리 기업의 여행 패키지 세부 내용을 꼼꼼히 설명하는 단계이다.
⑤ 고객 기업의 주요 의사결정자가 누구인지 탐색하는 단계이다.

해설 (고객 발굴) – (전화 접촉) – (초회 면담) – (정보 및 니즈 발견) – (상품 설명 및 제안) – (반론 극복 및 계약 체결) – (사후 관리 및 서비스 단계) 중 정보 및 니즈 발견 단계로 볼 수 있다.

24 다음 질문 사례를 통하여 적합한 질문 유형을 고르시오. (기출)

> 가. 상품 특징에 대한 효과는 어느 정도입니까?
>
>   그동안 우리 제품을 사용하시면서 불편한 점이 무엇입니까?
>
> 나. 현재 마음에 들지 않은 부분은 어떤 것입니까?
>
>   현재 사용하고 계신 컴퓨터에 대한 문제점을 질문해도 되겠습니까?
>
> 다. 그런 문제로 인해 향후 예상되는 손실은 얼마나 될까요?
>
>   시스템 안정이 품질상승뿐만 아니라 원가절감에도 도움이 되겠지요?
>
> 라. 시스템 효율을 증가시킨다면 생산과 품질에는 어떤 영향을 줄까요?
>
>   부장님은 왜 A상품이 더 좋다고 생각하십니까?

① 가. 상황 질문 나. 문제 질문 다. 해결 질문 라. 확대 질문
② 가. 문제 질문 나. 상황 질문 다. 확대 질문 라. 해결 질문
③ 가. 상황 질문 나. 문제 질문 다. 확대 질문 라. 해결 질문
④ 가. 확대 질문 나. 해결 질문 다. 문제 질문 라. 상황 질문
⑤ 가. 해결 질문 나. 확대 질문 다. 상황 질문 라. 문제 질문

해설 상황(정보) 질문 – 문제 질문 – 확대 질문(문제확대 질문, 해결확대 질문) – 해결 질문

※ 다음은 보안업체에서 OO지역의 세일즈를 담당하는 김철수 팀장이 문의 전화를 한 주부 고객을
만나 진행하는 상담 내용이다.

김철수 팀장 : 고객님 문의주셔서 감사합니다. <u>혹시 지금 보안 시스템을 사용하고 계시는</u>
<u>지요? (A)</u>

고　　　객 : 아니요. 이번에 이사를 2층으로 오면서 제가 집도 자주 비우고 할 텐데 좀
염려되기도 하구요, 비용이 어떻게 되는지도 궁금하군요.

김철수 팀장 : <u>네, 저층으로 이사오시면서 필요성을 느끼시게 되셨군요. 이사하면서 여러</u>
<u>가지 신경쓰실 것이 많으셨을 텐데 꼼꼼하게 여러 가지를 검토하시는 편이</u>
<u>시군요. 과거에 검토하신 적이 있으셨는지요?(B)</u>

고　　　객 : 알아본 적은 없는데 큰 저택이나 상업시설에서 사용하는 거라 비싸지 않을
까, 또 괜한 염려를 하는 것은 아닌가 싶기는 한데요.

김철수 팀장 : 네. 보편적으로 그렇게 많이 생각하십니다. <u>고객님께서는 집을 비우실 경</u>
<u>우 안전에 관해 특히 어떤 부분을 염려하시는지요?(C)</u>

고　　　객 : 제가 집을 비우는 동안 도둑이 들어오는 것도 걱정이지만 도둑이 들어온
상태에서 저나 저희 가족이 들어가서 해를 입을까봐 더 걱정이에요.

김철수 팀장 : 그렇죠. 아파트에 설치되는 경우는 고객님처럼 가족의 안전에 신경을 쓰시
는 경우가 대부분입니다. 저희 시스템을 설치하시게 되면(　　　　D　　　　)

고　　　객 : 네. 그렇게 된다면 좋겠네요. 하지만 별일 없을 확률이 더 큰데 괜한 돈을
쓰는 건 아닌가 싶기도 해서요.

김철수 팀장 : <u>네, 바로 그래서 고객님께서 염려하시는 부분을 맞춤형으로 구성하여 아무</u>
<u>일이 없으셔도 비용이 아깝기보다는 안심할 수 있었다는 생각이 들 수 있</u>
<u>는 비용으로 구성할 수 있습니다.(E)</u>

고　　　객 : 그런가요? 그럼 저희 집의 경우에는 어떻게 되죠?

김철수 팀장 : 그럼 <u>제가 저희 시스템의 다양한 기능과 옵션들에 대해 상세히 설명드려</u>
<u>볼까 하는데 어떠십니까?(F)</u>

25 김철수 팀장의 상담내용을 다양한 세일즈 효과의 측면에서 설명한 것이다. 틀린 것은?

① A는 고객 상황을 묻고 편안하게 대답할 수 있는 일반적인 질문으로 오프닝 질문에 해당한다.

② B는 경청과 적절한 칭찬에 이어 재질문으로 이어지는 효과적인 대화의 구조를 보여주고 있다.

③ 위 상담 내용의 흐름에서는 C가 상담의 진전을 이루는 목표 질문으로 이해할 수 있다.

④ 고객의 비용에 대한 염려, 저항에 대해 E를 통해 고객 상황을 이미 배려하여 제안하고 있음을 표현함으로써 효과적으로 응대하고 있다.

⑤ F를 통해 초회 면담에서의 공감대 형성을 끝내고 본격적인 상담의 진전을 이루어내게 되었다.

(해설) 목표 질문은 F로 볼 수 있으며, C는 추가 질문의 형태로 이해하는 것이 더 적절하다.

26 김철수 팀장의 상담내용 중 D 부분을 보안 시스템의 이점으로 표현하고자 한다. 가장 적절하게 표현된 것은 무엇인가?

① 외부 침입이 있을 경우 그 즉시 저희 센터와 가까운 파출소에 경보가 감지됩니다.

② 현재 업계 최고의 보안 장비를 통해 보호받으시는 것입니다.

③ 약 20여 년의 역사를 지닌 검증된 보안 프로그램을 이용하시게 되는 것입니다.

④ 고객님의 가족을 가장 안전하게 지켜드리는 역할을 하게 될 것입니다.

⑤ 저렴한 비용으로 즉시 안전을 책임져 드립니다.

(해설) 이점은 고객이 얻게되는 혜택과 이익을 실질적으로 표현하고 만족감을 전달할 수 있어야 한다. ④번이 가장 이점에 가깝다.

Answer　25. ③　26. ④

PART 02

고객관계관리

기업에 있어서 고객은 자산이며 생존 조건이 되고 있다. 과거에는 좋은 상품 생산 능력이 자산이었다면 이제는 고객이 자산인 시대이다. 또한 이는 단순한 고객 수의 개념을 넘어 고객과 어떤 관계를 형성하느냐의 문제이며 서비스 현장에서는 고객 관계를 어떻게 이해하고 관리할 것인가가 매우 중요한 과제이다.

서비스 현장이 기업 전략에서 차지하는 비중이 높아지는 만큼 서비스 현장도 기업 경영 전략으로써의 고객관계관리(CRM)의 개념을 이해하고 실무에 적용할 수 있는 능력을 갖출 필요가 있다. 고객관계관리의 이해는 서비스 접점에서 서비스 제공자의 고객에 대한 합리적이고 바람직한 태도와 관점을 명확히 하는 데에 도움을 주고 서비스 조직의 체계적이고 실질적인 고객 관리의 방향 설정에 영향을 미친다. 동시에 서비스 기업의 실제 고객관계관리(CRM) 시스템을 이해하고 현장에 적용하는 데에도 의미있게 활용될 것이다.

PART 02 고객관계관리에서는

이번 Part에서	고객관계관리의 개념을 이해함으로써 서비스 제공자로서 고객과의 관계를 획득, 유지, 강화할 수 있는 능력을 향상시킬 수 있다.
학습목표	1. 서비스 접점에서의 기업-고객-서비스 제공자 간의 관계를 이해함으로써 고객 만족을 위한 업무수행 태도를 학습한다. 2. 구매 사이클에 따른 고객변화의 프로세스를 이해함으로써 충성고객을 확보하기 위한 기업의 전략을 알아본다. 3. 효과적인 고객관계관리 구축의 개념과 실행 방법을 이해하고 유사 개념들과의 비교를 통해 고객관계관리의 목적과 의의를 알 수 있다. 4. 현장 접점에서의 실질적인 고객경험관리의 개념을 이해하고 서비스 현장에서의 활용과 적용 방법을 알 수 있다. 5. 성공적인 고객관계관리를 위한 고객 분류의 방법과 의의, 고객 가치에 대한 다양한 접근법을 이해한다.
이번 Part를 학습하고 나면...	• 고객 관계에 대한 입체적인 이해를 통해 서비스 현장의 실질적인 역할을 이해하고 서비스 제공자 역량의 기준을 설정할 수 있다. • 고객 획득, 유지, 충성, 이탈의 프로세스를 통해 각 단계별 고객에 대한 서비스 응대 전략을 설계하고 실천할 수 있도록 서비스 제공자의 역할이 부여되고 서비스 조직을 운영할 수 있다. • 고객 관계를 어떻게 설정하고 관리할 것인가에 대한 개념과 구조를 통해 우리 서비스 현장에 접목할 수 있는 부분을 찾아 구체적인 방법으로 적용할 수 있다. • 서비스 기업의 고객 관계 및 경험 관리의 실행 방법을 이해하여 서비스 현장과의 효과적인 접목을 시도할 수 있다. • 고객에 대한 가치를 명확하게 인식하는 객관적인 연구와 이론을 토대로 우리 서비스 현장에 맞는 개념을 조직에 명확히 인식시켜 서비스 품질을 높일 수 있다.

Chapter 01 고객관계관리 이해

과거 소비자가 단순히 기업이 개발하고 생산한 제품을 소비하는 역할에 머물렀다면 지금의 소비자는 제품의 기획과 개발, 생산과정까지 적극적인 참여를 하고 있으며 인터넷 등을 통하여 자신이 획득한 정보를 다른 소비자와 쉽게 공유하는 시대에 살고 있다. 따라서 기업은 과거와 다른 접근방식을 통하여 고객의 마음을 사로잡기 위해 노력하고 있으며 서비스 접점에서의 기업과 종업원, 고객과의 역학관계를 이해하는 것은 매우 중요한 역량이 되고 있다.

1 고객관계의 개념

상품 판매나 서비스 제공과정에는 필연적으로 고객과 서비스 제공자의 직접적인 상호작용이 발생하며 이러한 상호작용 과정을 통하여 양자 간의 관계가 성립된다. 이러한 관계가 어떻게 형성되느냐에 따라 고객의 구매행위가 일회성으로 끝나기도 하지만 재구매를 통하여 단골관계로 발전하기도 한다.

1) 고객관계의 의미

① 협의적 의미의 고객관계

- ㉠ 고객과 서비스 제공자 간의 상호관계가 서비스를 제공받는 시점에서 이루어질 때의 고객관계로 해석한다.
- ㉡ 고객과 서비스 제공자 간의 관계가 시작됨을 의미한다.
- ㉢ 최초의 구매경험은 재구매 의도에 영향을 주므로 협의적 의미의 고객관계는 매우 중요하다.

② 광의적 의미의 고객관계

- ㉠ 고객과 서비스 제공자 간의 상호관계가 고객이 서비스를 이용하기 전·중·후의 시점 모두에서 이루어지는 것으로 해석한다.
- ㉡ 고객과 서비스 제공자와의 관계를 장기적, 지속적인 것으로 바라본다.
- ㉢ 기업은 고객과의 관계를 지속함으로써 반복 구매를 유도하여 안정적인 거래 관계를 확보하고자 하므로 광의적 의미에서의 고객관계는 매우 중요하다.

③ 지속적 고객관계의 효과

　㉠ 기업 측면

마케팅적 효과	• 기업에 대한 긍정적인 구전 효과 • 고객의 상품, 서비스에 대한 요구사항의 이해도 증가 • 단골고객이 늘어남에 따라 마케팅 비용 절감 • 개별고객을 위한 고객화 서비스 제공 가능
효율의 증대	서비스 제공 절차 간소화의 효과
거래 관계의 확대	교차판매 또는 상향판매의 추가 판매

　㉡ 고객 측면
　　　– 상품이나 서비스를 탐색하는 노력이나 비용 절감이 가능하다.
　　　– 사회적 편익과 특별대우 편익을 받을 수 있으며 고객화 서비스 수혜를 입을 수 있다.
　　　– 서비스 요청 단계를 간소화 할 수 있다.
　　　– 잘못된 선택을 하게 될 확률이 낮아진다.

2 서비스 접점에서의 교환관계

Blau(1964)에 의해 구분되기 시작한 경제적 교환관계와 사회적 교환관계를 통해 서비스 접점에서의 고객 경험과 관계 형성을 효과적으로 이해할 수 있다. 최초 구매 단계에서 고객의 서비스 경험은 비용을 지불하고 이익을 얻는 경제적 교환관계에서의 만족과 서비스 제공자와 고객의 상호작용 속에서 일어나는 사회적 교환관계에서의 만족을 통해 긍정적으로 인식된다. 이러한 서비스 접점에서의 교환관계는 기업과 종업원, 기업과 고객, 종업원과 고객 간의 관계로 세분화하여 살펴볼 수 있다.

1) 경제적 교환관계

① 기업-고객

기업	고객
• 고객의 지불비용에 대한 합당한 서비스 제공	• 획득한 서비스에 대한 합당한 비용 지불

② 기업-종업원

기업	종업원
• 서비스 자원을 사용하여 서비스 생산 • 종업원의 능력, 시간을 서비스 생산에 활용	• 기업에 시간, 능력 제공 및 보상 획득 • 가치 있는 능력 제공 및 성실한 근무 수행

③ **종업원-고객** : 경제적 교환 없음

2) 사회적 교환관계

서비스 현장에서의 서비스 제공자와 고객과의 사회적인 교환관계는 인적 요소 내에서의 기능적 요소와 인간관계적 요소로 해석할 수 있다.

① 서비스 접점의 인적 요소

ㄱ 기능적 요소 : 서비스 직무가 포함하고 있는 기능성을 의미한다. 서비스 제공자 고유의 직무 수행 및 능력을 통해 고객과의 관계가 형성된다.

   예 호텔에서는 도어맨(door attendant), 룸 어탠던트(room attendant) 등의 서비스 제공자가 자신의 직무를 수행. 병원에서 의사는 진료를, 업무 데스크에서는 예약 및 접견 업무 등 고유의 직무를 통해 고객 서비스 접점 활동을 수행한다.

ㄴ 인간관계적 요소 : 서비스 생산자와 고객 사이의 인간관계적 측면을 의미한다. 고유의 직무 능력과는 다른 인간 대 인간으로서의 만남을 통해 형성되는 요소이다.

   − 서비스 접점의 실제 고객 평가는 인간관계적 요소에 의해 이루어지는 경우가 많다.

   − 특히 부정적인 평가의 경우는 기능적 요소에 대한 불만이기보다는 인간관계적인 요소에서 발생하게 된다.

   예 진료(기능적 요소)를 잘 하는 의사라 하더라도 환자와 어떤 인간적 교감과 이해를 바탕으로 하는가에 따라 고객의 만족도와 긍정적 경험의 정도가 달라지게 된다.

ㄷ 기업의 인적 요소 계획 : 기능적 요소와 인간관계적 요소를 동시에 고려하면서 서비스의 유형 및 시장 상황에 맞게 그 비중을 조절하여 판단하고 계획하게 된다.

② 서비스 접점의 교환관계 특수성

ㄱ 종업원-고객관계 : 경제적 자원의 교환관계 없이 사회적 자원의 교환관계만 형성된다.

ㄴ 사회적 교환관계에 영향을 주는 사회적 자원 : 신뢰, 전문성, 대화능력, 인간관계 능력, 문제해결 능력, 대인 매력도 등

   − 거래 관계별 사회적 교환관계 촉진 자원이 달라진다.

최초 거래관계	지속 거래관계
• 대인 매력도	• 전문성, 대화능력, 인간관계 능력, 문제해결 능력, 신뢰 등

ㄷ 정보의 흐름 : 사회적 교환관계에서는 서비스 제공자와 고객 간에 유효하고 의미있는 정보가 교환되는 것이 매우 중요한 요소이다. 유효한 정보 보유, 전달, 제공 능력에 의해 사회적 자원에 대한 고객의 평가가 달라지게 된다.

1) 서비스 인카운터(service encounter)의 개념

서비스 접점에서의 고객과 서비스의 만남, 혹은 특정 서비스와 직접 상호작용하는 순간을 의미한다.

② 서비스 인카운터의 중요성

- ㉠ 서비스에 대한 긍정적인 인상을 갖게 되는 순간이며, 서비스의 구매를 결정하게 된다.
- ㉡ 기업은 서비스 인카운터를 통해 고객의 행동을 구매행동으로 변화시킬 수 있으며 고객이 기업에 대한 잊지 못할 인상을 갖게 되므로 고객관계관리에 있어 매우 중요한 요소이다.

③ 서비스 인카운터의 구성 요소 : 서비스 기업, 현장 종업원, 고객

2) 서비스 인카운터의 구성 요소 간 접점 구도

서비스 인카운터의 3가지 구성 요소는 각각 서비스 인카운터를 지배하기 위해 활동한다. 즉, 서비스 기업과 현장 종업원은 효율성과 자율성, 서비스 기업과 고객은 효율성과 고객만족, 현장 종업원과 고객은 서비스 전달과 인지된 통제라는 상반된 목적 달성을 위해 대립하게 된다.

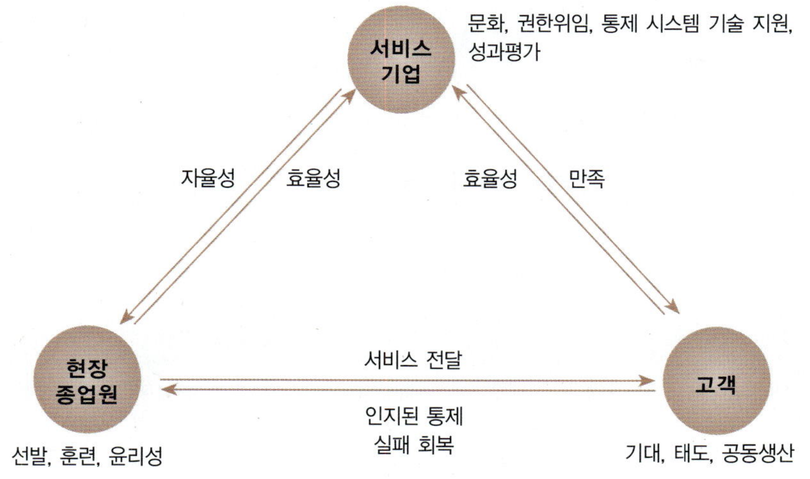

▲ Bateson의 서비스 인카운터

서비스 기업	서비스 생산의 통제를 통제하고 효율성과 비용 우위 추구를 위해 종업원의 서비스 전달을 통제한다. • 종업원의 서비스 제공에 대한 자율권과 재량권 제한 • 서비스 제공에 대한 규칙과 절차 부과 : 서비스 범위 제한 의도로 고객 불만을 유발
종업원	보다 쉽고 긴장감 없는 작업을 위해 고객 행동을 통제 실시
고객	최대한 양질의 서비스 획득을 위한 서비스 인카운터 통제 활동을 실시

3) 서비스 인카운터의 구성 요소별 서비스 접점 관리

① 서비스 기업

　　㉠ **조직 문화** : 구성원에 의해서 공유되는 믿음이나 기대로 조직 내 팀이나 개인의 행동을 규정짓는 규범을 형성

　　㉡ **권한 위임** : 직원을 신뢰하고 권한을 창의적으로 행사하도록 허용

　　㉢ **통제 시스템** : 종업원에게 재량권을 부여하되 통제 시스템도 필요

② 종업원

　　㉠ **현장직원 훈련** : 서비스 실패 또는 문제고객을 접했을 경우 훈련이 필요
　　㉡ **현장직원 선발** : 현장 직원으로서 갖추어야 할 요건이나 능력이 있는 직원을 선발

③ 고객

　　㉠ 고객참여 정도와 역할을 기대
　　㉡ 고객은 각 상황에 적합한 행동을 인지
　　㉢ **공동생산** : 고객 참여시간의 정도, 인적접촉 수준, 종업원에 대한 의존 욕구 등의 기준을 고려하여 서비스 방식을 선택

4 　서비스 인카운터의 파워

서비스 접점에서 영향력 형성은 고객관계 형성에 중요하게 작용된다. 공식적 혹은 비공식적으로 상호간의 인식에 영향을 주는 파워를 이해함으로써 서비스 인카운터 접점에서의 다양한 고객 행동을 이해하고 이를 통해 관계를 설정, 개선시킬 수 있다.

1) 에머슨(Emerson)의 파워 : 다른 사람의 의존성에 귀속된다.

① B가 A에 더 많이 의존할수록 A의 파워는 커진다.

② B의 A에 대한 의존 정도는 A의 목표에 따르려는 B의 동기적 투자에 비례하고 A 이외의 대안을 찾을 수 있는 가능성에 반비례 한다.

예 00백화점 00화장품 매장의 김00 매니저는 나의 피부상태를 잘 이해하고 오랫동안 관리해 주고 있다. 예민한 피부이므로 김00 매니저의 상담과 제품 권유가 아니면 화장품 구입이 망설여 진다(고객에게 김00 매니저의 파워는 피부에 대한 중요도와 다른 대안이 없음으로 인해 매우 커져 있는 상태이다).

2) 다홀(Dahl)의 파워

① 사회적 주체가 반대를 극복하는 능력

② A의 파워는 A가 B에 대한 영향력을 행사하지 않았다면 B가 하지 않았을 어떤 일을 A가 영향력을 행사함으로써 A로 하여금 그 일을 수행하게 할 수 있는 정도로 정의할 수 있다.

예 생명보험 설계사인 이00씨는 고객인 김사장님에게 최근 기업의 종업원 상해, 사망 보장의 중요성에 대해 주요한 사례를 제시하였다. 미처 몰랐던 사실을 알게 된 김사장님은 이00 설계사에게 종업원 보장 프로그램을 설계하도록 하고 계약을 진행하게 하였다.

플러스 tip

프렌치(French)와 레이븐(Raven)의 파워 유형

합법적 파워	소유자의 위임된 공식적인 권위 예 유니폼, 사무실의 속성 등을 수반
전문적 파워	• 기술 또는 전문지식으로부터 오는 권력 • 매우 구체적이며 특정한 분야의 훈련, 자격 등에 의해 생길 수 있다. 예 플로리스트로 활동하는 전문가가 운영하는 꽃집
준거적 파워	개인의 힘, 능력이 다른 사람들에게 영향을 주고 충성심을 형성하게 한다. 예 광고에서 우수한 성적을 거둔 스포츠 스타가 등장
보상적 파워	• 물질적 보상을 수여할 수 있는 능력에 의존하는 파워 • 명백하지만 남용되었을 경우 비효율적이며 보상의 한계에 이르면 쇠퇴한다. 예 다른 곳보다 항상 10% 이상 저렴함을 약속
강압적 파워	• 부정적인 영향력을 적용시키는 파워 • 패널티가 적용되거나 보상에서 제외시키는 능력 • 두려움이 권력에 대한 복종을 이끌어 내는 경우 예 고객 서비스 평가가 일정 수준 이하로 떨어지면 월별 인센티브 제공 대상에서 제외함으로써 소속 매장의 서비스 품질을 관리하는 종합 쇼핑몰

---

3) 서비스 인카운터와 파워의 관계

① 서비스 현장은 입체적인 관계로 구성된다.

파워는 타인과의 관계에서 발생하며 서비스 인카운터의 접점에서 이러한 관계는 경제적 관계와 사회적 관계를 모두 포함하며, 이는 단순한 양자간의 관계가 아니라 기업, 서비스 제공자(종업원), 고객 간에 발생하는 입체적인 특성을 지닌다.

② **서비스 인카운터에서의 영향력은 다양한 유형으로 존재한다.**

파워를 행사하고자 할 때에는 다양한 수단을 동원하여 좀 더 유리한 조건에서 이익을 얻으려 한다. 서비스 현장에서도 파워의 원천은 단편적인 요소가 아니라 매우 다양한 유형으로 존재하게 된다. 서비스 인카운터에서의 파워를 단순한 자원이나 능력의 소유, 규정 등으로 이해하기 어려운 이유이다.

③ **포괄적이고 확률적인 영향력의 의미를 감안해야 한다.**

서비스 접점에서 서비스 인카운터 구성 요소 간의 파워는 기업, 종업원, 고객 등이 상호간에 직접적 행동을 유발시키지 않더라도 그 의미가 크다. 즉, 특정 행동을 유발시킬 확률이 높아지는 심리적 영향력으로도 파워가 형성되고 고객의 경험에 영향을 끼친다. 따라서 파워의 원천이 될 수 있는 부분의 다양한 요소에 대해 끊임없이 연구하고 적용해야 한다.

5 고객관계관리를 위한 서비스 제공자의 업무 수행 태도

서비스 현장 접점에서 고객 경험은 인적 요소, 즉 서비스 제공자와 고객과의 기능적, 인간관계적 요소에 의해 좌우되므로 서비스 제공자의 업무 수행 능력과 태도 등은 매우 중요하다고 할 수 있다. 서비스 제공자는 고객과의 관계 형성이 다음과 같은 요소들에 의해 결정됨을 이해하고 각 요소들의 역량, 태도를 개선시키는 데 주력해야 한다.

1) 상호이해

① 서비스 접점에서 고객 만족에 영향을 미치는 핵심 요소

② 상호이해를 위해서는 메시지 전달 시 왜곡이 없고 전달된 내용이 수용되어야 한다.

③ 종업원과 고객 사이에 높은 상호이해를 위해 효과적인 커뮤니케이션 역량이 요구되어 진다.

예 병원에서 근무하는 서비스 제공자는 몸이 불편한 고객의 상황을 이해하고 고객에게 가장 적합한 진료 서비스를 정확하고 알기 쉽게 전달하고자 노력한다.

2) 진정성

① 진정성은 서비스 제공자인 종업원이 진실하게 보여지는 정도이며, 실제 서비스 현장에서 고객의 만족도를 크게 좌우하는 주요 요소이다.

② 서비스 접점에서 고객이 서비스 제공자의 행동을 꾸며진 인위적 감정으로 인지하게 되면 이는 오히려 서비스 만족과 긍정적인 소비자 감정에 악영향을 끼친다.

③ 서비스 제공자의 진정성은 서비스 품질을 높이고 상황에 따른 유연성을 확보할 수 있게 한다.

예 레스토랑에 방문하는 고객들의 즐거운 식사를 진심으로 원하는 서비스 제공자는 고객의 불편 사항을 고객이 요구하기 전에 미리 발견할 수 있으며, 진심이 느껴지는 미소와 응대로 고객 만족을 이끌어 낸다.

3) 특별 서비스 제공

① 서비스 제공자가 개별고객에게 보편적인 고객과는 다른 특별한 추가 서비스를 제공하는 경우이다. 고객들의 간단한 서비스 요구사항에 대해 서비스 제공자의 특별한 관심과 배려를 담아 응대하는 경우로 볼 수 있다.

② 고객은 일상적인 요청을 했거나, 아직 요청하지 않았음에도 서비스 제공자에 의해 기대하지 않았던 즐거움과 혜택을 경험하게 되는 경우에 고객은 긍정적인 감정을 가지게 된다.

③ 고객은 보편적이고 일상적인 서비스보다 특별한 서비스를 받게 되었다는 경험을 통해 특별한 이미지를 형성하게 되며, 이는 효과적인 고객관계 형성에 큰 영향을 끼치게 된다.

예 어린 자녀를 동반하게 되어 저층의 객실을 부탁한 고객의 객실에 어린이용 침구를 특별히 서비스 하게 되는 경우 고객은 세심하고 특별한 고객 서비스에 큰 감명을 받게 된다.

4) 능숙도

① 서비스 제공자가 해당 서비스를 제공하기 위하여 갖추어야 할 능력이나 지식을 갖춘 정도를 뜻한다.

② 고객의 신뢰와 만족스러운 서비스 경험을 이끌어내는 가장 기본적이면서도 중요한 요인이다.

③ 서비스 제공자의 능숙도는 능력과 지식, 경험을 비롯하여 고객이 원하는 서비스 제공자의 조건, 즉 성별, 용모 등도 포함되는 포괄적인 개념이다.

④ 서비스 제공자 능숙도는 해당 서비스에 대한 전문적 능력과 고객에게 서비스를 제공하면서 형성되는 인간적 관계 능력 모두를 포함한다.

예 몸이 아픈 환자를 대하는 간호사는 간호 업무에 대한 기본적인 지식, 경험은 물론 환자인 고객을 편안하게 대할 수 있는 미소, 친절 및 적절한 안내 화법 등의 능숙도를 지녀야 한다.

5) 실패 최소화

① 고객은 서비스 제공자의 행동과 고객 욕구에 대한 적절한 행동이 기대에 위배되지 않는다면 보편적으로 제공된 서비스에 만족하지만 서비스 제공자들의 구체적인 서비스 접점에서의 만족스러웠던 업무 수행 자체를 세심하게 기억하지는 않는다.

② 하지만 서비스에 대한 불만족이 발생하는 경우에는 서비스 접점의 불만족 경험을 오래도록 기억하며 서비스에 대한 전체적인 부정적 감정에 많은 영향을 끼친다.

③ 따라서 서비스 현장에서의 고객관계는 만족스러운 서비스 활동에 못지 않게 서비스 실패를 최소화 하여 고객의 부정적 경험을 사전에 예방하는 것이 매우 중요하다.

예 10년간 단골이었던 고객이 최근 입사한 신입 서비스 직원의 계산 오류와 적절치 못한 사후 대응으로 몹시 화가 났다. 고객은 이후 방문 횟수가 확연히 줄었다.

Chapter 02 고객 획득-유지-충성-이탈-회복 프로세스

서비스 기업과 고객관계는 다양한 내·외부의 변수에 의해 유기적으로 변화된다. 고객이 기업의 상품, 서비스가 필요하다고 판단하여 관계를 맺게 되면 기업은 이러한 관계를 유지시키고 고객의 만족을 높여 더 양질의 관계를 추구하고자 한다. 기업은 고객 관계를 적극적으로 관리하여 궁극적으로 안정적인 충성고객을 확보하고 나아가 기업의 수익성을 확보하고자 한다. 기업의 고객관계관리에 있어 고객과의 관계 변화 프로세스를 알아보고 각 단계별로 취해야 할 서비스 행동과 전략 등을 알아보겠다.

1 고객 획득 단계

신규고객을 확보하는 것은 기업 매출의 증대에 매우 중요한 과정이며 동시에 충성고객 확보를 위한 첫 단계이다. 고객이 기업과 어떤 과정을 통해 관계를 형성하기 시작하는 가에 대한 내용으로 이러한 과정은 이후 유지, 충성 및 이탈, 회복 프로세스를 이해하는 기초가 된다.

1) 서비스 구매 전 단계

① **욕구 인식** : 개인이나 조직의 서비스 구매나 사용은 욕구나 욕구 각성에 의해 촉발된다.
  - 사람들의 무의식(예 정체성, 열망 등)
  - 신체적 상태(예 감기, 배고픔 등)
  - 외부적 요소(예 마케팅 활동 등)

② **정보 탐색** : 욕구 만족을 위한 해결책을 위한 정보를 탐색한다.
  ㉠ 환기 상표군 : 과거의 경험, 광고, 소매진열, 온라인 탐색, 서비스 직원, 친구, 가족의 조언 등
  ㉡ 고려 상표군 : 환기상표군 중 소수로 좁혀지는 대안의 집합체

③ **대안의 평가** : 소비자들은 보통 고려 상표군과 속성을 이해한 후 구매의사결정을 한다.

④ **구매에 대한 의사결정** : 가능한 대안 평가 후 하나의 대안을 선택할 준비가 이루어지며 결정이 이루어지면 서비스 대면 단계로 이동할 준비가 된 것이다.

2) 서비스 대면 단계

① 서비스 대면은 "진실의 순간"(MOT)의 과정으로 이해되며 고객과 기업의 실질적인 관계가
　형성되는 순간이다.

② 서비스 대면

　　㉠ 고접촉 서비스

　– 서비스 전달 과정에서 기업과 고객이 직접적인 접촉이 이루어지는 서비스

　– 서비스 전달과정에서 기업은 고객에게 물리적 단서(건물 내·외부, 직원의 외모나 행동,
　　다른 고객 등)를 노출

　　㉡ 저접촉 서비스

　– 서비스 전달 과정에서 기업과 고객이 매우 적은 물리적 접촉이 이루어지는 서비스

　– 온라인 등의 경로를 통해 원격적 접촉이 이루어진다.

3) 구매 후 단계

① **서비스 성과 평가** : 고객들이 경험한 서비스의 성과에 대한 평가와 이전의 기대와 비교

　　㉠ 만족의 기대−불일치 모델

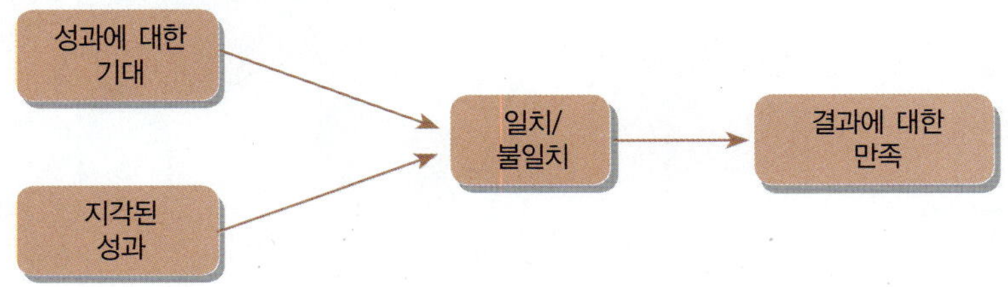

　– 부정적 불일치 : 성과지각이 기대보다 나쁜 경우

　– 긍정적 불일치(기대일치) : 서비스가 기대보다 이상의 수준일 경우

② **반복 구매와 구전** : 지각된 성과가 적절한 수준보다 높으면 기쁨을 느끼고 반복구매와 긍정적
　구전을 퍼뜨리는 충성고객으로 남게 된다.

③ 고객 획득 이후의 고객 유지 및 충성으로 이어지는 중요한 과정이다.

4) 고객 획득 단계에서의 충성고객화 전략

① **의의**

　– 충성고객으로의 첫 단계

　– 1차 구매 후 이탈하는 경우가 많기 때문에 매우 낮은 고객 유지율을 보인다.

　– 제품이나 서비스 평가를 지속하고 있는 그룹이다.

② **최초 구매 시 고객이 기업을 판단하는 관점**

　㉠ **전문성** – 고객의 요구, 문제사항을 해결해 줄 수 있는 서비스 제공자의 전문성 여부

　㉡ **이해와 배려** – 서비스 제공자의 고객에 대한 인간적인 이해와 배려의 정도

　㉢ **고객 만족의 관점** – 서비스 기업 및 제공자가 판매 자체에만 목적을 두는지, 고객의 만족에 목적을 두고 있는가에 대한 판단

③ **기업이 최초 구매고객에게 보여주어야 할 행동**

　㉠ 전문성 강화 – 고객의 문제를 제대로 발견하고 가장 효과적인 서비스를 진행할 수 있는 능력의 배양. 고객 기대에 부응하기 위한 다양한 활동

　㉡ 서비스 정신 고양 – 고객 관심사항과 문제를 파악하기 위해 진지하게 노력하는 모습. 적극적 서비스 정신을 토대로 재방문을 요청하고 첫 거래에 대한 적극적 감사를 표한다.

　㉢ 고객 만족의 윤리적 관점 – 지킬 수 있는 약속을 하고 사실에 입각한 정보를 제공한다.

　㉣ 최초 구매 후 발생하는 초기 문제를 효과적으로 처리하는 것이 중요하다.

　㉤ 서비스와 서비스 지원 활동에 더 큰 가치를 제공한다.

2 　고객 유지 및 충성 단계

관계를 맺게 된 신규고객을 반복 구매고객으로 유지시키고 나아가 기업의 충성고객화 하기 위한 과정이다. 고객의 구매 사이클과 고객 변화 프로세스를 통해 신규 획득 고객이 유지되고 충성고객화 되는 과정을 이해한다.

1) 고객의 구매 사이클

– 고객은 제품이나 서비스를 구매하고 이를 반복구매함으로써 서비스 기업과의 관계를 유지시킨다. 이런 고객 구매의 일정한 패턴을 구매 사이클이라 한다.

– 구매 사이클은 보통 인지 → 최초구매 → 구매 후 평가 → 반복 구매 결정 → 반복 구매의 5단계로 이루어진다.

1단계 인지	• 제품이나 서비스의 존재는 알고 있으나 경험이 이루어지지 않은 상태 • 마케팅 활동과 그에 따른 비용이 발생
2단계 최초 구매	• 고객이 기업의 물리적 환경과 접촉하는 MOT의 단계 • 충성도를 키울 수 있는 중요한 기회로 인식되어야 하는 단계
3단계 구매 후 평가	• 고객이 기대된 만족에 대한 긍정적 또는 부정적 불일치 경험에 따라 반복구매 결정 단계로 진입 • 반복 구매로 진입하지 않는 고객은 다른 서비스 제공자로 전환하여 이탈된 것으로 간주

4단계 반복구매 결정	• 충성고객 확보에 있어서 가장 결정적인 단계 • 반복 구매에 있어서 감정적 유대가 중요시 되나 초기 반복구매 결정에는 감정적 유대와 다른 요소에 의해 결정하는 경우가 있다.
5단계 반복 구매	• 진정한 의미의 충성고객의 확보가 시작되는 단계 • 충성고객은 3단계~5단계를 반복하는 고객으로 충성도에 대한 고객 가치 증가 노력이 필요

인지 부조화의 발생

최초 고객이 구매 후에 겪는 심리적 과정으로 인지 부조화의 여부 및 정도에 따라 고객의 유지 여부가 결정된다. 인지 부조화 발생 조건은 다음과 같다.

• 소비자가 수용할 손해가 너무 크다고 느낄 때

• 구매 취소가 불가능한 경우

• 최종안으로 선택하지 않은 대안이 더 바람직한 것으로 느껴질 때

• 구매결정이 중요하며 소비자가 전적으로 책임을 져야 하는 경우

• 구매 전 고려했던 제품들이 많을수록 부조화는 심화

2) 고객변화 프로세스

일반적으로 고객은 기업과 관계 발전 정도에 따라 기업 마케팅 측면에서 보는 고객의 성격이 달라진다. 불특정 다수, 잠재고객, 고객, 단골고객, 충성고객의 5단계로 구분할 수 있는데, 이 구분은 서비스를 접촉하는 정도에 따라 구분되어 진다. 기업은 충성고객 확보를 위해서 각 고객의 성격별 취해야 할 전략을 달리해야 한다.

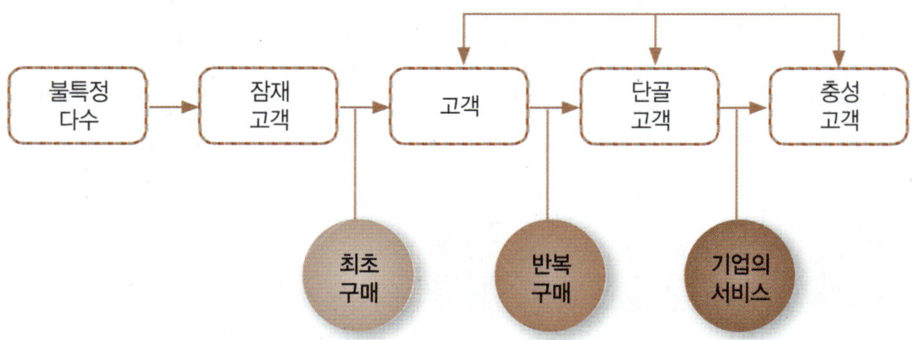

불특정 다수	일반 사람들 모두를 포함 예 스포츠 센터 – 00구 내 거주민
잠재고객	불특정 다수 중 자사의 제품 또는 서비스를 구매할 가능성이 있는 사람들 예 다이어트에 관심이 많은 20·30대 여성, 운동량이 부족한 40대 직장인
고객	잠재고객 중 자사의 제품 또는 서비스를 구매한 고객 예 현재 스포츠 센터 회원
단골고객	고객 중 자사의 제품 또는 서비스를 지속적으로 구매하여 사용하는 고객 예 1회 이상 연장하여 계속 이용중인 회원
충성고객	단골고객 중 자사의 제품 또는 서비스를 적극적으로 추천, 홍보하는 고객 예 1회 이상 연장은 물론 센터 활용도가 높으며 동시에 주변 사람에게 적극 추천하여 다른 회원을 소개한 회원

※ 동반자 : 고객이 기업의 의사결정에 참여하고 이익을 나누는 고도화된 고객

3) 유지 단계에서의 충성고객화 전략

① 반복 구매고객 및 단골고객에 대한 이해

㉠ 어느 정도 안정화 단계에 들어간 고객 그룹으로 경우에 따라 기업에 대한 확신이 높아지면 1인당 구매 금액도 점차 높아질 수 있다.

㉡ 충성고객으로 갈 수 있는 가능성이 높으나 반복구매가 이루어졌다 할지라도 기업과 고객간 완전히 성숙한 관계라 볼 수 없다.

㉢ 반복 구매 및 단골고객이라 하더라도 더 좋은 경쟁 상품, 서비스의 등장으로 관계가 단절될 수 있음을 항상 인식하는 것이 중요하다.

㉣ 이 단계의 고객은 특별한 서비스 기대 수준을 가지고 있을 수 있으므로 지속적으로 고객니즈 파악에 기반을 둔 차별화된 제안과 관계적 노력이 필요하다.

㉤ 보편적으로 단골고객은 가격보다는 가치 중심적으로 판단하고 행동하므로 고객이 기업에 기대하는 가치를 지속적으로 유지·강화할 수 있어야 한다.

② 반복 구매고객 및 단골고객에 대한 기업 전략

㉠ 고객의 욕구를 확인하고 이를 충족시키려는 노력을 지속해야 한다.

㉡ 고객에 대한 추가적인 혜택을 제공하고 교차 판매 등의 기회를 부여한다.

㉢ 고객 충성도가 형성될 수 있는 맞춤형 상품, 서비스를 제안한다.

㉣ 고객의 기대가 진화할 수 있음을 인식하여 이를 분석하여 서비스를 제공한다.

㉤ 더불어 고객 이탈에 대한 방어 노력을 병행한다.

㉥ 경쟁자의 제품이나 서비스 비교에 대한 우월성을 유지하고 고객과의 밀접성을 갖춘다.

4) 충성고객에 대한 대응 전략

① 충성고객의 의의

ㄱ) 충성고객의 특성

- 충성고객은 기업과의 강한 유대관계 형성으로 중대한 문제가 발생하지 않는 한 기업의 상품, 서비스를 구매함에 있어 특별한 평가 단계를 거치지 않고 지속적으로 구매하는 계층이다.
- 기업의 수익성에 직접적 영향을 미치며 안정적인 매출의 기반이 된다.
- 서비스 기업의 상품 및 서비스에 긍정적인 방향에서 적극적으로 의견을 개진하거나 신제품 아이디어를 제공하는 등 프로슈머의 역할을 수행한다.
- 주변인들에게 호의적인 입소문과 추천활동을 전개하여 장기적인 기업 성장에 긍정적 역할을 담당하게 된다.

ㄴ) 충성고객과 기업 수익성의 관계

- 고객 유지율과 1인당 구매액 모두 가장 높은 수준의 그룹이다.
- 안정적인 충성고객 그룹을 확보하면 신규고객 창출을 위한 마케팅 비용을 감소시킬 수 있게 된다.
- 지속·반복적인 고객 경험이 증가하게 되므로 서비스 기업 및 제공자에 대한 요구 사항이 줄어들어 운영 비용의 절감 효과를 가져온다.
- 다른 고객을 적극적으로 추천하면서 무료 영업 및 광고 효과를 가져와 마케팅 비용을 절감시켜주는 효과가 생긴다.
- 충성고객은 다른 고객층에 비해 가격에 덜 민감한 특성을 지니고 서비스 기업이 추구하는 가치와 만족에 집중하는 경향이 있으므로 기업의 프리미엄 서비스를 통해 수익을 높일 수 있다.

② 고객 충성의 이유와 배경

고객은 이유 없이 특정 기업에 충성하지 않는다. 조사에 따르면 고객들은 특정 기업과의 관계에서 다음과 같은 이익을 얻음으로써 충성고객으로서의 관계를 유지하게 된다.

확신 편익 (confidence benefit)	• 성과, 이익을 얻을 수 있다는 확신과 실패에 대한 위험이 적다. • 서비스 제공자와 기업에 대한 신뢰와 불안 요소의 해소 • 고객이 얻을 서비스 수준을 예측하고 기대할 수 있다. 예 "그 헤어샵의 00디자이너는 언제나 내가 원하는 헤어스타일을 잘 연출해. 믿을 수 있어서 나는 그 디자이너에게만 서비스 받아"
사회적 편익 (social benefit)	• 고객과 서비스 제공자 사이의 우정, 관계 등 사회적 측면을 즐김 • 우호적 관계에서 오는 편안함과 즐거움의 편익 예 "그 헤어샵의 00디자이너와는 언제나 즐겁고 재미있는 대화를 할 수 있어. 오랫동안 거래해서 친구처럼 편안하게 자주 찾게 돼."

특별 대우 (special treatment)	일반적인 관계에 비해 더 저렴한 비용, 특별한 서비스와 대우가 가져다 주는 만족과 편익(가격 및 빠른 서비스 등) 예 "그 헤어샵 00디자이너는 내가 미리 예약하지 못해도 가능하면 내 시간에 맞춰서 서비스 해줘. 가격도 언제나 10% 정도 할인해 주고."

③ 고객 충성도 구축

서비스 기업 및 서비스 제공자가 고객 충성도를 올바로 구축하기 위한 단계이다.

㉠ 1단계 : 충성도를 위한 기반 구축

- 고객의 욕구와 기업이 제공할 수 있는 능력이 일치하는 시장을 세분화하여 적절한 고객군을 충성고객의 표적으로 정한다.
- 많은 충성고객을 확보하기 위해 다양한 가치에 투자하기보다는 핵심 가치를 선택하고 강하게 집중한다.
- 효과적인 서비스 등급화를 통해 고객 기반을 관리한다.
- 고객 기반에 맞는 질 높은 서비스를 제공한다.

㉡ 2단계 : 충성도 유대감 만들기

- 더 높은 수준의 유대감을 구축하기 위한 전략

사회적 유대 강화	서비스 제공자와 고객 사이의 개인적 관계를 강화
고객화 유대 강화	개별고객의 욕구와 선호도에 따라 고객화 서비스를 진행
구조적 유대 강화	고객의 서비스 경험을 상품, 서비스 내에 구조적으로 연결시켜 추가적인 가치를 제공

- 고객 충성도에 대한 보상 제공

금전적 보상	• 구매 할인, 마일리지 등과 같은 보상 프로그램 • 높은 품질과 가치가 기본 전제가 되어야 한다.
비금전적 보상	• 금전적 개념으로 환산하기 어려운 다양한 이익 • 예약 우선권, 공항 라운지 출입 등의 혜택 • 특별한 무형의 대우, 감사의 표시 등도 해당된다. • 높은 단계의 충성도 보상 프로그램에서는 주로 비금전적 보상이 효과적

- 고객관계의 강화 : 한 고객에게 해당 서비스 기업의 다양한 서비스 상품을 한꺼번에 제공함으로써 다른 경쟁 기업으로의 전환이 어렵도록 함. 원스톱 쇼핑의 편리함과 패키지형 서비스로 가격 할인을 받을 수 있도록 한다(교차 판매, 묶음 판매).

ⓒ 3단계 : 고객 이탈 요인 줄이기

기업의 고객 충성도 구축 노력에도 불구하고 고객의 이탈은 발생한다. 따라서 최종적으로는 고객 이탈의 요인을 파악하고 이를 최소화하는 노력을 기울인다.

- 고객 이탈을 분석하고 고객 감소를 모니터링한다.

- 주된 고객의 이동 요인을 확인한다.

- 효과적인 불만 처리와 서비스 회복 절차를 시행한다.

- 고객의 서비스 전환 장벽을 높여 고객 이탈을 예방한다.

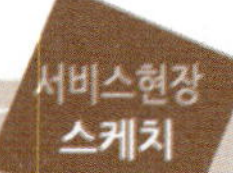

충성고객을 만들기 위해서..

충성고객 확보를 위해 실제 서비스 현장에서 어떤 전략을 실행해 볼 수 있을까요?

아래의 예시는 물론 우리 주변의 다양한 사례를 통해 아이디어를 모아, 이러한 아이디어를 서비스 조직 내에서 접목하는 등의 실천을 해보면서 조직 내 고객관계관리의 의미를 강화시켜 보기 바랍니다.

지역 내 유기농 농산품 매장에서는 충성고객 관리를 위해 다음과 같은 전략을 실행하였다.

매장의 고객 충성도의 기반을 확보하기 위해 지역 내 고객군을 취학 전 자녀를 둔 주부고객과 대형 평수 아파트 거주자로 정하였다. 최상의 유기농 제품을 판매하고 제품별로 활용할 수 있는 요리법 등을 매장에 게시하였다. 또한 구매 금액에 따라 회원제를 도입하고 등급별 할인, 배달, 건강 및 요리 관련 소식지 배부 등의 차별화 서비스를 시행하였다. (1단계 : 기반 구축)

충성고객의 기반이 구축되자 좀 더 강한 유대를 위해 마일리지 제도를 도입하여 구매 금액에 따른 금전적 보상 프로그램을 시행하고 최상위 등급의 고객을 위해 쇼핑 대행 서비스를 시행하였다. 전담 서비스 직원의 쇼핑 대행 서비스를 통해 최상위 등급의 고객은 매일매일 신선한 재료를 자택의 냉장고에 알맞게 구비할 수 있게 되었다. (2단계 : 유대 강화)

충성고객과의 유대 강화와 동시에 주변 대형 마트 내 유기농 식품 코너로 고객이 이동할 수 있다고 판단하여 대형 마트 유기농 코너를 이용하는 고객들의 편익을 조사하고 현재 매장과의 차별화 지점을 강화, 고객 불편 요소를 적극적으로 해소하고 홍보하였다. 또한 대형 마트에서 취급하지 않는 유기농 식품의 종류를 확인하여 이를 매장 내에서 저렴한 비용으로 판매하는 등의 방법을 병행하였다. (3단계 : 이탈 요인 줄이기)

3 고객 이탈 및 회복 단계

1) 고객 이탈의 의미

㉠ 고객 이탈은 거래하던 고객이 기업과의 거래관계를 단절하거나 다른 기업으로 구매 및 서비스 이용을 전환하는 것을 의미한다.

㉡ 고객 이탈은 구매량이 감소하는 부분 이탈과 완전히 거래를 중지하거나 탈퇴하는 완전 이탈로 나누어지며, 두 이탈 모두 고객 이탈의 개념으로 이해한다.

㉢ 특히 보편적으로 충성고객의 이탈은 한 번의 서비스 실패가 아닌 연속적인 사건 이후 일어나는 경우가 많으므로 서비스 기업 및 서비스 제공자는 충성고객의 이탈을 유의깊게 관찰하고 적극적으로 응대해야 한다.

2) 고객 이탈의 원인

㉠ 중요한 서비스에 대한 실패

㉡ 서비스에 대한 불만족

㉢ 고가 또는 정직하지 못한 가격 원인

㉣ 시간, 장소 지연으로 인한 불편

㉤ 서비스 실패에 대한 부적절한 응대

3) 고객 이탈에 대한 회복 응대

㉠ 완전 이탈한 고객과의 거래를 회복하는 고객 재탈환(win back)과 거래가 잠시 중지되었거나 축소된 충성고객과의 거래량을 활성화시키는 고객 재활성화(revitalization)로 나누어 볼 수 있다.

㉡ 고객 이탈 발생 시 고객 이탈의 원인을 묻고 서비스 회복의 가능성을 적극 모색한다.

㉢ 서비스를 취소하려는 고객을 상대하는 구조팀(save team)의 역할을 통해 고객의 욕구와 주요 관심사를 듣고 고객 이탈 방지에 중점을 둔 서비스 회복에 노력을 기울인다.

㉣ 고객 이탈 후 7일 안에 고객에게 접촉하는 경우가 4주 내에 접촉하는 경우보다 고객 회복의 확률이 4배 이상 높으므로 고객 이탈 후 회복 응대는 신속하게 이루어져야 한다.

㉤ 효과적인 고객 회복 응대를 위해서는 고객의 불만사항을 고객이 편하게 말할 수 있는 시스템과 그에 대한 신속하고 적절한 서비스 회복 전략을 보유해야 한다.

Chapter 03 고객관계관리(CRM) 시스템

서비스 기업과 고객과의 안정적인 관계 구축은 서비스 기업의 수익성 및 고객 편익 측면에서 중요한 의의를 가진다. 이러한 기업의 요구가 IT기술의 발달과 함께 하나의 관리 체계 및 시스템으로 자리잡게 되어 통합적이고 효율적인 고객관계관리가 가능하게 됨으로써 서비스 현장에서도 실질적인 고객관계관리 업무를 수행할 수 있게 되었다. 고객관계관리 시스템의 구조를 이해하여 이를 서비스 현장에서의 고객 접점 및 지원 업무에 활용할 수 있도록 한다.

1 고객관계관리(Customer Relationship Management : CRM)의 개념과 등장 배경

1) CRM의 정의

① 경영전략으로써 CRM 개념에 대한 다양한 학자들의 정의

연구자	개념적 정의
Gronroos(1990)	거래 당사자들의 목적이 충족되도록 관계를 구축 및 유지, 향상시키는 활동
Kalakota, Robinson(1999)	전사적인 관점에서 통합된 마케팅, 세일즈 및 고객 서비스 전략을 통해 개별 고객의 평생가치를 극대화 하는 것
Imhoff, Gentry(2000)	기업이윤을 촉진하기 위한 전략
Buttle(2001)	고객관계관리는 우량고객과의 호혜적 관계를 장기적 관점으로 개발하고 유지하는 전략
Kellen(2002)	기술 / 고객라이프 사이클 / 전략을 중심으로 고객과의 관계를 구축하는 것
Payne, Frow(2005)	주요 고객과 고객 세분화를 통한 적절한 관계를 유지하고 개발하는 것
Richard, Jones(2008)	고객 지식의 창출 및 관계구축을 통해 가치 있는 고객을 확보하는 것

② CRM의 핵심 개념

  ㉠ 고객을 분류하고 차별화된 서비스로 고객과의 관계를 유지한다.

  ㉡ CRM을 통해 고객을 세분화하여 고객과의 관계를 구축한다.

  ㉢ CRM은 전사적인 관점에서 접근하여 고객의 가치를 극대화하고 가치 있는 고객을 확보하는 것이다.

  ㉣ CRM 전략은 고객 변화 프로세스를 통해 장기적 관점으로 개발하고 유지하여야 한다.

  ㉤ CRM은 궁극적으로 기업의 이윤을 극대화 하기위한 전략이다.

③ CRM에 대한 종합적 정의

- 고객에 대한 광범위하고 심층적인 지식을 바탕으로 개개인에게 적합한 차별적 제품과 서비스를 제공함으로써 고객과의 관계를 지속적으로 제고해나가는 경영 혁신 활동이다.
- 기업의 다양한 자원과 역량을 활용하여 고객과의 관계 획득, 유지, 그리고 강화 등 전체 고객생애주기에 걸쳐 고객과 기업 상호간의 이익 극대화를 추구하기 위한 기업의 모든 경영활동의 기반이 되는 경영전략 또는 패러다임이다.

2) CRM의 특징

고객 중심	기업이 반드시 고객을 대상으로 수행하는 업무이다.
지속성	일시적 거래에 국한하여 전개할 수 없고 고객과의 장기적 관계 구축 및 유지를 통한 수익 추구라는 목적에 부합하여 설계, 진행된다.
상호 신뢰	• 기업과 고객 간 상호 신뢰를 바탕으로 하여야 상호 이익이 창출된다. • 기존 기업 마케팅과 달리 장기적 관점에서 기업 수익과 고객 혜택의 상호 호혜적 관계를 기반으로 진행된다.
기술 활용	CRM 활동의 효율성을 높이기 위해 인터넷 등 발전하는 IT 기술은 중요한 역할을 수행하고 있다.
고객 맞춤형	기업과 고객 간 지속적인 상호작용은 고객에게 차별화, 맞춤형 서비스를 제공할 수 있게 한다.
전사적 활동	CRM은 특정 부서의 일이 아닌 전사적 차원에서 이루어져야 하는 활동이다.

3) CRM의 등장배경

① 기업의 경영 환경

㉠ 대부분의 산업이 성숙기 혹은 쇠퇴기에 접어들어 정해진 시장 규모 내에서 경쟁은 계속 치열해지고 있다.

㉡ 경쟁적인 매스마케팅 : 광고, 홍보의 효과가 감소하게 되었다.

㉢ 신규고객 확보 비용이 신규고객으로 인한 이익보다 커지는 상황이 발생하여 고객 유지 역량이 없는 기업은 이익이 신규고객을 창출함에도 불구하도 손익의 악화를 경험하였다.

㉣ Reicheld(1996)는 신규고객 확보 비용이 기존고객 유지비용보다 3배에서 13배에 이른다는 결과를 밝힌 바 있다. 즉, 기업 입장에서 수익성 재고라는 측면이 CRM을 도입하는 직접적인 이유가 된다고 할 수 있다.

② 다양하고 입체적인 배경 요인

변화의 배경 요인	변화의 배경	변화의 방향
시장의 변화 요인	• 정해진 시장 내에서의 치열한 경쟁 • 제품 차별화의 희석 • 고객 확보 경쟁의 증가 • 시장의 세분화 • 대중 마케팅의 비효율 증가 • 고객의 협상력 증가	효율성과 수익성 중심 경영전략의 필요가 대두됨
고객의 변화 요인	• 고객의 다양성 증대, 생활방식의 변화 • 정보의 공개, 지식화 • 고객 만족의 준거 변화 • 고객 기대 수준의 상승	• 고객 관점의 변화 • 파레토의 법칙(상위 20%의 고객 이 수익의 80%를 제공)을 통해 상 위 20%의 고객 관리에 대한 필요 성이 대두됨
정보기술의 변화 요인	• 고객 정보에 대한 과학적 분석이 가능해짐 • 고객 대응 전략 수립 및 실행을 위한 인프 라의 확대 • 하드웨어, 소프트웨어, 네트워크 기술의 비약적 진보	• 고객 정보를 과학적으로 분석해 낼 수 있는 역량으로 고객지향적 요구사항을 충족시킬 수 있게 됨 • 정보기술의 고객 지향적 활용
마케팅 역할의 변화 요인	• 대중 마케팅 접근의 비효율성 제기 • 시장, 고객, 정보기술의 변화에 맞는 마케 팅 전략의 수정이 필요해짐 • 고객 지향성, 관계 지향성, 일대일 지향성, 고객 점유율 지향성, 마케팅 순환기능 지 향성, 다중채널 지향성을 핵심으로 함	마케팅의 목표가 제품의 판매에 국 한되는 것이 아니라 고객관계의 형 성 및 유지라는 점이 추가되는 패러 다임의 변화가 일어남

2 CRM의 유사개념

1) 관계 마케팅(Relation Marketing)

① 개념 및 정의

제품의 질에 관심을 둔 기존 마케팅과 달리 관계 마케팅은 기업의 거래 당사자인 고객과 지속적으로 유대관계를 형성·유지하고 대화하면서 관계를 강화하고 상호 이익을 극대화할 수 있는 다양한 마케팅이다. 이렇게 신뢰를 바탕으로 쌓여진 고객 만족은 해당 서비스를 유지하고, 추가적인 서비스를 구매하며, 긍정적인 입소문으로도 이어질 수 있다는 측면에서 관계 마케팅은 중요하게 인식된다.

미시적 관점	거시적 관점
기업과 고객의 상호관계 차원에서 정의한 것으로 협의의 관계 마케팅 개념	기업이 고객, 공급업자, 경쟁기업, 공중, 정부 등 기업 파트너들과의 전반적인 관계에 초점을 두는 것으로 광의적 관계 마케팅 개념

② 관계 마케팅의 목적과 특성

- 고객 점유율을 높인다 : 신규고객 창출, 기존고객 유지, 고객관계 강화
- 기존고객의 유지관리에 더 높은 비중을 부여한다.
- 고객과의 단기적 거래보다 장기적 관계 형성과 유지·강화를 통한 수익창출을 지향한다.
- 마케팅의 초점이 제품에서 고객으로 옮겨가며 고객을 기업의 동반자로 인식한다.
- 한 고객에게 다양한 제품을 판매하거나 개별고객의 거래 기간을 장기간 유지하는 범위의 경제를 도모한다.
- 마케팅 성과의 지표가 시장 점유율에서 고객 점유율로 전환된다.
- 양질의 고객 데이터베이스를 통해 차별적인 경쟁 우위를 확보하게 된다.
- 고객에게 개인화된 서비스를 제공하여 고객의 지각 가치와 관계 가치가 극대화된다.
- 고객과 기업의 관계 강화는 고객의 의사결정 효율성을 높이고 기업은 경쟁 기업에 대한 진입 장벽을 구축하여 교차 판매, 교차 촉진이 가능하여 전체적인 촉진 비용을 절약할 수 있다.

③ 관계 마케팅과 CRM

관계 마케팅	CRM
고객과의 관계를 강화·지속하는 것에 초점을 맞추어 기념일, 특별 할인 등의 마케팅 기법을 활용	• 고객과 기업의 관계를 체계적으로 관리하여 한 기업 내에서도 고객의 선호 브랜드가 다를 수 있음을 인식하여 개별고객에게 적합한 개별화 고객 서비스를 시행하는 마케팅 기법으로 활용 • 관계 마케팅에서 진화된 개념

2) 데이터베이스 마케팅(Database Marketing : DB마케팅)

① DB마케팅의 정의 및 개념

- DB마케팅이란 고객과 기업에 대한 1차 정보로 작성한 데이터베이스를 전략적으로 이용하여 판매와 연결시키는 마케팅이다.
- 고객 DB에 대한 분석을 바탕으로 마케팅 전략을 수립하고 집행하는 것이다.
- 초보적인 단계는 데이터 웨어하우스(Data Warehouse ; DW)를 구축하지 않고 원천 자료만을 가지고 마케팅하는 수준이며, DW를 구축하고 데이터 마이닝(Data Mining; 데이터광산) 단계를 거치게 되면 고객관계관리(Customer Relationship Marketing)로 발전하게 되는 것이다.

② DB마케팅의 특성과 목적

- 고객의 애호도 제고 및 고객 생애 가치 극대화(고객 유지관리에 중점을 둠)
- 고객 DB를 통해 파악된 고객 개개인의 의도를 관리하고자 한다.
- CRM이 정보기술을 기반으로 한 총체적인 고객전략이라는 점에서 DB마케팅은 CRM의 정보 기술적 활용 영역의 기반이 된다고 할 수 있다.

③ CRM과 DB마케팅과의 차이점

구분	DBM(Database Marketing)	CRM(Customer Relationship Marketing)
실행 주체	마케팅 및 영업부서 중심	부서를 뛰어넘는 전사적 차원
실행 목적	마케팅의 효율성 증대 목적(전술적 측면)	고객의 이해와 고객중심의 마케팅 목적(전략적 측면)
추구하는 철학	방법론상의 효율성 제고 중심 (고객 자료나 정보의 활용)	내부 조직 간의 이해관계를 넘어 고객중심으로 올바르게 구축되어 있는지 전사적 차원에서 연구, 진행
성과를 바라보는 관점	단기적인 가시적 성과에 집중 및 관심	고객에 대한 이해를 바탕으로 고객과의 장기적 우호관계를 유지하려는 관점
예 백화점이 DM을 발송하는 마케팅 활동시	상품군에 맞는 고객군 추출, 이를 기반으로 고객에게 필요한 정보를 중심으로 DM 발송	• 개별고객이 원하는 가장 적합하고 유용한 정보를 고객이 원하는 시점에 발송 • 세심한 배려와 관심을 느끼게 함

3) eCRM(electronic CRM)

① eCRM의 정의 및 개념

- 고객의 개별 요구사항에 대해 전자기술에 기반을 둔 전자채널을 이용하여 온라인으로 고객과 접촉을 갖고, 고객의 요구사항을 처리하며 마케팅, 판매, 서비스의 세 가지 기업활동을 전개하는 활동이다.
- 인터넷상의 CRM을 의미하며 고객의 웹사이트에서 이루어지는 활동들을 웹로그로 관리하고 기록하여 고객의 형태에 대한 정보를 분석하고 그에 맞추어 기업의 입장에서 여러 가지 홍보, 이벤트, 캠페인 등의 활동을 수행할 수 있다.

② 등장배경 및 역할

- 고객의 변화, 정보통신기술의 발달, 경쟁의 심화 등 비즈니스 환경 변화는 기업활동의 중심에 고객을 위치시키고 모든 활동을 고객과의 관계 지향적으로 실행하게 하는 요인으로 작용하게 되었다.
- 인터넷이 기업의 핵심 채널로 인식되기 시작하면서 기존 CRM 전략의 모든 분석 및 실행활동을 온라인 채널에 집중시키게 되면서 등장한 개념이다.

③ CRM과 eCRM

구분	고객 데이터	고객 특성 분석	고객 서비스
CRM	데이터웨어 하우징 – 고객 정보 – 거래 내역 – 산업 정보	거래 분석 – 고객 태도 – 과거 거래내역	타깃 마케팅 – 정적인 서비스 – 일방적인 서비스 – 시간과 장소의 한계
eCRM	웹하우스 – 고객 정보 – 거래 내역 – 산업 정보 – Click 흐름 – 콘텐츠 정보	거래 분석 – 고객 태도 – 과거 거래내역 행동분석 – 탐험적인 행동(네비게이션, 장바구니, 쇼핑패턴 등)	일대일 마케팅 – 실시간 서비스 – 쌍방향 서비스 – 자유로운 시간 – 구애 받지 않는 장소

3   CRM의 실행

1) CRM의 기능과 역할

① 고객에 대한 중요성 인식

- 고객에 대한 중요성을 마케팅의 전면에 배치하여 각종 경영 환경, 제도를 바꿀 수 있는 근거와 시스템 마련
- 사내 정보의 방향, 프로세스, 마인드를 고객관계에 역량을 집중시켜 전사적 관점에서 고객과 시장에 대한 정보를 공유할 수 있게 한다.

② 세분화, 개별화, 다양화되는 고객 니즈의 파악

- 개별고객에 대한 분석을 토대로 차별화된 고객 서비스를 지원하기 위한 효과적이고 과학적인 수단을 제공
- 빠르게 변화하는 고객 정보를 파악하는 제반 인프라의 기능을 수행함으로써 고객의 니즈를 변화의 흐름에 맞게 파악할 수 있게 된다.

③ 수익성 극대화의 기능

- 고객 획득, 개발, 유지에 대한 노력을 전략적으로 전개하여 고객 가치를 창출하고 기업의 수익을 극대화하는 역할

④ 안정적인 관리의 체계

2) CRM 실행 전략

① 성공적인 CRM 전략

ⓒ 고객 유지 전략

- 우수고객과의 장기적 관계를 유지하여 고객 수익성을 기업가치로 전환하고자 하는 전략
- 이탈 고객 방지 및 기존고객 만족도를 향상시키는 전략
- 구체적인 서비스 사례 : 개별고객에 대한 개인화된 관심의 표현, 이탈 가능 고객 예측을 통한 사전 문제의 해결, 서비스 혜택이나 A/S 등에 대한 정보 제공, 고객 불평관리 및 보상체계 구축, 관계 모니터링의 실시

플러스 tip

관계 모니터링

- 현재의 고객과 잠재고객에 대한 정보 자료를 확인하고 이를 정리, 분석해 마케팅 정보로 변환하는 활동이다.
- 고객의 구매 관련 행동을 지수화하고 이를 바탕으로 마케팅 프로그램 개발, 실현, 수정하는 고객중심의 경영을 수행할 수 있도록 한다.
- 고객과의 관계 형성에 주안점을 두고 고객 성향이나 취향을 먼저 파악한 뒤 이를 토대로 고객이 원하는 제품을 만들고 마케팅 전략을 개발하는 활동이다.
- 관계모니터링의 주요 사례
  - 정기적인 설문조사 : 매년 대 고객관계 설문 조사를 실시
  - 트레일러 콜 : 정기적으로 전화 또는 대면으로 우량고객과의 접촉
  - 불평 모니터링 : 소비자 서비스 센터 등을 통하여 컴플레인을 확인
  - 이탈 고객 조사

ⓛ 신규고객 확보 전략

- 고객 DB를 활용한 우량고객의 특성을 분석하고 이를 통해 잠재적 고객을 대상으로 고객 확보 활동을 전개하여 우수한 신규고객을 확보하는 전략
- 기업의 기존고객으로부터 신규고객을 추천하는 등의 MGM(Member to Member) 기법도 기존고객과의 관계 강화를 통해 신규고객을 확보하는 전략이다.
- 구체적인 서비스 사례 : 현재 우수고객과 유사한 특성을 지닌 대상자를 선정하여 DM 발송, 이벤트 기획, 할인 쿠폰 증정 등을 진행. 기존고객에게 신규고객 추천 혜택 제공

ⓒ 고객 활성화 전략

- 기존고객에 더 많은 구매를 유도하여 활성화시키는 전략
- 과거 고객 재활성화 전략 : 과거의 고객 거래 DB를 통해 거래가 중단된 고객의 재거래를 유도하는 전략이다.

- 구체적인 서비스 사례 : 기존고객에게 인센티브, 쿠폰, 이벤트 등의 판촉을 통해 서비스 사용 빈도 향상을 유도. 거래가 중단된 고객에게 신상품 안내 DM과 함께 할인 쿠폰을 발급하여 재사용을 권유

② 고객 충성도 제고 전략

- 단골고객에 대한 차별적 서비스를 진행함으로써 고객관계를 더욱 강화하는 전략
- 구체적인 서비스 사례 : 단골고객을 대상으로 하는 특별 이벤트, VIP초청 행사, 특별 할인 제공, A/S 및 특별 혜택 제공

⑩ 교차 판매 전략(cross-selling)

- 신제품 판매를 위해 기존의 다른 제품의 구매 DB를 이용하여 특정 고객에게 자사의 다른 서비스 상품 구매를 유도하는 전략
- **예** 구체적인 서비스 사례 : 신제품의 주요 타깃 고객층에 맞는 자사의 다른 제품을 구매한 기존고객에게 상품 안내장 발송 및 패키지 상품으로 유도, 구매 마일리지 합산 제공 등

> **플러스 tip**
>
> **해피콜**
>
> 특별한 목적이나 판매 권유 없이 서비스 만족을 위하여 고객에게 전화를 거는 아웃바운드 형태의 전화로, 서비스 이용 후 만족도를 체크함으로써 고객 만족도 증진을 목적으로 진행하는 마케팅 방식

3) 통합적 CRM 전략

① 통합적 CRM 전략의 개념

CRM을 고객 관리를 위한 하나의 기술적 지원으로 보기보다는 기업의 수익을 개발하고 고객 관리를 위한 통합적인 전략으로 이해하여 설계하는 개념이다.

② 통합적 CRM 전략의 과정

전략 개발의 과정	기업이 추구할 사업적 비전을 설정하기 위한 해당 산업과 경쟁 상황을 분석한 기업 전략의 수립이 필요하다. 또한 이는 표적 고객의 선택, 고객 계층화, 충성도 설계 등을 포함하는 고객 전략 개발의 지침이 된다.
가치 창출의 과정	개발된 전략은 고객과 기업을 위한 가치를 제안하는 과정으로 전환된다. 고객 가치는 고객에게 전달될 모든 편익을 포함하며 기업 가치는 비용 절감, 점유율 상승 등을 포함한다. 기업과 고객은 윈-윈의 상황을 연출할 수 있는 가치를 창출하게 된다.
유통 경로(채널)의 통합 과정	다양한 채널을 통해 고객과 교류하는 서비스 기업에서 고객화와 개별화가 가능한 통합된 고객 인터페이스를 제공하는 과정을 거침으로써 통합적 CRM 과정을 진행하게 된다.

정보(DB) 관리 과정	다양한 채널을 통한 서비스의 전달은 다양한 접점으로부터 고객 정보를 모으고 통합적으로 관리하는 과정을 통해 의미있는 정보가 된다. 따라서 고객 데이터를 모으고 저장할 데이터 저장소와 IT 시스템 등을 설계, 관리하는 과정을 거치게 된다.
성과의 측정, 평가 과정	전개된 CRM 전략의 성과를 측정, 평가하는 과정을 거치는 과정이다. CRM 전략의 실행이 핵심 투자자에 대해 가치를 제공하는지, 마케팅 목표와 서비스 전달이라는 목표를 성취했는지, CRM의 과정이 기대했던 수준에 이르고 있는지 등에 대해 평가하게 된다.

4) CRM 전략 계획의 수립

① 환경 분석

고객과 시장 환경을 고려하고 분석한다. 기업의 외부적 환경이 어떠한가에 대한 이해를 바탕으로 전략을 수립함으로써 실효성을 증대시킨다.

예 부동산 중개 프랜차이즈 기업에서는 부동산 시장에 대한 전반적인 시장 환경과 고객들의 부동산 정보에 대한 민감도 등의 전반적인 환경을 분석한다.

② 고객 분석

기업의 고객을 세분화하여 각 분류별 고객을 평가하고 심층적으로 분석하고 이해한다.

예 현재 프랜차이즈 계약을 맺고 있는 고객인 지역 부동산 중개업소들의 매출 현황, 수익성, 거래 기간 등을 분류하여 조사, 분석한다.

③ 전략의 방향 설정

분석된 현 상태의 환경과 고객을 토대로 하여 CRM의 목적과 기대 효과를 설정하고 이를 위해 필요한 활동을 정한다. 또한 이러한 활동을 진행할 주체 등을 설정하는 것을 포함한다.

예 부동산 시장의 침체 예상이라는 환경적 요인과 분석된 현재 고객들의 만족도 등을 바탕으로 핵심 고객군을 대상으로 하는 충성고객화 목표 및 서비스 품질의 차별화와 경쟁력 확보의 기대효과를 설정하였다. 또한 이를 직접 영업 부서가 실제 실행하게 될 것을 정하였다.

④ 고객 가치 설정

고객이 필요로 하는 상품 및 서비스가 무엇인가를 구상하여 이를 명확히 한다.

예 중개업소 간 정보 공유를 통한 추가 판매의 기회를 확대하고 시장 동향과 세무, 대출 등 기타 서비스를 통한 추가 수익을 달성할 수 있도록 하는 등 중개업소의 매출 및 수익성을 지원하는 고객 가치를 설정하고 구체화시킨다.

⑤ 서비스의 개인화 설계

분석된 개별고객에 대한 고객의 인적, 심리적 특성을 고려하여 개별고객들의 개인적 특성에 적합한 서비스를 설계한다.

예 개별 중개업소의 상황에 맞는 서비스의 종류를 세분화하여 서비스 개인화를 설정한다.

⑥ 수단 설계

고객에게 해당 서비스 상품을 어떻게 제공할 것인가에 대한 구체적인 실행 방안을 결정한다.

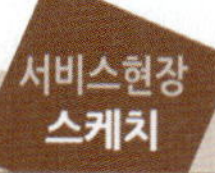 해당 서비스에 대한 안내를 영업부서의 영업사원이 대면하여 설명함으로써 고객 만족의 질을 높이고, 서비스 제공은 개인화된 온라인 인터페이스로 실행하도록 한다.

서비스현장 스케치

CRM 실행의 유의점

인터넷 쇼핑을 즐기는 김영희씨는 최근에 "김영희 고객님이 관심가질 만한 상품"이라는 제목의 이메일을 받았습니다. 메일을 열어보자 평소 관심을 가져서 검색을 많이 했던 다이어트 관련 식품 세일 정보였습니다. 이때 고객은 어떤 반응을 보일까요?

첫 번째는 "앗, 내가 관심 있는 제품들이 세일을 하네?"입니다.

두 번째는 "앗, 내가 검색했던 정보들이 다 축적되고 있나 보네.. 흠. 왠지."

첫 번째의 반응은 CRM에 의한 서비스 실행이 성공적임을 의미하지만 두 번째의 반응은 오히려 그 반대인 경우입니다. CRM이 처음 도입되었던 시대와 달리 요즘 고객들은 나의 모든 것을 다 알고 있다는 느낌에 반감이 있을 수도 있습니다. 나에 대해 잘 알기를 원하면서도 동시에 그것이 사려깊은 고민 끝에 나온 서비스이기를 원하기도 합니다. 시대에 따라 달라지기도 합니다. 과거에는 번거로움을 피하기 위해 이름, 주소, 심지어 신용카드 번호까지 다 알고 있는 기업을 선호했겠지만 지금은 반드시 그렇지도 않습니다. 그렇다면 어떻게 해야 할까요? 경우에 따라서는 맞춤형 정보임을 내세우지 않는 것이 좋을 수 있으며 이 역시 고객의 성향 분석에 의해 다르게 진행될 수도 있습니다. 오프라인 서비스 상황에서도 고객을 잘 기억하고 있다는 것을 넘어 고객을 기억하고 배려하고 있음을 표현하는 것이 더욱 효과적인 고객 서비스임을 기억하기 바랍니다.

---

5) CRM 실행의 성공을 위한 조건

① 성공적인 CRM을 위한 요건

명확한 전략 설정	기업의 근본적 변화가 전제가 된 명확한 전략의 정의 및 확실한 전달과 이해
조직 전반의 이해와 참여	조직 전반이 고객 중심 문화의 중요성 및 변화의 방향을 이해하고 전사적으로 CRM의 실행을 지원하고 참여해야 한다. 관련 사업 부서 간의 협력 체제를 확립하여 참여를 촉진하여야 한다.
CRM 관련 기술	데이터의 축적과 관리는 물론 분석 데이터에 대한 해석 및 활용 등에 사용될 수 있는 전반적인 기술과 지원 체계를 보유해야 한다.
접점채널별 고객 정보의 통합	CRM 성공의 기초가 되는 고객에 대한 현장 정보의 효과적인 수집 및 최신상태의 고객 정보 통합
핵심 역량의 설정 및 집중	기업의 업종 및 능력에 맞는 CRM을 도입하여야 하며 기업의 특성에 맞는 고객 분석을 통해 역량을 집중할 수 있는 초점을 설정하여야 한다.

명확한 고객 분류와 공정한 차별 대우	우량고객에 대한 명확한 기준을 설정하고 분류된 고객별로 공정하지만 차별화된 서비스가 진행되어야 한다.
효과적인 평가와 선순환의 프로세스	일상적인 마케팅 활동에 접목할 수 있도록 업무 프로세스를 갖추고 CRM 과정을 평가하여 이를 개선하는 기업 전반의 과정을 갖추어야 한다.
장기적 안목과 지속성	장기적 관점에서 다양한 고객 정보가 측정되어야 하며 지속적으로 고객과의 대화를 시도하여 항상 최신의 명확한 정보가 수집될 수 있어야 한다.

② CRM 실행의 공통적인 실패 이유

- CRM을 기술에 기반한 것으로 이해하는 경우
- 고객 중심의 사고가 부족한 경우
- 고객 생애 가치에 대한 이해가 충분하지 않음
- 최고 경영층의 지원 부족으로 상위 관리 부서의 활발한 관여가 이루어지지 않음
- 고객 중심적인 CRM 수행에 적합하도록 업무 프로세스를 재정비하지 않고 현존하는 비스니스 과정을 유지하고 이 과정에 맞게 CRM을 실행하고자 하는 경우
- 조직 내에 통합되지 않았던 고객 데이터를 통합하는 데 실패하여 고객 정보를 필요로 하는 모든 직원에게 실시간으로 고객 관련 지식을 전달할 수 없게 됨

6) 성공적인 CRM의 이점 및 기대효과

기존 사업의 수익성 향상	매출 증가와 비용 감소를 통해 수익성 확보의 기본적인 CRM 목표를 달성하게 된다.
고객 수의 증대	고객 유지 및 확보 전략을 통해 안정적인 고객 수를 확보하고 증대시킬 수 있게 된다.
고객 생애 가치 제고	• 고객의 가치가 특정 시점의 단순 매출 및 손익의 개념이 아니라 한 고객이 보유한 생애에 걸친 총체적 가치라는 것을 인식한다. • 고객 지향적 사고의 근거를 제공하고 강화시킨다.
고객 확보, 유지 비용 감소	불특정 다수를 대상으로 하는 대중 마케팅에 비해 개별고객 마케팅 활동은 효과 대비 비용이 적다. 또한 고객별 차별화 서비스는 전체적인 매출액당 고객 유지비용을 감소시킨다.
신규 사업의 효과적인 진출	성공적인 CRM은 새로운 사업적 아이디어를 제공하고 기본적인 고객 확보의 기초를 제공한다. 확보된 고객의 로열티와 효과적으로 발견된 고객 니즈에 기반을 둔 신규 사업의 진출이 가능해진다.
기업 전반의 경영 효과	전사적 관점에서 고객과 시장에 대한 정보가 공유되고 고객 가치를 인식함으로써 고객 지원 및 서비스의 질적 수준이 향상될 수 있다. 또한 사업에 대한 입체적인 관점을 제공함으로써 기업 전략 수립 및 경영활동 전반에 다양한 근거와 아이디어를 제공한다.

Chapter 04 고객 접점에서의 고객경험관리

기업의 상품, 서비스를 구매하는 고객 만족의 기준이 과거에 비해 상대적으로 감성적이며 결과보다는 과정을 중시하는 경향으로 변화되고 있다. 동일한 상품, 서비스를 구매하고 사용한다 하더라도 고객의 만족은 다양한 경험과 상황 변수에 의해 달라지게 된다. 이에 따라 고객과의 관계를 수치적으로 해석하고 관리하던 시대에서 고객의 실질적인 경험을 이해하고 이를 관리하고자 하는 기업 활동이 대두되었고, 특히 서비스 접점에서의 서비스 제공자의 중요성이 더욱 강조되고 있다.

1 고객경험관리

1) 고객경험관리(Customer Experience Management)의 개념

① 정의 및 목적

서비스 기업과 고객 간의 모든 접점에서 고객의 체험, 경험을 관리하여 기업에 대한 긍정적인 인식을 형성함으로써 고객의 구매의사결정에 긍정적 영향을 주는 접점관리활동 또는 고객관리 프로세스이다.

㉠ 제품이나 회사에 대한 고객의 전반적인 경험을 전략적으로 관리하는 프로세스이다.

㉡ 고객의 생각과 느낌을 파악하는데 중점을 두고 구매 및 소비 단계별로 고객이 무엇을 보고 느끼는 지를 알아내어 이를 토대로 고객의 경험 DB를 구축하는 것을 말한다.

㉢ 전략인 동시에 과정과 실행에 중점을 두는 고객 만족 개념이다.

② 고객경험관리의 역할

기업	고객
모든 접점에서 고객과 관계를 맺고 각기 다른 고객 경험의 요소들을 통합하게 한다.	상품, 서비스의 구매와 소비에 있어 감동적인 경험을 갖게 하여 고객의 충성을 유발시킨다.

2) 고객경험관리의 등장 배경

① 고객관계관리(CRM)에 대한 반성과 보완

고객관계관리(CRM)의 폭발적인 성장의 과정 이후 그 효과에 대해 다음과 같은 한계점이 발견됨으로써 이를 보완할 필요성이 대두되었다.

㉠ 고객관계관리(CRM)의 한계점
- 고객의 거래 내역에만 중점을 두고 소비패턴을 기계적으로 분석한 나머지 고객을 총체적으로 이해하지 못하였다.
- 다양한 고객 접점에서 고객이 경험하는 심리적 변화, 욕구를 반영하지 못해 어떻게 고객을 만족시킬 것인가에 대한 실질적인 해답을 도출하지 못하였다.

㉡ 고객관계관리(CRM)와 고객경험관리(CEM)의 차이

구분	고객관계관리(CRM)	고객경험관리(CEM)
가치 제안	이성적 가치	감성적 가치
프로세스	기업 내부 운영 프로세스	고객 경험 프로세스
방향성	기업이 고객에 대해 이해할 수 있는 것들을 파악함(Inside Out 전략)	고객이 기업에 대해 생각하고 느낀 것을 파악함(Outside In 전략)
추구 목표	고객과의 관계 가치에 대한 개선	차별화된 고객 만족의 경험을 통한 고객 로열티의 강화
데이터 분석	거래 행동에 대한 데이터 분석 위주	고객의 태도 데이터 분석 위주

② **고객 만족 경영(CSM; Customer Satisfaction Management)의 한계와 대안**

㉠ 고객 만족 경영(CSM)이란?

만족스러운 상품, 서비스를 제공하여 전반적인 고객 만족도를 높여 고객이 반복적인 재구매를 하게 하고 다른 고객을 추천할 수 있도록 하는 경영 활동을 말한다.

㉡ 고객 만족 경영(CSM)의 한계점
- 만족했던 고객들도 여러 가지 이유로 재구매 하지 않고 이탈하는 경우가 많았다.
- 기존의 구매 구객들을 주된 대상으로 전개하여 구매 경험이 없는 잠재고객들을 대상에서 배제하게 되는 한계점이 있다.
- 이러한 한계점에 대해 고객경험관리(CEM)의 대안으로 제시되기 시작하였다.

㉢ 고객만족경영(CSM)과 고객경험관리(CEM)의 차이

구분	고객만족경영(CSM)	고객경험관리(CEM)
츨현 시기	1990년대 초	2000년대 초
배경	재구매를 위해서는 고객 만족이 필요	고객 만족에 대한 개념의 확장으로 고객 접점의 중요성 대두
목적	만족한 고객이 신규고객을 추천하거나 재구매	고객 만족을 통한 기존고객의 재구매와 고객 경험을 통한 잠재고객의 신규 구매

대상고객	상품을 구매한 기존고객	잠재고객 및 기존고객
제공 가치	유형의 제품 및 무형의 서비스	기억할 만한 경험
핵심사항	상품 구매 및 사용 후의 만족감	구매 및 사용 전·후의 모든 접점에서의 긍정적 고객 경험

③ 고객의 욕구 변화

- 상품, 서비스의 소비를 통해 구체적이고 실질적인 경험 고객 욕구가 증가하고 있다.
- 고객의 긍정적인 고객 경험은 고객의 구매 반응 속도를 가속화 시켜 좀 더 효율적인 기업 수익에 기여한다.
- 브랜드가 지배하는 현대사회에서 제품은 기능만이 아닌 고객체험을 제공하고 강화하는 수단이 되었으며, 고객 체험을 창출할 수 있는 수준과 정도가 기업의 성공을 결정한다.

2 고객 경험에 대한 이해

1) 고객 경험

① 경험 : 어떤 자극에 대한 반응으로 나타나는 개인적 사건이다.

② 고객경험

　㉠ 고객이 상품, 서비스를 구매하거나 사용할 때 발생하는 여러 가지 느낌의 포인트이다.

　　예 책을 구입할 때는 언제나 설레인다. 서점으로 향할 때에는 자유로운 기분이다. 책을 구입한 이후에는 반드시 친구들에게 자랑한다. 서점에서 책을 고를 때에는 많은 시간이 필요하다.

　㉡ 구체적으로는 상품, 서비스의 기능과 품질, 서비스 포인트, 시간이나 제도, 직원의 태도나 친절성 등이 고객 접점의 요소들이다.

　　예 책을 구입하러 서점에 온 고객은 편리하게 구성된 도서 검색 시스템, 회원에 대한 주차 서비스, 친절한 서비스 제공자의 응대, 깨끗한 환경과 편리한 부대시설 등을 통해 만족감을 느낀다.

　㉢ Schmitt는 구매 전·후의 마케팅에 의해 제공되는 자극에 의한 고객의 반응으로 가상이든 아니든 사건의 직접적인 관찰과 참여로부터 일어난다고 하였다.

　　예 어린 자녀와 함께 서점을 방문하여 친절한 서비스 직원에게 안내를 받고 자녀가 마음에 드는 책을 구입해 기뻐하는 모습과 이를 바라보는 엄마의 모습을 그린 광고. 이 광고를 통해 고객은 가족과 서점을 방문하고 싶은 생각을 경험하게 된다.

③ 고객 경험의 원인 요소(인자)

- 상품 및 서비스 : 상품, 서비스를 서비스 접점에서 인식함으로써 고객은 탐색, 구매, 사용
  단계를 통해 이를 경험하게 된다.
- 커뮤니케이션 : 서비스 기업의 광고, 홍보, 판촉, 이벤트, 소비자 상담, 웹페이지 등 모든
  커뮤니케이션의 과정 속에서 고객 경험이 일어난다.
- 사람 : 서비스 현장에서 서비스 기업의 종사자(현장 서비스 제공자, 콜센터, A/S, 배달,
  기업의 임원 및 대표)에 대한 직 · 간접적 접촉 및 관찰도 고객 경험이 된다.

④ 고객 경험의 의의

- 좋은 경험을 한 고객은 브랜드에 좋은 인식을 갖게 되고, 그 브랜드를 가치 있게 여긴다.
- 고객 경험의 질은 곧 기업의 성과에 영향을 미치는 매우 중요한 요소이다.
- 고객의 긍정적 경험을 통해 고객은 감동을 받게 되고, 이는 고객의 서비스 기업에 대한
  충성을 유발시켜 기업의 수익 및 가치에 기여하게 된다.

⑤ 고객 만족의 경험

- 고객 만족의 경로 : 상품 경험, 구매 경험, 서비스 경험의 3가지 접점에서 총체적으로 좋은
  경험을 하여야 만족감을 얻을 수 있다.

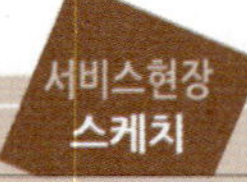

고객이 스타벅스에서 구입하는 것은?

스타벅스는 하향세에 있던 커피 시장을 전세계적으로 성장시킨 프리미엄 커피 시장의
선두주자입니다. 하지만 스타벅스가 처음부터 커피 판매, 즉 제품과 서비스의 질적 수준에만
집중했다면 아마 성공한 커피 전문점이 될 수는 있었겠지만 커피 시장을 좌우하는 영향력을
행사하지는 못했을 것입니다. 스타벅스는 고객이 커피를 마시는 경험, 즉 커피와 함께 하는
공간에서 어떤 경험을 하고 싶어하는지를 이해하고 그 경험을 디자인하여 판매하였습니다. 집도
아니고 일터도 아닌 제3의 공간으로써 커피를 마시는 경험, 즉 커피향, 음악, 조명 그리고 책을 읽고
여유를 즐기는 경험을 판매하였습니다. 이러한 고객 경험은 전세계 어느 매장을 가도 동일합니다.
전세계 고객이 스타벅스에서 구입하는 것은 스타벅스 커피 자체이기보다는 스타벅스 커피를 마시고
즐기는 경험인 것입니다.

고객이 지불하는 비용에는 수치화되고 계량화된 이익뿐 아니라 고객이 추구하는 경험의 세계를
선사하는 비용이 포함되는 시대입니다. 이로써 고객의 경험을 직접 디자인하고 표현하는 서비스
제공자 및 관리자의 역할은 더욱더 커지고 있다고 할 수 있습니다.

2) 고객경험 마케팅의 전략적 틀

① 전략적 체험 모듈(Stratege Experiential Modules : SEMs) : 서로 다른 체험의 유형들이 마케팅 활동의 전략을 이루는 것

감각(sense)	시각, 청각, 후각, 미각, 촉각을 통한 감각적인 경험
감성(feel)	브랜드와 연관된 감정적 경험
인지(think)	고객의 지성을 통한 문제 해결적인 경험
행동(act)	고객의 신체적 경험, 라이프스타일에 상호작용하는 경험
관계(relate)	감각, 감성, 인지, 행동을 모두 포함하는 관계를 통한 경험

② 체험 제공 수단(ExPros) : 전략적 체험 모듈을 창조하기 위한 전술적 실행 요소

커뮤니케이션	브랜드 광고 캠페인뿐만 아니라 광고, 기업의 내·외부 커뮤니케이션 매체들을 포함
시각적·언어적 아이덴티티	이름, 로고, 사인 등으로 구성
제품 외관	제품 디자인, 포장 및 진열, 브랜드 캐릭터 등
공동 브랜딩	이벤트 마케팅, 스폰서십, 제휴 및 파트너십, 라이센싱, 프로덕트 플레이스먼트, 다른 형태의 협력적 협정 등
공간적 환경	건물, 사무실, 공장, 소매점, 공공장소, 전시 부스 등
전자 매체	웹 사이트
인적 요소	세일즈맨, 현장 서비스 제공자, A/S 담당자, 기업과 브랜드에 관련한 모든 사람들

3 고객경험관리 적용

1) 고객경험관리 프레임워크(Framework)

서비스 기업이 고객의 경험을 실질적이고 효과적으로 관리하는 기본적인 구조는 다음과 같다.

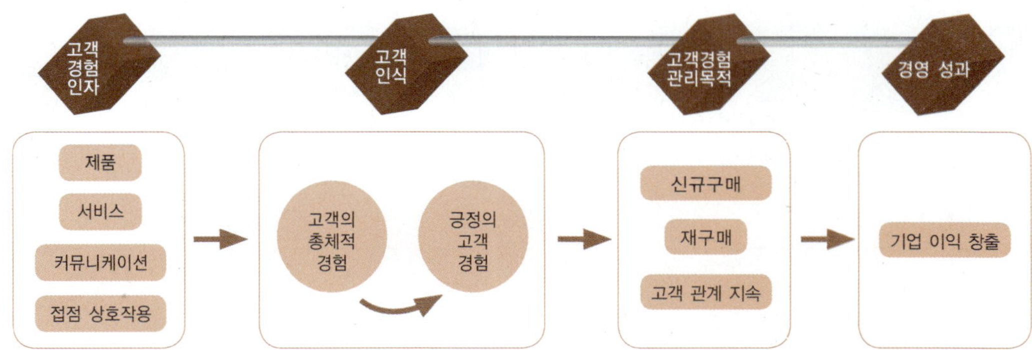

2) 고객경험관리의 활용 및 적용 범위

고객 세분화와 타깃 고객 선정	고객의 긍정적 경험을 파악하여 고객 세분화 전략에 응용함 예 평일 주부 골퍼들은 골프장에서의 한가로운 여유와 담소를 매우 즐김 → 평일 주부 골퍼로 고객 세분화
기업의 마케팅 및 서비스 혁신	고객경험관리를 통해 발견한 사실을 기업 마케팅 전략 수립 및 서비스 혁신에 반영함 예 여성 고객에 대한 평일 골프 우대 서비스 및 피크닉 박스 제공 등 여성 특화 서비스 개발, 홍보
기업의 상품 및 서비스에 대한 마케팅 포지셔닝	고객경험관리를 통해 얻은 데이터를 이용하여 기업의 상품, 서비스의 포지셔닝을 강화, 변경시킬 수 있음 예 수도권 접근성, 월요일 오전에 예약률 저하 등을 감안하여 특정 요일을 여성 고객들이 선호하는 골프장으로 포지셔닝을 강화함
기업 및 상품, 서비스에 대한 브랜딩 전략 구축	고객의 감성적 경험을 감성과 고객 인식에 영향을 미치는 브랜딩 전략에 활용하거나 반영함 예 온화, 단정, 깔끔하고 배려심이 많은 골프장 – 여성의 까다로운 눈높이에 합격한 골프장

4 슈미트의 고객경험관리 5단계

슈미트(Bernd H. Schmitt)는 고객경험관리(CEM)는 수치적이고 계량적인 고객관계관리(CRM)와 달라 경험의 과정을 분석하는 별도의 단계를 제시하고 있다. CEM 구축과정을 5단계로 구분했지만, 그 순서는 고정된 것이 아니며 유연성을 가지고 접근할 수 있다.

	단계	의의	실행	예(건강검진센터)
전략 단계	1. 고객의 경험 과정 분석	실제 고객의 경험이 어떠한 가를 알아보는 단계이다.	단순한 설문이나 데이터 분석이 아닌 표본(핵심) 고객층을 대상으로 전구매 단계에 걸친 접점을 실질적으로 확인하여 각 접점별로 고객 니즈와 고객의 경험을 파악한다.	건강검진을 예약하고 공복을 유지하면서 검진을 받는 중이나 검진을 받은 후의 실제 고객 경험을 파악
	2. 고객 경험 기반의 확립	고객이 원하는 경험을 확인하고, 이를 전달하기 위한 기본적인 방향을 설정하는 단계이다.	고객으로 하여금 어떤 경험을 하게 할 것인가에 대한 포괄적인 고객 경험을 포지셔닝한다. 고객이 기대하는 가치를 명시한 '경험 가치약속'이나 그에 따른 마케팅 전략 등이 포함될 수 있다.	불안 해소와 편안함을 느끼게 하는 것을 고객 경험의 기반으로 정하여 포지셔닝함

실행 단계	3. 고객 경험 디 자인	고객에게 전달할 구체 적인 경험 내용을 디 자인하는 단계이다.	차별화되고 특별한 경험의 형태 로 디자인 하며 경험 자체가 하 나의 브랜드로써의 가치가 성립 될 수 있어야 한다. 고객 경험과 소비자 역할의 변화	소요 시간을 최소화, 대 기 중 독립공간 제공, 검 진 후 유동식 별도 제공
	4. 고객 경험의 인터페이스 구조화	브랜드화된 경험을 제 공할 수 있는 형태로 고객 접점을 구조화하 는 단계이다.	고객과의 다양한 접점에서 고 객이 경험하는 다양한 경험의 질을 총체적으로 관리하여 고 객에게 모든 접점에서 일관성 있는 경험을 제공할 수 있도록 한다.	예약 단계에서부터 진 행, 검사 결과 안내 등 의 모든 과정에서 불안 해소와 편안함의 과정 을 동일하게 설계함
	5. 지속적인 혁신	경험의 내용과 제공 Process를 지속적으 로 관리, 혁신하는 단 계이다.	고객의 경험은 접점별, 시기별 로 변동될 수 있으므로 기업은 고객이 원하는 경험을 제공하 기 위해 지속적으로 혁신하여 야 한다.	건강에 관한 시기적인 관심사항과 요구사항이 변동되는 것을 확인하 여 접목함

고객을 인간적인 존재로 이해하다!

고전적인 경제학 이론이나 마케팅 이론에서 고객은 가격 경쟁력이나 품질 경쟁력을 면밀히 검토해 비용을 지불하고 소비하는 이상적인 존재로 그려져 왔습니다. 하지만 실제 시장에서 결정하고 행동하는 고객은 반드시 그렇지 않습니다. 광고에서 보았던 내가 좋아하는 모델 때문에, 매장 직원에 대한 호감으로, 편리한 주문 및 배송 방법 때문에 등등 수많은 요인들에 영향을 받아 그리 이성적이지 않은 '충동적' 구매를 하기도 합니다.

고객경험관리는 바로 고객이 구매하는 심리를 복합적으로 이해하여 이를 '경험'이라는 실체로 구성하여 관리하고자하는 기업의 노력입니다. 서비스 현장에서 동일한 상품, 동일한 서비스 프로세스에도 고객의 반응이 다 다른 이유이기도 합니다. 고객에게 어떤 경험을 선사하여 고객이 어떤 느낌을 가지게 할 것인가는 서비스 현장에서 고객을 인간적으로 이해할 때 비로소 훌륭한 전략과 실행이 탄생될 수 있습니다.

Chapter 05 고객 분류 및 포트폴리오 관리

고객관계관리를 성공적으로 이루어내기 위한 전략을 수립함에 있어서는 고객을 어떻게 분류, 세분화할 것인가가 매우 중요한 과제이다. 각 고객 분류는 전략을 수립하고 실행하는 데 기초가 되며 기업이 원하는 관계 강화를 위한 단계별 고객 성장의 기준이 된다. 서비스 제공자 및 관리자는 중·장기적 고객 성장의 관점을 통해 고객관계관리의 프로세스를 실행에 옮기게 된다.

1 고객 분류

1) 고객 분류의 의의

- 고객관계관리의 전략을 수립하고 실행하는 데 있어 기준이 된다.
- 분류된 고객은 기업이 원하는 고객으로 성장시킬 수 있는 기준이 된다.
- 분류를 통해 각 고객에 대한 전체적인 전략 방향을 설정할 수 있게 된다.
- 고객 분류를 통해 서비스의 수익성과 생산성에 맞는 적절한 서비스의 범위와 방법을 계획할 수 있게 된다.
- 고객 분류에 맞게 계획, 실행된 서비스 실행을 통해 서비스의 과잉 공급을 방지하고 불필요한 마케팅 및 촉진 비용을 절감할 수 있다.

2) 고객 발전 단계

서비스 기업의 입장에서 고객은 잠재고객의 단계에서부터 고객 단계, 옹호자 단계로 발전하기를 원하며 최상의 고객집단인 동반자 단계까지도 고려할 수 있다.

① **잠재고객 단계** : 아직은 기업과 고객이 거래 관계를 맺지 않은 단계이다.

　㉠ 잠재고객 : 고객이 될 가능성이 높은 사람들로 현재의 사용자는 아니지만 자사의 서비스나 상품에 대해 사용 가능성이 높은 고객을 의미한다.

　　예 유아용품 쇼핑몰의 잠재고객 : 결혼을 앞둔 신혼 부부, 임신 계획이 있거나 임신을 한 임산부와 그 가족

　㉡ 유망고객 : 가까운 장래에 서비스나 상품을 구매할 가능성이 어느 정도 확실한 사람들로 잠재고객에 비해 5~10배의 구매 가능성을 기대할 수 있다.

　　예 유아용품 쇼핑몰의 유망고객 : 출산에 임박한 임산부와 그 가족, 0~3세 사이 자녀를 둔 부부 및 그 가족, 백일, 돌잔치에 초대 받은 사람들

② **고객 단계** : 기업과 거래를 했거나 하고 있는 고객이다.

   ㉠ 고객(사용자) : 자사의 서비스나 상품을 최소 한 번 이상 구매하였으며 할인쿠폰, 판촉 제안 등을 통해 반복 구매를 유도할 필요가 있는 사람들

      예 유아용품 쇼핑몰의 고객 : 출산 준비물을 산 임산부

   ㉡ 단골고객 : 동일 브랜드를 반복 구매하는 사람들로 동일한 브랜드의 새로운 서비스나 상품을 구매하고자 하는 시도를 보이는 사람들

      예 유아용품 쇼핑몰의 단골고객 : 출산 준비물 이후 꾸준히 유아용품 및 의류를 구입한 주부

③ **옹호자 단계**

   ㉠ 충성고객(옹호자) : 서비스나 상품의 지속적인 구매를 넘어 다른 사람들에게 적극적으로 사용을 권유하거나 좋은 구전을 통해 잠재고객을 유인하고 이탈 고객을 다시 불러오며 경쟁사 고객을 끌어 오기도 한다. 따라서 기업은 이들에게 많은 혜택을 제공하여야 한다.

      예 유아용품 쇼핑몰의 충성고객 : 자녀들은 물론 주변 지인의 선물까지 모두 구입하며 선물이나 출산 준비물을 구입하는 고객을 추천하는 고객

④ **동반자 단계**

기업과 고객이 함께 완전히 융합한 상태로 고객이 기업의 의사결정에 참여하고 함께 이익을 나누는 고도화된 단계의 사람들

   예 대리점을 개설하고 싶어 하거나 자신의 디자인과 아이디어를 응모하여 제품 개발에 참여하고 일정한 이익을 나누고자 하는 경우

2 고객 포트폴리오 관리

1) 고객 포트폴리오의 개념

① **포트폴리오란?** : 기본적으로 '분산'의 의미를 내포하고 있으며 경제, 금융의 투자에 있어 하나의 자산에만 투자하지 않고 여러 자산에 동시에 투자하여 각 투자에 따른 위험을 분산시킬 수 있는 방법을 의미한다.

② **고객 포트폴리오의 개념 및 의의**

   ㉠ 기본 개념

     – 기업이 마케팅을 펼침에 있어 집중할 고객군을 찾아내기 위한 분류의 개념

- 이는 시장과 고객에 대한 분석과 아울러 기업의 서비스 역량을 함께 분석함으로써 최적의 고객을 찾는 과정으로 발전하게 된다.

ⓒ 의의 및 목표

- 기업의 사업 전략에 부합하여 높은 가치 수준을 제공하는 최적의 고객을 정의한다.
- 서비스 기업의 고객 확보 전략 수립에 기여한다.
- 회사의 수익, 성장 목표에 부합하는 고객에 집중함으로써 그렇지 않은 고객과의 관계를 재검토할 수 있게 된다.

2) 고객 포트폴리오 관리 방법

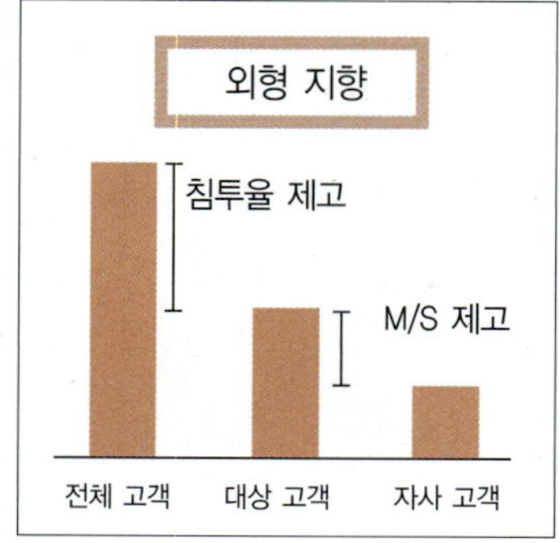

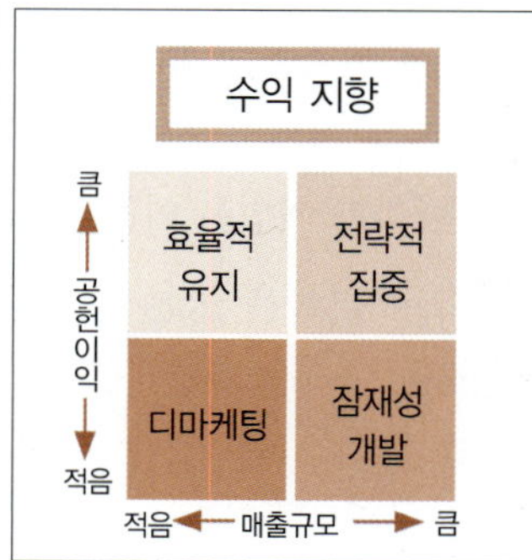

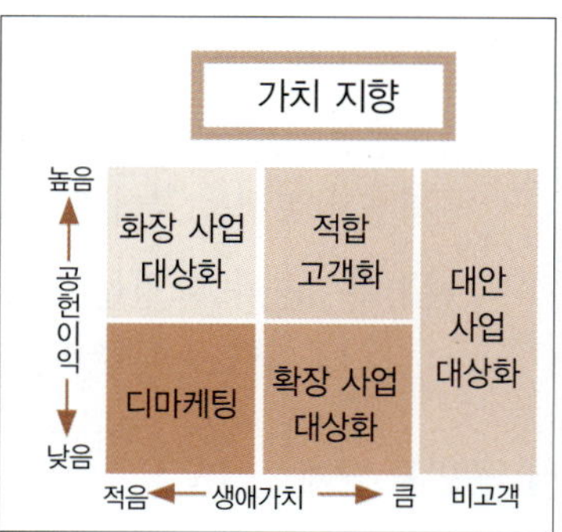

① 외부 지향적 접근

㉠ 출발점 : 잠재고객이나 경쟁사의 고객을 어떻게 자사의 고객으로 획득할 것인가에 대한 문제 의식에서 출발

ⓒ 예상 결과 : 전체 시장에서의 침투율과 시장 점유율을 높이기 위한 방법을 도출하여 점유율 및 매출액을 증가시키게 된다.

ⓒ 한계점 : 고객 확보의 양적 측면만 고려하게 되어 사업의 수익성 악화, 전략적 포지션 악화 등의 한계를 가지게 된다.

② 수익 지향적 접근법

㉠ 출발점 : 기업의 매출과 수익에 대한 기여도에 따라 고객을 어떻게 차등적으로 관리할 것인가에 대한 문제 의식

ⓒ 고객 포트폴리오 분류 : 기업 수익 규모와 기업에 기여한 정도의 기준

전략적 집중	매출 규모가 크고, 기여 정도가 큰 고객
효율적 유지	매출 규모가 상대적으로 작고, 기여 정도가 큰 고객

잠재성 개발	매출 규모가 크고, 기여 정도가 상대적으로 작은 고객
디마케팅	매출 규모도 작고, 기여 정도도 작은 고객

ⓒ 예상 결과 : 보다 견고한 성장세를 유지하고 합리적인 고객 선별, 집중으로 기업의 수익성이 강화된다. 기업의 수익에 기여가 많은 우량고객에 대한 특별 서비스 등을 통해 우량고객의 만족도를 높이게 된다.

ⓔ 한계점

기업의 목표, 자원, 역량이 분산되어 혼란이 생길 수 있으며 중장기적인 성과에 대한 전망이 미흡하다는 한계를 지닌다.

플러스 tip

디마케팅

㉠ 개념 : 자사의 상품 또는 서비스에 대하여 특정 고객 또는 전체 고객의 수요를 의도적으로 줄이는 마케팅 활동으로, 단기적으로는 이윤을 극대화 하거나 장기적으로 기업 이미지 제고에 도움이 되어 수익을 향상시키는 마케팅 기법

㉡ 목적 : 기업 수익에 도움이 안 되는 고객을 줄이고 우량고객에게 차별화된 서비스를 제공함으로써 인력과 비용은 절감하면서도 수익은 극대화

㉢ 수요 측면의 디마케팅 효과 : 희소성, 우량고객에게 우월감 부여, 고객의 자유 억제, 공익 이미지

㉣ 대표적 사례
   - 온라인 게임업체 : 청소년 회원에게 부모님의 동의를 얻은 시간에만 게임을 할 수 있도록 하는 것
   - 주류제조 회사 : 고급 브랜드를 일정 업소에 한하여 선택적 공급
   - 담배, 술의 경고 문구

---

③ **가치 지향적 접근**

㉠ 출발점 : 특성과 가치가 서로 다른 고객들에 대한 효과적인 공략 방법을 모색하기 위해 출발

㉡ 방법 : 고객의 생애 가치에 기초한 적합고객 파악

㉢ 장점
   - 수익성을 동반한 지속적 성장
   - 사업 포트폴리오 확장에 따른 자원과 투입 요구 증대와 사업기회 발생

가치 성장을 위한 구조적 포트폴리오 관리

기업의 가치를 성장시키기 위해 구조적 포트폴리오를 관리하는 기법으로 고객 중심성을 확보하면서도 성장 동력을 유지하고 이를 전이시킬 수 있도록 구성하는 것이다.

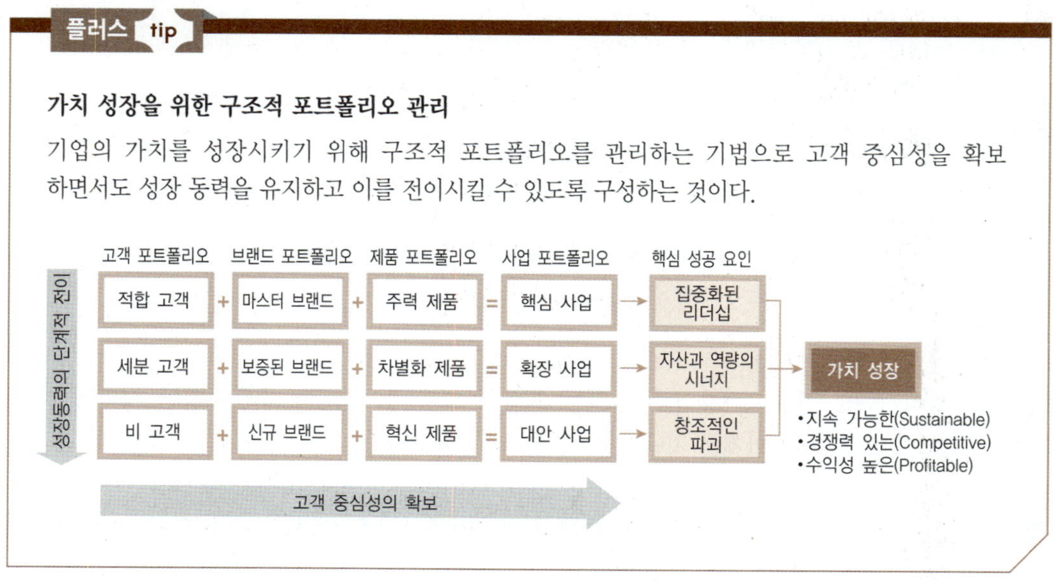

3 고객 가치의 측정

1) 고객 가치의 개념

① **고객 관점** : 고객이 기업과의 거래를 통해 얻을 수 있는 인지적 가치

  ㉠ 인지적 가치 : 고객이 제품 및 서비스에 대해 지불한 비용과 얻는 혜택에 대한 주관적인 효용성 평가의 정도

  ㉡ 고객은 금전과 시간의 무형 비용을 지불하고 제품 또는 서비스를 구매하여 지각된 품질이나 편의성 등의 혜택이 크게 되면 고객 가치가 높다고 평가할 수 있다.

  ㉢ 고객 관점의 고객 가치는 개인의 소비행동을 설명해주는 것으로 최초 구매뿐만 아니라, 특정 기업과의 지속적인 관계 유지를 위해서 항상 적정한 수준을 유지해야 한다.

② **기업 관점** : 기업이 고객과의 관계를 통해 얻는 고객 순자산 가치

  ㉠ 고객관계가 기업에게 부여하는 경제적 가치를 측정

    ※ 측정 기법 : 고객 생애 가치, 고객순자산가치 측정 모형, RFM 모형 등

  ㉡ 기업이 고객 가치를 측정하여 마케팅 전략을 수립함으로써 얻을 수 있는 혜택

    – 고객의 수익성에 따라 자원의 효과적 분배로 마케팅 비용 절감 및 매출성과의 개선 극대화

    – 고객들에 대한 정확한 평가로 수익성 있는 고객들을 확보하고 유지할 수 있으며 휴면고객 발굴 및 이들의 활성화 기준 마련 가능

③ 공정가치선

㉠ 개념 : 고객 관점의 가치와 기업 관점의 가치 간의 관계적 메커니즘을 쉽게 표현한 것이 공정가치 이론이다.

㉡ 의의 : 기업 관점의 고객 가치와 고객 관점의 고객 가치의 양자 간 가치 수준이 어느 한쪽에 치우쳐져 있는지의 여부를 판단하고 이를 개선해 나갈 수 있는 기본적인 전략적 방향성을 제시해 준다.

㉢ 공정가치선 전략

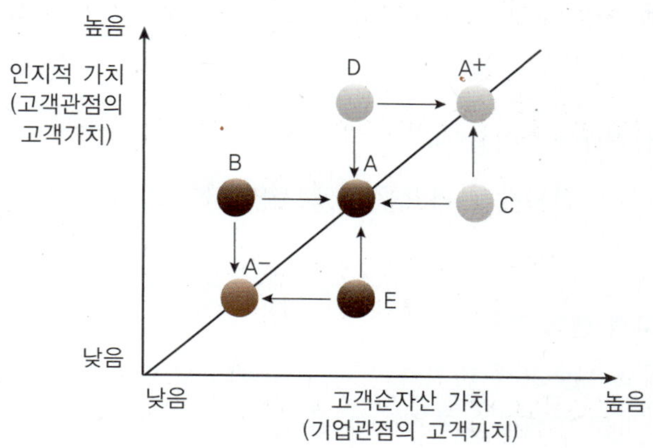

기본 전제 공정가치선 상에 위치하지 않은 기업은 공정가치선 상으로 회귀하여야 한다.	• E, C : 이 기업들은 고객에게 제공하는 가치의 수준을 높이거나(E→A, C→A+) 기업이 고객에게 받는 가치수준을 낮추어서(E→A−, C→A) 공정가치선 상으로 회귀해야 할 것이다. • B, D : 이 기업들은 고객에게 제공하는 가치의 수준을 낮추거나(B→A−, D→A) 기업이 고객에게 받는 가치수준을 높여서(E→A, C→A+) 공정가치선 상으로 회귀해야 할 것이다.
발전 방향 공정가치선 상으로 회귀한 기업들은 공정가치선 상의 우상향 방향으로 이동하여 상호간의 가치를 극대화하여야 한다.	A−, A, A+ 공정가치선 상의 기업 : 기업과 고객이 서로 공정한 가치를 제공하지만 상호가치의 구현 수준은 A− 〈 A 〈 A+ 로 다르게 평가된다.

④ 고객 가치의 특성 및 구성

	동적성	고객 가치는 구매 단계 및 시간의 흐름에 따라 변한다.
특성	주관성	고객 가치는 주관적 판단에 의해 결정된다.
	상황성	고객 가치는 고객이 처한 상황에 따라 판단이 달라진다.
	다차원	고객 가치를 결정하는 요인은 다양하고 단계적이다.

구성	감성적 측면	서비스 제공과정에서 느끼는 정서 또는 감정
	사회적 측면	사회적인 개념을 증대시키는 서비스 효용
	기능적 측면	서비스 이용에 따른 시간과 비용 절감 효과
	품질적 측면	기대한 서비스 품질과 인지한 서비스 품질과의 성과 차이

2) 고객 가치 측정의 의의

마케팅의 중심이 상품에서 고객으로 전환됨으로써 고객 가치 측정의 중요성이 더욱 증가하게 되었다.

① 상품의 수익성에서 고객의 수익성으로

상품 전체의 수익성이 아니라 고객이 기업에 기여하는 수익성을 이해하는 척도로써 고객 가치를 이해할 수 있다.

② 현재의 매출에서 고객 생애 가치로

당장의 매출을 일으키는 고객 가치가 아니라 고객의 총체적 가치를 이해하는 고객 생애 가치로써 고객 가치를 이해하고 측정하게 된다. 이는 당장의 매출이 아닌 미래의 전망을 의미하는 지표가 된다.

③ 브랜드 총가치에서 고객 총가치로

브랜드의 가치는 고객 가치 실현의 수단으로 고객 총가치를 유지하고 성장시키는 것이 더 중요하게 되었다.

④ 시장 점유율에서 고객 가치 점유율로

시장 점유율은 매출액에 따른 경쟁 시장에서의 비중이지만 고객 가치 점유율은 수익성에 대한 해당 기업의 경쟁력을 의미한다.

3) 고객 가치 측정 기법

① 고객 가치 측정의 방법

기업이 고객 가치를 측정할 수 있는 기법은 다양하며 동일한 측정 모델이라 할지라도 기업에서 실제로 적용하는 방법은 달라질 수 있으며, 주로 많이 사용하는 기법에는 고객 생애 가치 측정, 고객 순자산 가치 측정, 고객 점유율, RFM 등이 있다.

② 고객 생애 가치(Customer Lifetime Value : CLV)

　㉠ 개념 : 고객 생애 가치는 고객들로부터 미래의 일정 기간 동안 얻게 될 이익(수입−비용)을

할인율에 의거해 현재 가치로 환산한 재무적 가치이다. 즉, 고객 개인별 전체 생애 기간 동안의 총 기여 가치이다.

ⓛ 의의 : CLV는 단순한 모형이지만 고객들이 우리 기업에 가져다 줄 수 있는 미래의 가치를 평가해 볼 수 있다는 점에서 중요한 의미가 있다.

ⓒ 구성도

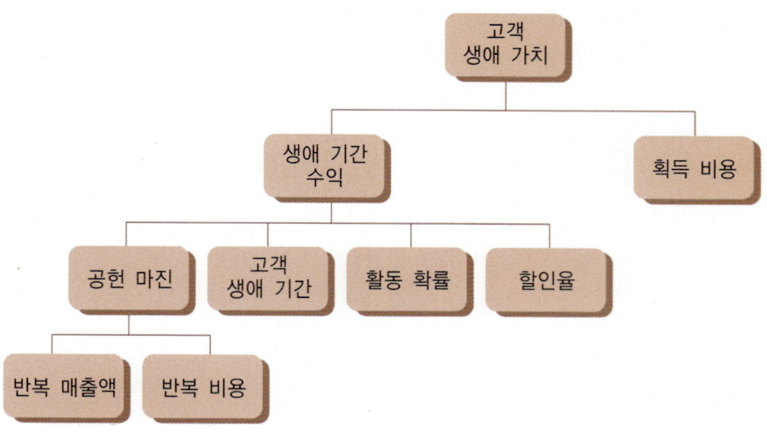

- 고객 생애 가치를 정확하게 측정하기 위해서는 공헌 마진(과거고객 가치)과 고객 생애 기간, 활동 확률, 할인율을 고려하여 산정하는 생애기간 수익과 획득비용을 함께 고려해야 한다.

플러스 tip

고객 생애 가치 계산법

1. **고객 생애 가치 모델1** : 마케팅 비용을 고려하지 않고 잔존기간(T)에 나타날 공헌 마진을 현재 가치로 할인하여 측정

$$\text{고객 생애 가치 (CLV)} = \sum_{t=1}^{T} \text{공헌 마진 (CM)} \times \text{활동 확률 (P)} \times \text{할인율 (D)}$$

예 세탁 서비스 회사에 과거 1년간 연간 10만원의 공헌 가치를 기록한 40대 주부고객. 앞으로 이 고객이 잔존 생애 기간인 40년간 계속해서 고객으로 유지될 확률이 50%라고 할 때, 이 고객은 10만원＊40＊0.5=2백만원의 가치를 가진다. 여기에 미래에 발생할 가치이므로 약 5%의 할인율을 적용하게 된다면 고객 생애 가치는 190만원이 된다.

2. **고객 생애 가치 모델2** : 특정 고객을 획득하기 위해 소요되는 마케팅 비용과 고객과의 관계를 유지 및 강화하기 위해 소요되는 반복적인 마케팅 비용으로 고려하여 관찰 기간 동안에 나타날 공헌 마진을 현재 가치로 할인하여 측정하는 방법

$$\text{고객 생애 가치 (CLV)} = \sum_{t=1}^{T} \left\{ \left(\text{공헌 마진 (CM)} \times \text{활동 확률 (P)} - \text{마케팅 비용 (MC)} \right) \times \text{할인율 (D)} \right\} - \text{획득 비용 (AC)}$$

예 세탁 서비스 회사가 고객의 가치에 마케팅 비용(고객 유지에 대한 비용)과 최초로 고객이 서비스를 이용하게 한 획득 비용을 고객 생애 가치에서 빼고 계산하게 되는 경우이다.

이 고객이 매년 서비스를 이용하기 위해 마케팅 비용으로 우수 고객 할인 쿠폰을 1만원어치 발급하였다면 모델1의 2백만원은 마케팅 비용 40만원이 빠지게 되어 160만원이 되고 여기에 5%할인율을 적용하면 152만원의 가치로 계산된다. 여기에 추가로 처음 이 고객을 유치하기 위해 사용했던 첫 고객 할인 쿠폰 2만원권과 광고비 1만원, 총3만원 획득비용으로 산정한다면 최종적인 고객 생애 가치는 152만원-3만원=149만원으로 계산된다.

최근에는 고객 생애 가치에 마케팅 비용 및 획득 비용을 감안하는 것이 일반적이므로 본문에서 설명하고 있는 최종적인 고객 생애 가치는 모델2를 근간으로 하고 있다.

– 고객 생애 가치 측정의 구성 요소

공헌 마진	고객이 기업과 처음 거래를 시작한 시점부터 현재까지 그 고객이 기여한 총가치
반복 매출과 반복 비용	공헌 마진을 측정하기 위해 해당 매출을 발생시키기 위해 소요되는 각종 비용을 동시에 고려한다.
고객 생애 기간과 활동 확률	• 과거 고객의 구매 패턴을 기반으로 향후 예상되는 잔존 생애 기간별로 활동 확률을 추정한다. • 활동 확률(P)= T^n (T : 주어진 기간 동안의 구매 회수, n : 전체 기간에 대한 과거 활동 기간의 비율)
할인율	미래에 발생하게 될 고객 가치를 현재 가치로 환산하기 위해 필요한 비율로써 일반적으로 이자율의 역수를 취하여 사용함. 모든 고객에게 동일하게 적용

③ 고객 순자산 가치

㉠ 개념 : 기업의 모든 고객이 기업에 제공하는 재무적 기여의 총합으로 기업이 보유한 전체 고객들에 대한 총가치이다.

> 고객 순자산 가치 = 전체 고객의 고객 생애 가치 + 전체 고객의 고객 추천 가치

㉡ 의의 : 고객 순자산 가치를 정확하게 평가하기 위해 고객 생애 가치 외에도 고객들의 간접적인 기여 가치를 나타내는 고객 추천 가치를 평가하여 실질적인 가치를 전체적으로 고려한다.

■ **고객 관계의 협의적 의미와 광의적 의미** : 서비스를 제공받는 시점으로 이해하는 협의적 의미와 보다 장기적, 지속적 관계로 서비스 이용 전·중·후의 시점 모두로 보는 광의적 의미

■ **서비스 접점의 교환 관계** : 경제적 교환 관계(기업과 고객, 기업과 종업원 간의 관계), 사회적 교환 관계(서비스 제공자와 고객과의 관계)

■ **서비스 인카운터** : 서비스 접점에서의 고객과 서비스의 만남 혹은 특정 서비스와 직접 상호작용하는 순간으로 서비스 기업, 현장 종업원, 고객의 3요소로 구성된다.

■ **서비스 인카운터 파워** : 의존성에 의한 귀속, 반대 극복의 파워, 기타(합법적, 전문적, 준거적, 보상적, 강압적 파워)

■ **고객 관계 관리를 위한 서비스 제공자의 업무 수행 태도** : 상호이해, 진정성, 특별 서비스의 제공, 능숙도, 실패의 최소화

■ **고객 획득 단계에서의 충성고객화 전략** : 전문성의 강화, 서비스 정신의 고양, 고객만족의 윤리적 관점, 서비스 문제 발생시 초기 해결, 서비스와 서비스 지원 활동에 중점

■ **고객 구매 사이클** : 인지, 최초 구매, 구매 후 평가, 반복 구매 결정, 반복 구매

■ **고객 변화의 프로세스** : 불특정 다수–잠재고객–고객–단골고객–충성고객

■ **유지 단계에서의 충성고객화 전략** : 욕구 확인 및 충족, 추가 혜택과 교차 판매, 맞춤형 상품, 서비스의 제안, 고객 기대의 분석, 고객 이탈 방어, 고객과의 밀접성

■ **충성고객의 특성과 기업 수익성과의 관계** : 안정적 매출의 기반, 프로슈머의 역할 수행, 장기적 기업 성장에 긍정적 역할 수행, 신규고객 창출 비용의 감소, 운영 비용 절감

■ **고객 충성의 이유** : 확신 편익, 사회적 편익, 특별 대우

■ **고객 충성도 구축** : 충성도를 위한 기반 구축 – 유대감 형성 – 고객 이탈 요인 줄이기

■ **고객 관계 관리(CRM)의 정의 및 핵심 개념** : 고객 분류를 통한 차별화된 서비스로 고객과의 관계를 유지, 전사적 관점에서 가치 있는 고객을 확보하여 기업 이윤을 극대화하려는 개념

■ **CRM의 특징** : 고객 중심, 지속성, 상호 신뢰, 기술의 활용, 고객 맞춤형, 전사적 활동

■ **데이터베이스(DB) 마케팅** : 고객의 애호도를 높이고 생애가치를 극대화하기 위해 고객의 자료나 정보를 활용하여 고객 개개인의 의도를 관리함으로써 마케팅의 효율성을 증대하고자 함

■ **CRM의 기능** : 고객에 대한 중요성 인식, 세분화, 개별화, 다양화되는 고객 니즈의 파악, 수익성 극대화의 기능, 안정적인 관리 체계의 수립

■ **성공적인 CRM 전략** : 고객 유지 전략, 신규고객 확보 전략, 고객 활성화 전략, 고객 충성도 제고 전략, 교차 판매 전략

- **성공적인 CRM을 위한 요건** : 명확한 전략 설정, 조직 전반의 이해와 참여, CRM 관련 기술, 접점채널별 고객 정보의 통합, 핵심 역량의 설정 및 집중, 명확한 고객 분류와 공정한 차별 대우, 효과적인 평가와 선순환의 프로세스, 장기적 안목과 지속성

- **고객경험관리 (CEM)의 개념** : 서비스 접점에서의 고객 체험, 경험을 관리하여 기업에 대한 긍정적인 인식을 형성하여 고객 구매 의사결정에 긍정적 영향을 주는 접점 관리 활동

- **슈미트의 고객경험관리 5단계** : 고객 경험과정 분석 – 고객 경험 기반의 확립 – 고객 경험 디자인 – 고객 경험의 인터페이스 구조화 – 지속적인 혁신

- **고객 분류 및 발전 단계** : 잠재 고객, 유망고객, 고객, 단골고객, 충성고객, 동반자

- **고객 가치 측정** : 상품 수익성에서 고객 수익성으로, 현재의 매출에서 고객 생애 가치로, 브랜드 총가치에서 고객 총 가치로, 시장 점유율에서 고객 가치 점유율로

- **고객 생애 가치 (CLV)** : 고객으로부터 미래의 일정기간 동안 얻게 될 이익을 할인율에 의거해 현재 가치로 환산한 재무적 가치

- **기타 고객 가치 측정** : 고객 순자산 가치, 고객 추천 가치, 고객 점유율, RFM

사례형, 통합형 문제 대비하기

- 서비스 기업-고객-서비스 제공자 간의 다양한 고객 접점의 서비스 상황에서 서비스 인카운터 파워(영향력) 형성의 의미를 이해하는 가에 대해 질문

- 고객관계관리를 위한 서비스 제공자의 업무 수행 태도를 서비스 상황으로 예시하여 적절성 여부를 판단하는 문제

- 고객 획득-유지-충성-이탈 및 회복의 각 단계별로 고객 관계를 강화하고 충성고객화하기 위한 전략으로 적합한 서비스 제공자의 행동을 판단할 수 있는가

- 특정한 서비스 상황에서 고객과의 충성도를 구축하기 위해 서비스 관리자가 단계별로 어떤 전략을 수립하고 실행해야 하는가를 판단할 수 있는가

- 성공적인 CRM 실행에 필요한 서비스 기업의 다양한 전략을 이해할 수 있는지를 특정한 상황이나 계획을 통해 확인하는 문제

- 특정한 서비스 현장을 예시하여 그 속에서 고객 경험 요소를 발견하고 구성할 수 있는 질문을 통해 고객 경험의 중요성과 적용 능력을 평가

- 다양한 서비스 업종에서 고객의 가치를 해석하는 예시를 통해 고객 생애 가치 등을 정확히 이해하고 있는가를 확인

≫ 실력 평가 문제

01~15　선다형

01 다음 중 고객관계에 대한 설명으로 잘못된 것은?

① 협의적 의미의 고객관계는 고객과 서비스 제공자 간의 관계가 서비스를 제공받는 시점에서 이루어질 때의 고객관계로 해석한다.

② 광의적 의미의 고객관계는 고객과 서비스 제공자 간의 관계가 서비스를 이용하기 전·중·후의 시점 모두에서 이루어지는 것으로 해석한다.

③ 최초의 구매경험은 재구매 의도에 영향을 주므로 협의적 의미의 고객관계는 매우 중요하다.

④ 지속적 고객관계는 재구매 고객에 대하여 감사함의 댓가로 서비스 제공절차가 더욱 세밀하고 세분화 된다.

⑤ 지속적 고객관계는 상품이나 서비스를 탐색하는 노력이나 비용이 절감되고 잘못된 선택을 하게 될 확률이 낮아진다.

해설 지속적 고객관계는 서비스 제공절차 간소화의 효과가 있다.

02 장기적이고 지속적인 거래관계가 기업에게 주는 이점으로 가장 적절하지 않은 것은? (기출)

① 고객화 서비스 제공

② 교차판매나 up-sales를 통한 거래관계의 확대

③ 마케팅 비용의 감소

④ 서비스 요청 단계의 간소화

⑤ 고객에 대한 이해 증가

해설 서비스 요청 단계의 간소화는 장기적이고 지속적인 거래관계가 '고객'에게 주는 이점. '기업'에게 주는 이점은 서비스 제공 단계의 간소화

Answer　1. ④　2. ④

03 다음 중 고객획득의 단계에 대한 설명으로 잘못된 것은?

① 구매에 대한 의사 결정단계 : "진실의 순간(MOT)"의 과정으로 고객과 기업의 실질적인 관계가 형성되는 순간이다.

② 환기 상표군 : 과거의 경험, 광고, 친구, 가족의 조언 등에 의해 제품 또는 서비스 브랜드에 대한 대안의 집합체

③ 고 접촉 서비스 : 서비스 전달과정에서 기업과 고객이 직접적인 접촉이 이루어지는 서비스

④ 최초 구매 시 고객이 기업을 판단하는 관점에는 전문성, 이해와 배려, 고객 만족 관점의 3가지가 있다.

⑤ 만족의 기대−일치 모델에서 고객은 성과지각이 서비스 기대보다 이상의 수준인 경우에는 긍정적 불일치의 경험을 하게 된다.

해설 "진실의 순간(MOT)"의 과정으로 고객과 기업의 실질적인 관계가 형성되는 순간은 서비스 대면 단계이다.

04 다음 중 기업이 최초 구매고객에게 보여주어야 할 행동에 포함되지 않는 것은?

① 고객의 문제를 제대로 발견하고 가장 효과적인 서비스를 진행할 수 있는 전문성을 갖추어야 한다.

② 첫 거래에 대한 적극적 감사를 표시하되 재방문을 요청하는 것은 고객에게 심리적 부담감을 초래하므로 적극적 서비스 정신에 맞지 않는다.

③ 고객 관심사항과 문제를 파악하기 위해 진지하게 노력하는 모습

④ 지킬 수 있는 약속을 하고 사실에 입각한 정보를 제공

⑤ 서비스와 서비스 지원 활동에 더 큰 가치를 제공

해설 재방문을 요청하는 것은 적극적 서비스 정신을 토대로 하는 바람직한 태도이다.

05 다음 중 고객변화 프로세스에 대한 설명으로 맞지 않는 것은?

① 고객은 기업과 관계 발전 정도, 즉 서비스 접촉 정도에 따라 5단계로 구분할 수 있다.

② 단골고객 : 자사의 제품 또는 서비스를 지속적으로 구매하여 사용하는 고객

③ 잠재고객 : 일반 사람들 모두를 포함한 사람들

④ 고객 : 잠재고객 중 자사의 제품 또는 서비스를 구매한 고객

⑤ 충성고객 : 자사의 제품 또는 서비스를 적극적으로 추천, 홍보하는 고객

해설 일반 사람들 모두를 포함한 단계는 불특정 다수이며 잠재고객은 불특정 다수 중 자사의 제품 또는 서비스를 구매할 가능성이 있는 사람들이다.

06 다음 중 반복구매 고객 및 단골고객에 대한 충성고객화 전략으로 맞지 않는 것은?

① 반복구매 및 단골고객이라 하더라도 더 좋은 상품, 서비스에 의해 관계가 단절될 수 있음을 항상 인식하는 것이 중요하다.

② 지속적으로 고객 니즈 파악에 기반을 둔 차별화된 제안과 관계적 노력이 필요하다.

③ 고객에 대한 추가적인 혜택을 제공하고 맞춤형 서비스를 제안한다.

④ 고객 이탈에 대한 방어노력을 병행한다.

⑤ 타사 제품에 대한 교차판매를 통한 자사 제품의 우월성 비교는 바람직하지 않으므로 이를 지양하고 고객과의 밀접성을 갖추어야 한다.

해설 교차판매란 자사의 자체 개발한 상품뿐만 아니라 타사에서 개발한 상품까지 판매하는 적극적인 판매방식으로 기업은 고객에게 교차 판매 등의 기회를 부여한다.

07 다음은 서비스 기업 및 서비스 제공자가 고객 충성도를 올바로 구축하기 위한 단계를 설명하고 있다. 가장 잘 설명한 것은?

① 고객 충성도 구축을 위해서는 기존고객과의 유대감 형성이 가장 먼저 실시되어야 하고 그 이후 자연스럽게 충성도에 대한 기반이 확보된다.

② 고객 충성도 유대감 만들기에 있어서는 금전적 보상의 수준이 아닌 비금전적 보상이 제공되어야 하며 그럼으로써 더 수준 높은 유대감이 형성될 수 있다.

③ 충성고객을 위한 핵심 가치를 선택하여 강하게 집중하고 서비스 등급화 및 질 높은 서비스 제공을 통해 충성도를 위한 기반을 구축할 수 있다.

④ 기업의 고객 충성도 구축을 위한 노력은 고객 이탈 요인을 근본적으로 차단하므로 서비스 제공자는 지속적으로 충성도 구축 기반 확보와 유대감 형성에 집중하면 된다.

⑤ 고객 충성도 유대감을 형성하기 위해서 서비스 제공자와 고객 사이의 개인적 관계를 강화하는 오류를 피하고 고객의 서비스 경험을 상품, 서비스에 구조적으로 연결시켜야 한다.

해설 ① 기반 구축 후 유대감 만들기가 순서이다.
② 유대감 만들기에는 금전적, 비금전적 보상이 모두 사용된다.
④ 고객 충성도 구축 노력에도 불구하고 고객 이탈이 발생하므로 꾸준히 고객 이탈 요인을 파악하여 최소화하는 노력을 병행해야 한다.
⑤ 개인적 관계를 강화하는 사회적 유대 강화 전략도 필요하다.

Answer   3. ①   4. ②   5. ③   6. ⑤   7. ③

08 다음 중 고객관계관리(CRM)에 대한 설명으로 맞지 않는 것은?

① CRM은 고객의 가치 극대화보다는 기업의 이윤을 극대화 하기위한 전략이다.

② CRM을 통해 고객을 세분화 하여 고객과의 관계를 구축한다.

③ CRM은 고객에 대한 광범위한 심층적인 지식을 바탕으로 개개인에게 적합한 차별적 제품/서비스를 제공함으로써 고객과의 관계를 지속적으로 제고해 나가는 경영 혁신 활동이다.

④ CRM은 대부분의 산업이 성숙기 혹은 쇠퇴기에 접어들어 정해진 시장규모 내에 경쟁은 계속 치열해지고 경쟁적인 매스마케팅, 광고, 홍보의 효과가 감소하는 상황 하에서 등장하였다.

⑤ 기업 입장에서 수익성 재고라는 측면이 CRM을 도입하는 직접적인 이유가 되었다.

해설 CRM은 전사적인 관점에서 접근하여 고객의 가치를 극대화 하고 가치 있는 고객을 확보하는 것이다.

09 '고객관계관리(CRM)'는 단순히 제품을 팔기보다는 '고객과 어떤 관계를 형성해 나갈 것인가' 혹은 '고객들이 어떤 것을 원하는가' 등에 주안점을 둔 방법론이다. 이러한 CRM을 기업에 성공적으로 도입하기 위한 전략으로 가장 적절하지 않은 것은? (기출)

① CRM은 우선적으로 회사 자체의 내부 목표, 즉 수익 증대, 영업 생산성 향상, 영업 프로세스 개선 등에 도움을 주도록 설계되어야 하며, 고객이나 자사 영업사원에 대한 고려는 CRM 구축 완료 이후 반영하면 된다.

② CRM 전담조직 전문가에 의한 CRM 전략의 실행방법은 다른 조직의 구성원들로부터 무관심을 유발할 수 있으므로 기업 전체의 전종업원이 참여하는 전사적 CRM 활동으로 확대되어야 한다.

③ 어느 서비스 기업이 소매 유통점과의 수직적 통합에 의한 공동의 통합 CRM전략을 실행할 수 있는 환경이 준비되어 있다면, 고객과의 장기적 관계를 발전시킬 수 있는 CRM의 실행이 용이할 것이다.

④ CRM활동은 정보기술을 담당하는 조직과 마케팅을 담당하는 관련 부서에서만 관심을 가져서는 곤란하며, 전사적인 관심과 지원 하에 이루어져야 한다.

⑤ 소매유통점을 통한 간접판매가 많은 부분을 차지하는 제조 기업에 비해 고객정보를 직접적으로 수집할 수 있는 서비스 기업이 CRM을 도입하는 데 용이한 편이다.

해설 CRM은 고객이나 자사 영업사원(유통소매점 포함)의 입장이 최우선적으로 고려되어 설계되어야 한다.

10 성공적인 고객관계관리(CRM)전략에 해당되지 않는 것은?

① 고객 유지 전략 : 고객과의 장기적 관계를 유지하여 고객 수익성을 기업 가치로 전환하는 전략

② 고객 활성화 전략 : 고객 DB를 활용한 우량고객의 특성을 분석하여 이를 통해 잠재적 고객을 대상으로 우수한 신규고객을 확보하는 전략

③ 고객 활성화 전략 : 기존고객에게 더 많은 구매를 유도하는 전략

④ 고객 충성도 재고 전략 : 단골고객에 대한 차별적 서비스를 진행함으로써 고객 관계를 더욱 강화하는 전략

⑤ 신규고객 확보 전략 : MGM 기법도 이에 해당한다.

해설 고객 DB를 활용한 우량고객의 특성을 분석하여 이를 통해 잠재적 고객을 대상으로 우수한 신규고객을 확보하는 전략은 신규고객 확보 전략이다.

11 CRM(고객관계관리)의 일반적인 실패 원인이 아닌 것을 고르시오. (기출)

① CRM을 기술에 기반한 것이라고 보는 시각

② 고객 중심 사고의 부족

③ 최고경영층의 적절치 못한 지원

④ 데이터 통합의 과소평가

⑤ 빅 데이터의 방대한 양이 주는 정보

해설 이외에도 고객 생애 가치에 대한 이해가 충분치 않거나 협업이 부족한 경우, 그리고 전사적으로 비즈니스 과정을 재설계하는데 실패하는 데에 원인이 있다.

12 고객경험관리(CEM)의 개념으로 맞지 않는 것은?

① 제품이나 회사에 대한 고객의 전반적인 경험을 관리하는 프로세스이다.

② 고객에 대한 심층적인 지식을 바탕으로 고객과의 관계를 지속적으로 제고해나가는 경영혁신 활동이다.

③ 고객의 생각과 느낌을 파악하는데 중점을 두고 고객의 경험 DB를 구축하는 것을 말한다.

④ 전략인 동시에 과정과 실행에 중점을 두는 고객 만족 개념이다.

⑤ 기업은 모든 접점에서 고객과 관계를 맺고 각기 다른 고객 경험의 요소들을 통합하게 한다.

해설 ②번 사항은 CRM의 핵심 개념 중의 한 부분이다.

Answer   8. ①   9. ①   10. ②   11. ⑤   12. ②

13 고객경험 마케팅의 전략적 체험 모듈에 대한 설명으로 맞는 것은?

① 감각은 고객의 지성을 통한 문제 해결적인 경험이다.

② 감성은 고객의 라이프 스타일에 상호작용하는 경험이다.

③ 인지는 브랜드와 연관된 논리적 경험이다.

④ 행동은 시각, 청각, 후각, 미각, 촉각을 통하여 작용되어지는 경험이다.

⑤ 관계는 감각, 감성, 인지, 행동을 모두 포함하는 관계를 통한 경험이다.

해설 고객경험 마케팅의 전략적 체험 모듈

감각(sense)	시각, 청각, 후각, 미각, 촉각을 통한 감각적인 경험
감성(feel)	브랜드와 연관된 감정적 경험
인지(think)	고객의 지성을 통한 문제 해결적인 경험
행동(act)	고객의 신체적 경험, 라이프스타일에 상호작용하는 경험
관계(relate)	감각, 감성, 인지, 행동을 모두 포함하는 관계를 통한 경험

14 고객 포트폴리오에 대한 설명으로 맞지 않는 것은?

① 고객 포트폴리오란 기업의 마케팅을 펼침에 있어 집중할 고객군을 찾아내기 위한 분류의 개념이다.

② 기업의 사업 전략에 부합하여 높은 가치 수준을 제공할 수 있는 최적의 제품 또는 서비스를 찾아내는 것이 목표이다.

③ 고객 포트폴리오 관리 방법으로 외부지향적 접근법, 수익지향적 접근법, 가치지향적 접근법이 있다.

④ 매출 규모도 작고 기여 정도도 작은 고객에 대하여 디마케팅을 적용한다.

⑤ 가치 지향적 접근법의 장점으로 수익성을 동반한 지속적 성장을 들 수 있다.

해설 고객 포트폴리오의 목표는 기업의 사업 전략에 부합하여 높은 가치 수준을 제공할 수 있는 최적의 고객을 찾아내는 것이다.

15 고객의 가치 측정에 대한 설명으로 맞지않는 것은?

① 공정가치선은 기업관점에서 고객가치를 판단하기 위한 것으로 가치 판단의 전략적 방향성을 제시함에 의의가 있다.

② 고객은 금전과 시간 등 무형의 비용을 지불하고 제품 또는 서비스를 구매하여 지각된 품질이나 편의성 등의 혜택이 크게 되면 고객 가치가 높다고 평가할 수 있다.

③ 공정가치선 전략은 공정가치선상에 위치하지 않은 기업은 공정가치선상으로 회귀하는 것이 기본 전제가 된다.

④ 공정가치선 전략에서의 발전방향은 공정가치선상으로 회귀한 기업들은 공정가치선상의 우상향 방향으로 이동하여 상호간의 가치를 극대화 하는데 있다.

⑤ 고객 가치의 구성은 감성적, 사회적, 기능적, 품질적 측면으로 구성되어 있다.

해설 기업 관점의 고객가치와 고객 관점의 고객가치의 양자 간 가치 수준이 어느 한쪽에 치우쳐져 있는지의 여부를 판단하고 이를 개선해 나갈 수 있는 기본적인 전략적 방향성을 제시해주는데 의의가 있다.

16~18 O/X형

16 고객 충성도에 대한 보상의 제공에는 예약 우선권 등 특별한 무형적 대우의 비금전적 보상과 구매할인, 마일리지 등과 같은 금전적 보상이 있는데 높은 단계의 충성도 보상 프로그램에서는 비금전적 보상보다는 금전적 보상이 더 효과적이다. (① O, ② X)

해설 높은 단계의 충성도 보상 프로그램에서는 비금전적 보상이 더 효과적이다.

17 고객의 경험은 서비스 기업의 광고, 홍보, 판촉, 이벤트, 소비자 상담, 웹페이지 등 모든 커뮤니케이션의 과정 속에서도 발생할 수 있다. (① O, ② X)

해설 고객 경험인자 중 커뮤니케이션에 관한 설명이다.

18 고객 관점의 가치와 기업 관점의 가치 간의 관계적 메커니즘을 쉽게 표현한 것이 공정가치 이론이다. (① O, ② X)

해설 기업과 고객 관점의 양자간 고객 가치의 균형을 확인, 개선 및 전략적 방향성을 제시하는 공정가치선 전략의 이론

19~21 연결형

※ 다음의 보기에서 각 설명에 알맞은 마케팅 기법을 골라 넣으시오.

① 고객관계관리(CRM)	② 관계 마케팅
③ 데이터베이스 마케팅	④ 고객경험관리(CEM)

19 고객과의 관계를 강화, 지속하는 것에 초점을 맞추어 고객에게 개인화된 서비스를 제공하고 한 명의 고객에게 다양한 제품을 판매하거나 개별고객의 거래 기간을 장기간 유지하는 것을 목표로 한다. (   )

해설 고객 점유율을 높이고 기존고객의 유지 관리에 높은 비중을 부여하는 관계 마케팅

Answer   13. ⑤   14. ②   15. ①   16. ②   17. ①   18. ①   19. ②

20 주로 마케팅 및 영업 부서가 중심이 되어 고객 자료나 정보를 활용하여 마케팅의 효율성을 증대하고자 하는 목적을 가지고 있다. (   )

해설 기업 입장에서 고객 자료나 정보를 통해 매출 향상이나 가시적 성과에 집중하는 마케팅

21 서비스 기업과 고객 간의 모든 접점에서 고객의 체험, 경험을 관리하여 기업에 대한 긍정적인 인식을 형성함으로써 고객의 구매 의사결정에 긍정적인 영향을 주는 고객 관리 프로세스를 의미한다. (   )

해설 고객이 기업에 대해 생각하고 느낀 것을 파악하여 차별화된 고객 만족의 경험을 통해 고객 로열티를 강화하고자 하는 기법이다.

22~23 사례형

22 다음은 맛집으로 소문난 식당에 가서 식사 후 나누는 친구 간의 대화 내용이다. 대화 마지막 부분에서 영민이가 언급한 것을 지칭하는 용어는? (기출)

> **영민** : "이 집 삼계탕 맛 어때?
>
> **철수** : "소문대로 맛이 일품이야. 네가 나를 여기까지 데리고 온 이유를 알겠어. 정말 오길 잘 했어."
>
> **영민** : "나는 내심 걱정했어. 일부러 시간 냈는데 네가 맛이 없다고 하면 어떻게 하나 하고 말이야."
>
> **철수** : "이 집은 직접 나서서 광고하지 않아도 왔던 손님들이 알아서 입소문을 많이 내줄 것 같은데."
>
> **영민** : "사실 입소문의 효과가 광고보다도 훨씬 큰 경우가 많지. 이처럼 긍정적 입소문으로 제품이나 서비스를 구매하게 되어 마케팅 활동 전개 없이 확보된 신규고객의 가치는 정말 크다고 할 수 있어."

① 고객 구매력   ② 고객 점유율
③ 공헌마진   ④ 고객 추천가치
⑤ 고객들의 간접적 기여가치

해설 입소문이나 추천으로 인하여 확보된 신규고객은 기업의 비즈니스 활동에 큰 영향을 미친다. 이는 기업의 마케팅 자원 투자 없이도 나타나는 '고객들의 간접적 기여가치'라고 할 수 있다.

23 다음은 OO프랜차이즈 소속의 가맹점 점주를 대상으로 하는 '충성고객 확보를 위한 전략 회의' 중 나온 내용의 일부이다. 회의 내용을 설명한 것 중 적절치 않은 것은?

> 가) 우리 회사의 핵심고객 가치는 건강한 먹거리를 저렴하고 간편하게입니다. 이러한 핵심 가치에 집중하고 어떤 고객이 우리 매장을 좋아할 것인지에 대해 잘 생각해 봐야 합니다.
>
> 나) 단골고객을 대상으로 고객 만족의 수준과 아이디어를 구하는 설문을 실시하려 합니다. 단골고객에 대한 서비스 차원에서 설문에 응하는 고객에게는 식사권을 제공합니다.
>
> 다) 유사 경쟁 업체가 최근에 대대적으로 홍보를 하고 있습니다. 기존의 우리 고객들이 이탈되지 않도록 기존 포인트의 유효기간을 늘리는 등의 적극적인 방법을 모색 중입니다.
>
> 라) 충성고객군으로 판단되는 고객들에게 서비스 할 수 있도록 각 매장에 특별 서비스 품목을 지급할 계획입니다. 매장별 충성고객에게 직접 배송할 계획입니다.
>
> 마) 지역 내에서 우리 매장을 언제나 가장 편안하고 즐거운 곳으로 알려 새로운 고객들이 방문할 수 있도록 매장별 홍보 전략에 힘써주시기 바랍니다.

① 가 – 충성고객을 확보하기 위해서는 서비스 기업의 핵심 가치에 집중하여 적절한 고객군을 충성고객의 표적으로 정하여야 한다.

② 나 – 단골고객을 충성고객으로 확보하기 위해서는 끊임없이 고객의 욕구를 확인하고 제품, 서비스에 반영하는 노력을 기울여야 하며 동시에 추가적인 혜택을 제공하는 기회를 모색해야 한다.

③ 다 – 고객 이탈을 방지하기 위해서는 기존의 고객 혜택의 가치를 더 높여 서비스를 전환하는 데 들어가는 고객의 기회 비용을 높이는 전략을 쓸 수 있다.

④ 라 – 특별한 대우 및 금전적 보상은 고객의 충성도를 높이고 강화시키는 좋은 방법이다.

⑤ 마 – 이 부분은 신규고객 확보 전략으로 충성고객 확보 방안과는 거리가 멀다. 충성고객은 기존 고객 및 단골고객을 대상으로 하는 전략이다.

해설 충성고객을 확보하기 위해서는 고객 획득 단계에서부터 전략의 실행이 필요하다. 서비스 기업은 최초 구매고객에게 전문성과 서비스 정신, 고객 만족의 윤리적 관점들을 보여주어야 하며 여기에서 충성고객 확보 전략이 시작된다고 할 수 있다.

※ 다음은 00병원에 다녀온 고객인 김영희씨가 친구와 나눈 대화 내용이다.

- 00병원 알지? 얼마전에 아는 선배가 의료기기도 새로 많이 들어왔고 검진 때 친절하다고 추천했었는데 광고를 보니까 인테리어도 깔끔한 것 같아서 원래 다니던 병원이 아닌데 이번에 한번 가봤지.

- 주차도 편하고 진료 대기실도 널찍하고, 인테리어도 바뀌어서 병원보다는 호텔 같은 느낌이었어, 원래 다니던 ××병원에 비해서 넓고 깨끗해서 좋았어.

- 접수 창구에 추천인 이름 쓰는 곳에 아는 선배 이름을 썼더니 아주 반갑게 대하더라구, 환자를 기억하고 관계를 잘 맺는 곳인 것 같아 놀랐지.

- 간단한 검진이었지만 설명도 자세하게 해주고 결과도 빨리 나오더라구.

- 진료 수준도 높지 않을까 싶어서 이번에 우리 부모님 검진도 해드리면 어떨까 싶어.

- 그런데 ××병원에 오래 다녀서 거기 간호사 분들한테 좀 미안한 느낌도 들어. 두군데 다 친절하긴 하지만 ××병원은 워낙 친하게 지내던 사이라서 말이지.

- ×× 병원도 의료기기도 바꾸고 인테리어도 다시 하면 좋을 텐데 말야.

24 김영희 고객의 00병원에서의 경험을 고객경험관리의 차원으로 바라본 것이다. 적절하지 못한 설명은 무엇인가?

① 김영희씨의 고객경험은 00병원을 방문하기 전부터 선배의 추천과 광고를 통해 시작되었다.

② 김영희씨는 주차장, 대기실 등에서의 경험을 통해 편안함을 느꼈으며 긍정적인 인식을 경험하게 되었다.

③ 많은 고객들이 김영희씨와 비슷한 경험을 할 수 있도록 고객의 경험을 디자인하는 것은 고객경험관리의 전략적 단계에 해당한다.

④ 빠른 검진 결과는 서비스에 대한 긍정적 경험이었으며 자세한 설명과 친절한 응대는 서비스 제공자인 사람을 통한 경험이었다.

⑤ 김영희씨의 첫 방문에 대한 경험은 00병원의 브랜드에 좋은 영향을 미쳐 아직 경험하지 않은 서비스 영역에 대한 신뢰에도 깊은 영향을 끼쳤다.

해설 고객 경험의 디자인은 고객경험관리의 실행적 단계에 해당한다.

25 00병원과 XX병원이 김영희씨를 충성고객으로 확보하기 위해 취해야 하는 현재의 상황과 전략을 설명한 것 중 가장 적절한 것은 무엇인가?

① 00병원은 현재의 긍정적인 고객 경험을 바탕으로 김영희씨를 충성고객으로 확보하였다고 볼 수 있다.

② ××병원은 00병원으로의 고객 이탈 요인을 확인하여 서비스 회복을 위한 인테리어 개선 등의 절차를 검토, 시행하여야 한다.

③ 김영희씨의 ××병원 충성고객으로서의 유대감 형성의 가장 중요한 부분은 금전적 보상 및 고객화 서비스에 의한 고객화 유대였던 것으로 보인다.

④ 김영희씨가 00병원에 대해 충성을 보이게 된다면 이는 고객과 서비스 제공자 사이의 우정, 관계 등 사회적 측면에서 비롯하는 사회적 편익이 이유일 것이다.

⑤ 김영희씨는 현재 00병원의 단골고객으로서 충성고객으로 전환될 수 있는 과정에 있으므로 00병원은 추가 혜택과 맞춤형 서비스 등의 제공을 고려해 보아야 한다.

해설 현재 김영희씨는 00병원의 최초 고객으로 전문성과 서비스 등에 의해 만족을 한 상태로 충성을 하게 된다면 확신 편익에 해당할 것이며, ××병원의 간호사와의 사회적 유대로 인해 충성도가 강화되었던 것으로 볼 수 있다.

PART 03

VOC 분석/관리 및 컴플레인 처리

최근의 기업 환경은 고객들이 보다 주도적으로 참여하는 방향으로 발전되고 있다. 이는 기업 경영이 더욱 주도적이고 개방적으로 변화되어야 하는 이유이다. 고객이 단순히 제품이나 서비스를 구매하는 대상이 아니라 스스로의 니즈를 표현하도록 함으로써 기업은 더 효과적인 서비스를 구현할 수 있다.

이러한 고객 참여의 시장이 SNS환경과 함께 폭발적인 시너지를 내는 만큼 고객의 컴플레인이 기업에 미치는 영향은 과거와 비할 바 없이 커지고 있다. 이에 효과적으로 고객의 의견과 선호를 파악하고 이를 관리하는 것은 물론 발생된 컴플레인에 대해 지혜롭게 응대하고 처리하는 것은 고객 만족과 서비스 현장의 전체적인 품질 향상에 중요한 부분이 되고 있다.

이번 Part에서	고객의 다양한 의견과 선호를 통해 서비스 품질을 향상할 수 있는 관리기법을 이해하고 고객 컴플레인을 효과적으로 처리, 응대할 수 있는 원칙과 기법을 통해 서비스 현장의 고객 응대 수준을 높일 수 있다.
학습목표	1. VOC의 개념과 효과적인 VOC 관리 시스템의 개념을 이해한다. 2. VOC의 효과적인 분석을 위한 방법과 빅 데이터 활용에 대한 개념을 이해한다. 3. 고객 컴플레인의 개념과 서비스 실패의 의미 및 원인과 결과를 이해하여 고객의 컴플레인 과정을 입체적으로 이해한다. 4. 고객 컴플레인 응대의 목적인 서비스 회복에 대한 개념과 절차를 이해하고 고객 컴플레인 처리의 원칙을 숙지한다. 5. 고객별 다양한 컴플레인 유형을 이해하고 각 유형과 고객 반응에 대한 구체적인 해결 방법을 학습한다.
이번 Part를 학습하고 나면...	• 고객의 의견과 서비스 현장에 대한 선호 등의 정보가 서비스 현장의 품질 향상에 어떤 영향을 미칠 수 있는지를 알고 VOC 관리 개념을 서비스 현장에 도입할 수 있다. • 고객의 다양한 컴플레인의 개념을 분류하고 각각의 대응 방향을 이해하여 서비스 현장의 컴플레인 응대에 적용할 수 있다. • 서비스 실패의 의미를 알고 그 원인과 결과를 통해 서비스 현장에서의 고객 서비스 품질 향상에 적용할 수 있다. • 서비스 회복의 의미를 통해 서비스 실패의 경우 이를 적극적으로 회복할 수 있는 서비스 조직 문화를 조성한다. • 다양한 고객 컴플레인에 대해 일관되고 안정적인 대응 원칙을 적용하여 서비스 조직의 서비스 품질 향상을 도모할 수 있다. • 컴플레인 반응에 대한 구체적인 해결 방법을 지속적으로 학습하고 상호 협조할 수 있는 조직 문화를 형성한다.

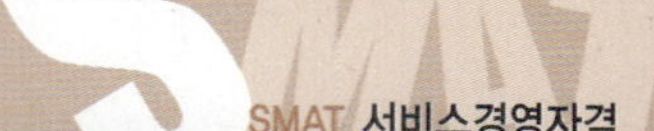

Chapter 01 VOC 관리 시스템

서비스 기업 및 조직에서 고객의 의견, 만족의 정도 등을 이해할 수 있는 통로를 확보한다는 것은 매우 큰 의미가 있다. 고객이 서비스의 품질에 대해 어떤 기대를 하고 어느 정도 수준의 만족을 하고 있는가에 관심을 가지는 적극적 개념으로써의 VOC와 VOC 관리 시스템을 이해하고 현장 접점에서 서비스 활동의 의의와 적용점을 모색할 수 있다.

1 VOC 개념 및 관리 시스템의 이해

1) VOC의 개념

① VOC의 사전적 의미

㉠ Voice Of Customer(고객의 목소리)의 약자

㉡ 고객이 기업에게 들려주는 피드백을 의미한다.

㉢ VOC의 사전적 의미 : 각종 문의, 제안, 칭찬, 고객 불만사항을 접수부터 처리가 완료될 때까지의 처리상황을 실시간으로 관리하고 처리결과를 관서별로 지표화 하여 관리 · 평가함으로써 고객의 체감서비스를 향상시키는 고객관리 시스템이다.

② 협의적 해석의 VOC

㉠ 기업 내 · 외부 현장에서 다양한 채널을 통해 들려오는 고객의 요구사항에 대한 효율적 처리 및 고객만족을 극대화 하는 행위를 의미한다.

㉡ 이는 고객의 문의사항, 의견, 불만사항뿐 아니라 서비스 품질에 대한 칭찬과 격려에 이르기까지 고객이 전달하는 모든 요구사항 및 의견들의 총괄 정보를 뜻한다.

③ 광의적 해석의 VOC

㉠ 협의적 VOC를 포함하여 서비스 기업이 적극적으로 조사하여 수집한 적극적인 고객 의견, 기대사항, 구매 의도, 행동양식 등의 고객정보 전체를 의미한다.

㉡ 고객을 아이디어의 원천으로 이해하여 끊임없이 고객과 커뮤니케이션을 하여 고객의 욕구를 파악하고 개선 요소를 사후관리할 수 있는 효과적인 방법으로 CRM을 대체 · 보완하는 하나의 독립적인 시스템이다.

ⓒ 고객과의 간담회, 고객설문, 접점직원 워크샵, 전화, 팩스나 우편, 외부 모니터링, 인터넷, 내부 고객소리, 상급기관, 고객민원엽서 등을 통한 다양한 채널을 활용한다.

CRM, VOC, CCMS의 분류

구분	내용
CRM (Customer Relationship Management)	• 고객의 개인정보와 구매정보를 통한 고객관리로 고객의 이탈을 방지하고 재구매율을 재고하는 것 • 대상 : 구매하거나 또는 구매할 고객(고객관리 프로세스상의 후반부) • 구매 관련 고객의 정보를 통한 관계 관리를 통해 만족을 높이는 개념
VOC (Voice of Customer)	• 구매 고객을 포함한 불특정 다수의 잠재고객의 불만, 정보요구 등에 대해서 접점단계에서 빠르고 정확한 응답으로 고객만족을 높인다. • 대상 : 잠재고객을 포함하여 고객의 범위가 더 넓다. • 정보를 제공하는 접점단계에서 만족도를 높인다.
CCMS (Customer Complaints Management System)	• 고객 불만 관리 시스템 : 고객만족 경영의 보다 능동적인 개념 • 소비자 불만과 문제를 예방하고 신속하게 해결하기 위한 기본 지침과 구체적인 적용 주체와 방향, 방법을 제시 • 기업이 소비자 불만 자율관리체계를 갖추어서 불만을 신속하고 정확하게 청취 · 해결할 수 있게 한다. • 자율처리 범위를 전사로 확대시켜 내부통제 체제를 구성함으로써 불만확산을 조기에 예방할 수 있게 한다.

CLO(Chief Listening Officer)를 아십니까?

미국 경제전문지 포브스는 2012년 10년 전 존재하지 않았던 직업 중 하나로 '고객'과 관련된 직업 "최고경청책임자 CLO(Chief Listening Officer)"를 선정했습니다. 이 직업은 VOC를 통해 고객의 목소리를 듣고 체계적인 관리를 할 수 있는 능력과 업무를 총괄하는 직책을 의미합니다. 이는 단순히 고객을 중시하겠다는 외침에 그치지 않고 구체적인 업무와 시스템을 추구한다는 것을 뜻합니다. 우리 서비스 현장의 CLO는 누구입니까? 서비스 관리자는 이 부분에 대한 고민을 통해 서비스 현장의 방향을 제시할 수 있습니다.

2) VOC 관리 시스템

① VOC 시스템

㉠ VOC의 접수, 처리, 결과 피드백, 처리과정에 대한 모니터링 등 일련의 프로세스와 각종 시스템 연계 등을 담당한다.

㉡ VOC 시스템은 기업의 다양한 접점으로 들어오는 다양한 고객의 소리를 체계적으로 수집·저장·분석하여 기업이 상품이나 서비스 개선에 활용하고 다시 고객에게 피드백하여 궁극적으로 고객의 소리에 근거한 경영활동을 가능하게 하는 체계를 의미한다.

㉢ VOC는 말 그대로 고객의 소리이며 고객들이 기업에게 원하는 것을 해결해주는 과정이 곧 VOC 시스템이라고 할 수 있다.

② VOC의 범위

Internal VOC	• 기업의 내부 VOC 채널로 접수되는 고객의 소리 • 기업의 홈페이지, 고객센터, 콜센터 등을 통해 접수되는 고객의 의견 예 00호텔에서 숙박한 고객이 호텔 게시판을 통해 객실 청소 상태에 대해 항의하는 글을 올림
External VOC	• 상품 및 서비스 등에 관해 기업의 외부 채널을 통해 전달되고 있는 고객의 소리 • 기사나 인터넷 게시글, SNS 상의 작성물 등의 고객의 소리 예 00호텔에서 숙박한 고객이 개인 블로그에서 여행기를 작성하면서 해당 호텔의 객실 청소 상태에 대해 불만을 제기함
Off-line VOC	• Web 채널 이외에 채널에서 접수되는 고객의 소리 • 전화, 콜센터, A/S 요원 방문, 기타 서비스 현장 접점에서 직접 제기함 예 00호텔에서 숙박한 고객이 유선상으로 직접 불만을 제기함
On-line VOC	• 인터넷을 통하여 접수되는 고객의 소리 • 홈페이지, 게시글, SNS 등 웹, 모바일 환경에서 제기함 예 00호텔에 대한 홍보성 기사의 댓글에 숙박 고객이 불만을 제기하며 악평의 글을 올림

③ VOC 시스템 구축시 고려사항

㉠ VOC와 고객 정보를 저장하고 분석할 수 있어야 한다 : VOC 분석은 고객의 요구사항에서 획득한 정보를 통해 고객의 핵심 요구사항을 파악하여 구체화시킬 수 있어야 한다.

㉡ VOC 처리부서 및 담당자를 배치한다 : VOC의 효율적인 활용은 모든 접점에서 수집되는 VOC를 통합하여 분석하는 인적 자원을 기반으로 한다.

㉢ 일관성 있는 VOC 체계를 구축한다 : VOC를 고객 서비스 프로세스의 관점에서 통합하고 분석하여 상품과 고객 서비스에 반영하기 위해 VOC를 체계적으로 분석할 수 있어야 한다.

ⓔ VOC를 전사적으로 관리하는 시스템을 구축한다 : VOC 시스템을 구축할 때 조직 문화적 관점을 기반으로 하여 마케팅이나 고객 접점 등 현업 부서들이 함께 참여하여 현업의 니즈를 파악하고 개발자와 협의하여 구축하는 것이 중요하다.

ⓜ VOC 수집 · 처리 · 분석 단계에 따라 전사적으로 내용을 공유한다 : VOC를 전사적으로 공유함으로써 VOC 활용에 대한 인식을 확산시키고, 각 단계별 VOC 처리 과정에서 부서 간 협조를 통해 신속한 처리가 가능하다.

ⓗ VOC 분석 결과를 기업 업무 개선에 적용하고 활용하여 그 결과를 고객에게 피드백한다.

플러스 tip

고객 상담 부서에서 VOC를 수집하고 활용하기 위한 운영 지침

① 고객 상담 자료를 정리하고 분석한다.

② 고객정보 수집을 위한 고객조사를 한다.

③ 고객 상담 자료와 고객조사 자료를 관련 부서에 피드백하여 활용한다.

④ 고객 데이터베이스를 만들어 관리한다.

⑤ 각종 제안제도를 기획하고 운영한다.

⑥ 소비자 관련 법규와 제도의 동향을 수집하고 분석한다.

⑦ 이러한 VOC를 다른 부서와 공유하여 효율적으로 운용할 수 있도록 한다.

---

2 VOC 관리 시스템의 배경과 진화과정

① 배경

㉠ 환경적 요인

– 디지털 환경이 보편화됨에 따라 공급체계의 소비자 간 연결 활성화

과거	변화 및 변화의 결과
공급자 중심	수요자 중심의 서비스
수동적인 서비스 수용자로서의 고객	능동적인 감시자로서의 고객
상품, 서비스 이용자	다른 고객에 대한 영향자로서 시장의 주체로 등장
기업의 지식 독점	지식 독점 구조의 붕괴 및 고객 지식의 비약적인 증가

    ⓛ 불만족 고객의 영향력 증가

- 불만족한 고객 중 96%는 불평을 말하지 않지만 기업의 고객만족 경영에 많은 영향을 미친다.
- 불만족한 고객은 평균 8~10명의 타인에게 불만족 경험을, 만족한 고객은 평균 4~5명에게 만족의 경험을 전달한다.

    ⓒ 고객 접점에 대한 체계적인 시스템의 필요성

- 고객 접점 상황에서 고객의 니즈를 반영하고 만족을 증진시킬 수 있는 제도적, 시스템적 장치 마련의 필요성이 증대되었다.
- CRM의 한계에 연계되어 접점채널의 관리와 접점 순간의 서비스 만족을 중시하는 다채널에 대한 고려로 VOC개념의 시스템이 등장하게 되었다.

② **VOC의 진화 과정**

    ㉠ VOC 1.0 : 정보처리 기술을 활용하여 고객의 의견을 수집하고 처리하기 시작하는 단계

- 전화나 인터넷을 통한 상담이 주를 이룬 시대에 급격하게 늘어나는 VOC의 양을 효과적으로 처리·가공하는 시스템이 필요한 배경에서 시작되었다.
- 기업과 관련된 이슈가 발생했을 때 신속하게 응대할 수 있는 프로세스를 구축하는 것이 가장 중시되었다.
- 제공 가치는 상품위주의 기능적인 부분에 있으며 성과 지표는 고객 만족도와 불만 건수에 있다.
- 쌍방향 소통을 통한 해결이라고 하기보다는 고객의 불만이나 의견을 수집하여 해결해 주는 방식이다.

    ㉡ VOC 2.0 : VOC를 기업의 자원으로 인식하여 통계를 만들고 근본적인 원인을 해결하기 위해 노력하는 단계

- VOC 시스템이 도입되어 많은 불만을 해결하였지만 비슷한 불만이 지속적으로 제기되어 문제 해결의 프로세스가 반복되는 한계를 경험하면서 원인을 찾아 근본적으로 해결하고자 하는 시도에서 시작되었다.
- VOC 시스템을 통해 수집된 정보 속에서 문제를 발견하고 이를 상품과 서비스의 다양한 측면에 활용함으로써 반복적인 고객 불만의 근본 원인을 해소하고자 하였다.
- 주요 목적은 장기적 고객관계관리에 있으며, 더 나은 고객 서비스를 개발하고 새로운 이익 창출에 있다.
- 제공 가치는 서비스 위주의 감성적 가치에 있으며 성과 지표는 고객 유지율, 고객 생애 가치(Life Time Value : LTV)에 있다.
- 각각의 VOC를 하나로 모으고 기업 내·외부의 다양한 채널을 모두 중시하는 통합적인 시도를 통해 서비스를 개발하고자 하였다.

ⓒ VOC 3.0 : 적극적, 능동적인 개념으로 보다 상위 단계의 목표를 추구하는 단계
  – 다양한 디지털 채널이 등장하면서 고객과의 실시간 소통과 대응이 중요해졌으며 기업은 고객과의 즉각적인 피드백 및 확산을 전사적으로 관리해야 하는 과제를 얻게 되었다.
  – 고객이 찾아오기를 기다리는 VOC가 아니라 고객이 미처 표현하지 않았거나 몰랐던 요소들을 미리 발견하여 해결하고자 하는 VOC개념이다.
  – 기업 내부 채널에 한정되어 있던 VOC(internal)에서 기업의 다양한 외부 채널(external)의 중요성을 인식하는 단계이다.
  – 주요 목적은 총체적 고객경험관리에 있다.
  – 시스템이나 솔루션에 집중하는 것이 아니라 실시간으로 고객과 소통하고 가치를 전달하는 체계가 핵심이다.
  – 고객이 감동하게 되는 영역으로 성과 지표는 고객 로열티, 혁신 상품수, 협업에 있다.

3 VOC를 관리하는 목적

① 서비스 품질 향상

– 고객은 자신이 선호하는 채널로 편리하게 자신의 의견을 기업에 접수할 수 있으며 접수된 의견이 상품, 서비스의 개선에 반영되어 서비스 품질의 만족도를 향상시킬 수 있다.
– 고객 접점에서 발생하는 VOC를 정확하게 수집하고 기록함으로써 고객이 기대한 서비스가 서로 일치하지 않을 때 발생하는 서비스품질 갭을 감소시킨다.

② 업무 효율의 증대

– 기업의 VOC 업무 프로세스 향상을 통해 처리시간이 단축되어 효율성이 향상된다.
– VOC 처리 현황을 여러 부서가 확인할 수 있어 부서 간 협력이 증대된다.
– 전사적인 고객 중심 경영의 근거와 개선점을 발견하여 효과적인 업무 프로세스를 구축할 수 있다.

③ 고객만족도 향상

– 매출이 증대되고 비용 절감이 가능하며 상품, 서비스에 대한 아이디어나 전략에 대한 기초 데이터를 수집할 수 있다.
– 고객이 기업의 상품, 서비스에 대해 어떻게 생각하고 있는지와 만족 여부를 파악하여 이를 통해 고객 관점의 서비스 경영을 실천할 수 있다.

- 시장의 요구와 기대를 이해하고 변화하는 고객의 니즈를 파악하고 예측할 수 있다.
- 고객의 결정적 순간을 이해하고 고객 입장에서 고려하고 판단하여 서비스 프로세스의 문제를 파악함으로써 고객 접점에서의 표준화된 서비스 응대가 가능해진다.
- 장기적으로 기업과 고객의 유대를 강화하기 위한 시발점이 되어 고객 밀착 경영을 강화할 수 있으며, 궁극적으로 충성고객을 창출하고 기업가치를 극대화할 수 있다.

4 VOC의 3가지 종류

구분		내용	사례
표현, 언급	the VOC	고객이 필요로 하는 것을 표현하고 언급한다.	
언급하지 않음	Over the VOC	• 고객이 미처 인지하지 못한 고객의 필요 • 찾기 어렵지만 달성되면 고객 감동과 만족으로 이어진다.	
	Under the VOC	기본적이고 당연한 것으로 여겨져 고객이 언급을 생략한 것으로, 충족되지 않으면 강한 불만을 야기함	

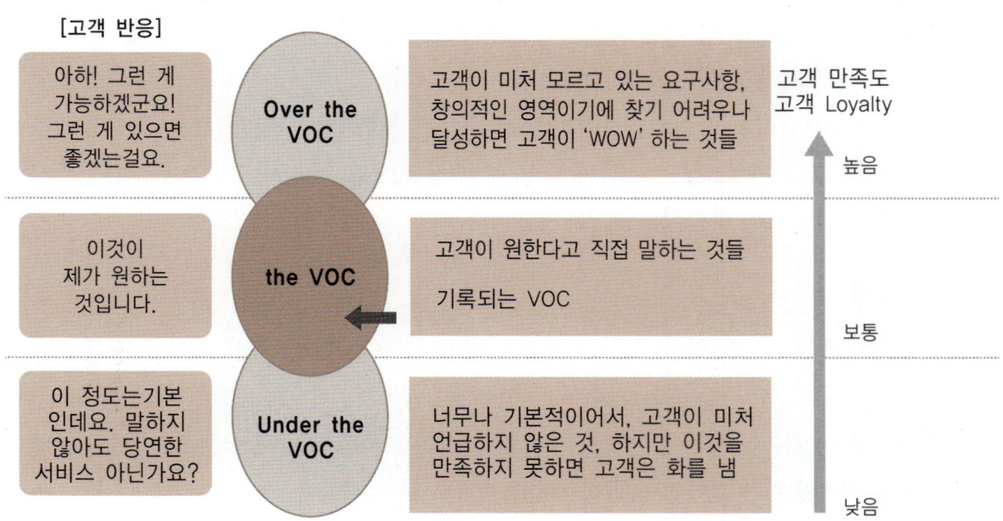

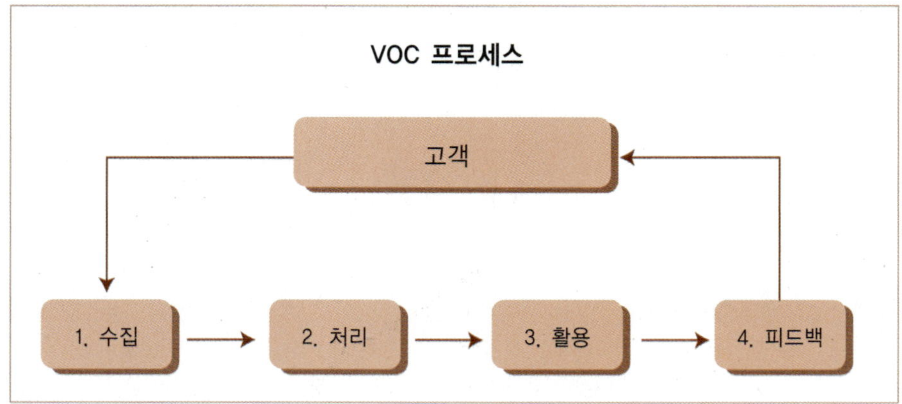

고객으로부터 수집된 정보를 효과적으로 처리하고 이를 서비스 품질의 개선, 향상 및 고객 니즈 파악 등의 실질적인 방향으로 활용하여 내·외부에 피드백함으로써 고객이 인지할 수 있도록 하는 것이 VOC 업무 수행의 기본적인 프로세스이다.

1) VOC 프로세스별 세부 진단 내용

① 수집 단계

  ㉠ VOC 시스템 구축의 가장 기본적이면서 중요한 단계로 고객의 의견이 제대로 수집되어야 VOC 시스템이 의미가 있는 것이다.

  ㉡ 비용이 아닌 이익의 관점으로 접근하여 단순한 불만해소, 민원처리로 여겨 수집의 범위를 좁히지 않고 구성원들의 적극적인 VOC 수집 활동을 독려하고 VOC 수집의 의의를 조직 전체가 공유하여야 한다.

② 처리 단계

  ㉠ 누구나 납득할 수 있는 조직 전체의 공통적인 운영정책, 처리 지침이 정립되어 있어야 한다.

  ㉡ 다양한 VOC를 유형별로 분류하여 유형별 대응 기준을 명확히 하고 VOC의 등급별로 업무 처리 우선순위가 정해져 객관적 기준으로 업무를 처리한다.

  ㉢ VOC 업무를 처리할 담당자에게 신속하게 전달될 수 있는 과정이 구성되어야 한다.

③ 활용 단계

  ㉠ VOC 유형별 데이터 간의 정교한 분석을 통해 마케팅 및 경영에 도움이 될 만한 소스를 추출하고 VOC 핵심 테마관리를 통해 중요도가 큰 항목을 선정 및 집중 관리한다.

ⓛ VOC 유형을 정의하고 관리 지표를 도입하여 지속적으로 체크, 개선활동을 강화하고 이를 체계적으로 진행할 수 있는 시스템을 갖출 수 있어야 한다.

④ **피드백 단계**

㉠ 내부 피드백

- 전사적으로 표준화, 규정화된 VOC 개선 프로세스를 통해 VOC 개선과제 활동에 대한 평가, 동기부여 제도, 개선과제 추진조직 및 협의체 등을 갖출 수 있다.
- VOC 수집, 처리 활동이 내부 평가 지표에 의해 관리되고 동기부여 프로그램을 통해 운영되어야 하며 경영진 및 내부 관리자에 상시 보고되는 체계를 가지고 있어야 한다.

㉡ 외부(고객) 피드백

- 신속한 처리와 정확한 상황보고가 가장 중요하다.
- 고객별 VOC 이력을 체계적으로 관리하고 신속하게 피드백을 진행하여 최종적인 처리 과정에서 고객의 동의를 밟을 수 있도록 한다.
- 고객 본인이 제기한 VOC 처리 상황을 알 수 있고 또한 처리 결과에 대한 의견을 쉽게 제기할 수 있어야 하며 개선사항을 고객에게 효과적으로 전달해야 한다.

적극적으로 접수·수집된 고객의 소리를 서비스 현장에 반영하기 위해서는 이를 효과적으로 분석하고 관리할 수 있어야 한다. IT기술의 발달로 많은 양의 정보를 모을 수는 있으나 그만큼 효과적으로 분류하고 이를 유효한 데이터로 적용시키는 것이 더욱 중요해지고 있다. 고객의 소리를 서비스 현장에 효과적으로 적용하기 위해 어떻게 분류·분석하고 관리해야 하는가를 이해하고 고객의 소리를 어떤 관점에서 이해해야 하는 가에 대해 동시에 알아볼 수 있다.

1 VOC의 유형 분류

1) VOC를 제기하는 내용 분류

제안형 VOC	• 상품, 서비스의 성능이나 외관, 서비스 내용 등에 대해 고객이 제시하는 의견 • 실제 VOC 중 비율은 매우 적거나 거의 없지만 그 영향력이 크거나 서비스 품질 향상에 중요한 의견일 수 있다. • 고객의 의견을 반영한 새로운 제품 및 고객 서비스 프로세스를 개발에 적용할 수 있다. 예 레스토랑 대기 시간에 음식을 미리 주문할 수 있도록 해달라는 고객의 제안 – 대기시간의 무료함을 달래고, 테이블에서의 식사 대기 시간이 짧아지는 효과
불만형 VOC	• 상품, 서비스 전반에 대해 고객이 제기하는 불만, 불편의 요소 • 고객 불만내용을 신속히 대응 처리하므로 플러스 요인이 될 수 있는 over the VOC 시스템의 처리로 고객 이탈을 방지하고 고객 충성도와 고객 만족도를 높일 수 있다. • 불만형 VOC는 이후 상품이나 서비스 개선에 영향을 주며 같은 내용의 불만형 VOC가 일어나지 않도록 방지하는데 중요한 의견과 제품의 아이디어를 제공하기도 한다. • 소비자 불만 자율 관리프로그램 CCMS(Customer Complaints Management System)의 도입은 불만형 VOC로 접수된 고객 불만 해결과 함께 사전 예방적인 측면에 고객 불만처리(재발방지)에 중점을 둔다. 예 레스토랑에서의 대기 시간의 무료함과 불편함에 대한 불만 – 대기 시간을 줄이는 노력과 대기 중 레시피와 재료가 상세히 안내된 메뉴판을 별도로 제작하여 제공함

플러스 tip

치명적 위험 바이탈 퓨(Vital Few)

- 제기되는 VOC의 양은 매우 적거나 거의 없지만 치명적 결과를 초래하는 경우가 있다. 이렇게 양적으로는 적지만 치명적 영향을 미치는 요소를 바이탈 퓨라고 하며, 업종이나 회사별로 이러한 민감한 VOC들은 별도로 관리할 필요가 있다.

  예 자동차 회사에서 브레이크에 관해 접수된 VOC는 치명적 결과를 초래할 수 있다.

- VOC의 양과 내용에 대한 일반적 기준 : 파레토의 법칙(20:80)

  이는 중요한 소수의 의견 20이 의견 전체의 결정을 좌우한다는 이론이다.

2) VOC를 제기하는 주체에 따른 분류

고객 주체 VOC	고객이 주체가 되어 기업에 직접 의견을 제시하는 것으로 불만형 VOC와 제안형 VOC를 포함한다.
사내직원 주체 VOC	직원들이 고객 입장이 되어 상품이나 서비스 개선을 목적으로 제기하는 형태로 주로 제안형 VOC가 대부분이다.

3) VOC의 접수 채널

홈페이지 게시판, 이메일, 서신, 팩스, 전화 등으로 구분할 수 있다.

4) VOC의 형성 장소

내부 형성 장소 VOC	고객이 직접 기업으로 접수하는 VOC
외부 형성 장소 VOC	기업 외부 환경에서 유포되는 VOC인데 언론사, 소비자 단체, 경쟁사, 동호회, 인사이트, 인터넷 구전 등을 통해 기업이 아닌 외부 장소에 VOC를 제보한다.

2 VOC 관리 시스템의 중요 속성

① 서비스의 즉시성(immediately response)

　㉠ 신속하고 정확한 응답을 통해 고객만족 효과 상승에 기여하는 의미이다.

　㉡ VOC 속성 중 가장 중요한 속성으로 다른 속성에 비해 고객 만족에 가장 큰 영향을 미친다.

　㉢ 고객의 전화를 수신한 경우 상담원은 효과적인 VOC 시스템을 통해 고객의 구매경력과 기본자료를 수집할 수 있음으로 서비스의 즉시성을 통해 서비스의 효과를 높이게 된다.

㉣ 접점 고객 요구에 대한 즉각적이고 신속한 서비스는 서비스 품질을 높이고 고객 만족도를 상승시키는 효과가 있다.

② VOC 수집채널의 다양성(channel diversity)

㉠ VOC를 접수하는 방법은 여러 가지가 존재할 수 있다는 의미이다.

㉡ 온라인과 오프라인으로 분류되며 온라인은 인터넷 고객센터, 홈페이지 등이며, 오프라인은 전화콜센터, 고객방문, A/S요원 방문, 고객 인터뷰 등이다.

㉢ Inside 채널은 모니터링을 통한 제품과 서비스 반응 접수, 정기적 고객조사를 통한 고객 반응을 접수하고 Outside 채널에서는 타 웹사이트, 신문 등의 각종 고객조사 등을 활용한다.

③ VOC 정보 시스템의 통합성

㉠ 구조적인 의미로써 컴퓨터 네트워크를 통한 기능 외에 정보 자원인 데이터 통합을 의미한다.

㉡ 다양한 종류의 데이터베이스에서 다양한 형태의 자료를 상호 호환하여 데이터 조회로 검색하여 정보의 효율성을 높인다.

㉢ 다양한 채널을 통해 획득한 데이터를 중앙 데이터베이스에 저장하는 데이터 통합의 과정을 거치게 된다.

㉣ 고객중심의 데이터 통합 과정 이외에 추가적으로 이러한 데이터를 고객과 VOC 프로세스에 다시 피드백 하는 것은 CRM과 차별화되는 VOC 시스템의 속성이다.

㉤ 조직 내 다양한 채널을 통해 수집된 VOC 정보가 일정 기준으로 분류, 통합되면 경영층 및 고객 관리 부서가 종합적인 판단을 할 수 있는 기반이 된다.

㉥ VOC 정보 시스템의 통합성 조건
　　- 통일된 고객 코드
　　- 코드에 대응한 명칭의 통일
　　- 고객 접점 유형의 분류가 가능하도록 데이터가 변화되고 저장되는 환경 조성

④ 고객 및 내부 프로세스 피드백

㉠ 분석된 VOC 정보를 바탕으로 더 나은 제품, 서비스로 발전시키고 기업 내부의 프로세스 개선에 적용함으로써 고객과 내부 구성원들이 이를 공유할 수 있도록 한다는 의미이다.

ⓛ 지속적인 고객 피드백 : VOC 정보에 대한 적극적인 피드백과 해피콜 등을 활용한 서비스 만족도 측정 프로세스 등을 포함하여 진행한다.

ⓒ 내부 프로세스 개선 피드백 : 일차적으로는 VOC 피드백의 내용을 구성원들과 공유하고 나아가 서비스 품질을 개선하기 위해 VOC 정보를 통해 발견된 사실, 아이디어를 활용함으로써 조직 내부 프로세스를 개선하거나 제도 및 사규를 변경하는 등의 방식으로 발전할 수 있다.

기업의 경고등 VOC

도요타 자동차는 2009년에 발생한 도요타 자동차의 가속페달 고장으로 인한 일가족 사망 사고의 여파로 2010년 미국 전역에서 238만대의 자동차를 리콜하게 되었으며, 이 사태로 회사 설립 59년 만에 순손실을 기록하였고 세계 1위 자리에서도 물러나게 되었습니다. 이 리콜 사태는 제품 생산에서 그 문제의 근본적 원인이 있었지만 이미 몇 년 전부터 있었던 고객들의 가속페달 결함에 대한 문제 제기에 대해 제대로 대응하지 못한 VOC 시스템의 문제에도 그 원인이 있다고 할 수 있습니다. 기업의 VOC 시스템은 이렇듯 단순한 고객 불만 처리를 위한 하나의 장치가 아니라 기업의 총체적인 품질 관리의 경고등 역할을 하고 있습니다. 고객들이 반복적으로 혹은 매우 중요한 부분에서 불만을 제기하거나 의견을 개진하고 있다면 이는 우리 서비스 기업이나 서비스 조직에 유효한 경고이거나 암시일 수 있습니다. 정기적으로 VOC를 통한 피드백을 시행하여 서비스 현장을 관리하는 것이 얼마나 중요한지를 알 수 있는 사례입니다.

3 VOC 분석

1) VOC 분석의 필요성

① 환경적 요인

서비스 기업의 내·외부적 환경 변화에 따라 VOC를 효과적, 체계적으로 분석해야 할 필요성이 대두되었다.

대량 정보의 구축	고객과 기업의 관계를 관리하는 CRM 시스템의 구축과 함께 대규모 고객 콜센터 인프라 구축 등으로 많은 양의 고객 상담 내용 등이 지속적으로 축적되어 왔다.
디지털 환경의 발달	모바일 디바이스 및 인터넷 환경 등이 활성화되어 상품, 서비스에 대한 고객의 의견이 인터넷상의 홈페이지는 물론 다양한 SNS를 통해 개진되어 적극적으로 소비자의 의사를 표현하고 다른 사용자들과 이를 공유하여 영향력을 행사하는 프로슈머가 등장하는 환경이 조성되었다.

<table>
<tr><td>서비스 기업에 대한
입체적인 평가와 선호</td><td>고객들의 니즈는 더욱 다양해지며 사회적 기업의 역할과 책임에 대한 소비자의 목소리가 높아짐에 따라 단순한 품질과 비용의 문제를 넘어서는 윤리적, 가치지향적 평가와 선호도가 형성되는 시대에 접어들었다. 이는 갈수록 치열해지는 기업 경쟁 환경에서 기업의 생존과 직접적 관계를 가지게 된다.</td></tr>
</table>

② VOC 데이터의 특징

VOC 데이터는 기업 경영 정보의 기타 데이터와는 다른 특성을 가짐으로써 VOC 데이터를 분석하는 특별한 관점과 기법의 필요성이 대두되었다.

㉠ 기업 내부 VOC 데이터의 특징

- 상품명, 서비스명, 고객분류 등의 키워드로 구성되어 있다.
- 상담원 등을 통해 구축되는 경우 약어, 구어체 형태로 기술되어 있다.
- 일반 문서 대비 짧은 텍스트로 구성되어 문장이기보다는 주요 이슈(불만, 불량 등)에 대한 핵심 단어의 나열인 경우가 많다.
- 고객 상담 내용이 기술되는 만큼 각종 민감한 정보 등 다양한 고객의 개인 정보가 포함될 수 있다.
- 내부 콘텐츠 활용에 대한 노력으로 부분적으로는 정형화된 패턴일 수 있지만 모든 데이터를 정형화시킬 수 없어 비정형화된 데이터가 많이 포함될 수 있다.

㉡ 기업 외부 VOC 데이터의 특징

- 고객이 기업에 직접적으로 의견을 개진하지 않는 데이터를 포함하므로 기업의 적극적인 VOC 정보 수집 활동을 통해 다양한 채널에서 수집된다.
- 주로 인터넷 환경에서 고객들의 다양한 일상의 데이터인 경우가 많아 비정형화된 데이터가 대다수를 차지하게 된다.
- 데이터의 중요도, 유의미성, 우선 순위 등의 기준과 분류가 되어 있지 않은 방대한 양의 데이터이며 실시간으로 변화되는 특성을 지닌다.
- 데이터 양과 기업의 데이터 처리 능력 등에 따라 빅 데이터(big data)의 특성을 공유한다.

2) VOC 분석의 목표 및 효과

① 목표

㉠ 방대한 VOC 정보를 통해 고객만족 활동에 도움이 될 수 있는 각종 지표와 이슈들을 도출하고 활용할 수 있는 기능을 제공함으로써 VOC 관리 시스템이 효과적으로 운용될 수 있도록 한다.

ⓛ 고객 상담 정보로부터 고객 불만, 니즈 등의 주요 이슈를 추출하고 상품/서비스/프로세스 측면의 연관 정보 분석 및 지속적인 모니터링이 가능하게 함으로써 VOC 정보가 고객 니즈 발굴 및 개선 활동에 효과적으로 활용될 수 있도록 한다.

② VOC 분석의 효과

고객	고객의 다양한 요구가 직접적인 서비스 개선으로 반영되어 고객 만족도가 향상될 수 있다.
서비스 현장	다양한 고객채널의 요구에 효과적으로 대응할 수 있으며 고객의 정확한 요구 사항을 파악하고 빠르게 대응 체계를 마련할 수 있다.
서비스 기업	• 보다 효과적이고 주도적인 고객 서비스 체계를 마련하고 경영 효율성을 확보할 수 있다. • 상품, 서비스에 따라 고객 맞춤형 대응을 진행함으로써 고객 만족도를 높일 수 있다.

3) VOC 데이터 분석 기법

주로 빅 데이터의 텍스트 마이닝 기법을 활용하여 VOC 데이터를 분석해내는 방법들이다.

랭킹 분석 (이슈 파악)	유의미한 어휘(명사, 명사구)의 발생 정도를 측정하고 이슈화되고 있는 어휘 순위를 기간(시간, 일간, 주간, 월간 등)별로 측정하고 파악
연관 분석 (관계 파악)	어휘 간의 관계성을 분석하여 연관 어휘를 플래시 형태의 시각화 등을 통해 표현해 내는 분석
추이 분석 (이슈 변화 파악)	시간의 흐름에 따른 특정 어휘의 변화 추이를 파악
평판 분석 (고객 평판 분석)	고객의 의견(상담메모, 게시판 글 등)을 분석하고 이를 긍정, 부정, 중립 등의 설정된 기준으로 자동 분류

4 VOC와 빅 데이터(Big Data)

1) 빅 데이터의 정의와 특징

① 빅 데이터의 개념

㉠ 정의 : 기존 데이터베이스 관리도구로 데이터를 수집, 저장, 관리, 분석할 수 있는 역량을 넘어서는 대량의 정형 또는 비정형 데이터 집합 및 이러한 데이터로부터 가치를 추출하고 결과를 분석하는 기술을 의미한다.

ⓛ 의의 및 역할

미래 전망	대규모 데이터 속에서 일정한 거시적 패턴을 분석, 발견함으로써 빠른 속도로 변화하고 있는 초세분화 시대의 현대 사회에 대한 보다 정확한 예측이 가능해진다.
대응력	위험 징후, 이상 신호, 이슈 등 특정 이벤트를 사전에 인지하여 빠른 의사결정과 실시간 대응을 지원할 수 있게 된다.
경쟁력	상황 인지, 개인화, 지능화 서비스를 제공하여 보다 더 스마트한 기능성을 강화하고 맞춤형 고객 서비스가 가능해진다(시장, 평판, 트렌드, 신용, 취향 분석).
창조력	타 분야와의 결합을 통한 새로운 가치 창출이 가능해진다(의료 정보, 자동차 정보, 건물, 환경 정보 등의 결합 · 융합).

빅 데이터 개념의 차이

① 기존 데이터와 빅 데이터

영역	Small Data	Big Data
크기	작다	크다
형태	정형화	정형화 및 비정형화(텍스트, 음성, 영상, 이미지, 소셜 등)
변화	시간에 대하여 정적인 데이터	시간에 대하여 계속 쌓이고 변화하는 데이터
관리	단순	복잡(분산, 중복)
출처	내부	내부, 외부

② 경영 정보학과 빅 데이터

경영 정보학	빅 데이터
대상을 측정하고 경향을 예측하는 등의 일을 하기 위해 고밀도의 데이터로 구성된 기술적 통계를 활용한다.	큰 데이터 집합으로부터 일정한 법칙을 추론하여 결과 및 행동을 예측하기 위한 통계적 추론과 비선형 시스템 식별의 일부 개념을 활용한다.

② 빅 데이터 등장 배경

㉠ 모바일 디바이스의 확산과 함께 SNS, 사진, 동영상 같은 다채로운 디지털 콘텐츠가 각 개인의 일상에 급속도로 확산되고 깊은 영향을 미치게 되면서 다양한 종류의 대규모 데이터가 급속히 생성되고 유통 · 저장되게 되었다.

㉡ 기업이 수집하는 정보를 효과적으로 수집 · 보관하는 클라우드 컴퓨팅 기술의 확산으로 과거에는 버려지던 데이터 모두를 수집 · 분석할 수 있게 되어 개별고객의 개인 정보 및 소비 행태와 같은 모든 일상에 대한 디지털 기록이 가능하게 되었다.

㉢ 내부의 정형화된 데이터보다 외부의 비정형화된 데이터의 양이 더 많아지게 되었다.

③ 빅 데이터의 특징

㉠ 통상적으로 사용되는 데이터 수집 및 관리, 처리 소프트웨어의 수용 한계를 넘어서는 크기의 데이터로 빅 데이터의 사이즈는 단일 데이터 집합의 크기가 수십 테라바이트에서 수 테라바이트에 이르며, 그 크기가 끊임없이 변화한다.

㉡ 빅 데이터의 3가지 특징(3V)

가트너 그룹 애널리스트 더그 레이니(Doug Laney)의 연구 보고서에서는 데이터 급성장의 이슈를 3가지 측면으로 해석하여 빅 데이터의 특징을 설명한다.

데이터의 양 (volume)	• 데이터가 크다는 것은 분석 가치가 커진다는 것을 의미한다. • 수 TB(테라바이트, 1조 바이트) 내지 수PB(페타바이트, 1천조 바이트) • 저장되는 물리적 데이터 양 뿐만 아니라 이를 분석·처리하는 데 어려움이 따를 만큼 네트워크 데이터가 급속하게 증가하는 것이 특징이다.
데이터의 다양성 (variety)	• 보편적인 기존의 데이터는 기업의 특정 형식에 맞게 잘 정리된 데이터로 정형화 혹은 구조적 형식이었지만 최근의 대량 데이터들은 비정형화된 매우 다양한 형태를 보인다. • 빅 데이터는 비정형화 혹은 비구조적인 데이터들써 그 크기와 내용이 제 각각이어서 통일된 구조로 정리하기 어려운 데이터로, 조만간 비정형 데이터가 전체의 90% 이상을 차지할 것으로 예측된다. • 다양한 빅 데이터 : XML, HTML기반 인터넷 데이터, RFID나 센서로 수집된 데이터, 텍스트기반 SNS에 올려지는 글들, 뉴스나 커뮤니티 사이트의 게시물들, 유튜브의 동영상, 팟캐스트, 음악, 사진 등
데이터의 속도 (velocity)	• 초고속 무선 네트워크는 LTE(Long Term Evolution)에 의해 엄청난 속도로 데이터를 전송·접근하는 특성을 지닌다. • 빠른 속도는 스트리밍 등 실시간성 정보의 증가와 함께 데이터 수집, 가공, 분석 등의 처리도 실시간 또는 일정 주기에 맞추어 가능하게 한다. • 데이터가 생산되고 유통·소비되는 주기가 실시간의 분, 초 단위로 이루어지는 것이 빅 데이터의 특성이다.

빅 데이터의 활용

빅 데이터를 활용하여 고객에 대한 맞춤형 서비스를 실시하고 있는 대표적인 사례를 통해 서비스 경쟁력 향상에 대한 빅 데이터의 의의 및 활용방안에 대한 아이디어를 얻을 수 있습니다. 서비스 기업과 조직이 대규모의 빅 데이터를 활용·접목할 수 있는 현실적인 방법은 기술의 발전과 데이터 양의 증가를 통해 끊임없이 발전할 수 있을 것으로 보입니다.

		핵심 데이터	매일 발생하는 데이터 양
구글	생활	• 방문자의 검색어와 클릭한 광고나 링크 • 음식점 평가, 여행 정보, 지도 데이터, 교통 정보 등 일상생활과 밀접한 각종 정보 • 안드로이드 디바이스를 통한 사용자 정보	• 6억 2,000만 명의 방문자 • 10억 건의 검색 • 72억 건의 페이지뷰
아마존	상품	• 1억 2,000만 명의 고객 정보 • 고객의 검색어와 상품 탐색 및 구매 내역 • 230만 종의 서적 데이터베이스	• 440만 명의 방문자 • 900만 개의 상품 주문 (2010년 크리스마스)
페이스북	사람	• 20억 명의 회원, 1,000억 건의 친구 관계 • 회원의 관심사, 소속, 결혼 여부, 심리 상태 등의 소셜 데이터 보유	• 2억 5,000만 장의 사진 • 27억 건의 '좋아요'와 댓글

2) 빅 데이터와 VOC

① 빅 데이터 분석 기술

대부분의 빅 데이터 분석은 기존 통계학과 전산학에서 사용되던 데이터 마이닝, 기계 학습, 자연 언어 처리, 패턴 인식 등을 활용한다. 여기에 빅 데이터만의 특징인 비정형 데이터의 분석을 위한 텍스트 마이닝, 오피니언 마이닝, 소셜 네트워크 분석, 군집 분석 등이 추가된다.

텍스트 마이닝 (text mining)	• 비/반정형 텍스트 데이터에서 자연 언어 처리 기술에 기반하여 유용한 정보를 추출·가공하는 것을 목적으로 하는 기술이다. 즉, 대규모의 문서에서 의미 있는 정보를 추출하는 것을 말한다. • 도서관에서 주제별로 책을 분류하듯이 문서의 내용에 따라 분류하는 것으로써 문서 군집은 성격이 비슷한 문서끼리 같은 군집으로 묶어주는 방법이다.
오피니언 마이닝 (opinion mining)	소셜미디어와 웹사이트 등에 나타난 여론과 의견을 분석하여 이를 긍정, 부정, 중립으로 분류하여 객관적이고 정확하게 평판을 파악하는 기술이다.
소셜 네트워크 분석(SNA)	기존의 통계적 분석으로 접근할 수 없었던 '관계'와 '상호작용'을 계량적으로 분석하여 거시적, 미시적 관계의 패턴을 파악하는 기술로써 개인과 집단들 간의 관계를 그 위상의 구조, 확산/진화과정을 계량적으로 분석한다. 빅 데이터 분석에서는 각종 소셜네트워크상의 관계성과 상호작용을 파악하는데 활용된다.
군집 분석	비슷한 특성을 가진 개체를 합쳐가면서 최종적으로 유사 특성의 군집을 발굴하는 기법으로 본격적인 통계, 분석에 앞서 활용된다.

② 빅 데이터 활용의 이점

  ㉠ 기존 기업의 한정된 VOC 시스템에서는 VOC 정보의 양이 부족하고 대응 속도가 느려 사후 대응 수준의 처리 방식으로 적극적인 고객 대응 및 불만 예방의 효과를 거둘 수 없다.

  ㉡ 비정형 데이터를 파악하는 데에 있어 빅 데이터의 특성과 분석 기법을 활용할 수 있다.

  ㉢ 보다 적극적인 VOC의 개념인 VOC 3.0에서 기업은 고객이 미처 인지하지 못하고 있는 의견까지 사전에 파악하고자 하므로 빅 데이터의 개념에서 그 효용성을 높일 수 있다.

③ VOC 빅 데이터의 수집과 활용을 위한 조건

  ㉠ VOC Data 접근성

    – 조건 : 기업 외부의 데이터 활용 가능성과 기업 내 · 외부 데이터의 체계적 결합 및 VOC의 전사적 이용 가능성이 높아야 한다.

    – 개인 정보에 대한 보안 및 프라이버시에 대비된 준비와 보안, 지적재산권, 법적 책임 관련이 철저히 준비되어야 한다.

  ㉡ 빅 데이터 인프라

    – 조건 : 클라우드 기반 통합분석 시스템의 활용과 전사적 데이터 통합 활용체계를 갖춰야 한다.

    – 분산된 데이터의 클라우드 기반 통합으로 데이터 공유 프로세스를 갖추는 것이 필요하다.

④ 분석 역량

  – 조건 : 대용량 데이터분석 기술과 실시간기반 분석, 시각화소프트웨어에 대한 역량을 갖춰야 한다.

  – 내부 데이터베이스 결합분석을 통한 warning system을 구축해야 하며, VOC 빅 테이터에 대한 실시간 대응을 위한 실시간 의사결정 지원 방안이 마련되어야 한다.

⑤ VOC 데이터 중심 조직

  – 조건 : 전문적인 분석 조직과 전문인력을 양성하고 데이터 기반의 의사결정을 할 수 있는 조직을 지원해야 한다.

  – VOC 빅 테이터에 대한 통찰력 있는 전문가를 활용한 분석 전문 조직을 갖춰야 한다.

Chapter 03 컴플레인의 개념 이해

고객은 만족하는 경우보다 불만족하는 경우 목소리를 높이고 의견을 개진할 확률이 높다. 따라서 고객이 제기하는 VOC의 상당 부분은 불만을 제기하는 고객의 목소리일 것이다. 고객의 컴플레인을 어떻게 이해해야 하는가는 고객 불만을 처리하는 의미는 물론 서비스 기업의 서비스 품질 향상의 아이디어를 얻고 고객과의 관계를 회복할 수 있는 기회가 될 수 있다는 의미로도 해석할 수 있다.

1 고객 불만의 이해

1) 컴플레인(complain)과 클레임(claim)의 개념

① 컴플레인(complain)의 정의

　㉠ 사전적인 의미는 '불평하다', '투덜거리다'의 뜻이다.

　㉡ 서비스 마케팅 차원에서는 고객이 상품, 서비스 구매 및 소비과정에서 다양한 이유로 불평, 불만을 제기하거나 개선을 요구하는 것을 의미한다.

　㉢ 컴플레인은 객관적인 품질의 문제점을 떠나 주관적인 만족 여부, 심리적 기대 수준 충족 여부까지 포함하는 포괄적인 의미이다.

　㉣ 고객의 감정이 개입된 것으로 직원의 태도가 불친절하다고 지적하는 경우가 해당된다.

② 클레임(claim) 정의

　㉠ 사전적 의미로는 '요구하다', '청구하다'의 뜻이다.

　㉡ 객관적 사실에 대한 관점으로 문제점이나 불만사항을 제기하고 이에 대한 수정 및 배상을 요구하는 개념이다.

　㉢ 상대방의 잘못에 대한 시정 요구로 일종의 컴플레인의 범주에서 시작된 개념이다.

　㉣ 주로 품질 불량, 내용물의 수량 부족, 파손, 변질, 납기 지연, 선적서류의 지연 도착, 음식물에 이물질이 들어가 있는 경우 등이며, 이는 계약 위반 사항에 해당되어 클레임이 제기된다.

2) 컴플레인(complain)과 클레임(claim)의 의의

① 상품의 결함이나 문제점을 조기에 파악하여 그 문제가 확산되기 전에 신속히 해결할 수 있는 기회를 제공한다.

② 불만족 고객은 자신의 불만족스러운 경험을 제삼자에게 이야기하고자 하는 심리가 있는데, 그러한 불만족을 직접 기업, 판매업자나 직원에게 불평할 수 있게 유도하면 부정적인 구전효과에서 긍정적 구전효과로 전환될 수 있는 가능성이 있다.

③ 기업에 직접 불만을 제기하는 고객은 불만을 침묵하는 고객에 비해 기업을 떠나버리는 빈도가 낮다.

④ 고객이 제기하는 불만은 기업과 판매자측에 서비스 개선 및 서비스 품질 향상에 중요한 정보 제공의 역할을 수행한다.

⑤ 고객의 컴플레인과 클레임을 성의를 다해 정상 처리해 주었을 때 고객만족과 회사의 신뢰도를 높여주고 불만고객이 충성고객으로 전환될 가능성이 높아져 고객과의 관계 지속성이 강화될 수 있다.

⑥ 클레임, 컴플레인은 경우에 따라 기업에 막대한 손실을 입힐 수 있으므로 이는 기업 경영에 매우 중요한 영향을 미치는 요인이다.

3) 컴플레인과 클레임의 발생 원인

① 고객측 상황별 불만 원인

서비스 제공 기업 및 조직에게 원인이 있는 것이 아니라 고객 자체에 발생 원인이 있는 경우이다. 이때에는 고객이 잘 납득할 수 있는 상황을 조성하여 갈등을 최소화하는데 주력한다.

- 제품, 상표, 매장, 회사 등에 대한 잘못된 인식
- 기억의 착오, 성급한 결론, 독단적인 해석
- 고압적인 자세
- 할인의 구실을 찾기 위한 고의성

② 판매자측 상황별 불만 발생 원인

서비스 현장에서의 다양한 문제점으로 인해 발생된 원인이다. 한 가지 원인일 수도 있지만 두 세 가지의 복합적인 상황에서 불만이 증폭될 수 있다.

물리적 상황	외부시설 및 매장 청결에 대한 부주의
시간적 상황	고객 상담시간, 지연시간, 대기상황, 영업 운영시간 등의 관리 미숙
인적 상황	• 판매 담당자의 고객에 대한 인식 부족, 무성의한 고객 응대 태도, 커뮤니케이션 스킬 부족, 용모복장 등의 준비성 결여 • 무리한 판매 권유, 단기간 이해 집착 등
절차적 상황	상품 판매절차, 약속 불이행, 등급별 회원가입에 대한 업무지식의 미숙

정보적 상황	상품 설명서, 인터넷 게시판, 카탈로그, 제품 지식의 결여, 정보 제공에 대한 미숙
금전적 상황	지불 수단, 결제 조건, 멤버십 유무, 금전적 혜택, 우대 등에 대한 숙지 부족
제공적 상황	제품 관리의 소홀, 보관 물품의 소홀한 관리, 서비스를 제공하는 과정에서의 스킬 부족, 일처리 미숙

> **플러스 tip**
>
> **클레임(claim)과 컴플레인(complain)의 차이점**
>
> | 클레임 | 컴플레인 |
> |---|---|
> | • 객관적
• 주장, 요구, 청구
• 법적, 규정 등에 근거
• 합리적, 사실에 입각
• 서류나 문서 | • 주관적
• 불평, 불만
• 감정에 의한
• 감정 속에 감춰진 사실이나 주장, 요구 발견
• 커뮤니케이션 스킬 |

2 서비스 실패의 이해

1) 서비스 실패의 개념

① 서비스 실패에 대한 다양한 정의

　㉠ 서비스과정이나 결과에 있어서 무엇인가 잘못된 것을 의미한다.

　㉡ 고객의 인지된 인내영역 이하로 떨어지는 것이다.

　㉢ 책임이 분명한 대상의 과실로 인하여 초래된 서비스과정이나 결과에 대한 과실이다.

　㉣ 서비스과정이나 결과에 대하여 서비스를 경험한 고객이 좋지 못한 감정을 갖는 것이다.

　㉤ 고객이 기대 이하로 심각하게 떨어지는 서비스 결과를 경험하는 것이다.

② 서비스 실패의 특징

　㉠ 서비스 실패는 그 결함이나 오류의 발생을 객관적으로 판단하기 어렵다.

　㉡ 서비스 실패는 다양한 원인에서 기인하므로 오류의 원인과 책임 소재를 명확히 판단하기 어렵다.

　㉢ 고객의 컴플레인 또는 클레임은 서비스 전체에 대해 보상을 요구하기도 한다.

　㉣ 서비스 실패는 해당 서비스 부분 이외에 서비스 기업의 다른 부분의 서비스는 물론이고 기업의 이미지에도 악영향을 끼친다.

⑭ 서비스 실패의 정도는 개개인의 성향에 따라 달라지므로 개인별 지각에 의존한다.

⑮ 모든 고객에 대한 완벽한 서비스 제공은 현실적으로 불가능하기에 서비스 실패를 완벽히 통제하는 것은 불가능에 가깝다.

2) 서비스 실패의 유형

① 과정적 실패와 결과적 실패

서비스 실패는 서비스 제공의 과정과 서비스 제공의 결과에서 발생될 수 있다.

㉠ 과정적 실패
  - 고객이 서비스를 제공받는 방법, 즉 핵심 서비스 전달에 결함이 있어 발생한다.
  - 무엇을 어떻게 적용하였는가의 차원
  - **예** 주소 변경을 위해 전화를 걸었으나 서비스 담당자의 업무 미숙으로 시간이 지체된다.

㉡ 결과적 실패
  - 고객이 실제적으로 서비스 받는 것으로 서비스 기업 혹은 서비스 제공자가 기본적으로 서비스를 충족시키지 못하거나 핵심 서비스를 수행하지 못함으로 인해 발생한다.
  - 무엇이 제공되었는가의 차원
  - **예** 주소 변경을 신청하였으나 서비스 담당자의 실수로 주소가 변경되지 않음

㉢ 복합적 실패 : 기업이 핵심 서비스 전달과 수행에 모두 결함을 갖는 것
  - **예** 주소 변경을 신청하였으나 서비스 담당자의 업무 미숙으로 시간이 지체되고 결국 주소가 변경되지 않아 고객 서비스에 문제가 발생하였다.

② 공정성과 정의

서비스 실패는 고객이 서비스 접점에서 공정성(equity)과 정의(justice)의 두 가지 측면을 판단, 인식하면서 발생한다. 이는 분배, 절차, 상호작용의 측면에서 평가되며 이후 서비스 회복에 대한 고객 평가에서도 동일하게 적용될 수 있다.

㉠ 분배적 정의(결과물의 공평함)
  - 고객이 지불하는 비용에 상응하는 서비스의 결과물을 제공받았는가를 통해 판단하며 다수의 서비스 실패가 여기에서 비롯된다고 볼 수 있다.
  - **예** 백화점에서 구입한 의류를 보증기간 내에 A/S를 신청하였으나 유상 서비스 비용을 청구받은 경우 : 구입 당시 비용에 A/S비용이 포함되어 있으므로 분배적 정의에 위배된 서비스 실패이다.

㉡ 절차적 정의(결과물을 할당하기 위해 이용된 공식적 절차의 공평함)
  - 기업이 서비스 절차를 올바르게 관리하는가를 의미하며 서비스 과정상에서의 만족도로 측정될 수 있다.

예 백화점에서 구입한 의류를 보증기간 내에 A/S를 신청하려 하였으나 직접 내방하고 한달 간 기다려야 하는 경우 : A/S를 받기 위한 절차상 무상 서비스 고객의 서비스 절차가 공평하게 관리되지 못함에 따라 절차적 정의에 위배된 서비스 실패이다.

ⓒ 상호작용적 정의(절차 진행 기간 동안 인간 관계 대우의 공평함)

  - 기업이 서비스 접점에서 고객과 올바르게 의사소통을 하는가로 판단하며 공식적인 서비스 절차의 관리적 측면이 아니라 접점에서의 커뮤니케이션이나 감정적인 문제인 경우이다.

  예 백화점에서 구입한 의류를 보증기간 내 A/S를 신청하는 와중에 서비스 제공자가 상담에 불친절하게 응대하여 불만족을 유발 : 의사소통과 대우의 문제로 상호작용적 정의에 위배된 서비스 실패이다.

3) 서비스 실패의 원인

① 서비스 실패의 발생 원인

ㄱ 제품 또는 서비스의 효과나 유용성을 제시하지 못하는 경우 발생한다.

  예 건강 보조 식품을 구입하여 꾸준히 복용하였지만 효과를 경험할 수 없었다.

ㄴ 서비스 품질이 고객 기대치보다 낮을 경우 발생한다.

  예 건강 보조 식품을 구입하면서 10kg의 체중 감량을 목표로 하였지만 그에 미치지 못했다.

ㄷ 고객 접점에서의 고객응대상의 문제 발생 시 발생한다.

  예 건강 보조 식품 구입 후 판매처와 고객센터에 몇 차례 복용법을 문의하였지만 적절히 응대하지 못하였다.

ㄹ 제품 자체 또는 서비스 자체의 문제로 발생한 서비스 실패는 해결 가능하지만 고객 자신의 문제(개인의 욕구 충족을 위한 과도한 요구)는 해결하기 어렵다.

  예 건강 보조 식품을 구입하였으나 꾸준히 복용하기 힘든 상황이다.

② 기업과 고객 측면에서의 서비스 실패의 원인

서비스 실패의 발생 원인은 매우 다양하지만 크게 기업측 요인과 고객측 요인으로 구분해서 이해해 볼 수 있으며 이는 동시에 원인으로 제공될 수 있다.

기업측 서비스 실패 원인	고객측 서비스 실패 원인
• 서비스 제공자가 불만고객의 요구사항을 중요하게 인식하지 못함 • 고객 감정에 대한 배려가 없는 무성의한 고객 응대 태도 • 서비스 제공자의 업무 지식 및 제품 지식의 결여 및 불충분한 설명	• 고객의 지나친 기대 • 제품, 상표, 매장, 회사 등에 대한 잘못된 인식 • 고객의 기억 착오로 인한 마찰 • 고객의 성급한 결론

• 양질의 서비스 제공보다는 판매 이익만을 취하려 하며 무리하게 판매를 권유 • 약속의 불이행 • 업무 처리의 미숙/오류 • 교환이나 환불의 지연 • 불친절 및 서비스 정신의 결여 • 서비스 프로세스 및 지원 시스템의 결여 • 서비스 지향적인 조직문화의 구축 실패 • 원활하지 못한 내부 커뮤니케이션	• 고객의 독단적인 해석 • 고객의 고압적인 자세와 감정적 반발 • 할인, 거래 중단, 교환 등의 이유로 고의나 악의에 의해서 제기하는 불만 • 고객의 심리적 오류 • 거래를 중단하거나 바꾸려는 심리

③ 귀인 이론(attribution theory)

㉠ 프리츠 하이더, 해롤드 켈리, 에드워드 E. 존스, 리 로스에 의해 만들어진 사회심리학 이론으로써 사람들이 자신 또는 타인의 행동 원인을 설명하는 방식에 대한 이론이다.

㉡ 내적 귀인 : 서비스 구매 이후 발생한 사건의 원인을 본인 스스로에게 돌리는 것으로 서비스 구매 후 불만족이 자신의 결정, 취향, 실수 등에서 기인하였다고 판단하는 경우이다.

㉢ 외적 귀인 : 발생한 사건의 원인을 자신이 통제할 수 없는 외부적 요소나 타인에게 돌리는 것으로 서비스의 부정적 결과의 원인을 외적 귀인하는 경우에는 실패의 원인을 외재화화며 자기 보호적인 해석을 하는 경향이 두드러지게 된다.

㉣ 보편적으로 소비자들은 만족한 상황에서는 자신의 노력이 만족한 결과로 이어졌는지에 대해 집중하고, 반면 불만족한 상황에서는 외부에서 문제의 원인을 찾으려는 성향을 보인다.

㉤ 서비스 실패는 내적 귀인, 외적 귀인 모두에서 발생하지만 외적 귀인으로 지각하게 되는 경우 서비스 만족도는 더욱 낮아져 서비스 실패의 강도가 더욱 높아지는 경향이 있다.

플러스 tip

서비스 실패를 야기하는 서비스 제공자의 행동

① 고객의 요구를 무시하거나 회피, 자기의 일을 우선적으로 하는 응대 태도
  예 고객님 급한 일이 아니니까 잠시만 기다리세요.

② 감정이 없는 기계나 로봇처럼 응대하는 태도
  예 내일 당장 써야 되는데 어떡해요? – 하지만 다음 주에나 가능합니다.

③ 감정을 컨트롤 하지 못하여 고객과 같이 흥분하여 응대하는 태도
  예 제가 안 된다고 몇 번이나 말씀드립니까?

④ 고객을 의심하는 말투로 고객의 기분을 상하게 하는 응대태도
  예 고객님이 작동을 잘못 하셔서 그런 것 아닌가요? 일단 확인해 보겠습니다.

⑤ 규정을 내세우는 경직된 서비스 응대
  예 저희 회사 규정에, 사전에 안내 전화를 드리게 되어있지는 않습니다.

⑥ 책임을 회피하는 무책임한 응대 태도
  예 누가 처리했는지 모르지만, 제 생각으로는~

⑦ 고객을 무시하는 언어와 몸짓을 사용하여 응대하는 태도
  예 이상하네요. 그럴리가 없는데, 고객님께서 잘못 아신게 아닐까요?

1) 서비스 실패의 영향

① 불만족 고객은 서비스 회복이 시행되어 불만족이 해결되지 않으면 해당 기업의 상품, 서비스를 재구매 하지 않을 가능성이 높아 이탈고객이 된다.

② 서비스 실패를 경험한 고객은 주변 잠재고객에게 영향을 미쳐 신규고객의 유입에 악영향을 미친다.

③ 긍정적인 경험보다 부정적인 경험이 오래 기억되어 고객 관계를 회복하는 데 많은 시간이 소요될 수 있다.

④ 서비스 실패에 따른 고객 충성도 구축의 실패는 서비스 품질 저하, 수익률 저하, 직원의 서비스 이탈 등의 악순환으로 이어질 수 있다.

⑤ 실제 불만족 고객의 95%는 불평 행동을 하지 않는 고객으로 이러한 고객은 서비스 문제 해결을 통한 고객관계 개선의 기회를 제공하지 않고 이탈고객이 될 확률이 매우 높다.

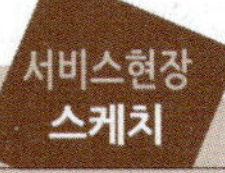

나는 멋진 고객입니다.

나는 정말 좋은 고객입니다.

나는 어떤 종류의 서비스를 받아도 불평하지 않는 고객입니다.

음식점에 들어가 나보다 늦게 온 고객에게 먼저 음식을 갖다 주어도

절대로 불평하지 않습니다. 나는 그저 기다리기만 합니다.

나는 상품지식이 없어 대충 설명하는 세일즈맨에게도 최대한 예의를 지킵니다.

무작정 판매를 강요해도 그냥 웃으며 이야기를 들어줍니다.

매장에 들어간 지 한참 후에야 나에게 와서 적당히 인사하는

매장 직원을 보아도 불만을 표현하지 않습니다.

나는 절대로 흠잡거나 잔소리를 한다거나, 또 비난을 하지 않습니다.

솔직히 나는 멋진 고객입니다.

그런데 나에게는 고객 앞에 멋진 이름이 하나 있습니다.

궁금하지 않으십니까?

<u>나는 바로 "절대 다시 돌아 오지 않는 고객입니다!"</u>

블평하지 않는 고객이야말로 가장 무서운 고객입니다. 서비스 실패를 회복할 기회조차 주지 않기 때문입니다. 고객의 소리를 적극적으로 듣고 말하지 않는 고객의 목소리까지도 들어야 하는 이유가 바로 여기에 있습니다. 서비스 현장의 관리자와 서비스 제공자는 고객이 서비스를 어떻게 느끼고 있는지를 늘 세심하게 관찰하고 확인하기 위해 노력해야 합니다. 고객이 서비스를 인지하는 정도를 사전에 파악하기 위한 다양한 아이디어도 구상해야 합니다. 고객이 서비스에 대한 의견을 좀 더 쉽게 개진할 수 있도록 하며 표현하지 않는 뉘앙스 역시 세심하게 살펴 서비스 조직 내에서 함께 공유하는 시간을 가져야 합니다.

2) 서비스 실패에 대한 고객 반응

① 고객 불평 행동의 이해

ㄱ 고객은 서비스 실패로 불만족을 경험하면 컴플레인을 한다.

ㄴ 대부분의 기업은 고객의 불평 제기를 싫어하지만 불평하는 고객들은 기업에게 고객 만족을 재확립 할 수 있는 기회를 제공한다.

ㄷ 불평하는 고객은 기업이 불만족한 고객을 만족시키는 기회를 제공함으로써 고객 이탈과 부정적 구전을 방지해 준다.

② 고객 불평 행동 결정의 이유

ㄱ 경제적 손실 회복 또는 해당 서비스를 다시 제공받는 등의 보상을 획득하기 위해 결정한다.

ㄴ 고객 본인의 자존심을 회복하거나 자신의 분노를 표출하기 위해서 결정한다.

ㄷ 서비스 개선을 위해 자발적으로 기여하고자 적극적인 피드백을 제공하는 목적으로 결정한다.

ㄹ 다른 사람들의 피해 재발 방지를 위해 결정한다.

③ 불평 행동의 영향 요인

ㄱ 불만 정도의 증가에 따라 불평 행동은 커진다.

ㄴ 제품의 중요성이 커질수록 강한 불평 행동을 보인다.

ㄷ 불평 행동에 따른 이익이 비용보다 많은 경우 불평 행동을 표시한다.

ㄹ 개인의 특성에 따라 불평 행동에 영향을 미친다.

ㅁ 소비자가 불만족의 책임에 대해 외적 귀인(판매업자나 제조업자)을 할수록 보다 강한 불평 행동을 나타낸다.

④ 서비스 실패에 따른 고객 불평 행동의 유형

　　㉠ 행동의 유무에 따른 유형

　　　– 불평 행동 : 고객 서비스 실패가 발생했음을 표현하는 고객(컴플레인, 클레임 등)

　　　– 무(無) 행동(무불평) : 공개적으로 불평 행동을 보이지 않는 것으로 가장 부정적인 결과를 가져오는 고객 반응

　　㉡ 구현된 행동의 형태

　　　– 공적 행동 : 제품의 교환이나 환불을 판매자나 제조업자에게 요구하거나 소비자 단체 또는 정부기관을 통해 고발 등으로 법적 조치를 취하는 행동이다.

　　　– 사적 행동(제삼자 반응) : 친구, 친척 등 주변사람들과 공적기관에 부정적 구전을 하거나 특정 제품에 대한 재구매 또는 상점의 재이용을 거부하는 행동이다.

⑤ 굿맨(good man)의 법칙

서비스 실패에 따른 고객 불만 행동에 대해 이해하는 법칙으로 서비스 회복의 중요성을 알 수 있다.

　㉠ 굿맨법칙1 : 자신의 불만을 해결하여 만족하게 된 고객은 불만을 토로하지 않은 고객에 비해 동일 브랜드를 재구입할 가능성이 높다.

　㉡ 굿맨법칙2 : 고충처리에 불만을 품은 고객의 비우호적인 소문의 영향은 만족한 고객의 호의적인 소문의 영향에 두 배나 강하게 매출 감소를 가져온다.

　㉢ 굿맨법칙3 : 소비자 교육을 받은 고객은 기업에 대한 신뢰도가 높아져 호의적인 소문의 파급효과가 기대될 뿐만 아니라 긍정적인 소문을 서비스 상품의 구매로 이어질 가능성이 매우 높아 시장 확대에 공헌한다.

　※ 기업의 잘못된 불만처리 대응은 불만족 고객의 부정적 구전과 더불어 지속적인 불만 발생의 악순환을 초래하여 기업의 경영에 안 좋은 영향을 미친다.

플러스 tip

불만족 고객이 불평을 할 때 주저하는 이유 & 장애요인 제거 전략

① **불편함** : 정확한 불평 수단을 찾기 어렵고 불평을 하기 위해 소요되는 수고스러움과 추가적인 노력이 불편함 → 피드백을 주기 쉽고 편하게 하라(직통 전화, 이메일, 메모지 비치 등)

② **애매모호한 결말** : 불만을 제기하였을 때 과연 서비스 조직과 기업이 이를 검토하는 활동을 전개하는가에 대해 알 수 없기 때문에(피드백을 전지하게 받아들였음을 확실히 전달하고 고객 피드백에 근거한 서비스 개선점을 부각하고 알려야 함)

③ **불쾌함** : 무시당할지 모른다는 두려움과 말다툼이나 당황스러운 상황이 조성되는 등의 불쾌한 감정을 회피하고자 함(피드백 경험을 긍정적으로 만들기 위해 고객에게 고마움을 표현하고 익명성을 허용할 수 있음)

4 서비스 보증

1) 서비스 보증의 개념

① 정의

서비스의 전달이 일정 기준에 도달하지 못하는 경우 교환, 환불, 할부 등의 보상을 받도록 고객에게 사전에 약속하는 것으로 고객중심의 기업이 전문화된 불평 처리 및 효과적인 서비스 회복을 제도화하는 방법이다.

② 서비스 보증의 기능

㉠ 서비스 실패 시 고객이 잘못된 서비스에 대한 이의 제기의 기준이 된다.

㉡ 기업이 서비스의 개별 요소에 대한 고객의 욕구와 기대를 정확하고 구체적으로 파악할 수 있게 한다.

㉢ 서비스 제공에 대한 평가 기준이 되며 동시에 서비스 기업이 표방하는 바를 고객과 직원에게 전달하는 역할을 한다.

㉣ 서비스 목표를 설정하기 때문에 서비스 제공자의 성과와 동기부여에 도움을 줄 수 있다.

㉤ 고객의 피드백에 의해 서비스 제공에 대한 개선활동을 수행할 수 있다.

㉥ 서비스 조직이 왜 실패하는지에 대해 알고 잠재된 실패 요소를 파악하고 극복하게 한다.

㉦ 보증은 고객의 구매결정에 대한 위험을 감소시키고 제공되는 서비스에 대해 고객의 신뢰를 얻을 수 있으며 이는 기업에게 있어 지속적인 고객 충성도를 구축하고 성과를 향상시킬 수 있는 방법이 된다.

2) 서비스 보증의 적용

① 서비스 보증 설계의 원칙

상호 신뢰를 형성하고 서비스 보증의 취지와 목적을 달성하기 위해서는 서비스 보증을 효과적으로 설계·운영하기 위한 원칙이 필요하다.

무조건적인 보증	보증을 통해 약속했다면 조건이 없어야 하며 그것은 고객이 당연히 생각해야 한다.
이해하기 쉬운 보증	보증에서 얻을 수 있는 이익을 고객이 명확하게 알아야 한다.
고객에게 중요한 보증	보증은 고객에게 중요한 것이어야 하고 보상은 서비스 실패를 보상하고도 남을 정도여야 한다.
요청하기 쉬운 보증	보증을 요청하기 위해 많은 노력을 하지 않아도 되어야만 한다.
받기쉬운 보증	서비스 실패가 발생하면 고객이 문제없이 쉽게 보증을 받을 수 있어야 한다.
확실한 보증	보증은 믿을 수 있어야 한다.

② 서비스 보증의 속성 설계

㉠ 서비스 보증은 고객 만족의 기준을 어느 정도의 수준으로 설정하고 구체적으로 측정할 것인가에 따라 다양하게 설계할 수 있다.

㉡ 단일 속성과 다속성 수준

단일 속성 수준의 구체적 보증	• 해당 서비스 중 한 가지 핵심 속성을 보증의 대상으로 한다. • 단일 보증 기준과 위반시의 구체적인 약속을 제시한다.	예 주문 후 30분 이내에 식사가 제공되지 않으면 2인 무료 식사권을 제공합니다.
다속성 수준의 구체적 보증	• 해당 서비스의 중요한 속성 몇 가지를 보증의 대상으로 한다. • 보증의 기준이 확대되고 보상에 대한 것도 구체적으로 제시한다.	예 우리 매장의 서비스 약속 • 반경 10km 이내 최저가 보장(최저가가 아닌 경우 차액의 세배 보상) • 주문 후 최대 1주일 이내 설치(1주일 이상 연기시 설치비 무료) • 1인 1전담 상담 요원 배정(상담 대기 시 당일 사용 10% 할인 쿠폰 지급)

㉢ 완전 만족과 결합

완전 만족 보증	해당 서비스의 모든 면이 보증의 대상이며 예외가 없다.	예 식사하시는 동안 맛이 없거나 불편하셨다면 음식값을 받지 않겠습니다.
결합된 보증	서비스의 모든 면이 보증의 대상이 되지만 불확실성을 줄이기 위해 중요 속성에 대한 최소 기준이 보증에 포함되어 제시된다. 이는 완전 만족 보증과 다속성 수준의 구체적 보증의 장점을 결합한 방식으로 고객에게 좀 더 신뢰감을 주는 효과가 있다.	예 우리 매장의 서비스 약속 우리 매장은 반경 10km 이내 최저가를 보장하며 주문 후 최대 1주일 이내에 설치를 약속합니다. 또한 1인 1전담 상담 요원이 고객님께 최선을 다해 서비스 하겠습니다. 이러한 약속이 지켜지지 않거나 불편을 끼쳤다면 언제든 고객님의 손실을 구체적으로 보상해 드릴 것을 약속합니다.

Chapter 04 컴플레인의 대응 원칙

서비스 실패에 따른 고객의 컴플레인에 대한 응대는 그 반응의 다양성과 파급 효과 등으로 인해 서비스 현장의 긴장감을 높이는 과제이다. 따라서 임기 응변이나 서비스 제공자의 개인적인 역량으로 소화하기에는 위험 요소가 많아 구체적이고 안정적인 처리 원칙이 필요하다. 모두가 동의하는 처리 원칙하에 상황에 따른 유연한 대처 능력이 요구되므로 우선 어떤 원칙에 입각하여 고객의 컴플레인을 응대·처리해야 하는가에 대해 알아보자.

1 컴플레인 대응의 목표 – 서비스 회복의 이해

컴플레인은 고객 서비스 실패로 인한 것으로 서비스 회복을 목표로 대응하는 것을 기본으로 한다.

1) 서비스 회복의 정의

① 마케팅에서의 서비스 회복(service recovery)은 제공된 서비스에 문제가 발생한 경우 제공자가 그 문제를 적극적으로 해결해 주는 것을 의미한다.

② 서비스 실패에 대한 반응으로써 서비스 실패를 수정하기 위해 서비스 제공자가 취하는 일련의 행동으로 서비스 혹은 상품이 고객의 기대에 부응하지 못하여 기업에 불만족한 고객들을 만족의 상태로 돌려놓는 과정이다.

③ 서비스 회복은 서비스 실패에 대한 반응으로써 서비스 제공자가 무엇을 했는가를 포함하며, 고객 충성도와 호의적인 구전효과를 통한 기업의 경쟁력 우위 확보에 매우 중요한 수단으로 부각되고 있다.

2) 서비스 불만 관리, 서비스 불평 관리와의 차이

서비스 불만 관리	서비스 불평 관리	서비스 회복
소비자의 불만족 원인을 찾고 개선할 목적으로 정보를 배포하는 것이다.	서비스 실패로 인해 겉으로 드러내는 고객 불평에 근거한 것이다.	불평하는 고객뿐만 아니라 불만을 가지고 있어도 겉으로 표현하지 않는 고객들의 서비스 불만까지 파악해내어 서비스 접점에서의 문제를 해결하는 것이다.

3) 서비스 회복의 역할과 기능

① 서비스 회복의 초점별 역할

거래에 초점을 둔 서비스 회복	진실의 순간(moment of truth)에서 고객 만족을 보증하기 위한 수단
관계에 초점을 둔 서비스 회복	서비스 회복의 목표가 실패를 치유할 뿐만 아니라 미래에 발생할 수 있는 실패를 차단하고, 서비스 질에 대한 고객의 평가를 강화하고, 선호고객들과의 장기적인 관계 구축을 위한 수단

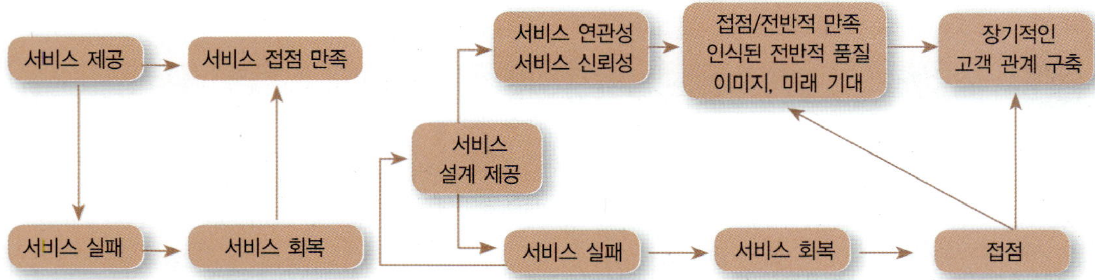

② 서비스 회복의 기능과 중요성

- ㉠ 서비스 회복 패러독스(recoverry paradox) : 서비스 실패 시에 효과적인 서비스 회복 전략을 기업이 수행하게 되면 고객의 만족도는 서비스 실패 이전보다 오히려 더 높아진다.
- ㉡ 불만족 고객이 만족한 고객으로 전환되어 기업에 대한 보다 더 적극적인 참여와 협조를 수행함으로써 충성고객으로 전환될 수 있는 중요한 과정이다.
- ㉢ 고객 불만을 제대로 처리하지 않는다면 재구매율은 절반 수준으로 떨어진다. 서비스 회복은 고객 유지율을 증가시키고 기업의 경쟁력 확보에 기여한다.
- ㉣ 서비스 회복은 고객을 기업과의 의사소통에 참여시킴으로써 고객과의 지속적인 협력관계를 유지하도록 한다.
- ㉤ 서비스 회복 과정에서 수집된 VOC 정보는 이후 서비스 품질 향상 및 기업 경영활동에 유용한 정보가 된다.
- ㉥ 기업의 서비스 철학을 서비스 회복 과정에서 더욱 강하게 전달할 수 있으며 고객들도 정상적인 서비스보다 서비스 실패에 대한 회복에 더욱 감동을 하게 됨으로써 고객 관계가 재설정되는 기능을 수행한다.
- ㉦ 신규고객을 확보하는 것은 기존고객을 유지하는 것보다 5배 이상의 노력이 필요하며 고객 유지율을 20% 향상시키면 10%의 비용절감 효과가 있다. 따라서 서비스 회복은 비용의 절감 효과를 가져 온다.

4) 서비스 회복 과정

① 서비스 회복에 대한 고객의 기대

서비스 실패 후 컴플레인을 제기하는 고객은 서비스 회복에 대한 기대를 가지게 된다. 이러한 기대는 서비스 회복의 성공 여부를 결정하는 기준이 된다.

　㉠ 서비스 회복에 대한 고객 기대의 구체적 요소

　　　– 신뢰성 : 약속을 지키는 것으로 실천을 의미한다.

　　　　　예 3일 안에 처리 결과를 알려준다고 했으니 지키겠지.

　　　– 확신성 : 암묵적인 보증을 의미한다.

　　　　　예 대기업이니까 이번에는 확실하게 처리해 줄 수 있겠지.

　　　– 유형성 : 서비스 경험에 어울리게 동반되어야 하는 물질적인 것을 의미한다.

　　　　　예 컴플레인을 했으니 이번에는 객실 비품을 좀 더 깔끔하고 고급스럽게 준비했겠지.

　　　– 공감성 : 고객 입장을 이해하고 진심으로 관심을 가지고 있음을 보여주는 것을 의미한다.

　　　　　예 여행을 다니면서 불편하고 속상한게 어떤 건지는 이해해 주겠지.

　　　– 대응성 : 고객의 입장을 중시한다는 것을 보여주는 신속한 조치에 대한 것을 의미한다.

　　　　　예 문제가 있어서 홈페이지에 글을 남겼으니 오늘 중에는 연락이 오겠지.

　㉡ 공정성에 대한 기대

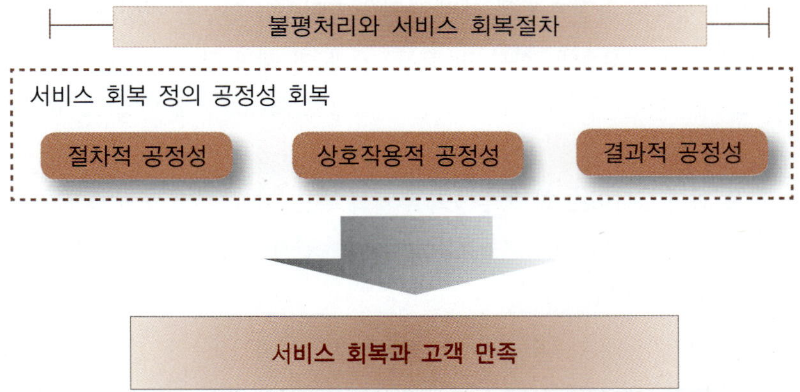

Stephen Tax와 Stephen Brown은 서비스 회복으로 인한 만족의 85%는 세 가지 공정성 영역에서 기인한다고 보았다.

절차적 공정성 (procedural justice)	서비스 회복을 위해 모든 고객에게 해당되는 방침과 규정이 관련되어 있다. 이것이 편리하고 적절한 회복과정에 이어서 공정한 과정의 첫 번째 핵심적인 요소이다.
상호작용적 공정성 (interactional justice)	서비스 회복 과정에서의 고객을 향한 서비스 기업과 조직 구성원의 행동과 관련되어 있다. 서비스 실패에 대한 솔직한 설명과 문제해결을 위한 노력 등이 고객들로 하여금 진심이며 공정하고 정중하게 지각되어야 한다.

<table>
<tr><td>결과적 공정성
(outcome justice)</td><td>서비스 실패로 인한 불편함과 손실에 대해 고객이 받게 되는 보상과 관련되어 있다. 보상은 서비스 실패 자체에 대한 보상뿐 아니라 고객이 서비스 실패와 서비스 회복과정에 소요된 시간, 노력, 에너지까지도 포함되어야 한다.</td></tr>
</table>

   ⓒ 서비스 회복 기대에 대한 영향 요소

     – 서비스 실패의 심각성 : 서비스 실패의 내용이 고객의 일상, 삶 혹은 비용적 측면에 미치는 영향의 정도

        예 인근 객실 소음으로 인한 불편의 정도 & 객실 시설물 관리 소홀로 인한 부상 발생

     – 기각된 서비스 품질 : 회복되길 기대하는 서비스 품질의 정도

        예 가전제품 설치 서비스에서의 불편함 → 깨끗한 뒷정리 VS 기존 제품을 수거하는 정도의 서비스 기대

     – 고객 충성도 : 서비스 실패 시점에 고객이 보유하고 있는 서비스 기업에 대한 충성도 정도

        예 충성고객으로서의 기대와 첫 거래를 하여 아직 유대감이 약한 경우의 기대

     – 서비스 보증 : 서비스 기업이 실시하고 있는 서비스 보증 내용에 대한 기대

        예 배달이 누락되어 시간이 약 1시간 지체된 경우 30분 초과시 무료 제공 보증은 서비스 회복의 최소 기준이 된다.

② **서비스 회복을 위한 중점 전략**

서비스 회복을 수행하는 과정에서 두 가지 관점을 고려하여 업무를 진행하게 된다.

   ㉠ 서비스 회복 수단 : 재수행, 환불 및 보상, 사과 및 해명 등의 방법을 이용해서 고객에게 직접적으로 제공하는 결과물에 집중하는 전략으로 회복과정에 의해 그 효과가 달라질 수 있다.

   ㉡ 서비스 회복 과정 : 서비스 회복 수행의 주체와 속도, 태도 등을 어떻게 설정하느냐에 대한 것을 결정하는 전략으로 회복수단을 전달하는 절차상의 방법이며 언제, 누가, 어떠한 방식으로 등을 포함한다.

플러스 tip

서비스 회복의 역설(패러독스)

처음부터 완벽하게 서비스가 전달되어 문제가 발생되지 않은 고객보다 서비스 실패를 경험한 뒤 문제가 해결되어 완전히 만족한 경우의 고객이 향후 더 높은 재구매 행동과 적극적인 구전을 보이는 현상을 의미한다. 하지만 두 번째 서비스 실패가 발생하면 서비스 회복의 역설에 대한 현상은 발생하지 않는다.

5) 서비스 회복 프로세스

① 고객 만족의 서비스 회복 프로세스

서비스 실패 발생부터 서비스 회복 프로세스 전반에 관한 모델로 서비스 회복에 대한 기대와
서비스 회복이 이후 고객 만족에 어떻게 영향을 미치는가를 나타낸다.

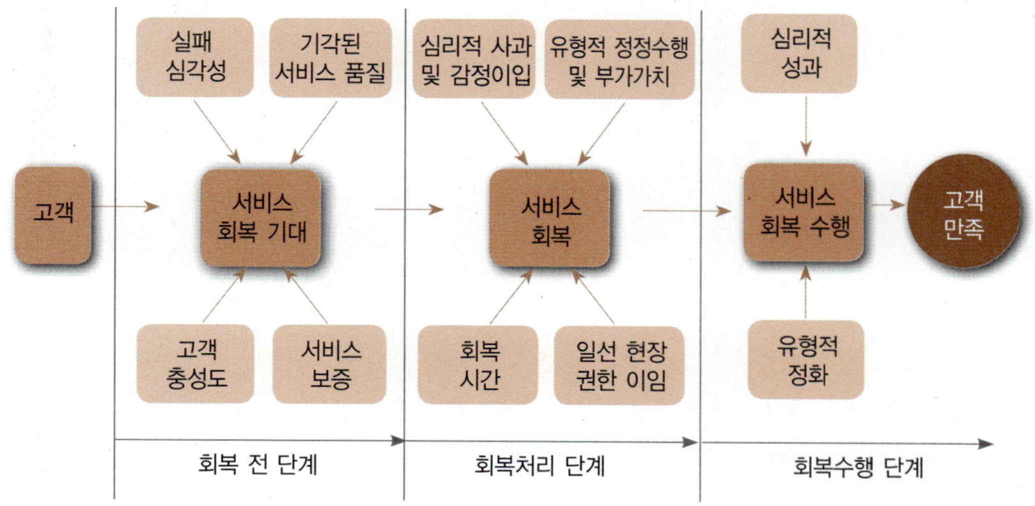

㉠ 서비스 회복 전 단계

　서비스 회복 기대에 영향을 미치는 요소들에 의해 서비스 회복의 기대가 형성되는 단계

㉡ 서비스 회복 처리 단계

　서비스 회복의 전략 결정 및 실행되는 단계. 다양한 서비스 회복의 수단을 통한 서비스
회복 과정을 수행한다.

㉢ 서비스 회복 수행

　고객 불만에 대한 심리적 회복 및 유형의 결과물로 회복이 수행되는 단계

㉣ 최종적 목표로써 고객 만족을 이루게 된다.

② 서비스 운영 측면에서의 서비스 회복 프로세스

기업이 서비스 실패를 인지하고 고객문제를 해결하며, 서비스 실패에 대한 의사를 교환하고
분류하며, 자료를 통합하고 전반적 서비스를 개선하는 과정으로 구성되는 기업 측면의
프로세스이다.

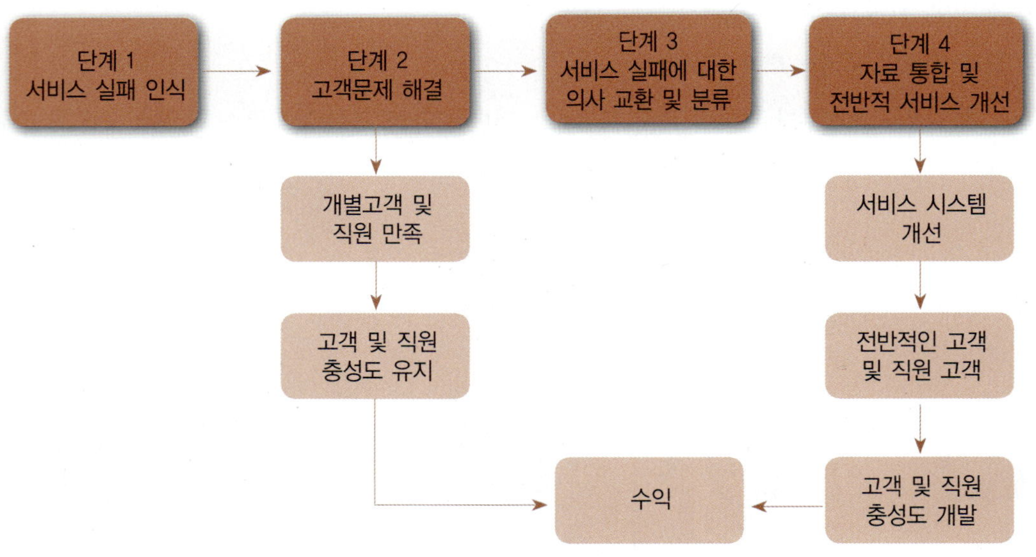

- ㉠ 고객문제 해결 과정을 통해 개별고객 및 종업원을 만족시킨다.
- ㉡ 서비스 회복 과정에서 수집된 자료를 통합하고 전반적으로 서비스를 개선하는 단계를 통해 고객 전반과 내부 고객 전체를 만족시킨다.
- ㉢ 이러한 과정을 통해 공히 고객과 종업원의 애호도를 유지함으로써 수익 창출에 기여한다.

③ 효과적인 서비스 회복 시스템의 원칙

- ㉠ 고객이 피드백을 주기 쉽게 하라

  고객과 커뮤니케이션을 하는 경우 언제나 직통 전화번호, 이메일, 우편주소 등을 공지한다.

- ㉡ 효과적인 서비스 회복을 위한 시스템 구축

서비스 회복은 적극적이어야 한다.	서비스 회복은 고객이 불평을 하기 전에 준비되어 있고 적극적이어야 한다.
서비스 회복절차는 계획되어야 한다.	서비스 실패에 대한 회복계획이 미리 개발되어야 한다.
서비스 회복기술을 교육해야 한다.	서비스 접점 인력으로 하여금 확신과 기술을 습득하여 근로의욕을 향상시킬 수 있다.
서비스 회복은 권한 위양이 필요하다.	서비스 접점의 제공자가 서비스 문제를 능동적으로 해결할 수 있는 의사결정이 가능할 수 있는 권한이 필요하다.

ⓒ 적정한 수준의 보상

서비스 실패 시 문제 상황을 고려하여 보상 정도를 결정해야 한다.

기업의 포지셔닝 확인	고객이 서비스 품질에 대한 기대가 높은 기업 이미지를 보유하고 있는 경우, 즉 기업의 서비스 이미지에 대한 프리미엄이 존재하는 경우에는 일반적 기업의 보상 수준보다는 더 높아야 한다. 그렇지 않은 경우에는 보편적인 기준의 보상을 예상할 수 있다. 예 특급 호텔에서의 보상 VS 패밀리 레스토랑에서의 보상 수준
서비스 실패의 심각성 정도 인식	고객은 비교적 중요하지 않은 불편함의 경우 적은 보상을 기대하므로 실제 서비스 실패의 심각성에 부합하는 보상이 적정하다. 과다한 보상은 오히려 공정한 보상에 대해 의심하게 되는 심리가 있으므로 서비스 회복에 효과적이지 않다.
고객의 영향력 정도	장기적으로 거래를 하고 있거나 구매 금액이 상대적으로 많은 경우 고객은 더 많은 보상을 기대하게 된다. 또한 기타 영향력이 크다고 여겨지는 고객 역시 보상 정도를 다르게 설정할 수 있다.

6) 서비스 회복수단의 대표적 유형

할인	서비스 실패에 대한 보상으로 지불할 금액을 낮춰준다.	예 죄송한 마음으로 식사 금액을 50% 할인해 드렸습니다.
시정	• 서비스 실패를 바로 잡는 방법이다. • 실패의 심각성이 높지 않은 경우에는 즉각적 시정으로 서비스 실패를 회복할 수 있다.	예 지금 바로 온도를 높여드리겠습니다.
	서비스 실패의 심각성이 높은 경우에는 즉각적으로 실패를 시정함과 동시에 추가적인 방법으로 보상하는 형태이다.	예 지금 온도는 어떠십니까? 불편하셨던 점 사과드리고 디저트를 추가 제공해 드리겠습니다.
관여	서비스 실패가 발생된 문제를 해결하기 위해 서비스 제공자가 직접 관여하는 것이다.	예 주차장에 자리가 없습니다. 제가 직접 차를 주차해 드리겠습니다.
교환	문제가 된 상품이나 서비스를 교체해 주는 것이다.	예 객실을 다른 곳으로 배정해드리겠습니다.
사과	고객에게 사과를 하는 방법으로 이는 실패의 정도 및 사과가 전달되는 방법에 따라 그 효과가 크게 달라진다.	예 예약을 하시려고 전화주셨는데, 정말 죄송합니다. 일요일은 예약을 받지 않습니다.
환불	서비스 실패에 따라 고객이 지불했던 금액을 돌려주는 전략이다.	예 진료받으신 금액을 돌려드리겠습니다.

1) 컴플레인 해결의 5가지 원칙

피뢰침의 원칙	① 고객의 불합리한 분노로 인해 내 감정을 조절할 수 없다고 느껴질 때 '나를 조직의 피뢰침으로' 생각하여 고객의 분노와 감정에서 자유로울 수 있게 된다. ② 고객이 화를 내는 대상은 나 개인이 아니라 일 처리에 대한 불만이며 복잡한 규정과 제도에 대해 항의하는 것이라는 관점이다.
책임 공감의 원칙	① 고객의 비난과 불만이 나를 향한 것이 아니라고 하여도 고객의 불만족에 대해서 책임이 전혀 없다는 말은 아니다. 우리는 조직 구성원의 일원으로서 내가 한 행동의 결과이든 다른 사람의 일 처리 결과이든 고객의 불만족에 대한 책임을 같이 져야만 한다. ② 고객에게는 누가 담당자인지가 중요한 것이 아니라 자신의 문제를 해결해 줄 것인지 아닌지가 중요하다.
감정 통제의 원칙	① 인간관계에서 오는 부담감은 누구에게나 있으며 다양한 고객을 응대하다보면 자신의 감정을 드러내는 경우가 발생하게 된다. ② 프로와 아마추어의 차이는 이러한 사람과의 만남에서 오는 부담감을 극복하고 자신의 감정까지도 통제할 수 있는가에 달려있다.
언어 절제의 원칙	① 고객 상담에 있어서 고객보다 말을 많이 하지 말고 고객의 말을 많이 들어주는 것이 고객의 문제를 빨리 해결하는 길이다. ② 고객보다 말을 많이 하게 되면 고객의 입장에서는 자신의 마음을 풀어놓을 수 있는 기회를 놓쳐 버리게 되어 오히려 불만만 축적시키는 결과가 된다.

역지사지의 원칙	① 고객을 이해하기 위해서는 반드시 고객의 입장에서 문제를 바라봐야 한다.
	  • 고객은 우리의 규정을 보지도 못했고, 그 규정의 합리적 존재 이유에 대해서 알지도 못하거니와 업무가 처리되는 절차에는 더더욱 관심이 없다. 고객이 마치 우리의 업무 프로세스나 규정들을 모두 알고 있다는 듯이 상담하는 오류를 범해서는 안된다.
	  • 고객은 자신에게 관심을 가져 주는 사람에게 호감을 갖는다. 고객에게 관심을 보여야만 이후 설명하는 내용이 고객에게 제대로 전달되어 마음으로 이해해 줄 수 있다.
	  • 고객은 스스로가 정당하다고 믿는 습성이 있어 자신의 실수를 인정하지 않으려 한다. 고객에게 잘못이 있다 하더라도 고객들에게 책임을 묻는 것이 문제 해결의 방법이 아니라는 점을 알아야 한다.
	② 궁극적으로 고객이 문제를 잘 해결하도록 돕는 것이 우리의 맡은 바 직무임을 기억해야만 한다.

2) 서비스 접점에서의 컴플레인 고객에 대한 대응 및 서비스 실패 회복 방법

① **빠르게 행동하라** : 정해진 시간 내에 최대한 빠르게 응답해야 한다.

② **고객의 감정을 이해하라** : 고객은 자신의 불만이 수용되지 않거나 무시되었다는 감정을 느끼면 더 강하게 불만을 느끼게 된다. 고객의 감정을 이해하면 정서적 연대감을 향상시켜 서비스 회복 과정을 원활하게 만든다.

③ **고객과 논쟁하지 마라** : 고객과의 논쟁에서 이긴다고 해도 고객의 불만을 잠재울 수는 없다.

④ **고객 입장에서 문제를 이해한다는 것을 보여 주어라** : 고객 입장에서 문제를 바라보아야 고객의 불만 요인을 이해할 수 있다. 서비스 회복 과정에서 서비스 제공자가 노력하고 있음을 보여주어 고객이 알 수 있도록 해야 한다.

⑤ **사실을 확인하고 원인을 해결하라** : 분명한 사실을 밝히고 잘못이 있으면 즉각 사과 및 시정하여 고객이 공명정대하게 문제가 해결되고 있음을 알 수 있어야 한다.

⑥ **고객이 유리하게 해석하라** : 불분명한 경우이거나 입증이 어려울 때에는 고객이 유리한 방향으로 해석하고 추정한다. 명확한 근거나 입증이 생긴다면 사실에 근거하여 문제를 해결하면 된다.

⑦ **문제 해결을 위해 필요한 단계를 제시하라** : 문제 해결이 즉시에 이루어지기 어렵다면 이후 어떤 절차를 밟게 될 것인가를 고객에게 상세히 알리고 소요 시간을 예상하게 해 준다.

⑧ **고객이 진행과정에 대해 알 수 있게 하라** : 불확실성으로 인해 고객이 추가적으로 스트레스를 받게 하지 말고 서비스 회복의 상황을 정기적으로 알 수 있도록 한다.

⑨ **보상을 하라** : 고객이 지불한 만큼의 서비스를 받지 못했거나 서비스 실패로 인해 불편을 느꼈다면 적정한 보상을 하여 고객의 불만을 감소시키거나 추가 불만 제기를 막을 수 있다.

⑩ **고객 호의를 회복하기 위한 노력을 계속하라** : 서비스 회복 절차가 끝났다 하더라도 고객과의 관계를 호의적으로 회복하기 위한 노력을 추가적으로 지속하여야 한다. 부정적 구전을 막고 추후 서비스 개선에 대한 의지를 알 수 있게 하는 효과가 있다.

⑪ **시스템에 대한 자기점검을 통해 서비스를 향상 시켜라** : 고객의 불평을 전체 시스템 개선을 위한 좋은 정보로 이용하여 추후 발생할 서비스 실패를 예방하는 데에 활용하라.

플러스 tip

깨진 유리창의 이론

미국의 범죄학자인 제임스 윌슨(James Q. Wilson)과 조지 켈링(George L. Kelling)이 공동으로 '깨진 유리창(Broken Windows)'이라는 글에 처음으로 소개된 사회 무질서에 관한 이론으로 사소한 무질서의 징조가 미래의 불행을 예고한다는 이론이다. 서비스 현장에서는 고객이 겪는 한 번의 불쾌한 경험, 불친절할 직원 한 명, 지저분한 매장의 한 구석, 지켜지지 않는 작은 약속 등 기업의 실수가 무시될 때 결국 기업의 앞날에 영향을 미치게 된다는 개념의 법칙.

Chapter 05 컴플레인의 해결 방법

고객 서비스 실패에 따른 컴플레인 발생 이유와 대응 목표 및 원칙을 숙지하였다 하더라도 상황별로 다르게 발생되는 컴플레인을 적절히 소화하고 고객 불만이 커지지 않고 감소될 수 있도록 하는 서비스 현장을 구성하는 것은 쉽지 않은 과제이다. 따라서 구체적인 해결 방법을 익혀 이를 서비스 현장에 접목하고 사전에 교육, 훈련시켜 컴플레인이 서비스 품질에 미칠 수 있는 악영향을 사전에 예방하는 것은 매우 중요하다.

1 다양한 컴플레인 고객의 유형

1) 불량고객

① 고객 불량 행동에 대한 이해

㉠ 고객의 이상 행동, 고객의 나쁜 행동(Fullerton and Punj)

- 일반적인 소비 상황에서 수용되는 행동 규범을 위반하여 소비 질서를 어지럽히는 고객의 부정적 행동
- 파손 행동/언어적, 물리적 폭력/절도행위/보험, 신용카드 등과 관련한 사기 행동

㉡ 고객 일탈 행동(Mills and Bonoma)

- 사회적으로 부적절하거나 사회적 규범과 갈등하는 행동
- 절도, 파손, 사기 등

㉢ 역기능 고객 행동(Harris and Reynolds)

- 공공연히 혹은 은밀하게 서비스 접점을 혼란시키는 고객 행동

㉣ 제이커스터머(Jaycustomers) – 불량고객(Lovelock)

- 의도적으로 혹은 우연히 서비스 조직과 다른 고객에게 부정적인 영향을 미쳐 서비스를 혼란시키는 고객

플러스 tip

불평 행동과 불량 행동

고객 불평 행동과 고객 불량 행동은 구분되는 개념이다.

고객 불평 행동	고객 불량 행동
사회적으로 허용되며 합법적인 고객 행동	사회적 규범을 위반하는 고객 행동
보상 요구, 불매 운동, 부정적 구전, 소비자 보호의 접수 등	사기, 폭력, 절도 등

ⓜ 고객 불량 행동의 특성 및 영향력

- 만족, 불만족의 귀인에 관련되기보다는 사전에 계획된 불량 행동을 표출한다.
- 과도한 보상을 위하여 기업에 직접 문제를 제기하거나 언론이나 인터넷에 유포하겠다고 협박한다.
- 기업의 입장에서는 과도하고 불필요한 비용이 발생되며 이들의 문제를 해결하여도 사실상 기업의 불만 요소를 해결하는 것이 아니기 때문에 아무런 도움이 되지 않는다.
- 과다한 비용을 유발하며 직원과 다른 고객에게도 부정적 영향을 주는 존재이다.

② 불량고객의 유형별 이해

㉠ 제이커스터머(불량고객)의 유형

유형	내용	사례	대응 방향
도둑형(thief)	상품, 서비스에 대한 대가를 지불하지 않고 훔치거나 원래 정해진 가격을 다 지불하지 않으려 하는 사람을 의미한다.	호텔 레스토랑에서 고의적으로 다른 객실 번호로 결제하는 고객	적절한 도난 방지 장치 및 다른 고객의 피해를 예방해야 함. 동시에 악의적이지 않은 우연한 실수도 있을 수 있음을 고려해야 한다.
호전형/ 싸움꾼형 (belligerent)	서비스 현장에 대한 불만족을 이유로 서비스 제공자에게 욕설, 삿대질, 위협, 모욕 등의 폭력적인 행동을 하는 고객 유형이다.	객실 청소가 깨끗하지 않다는 이유로 객실 담당자에게 큰 소리로 욕설과 협박을 한다.	화가 난 고객을 적절히 응대하고 다른 고객과 격리시키며 경우에 따라서는 경비원이나 경찰을 부를 수 있다.
규칙 위반형 /위법자형 (rule breaker)	서비스 현장에서 다수의 고객을 위해 혹은 효과적이고 안전한 서비스 제공을 위해 정해진 규칙을 무시하고 행동하는 고객이다.	예약을 하고 아무 연락없이 나타나지 않는 고객, 비행기 이착륙 시 벨트 착용을 거부하는 고객	사전 교육과 위험에 대한 경고 등 지속적으로 고객에게 홍보하는 방법과 함께 규칙을 단순하고 명확하게 정해야 한다.
내분형/ 가정싸움꾼형 (family feuders)	다른 고객들과 싸움을 일으키는 고객으로 경우에 따라서는 가족 간의 불화를 일으키기도 한다.	• 야구장에서 관람객끼리의 싸움 • 여행 중 관광지 선정 문제로 부부간에 다툼 발생	다른 고객에게 피해가 없도록 하면서 무엇보다 즉각적이고 신속한 대응이 중요하다.
파괴형 (vandal)	서비스 시설과 장비를 못쓰게 만드는 고객	콘도 주방기구 파손, 레스토랑 의자를 찢는다.	• 쉽게 파손되는 시설은 경고문을 부착하는 등 사전 교육 실시 • 개방형 시설 및 조명 설치, 파손시 배상 동의서 활용 등의 방법 고려

신용불량형 /부랑자형 (deadbeat)	지불 능력이 없거나 지불을 거부 혹은 연기 하는 고객형	식사 후 식사비가 없다거나 기타 이유로 지불을 계속 미루는 고객	서비스 상황에 따라 선불제를 도입하거나 고객과의 관계에 따라 관계 청산 및 유지 전략 선택
사기꾼형	서비스 회복 정책 및 서비스 보증의 악용을 목적으로 보상 편지를 쓰는 일부터 보험 요구를 위조하거나 부풀리고 위장구매(wordrobing) 하는 것을 포함하여 서비스 기업을 속이는 고객	만족하지 않으면 100% 환불 보증 제도를 악용하여 지속적으로 지불을 면제받는 고객	악의적인지 그렇지 않은지를 명확히 구분하기 힘든 유형으로 반복적으로 이루어지는 경우 철저한 조사를 통해 밝혀내야 한다.

ⓛ 블랙컨슈머(black consumer)

- 서비스에 만족하지 못하여 불만을 제기하는 고객이 아닌 보상금을 목적으로 의도적인 악성 민원을 제기하는 소비자로 악성을 뜻하는 블랙(black)과 소비자를 뜻하는 컨슈머(consumer)의 합성신조어이다.

- 악성민원을 고의적, 상습적으로 제기하여 자신의 부당이익을 목적으로 하기에 불량고객으로 분류하기보다는 범죄자로 분류하는 것이 정확하다.

- 블랙컨슈머는 기업에 금전적 · 정신적 피해를 입히는 것은 물론 기업의 부담 증가로 인해 소비자의 손실을 초래하지만 기업들은 제품이나 기업 이미지 손상을 우려하여 블랙컨슈머들의 상식 밖의 무리한 요구나 불만을 수용해야 하는 곤란한 처지에 놓이기도 한다.

기업들의 적극적인 불량고객 대응 전략

휴대폰을 전자레인지에 넣고 가열한 뒤 인터넷 등에 '충전 중 폭발했다'고 허위 사실을 유튜브와 페이스북 등을 통해 전세계로 퍼뜨렸던 A씨(29)는 1년의 실형을 살게 되었습니다. 당시 이 허위사실은 기업 브랜드에 큰 타격을 줬고 해당 기업은 이 사건을 수사 의뢰하여 끝까지 진실을 밝혀낸 바 있습니다.

현대카드는 2012년부터 금융권 최초로 악성 민원 고객에 대해 적극적으로 대응하는 내부 정책을 도입했습니다. 고객이 모욕, 성희롱, 명예훼손에 해당하는 폭언을 하게 되면 전화를 받는 콜센터 직원은 두 차례 경고를 하고, 그래도 그치지 않으면 상담원이 먼저 전화를 끊을 수 있는 조치입니다. 또 다른 카드사에서도 고객의 모욕적인 폭언이 지속되면 자동응답 시스템(ARS)으로 연결해 1차 경고를 하고, 이후에도 그치지 않으면 등록된 고객의 주소지로 내용 증명을 발송해 고소·고발 조치를 취할 수 있도록 하였습니다.

기업들이 다양한 종류의 부당한 고객 요구 및 불량 행동에 대해 과거와 달리 적극적인 대응 전략을 구사하기 시작했습니다. 고객 서비스 품질 향상을 최우선으로 하는 기업의 경영방침을 악용하여 선의의 다수 고객에게 피해를 끼치는 일을 막고 내부 고객인 서비스 현장 종사자들을 신체적, 정신적 피해로부터 보호하기 위해서입니다.

불량고객과 블랙컨슈머들의 활동을 제지하고 이를 예방하고자 함에 있어 서비스 조직과 관리자는 보다 더 적극적이고 분명한 대응 전략을 모색해야 합니다. 또한 그 가운데 선의의 고객이 피해를 입지 않도록 하는 기능을 첨가할 때 서비스 품질을 유지하고 내부 고객인 서비스 제공자의 만족도도 높일 수 있을 것입니다.

ⓒ 무책임형 고객

고객 불량 행동이 유발되는 고객 유형으로 책임형 고객의 반대 유형의 고객이다.

책임형 고객
• 비교적 긍정형으로 이성적·합리적이며 일관성을 가지고 서비스 참여를 하는 편으로 행동이 개방적·사교적·타협적이고 유연하면서도 정의로움과 진보성이 강해 엄격한 태도를 보이기도 한다.
• 만남의 대상 모든 것이 나름대로 가치가 있다고 인정하려고 한다./더구나 사람과 사람끼리의 수수는 인격적이며 관대하려고 한다./프로세스 참여자로서 지식, 경험, 상식, 양심을 가지고 있으며 성실하려고 한다./더불어 사는 인간, 사회, 문화의 참된 생활로써 의미를 찾으려고 한다./과소비, 사치, 향락, 쓰레기, 오염, 파괴, 자원고갈 문제를 생각한다.

무책임형 고객
• 비교적 부정형으로 감정적·비합리적 사고로 서비스 참여를 하는 편으로 행동이 자만과 자기중심이기 때문에 서비스 대응상 불안전성과 실패, 충돌이라는 위험적 상황을 가져오기 쉬운 비현실적인 상대

> • 개방적이지 못하며 사태에 유연성을 잃는다. 타협 또한 서툴다./안하무인으로서 사람을 종같이 다루거나 낮추어 보려고 한다./다른 고객까지 해를 입히거나 영업에까지 훼방을 하려고 한다./자기 멋대로 행위하여 타의 원칙, 제도, 체제를 무시하려 한다./사회성, 공익성이 부족한 편이며 자만과 과시지향적이다.

2) 불만고객

① 불만고객의 개념

ㄱ 기업에 대하여 자신의 의견을 표현하는 고객은 기업이 개선할 수 있는 기회를 제공하므로 기업에 대한 관심을 가진 고객이라고 할 수 있다.

ㄴ 불량고객과 달리 사회적 규범 내에서 자신의 의견을 적극적으로 개진하므로 여기에서 수집된 정보를 이용하여 서비스 회복 개선의 기회를 갖게 되고 이로 인하여 오류를 줄이고 궁극적으로 비용절감의 효과를 얻게 된다.

② 불만고객 관리의 개념

불만족한 고객의 수를 최소화해야 하며 불만족한 고객 중에서 불평하는 고객의 비율을 최대화해야 한다. 고객의 불만족을 최소화해야 하는 것이 최우선이며 이를 위해서는 불만의 정도나 형태 등에 관한 정보가 필요하다. 이러한 정보는 불평을 통하여 얻을 수 있으므로 고객이 불평을 표현하도록 정책을 추구하는 것이 필요하다.

③ 불만고객 관리의 기대효과

ㄱ 새로운 서비스 경영의 아이디어를 확보할 수 있다.

ㄴ 신(新)경영 전략 개발이 가능하다.

ㄷ 불만고객 관리를 통한 적극적인 고객 의견 수렴을 통해 고객 만족을 실현할 수 있다.

ㄹ 고객 충성도 향상(충성고객 확보)의 효과를 얻을 수 있다.

④ 불만고객이 서비스 직원에 미치는 영향

긍정적 영향	부정적 영향
• 서비스 분야 전문가로서 가치를 인정받을 수 있다. • 서비스 직원 스스로 자기계발의 기회를 얻고, 성장의 기회를 가질 수 있다.	• 직무를 수행해야 하는 감정적 노동으로 인해 스트레스를 받는다. • 감정노동으로 인한 스트레스로 업무 만족도나 일상생활에 악영향을 미칠 수 있다.

2 컴플레인의 처리 단계

1) 고객 불평 처리의 원칙

① 진심을 담은 정중한 사과가 중요하다.

② 온라인 및 오프라인을 통하여 불평 접수처에 대한 접근성이 용이하여야 한다.

③ 같은 사례로 제2의 불평고객이 발생되지 않도록 전 직원의 불평 처리에 대한 정보와 책임을 공유하여야 한다.

④ 고객 불평을 전할 수 있는 시간, 장소, 절차 등 고객이 이용하기 편리하게 설계하여야 한다.

⑤ 고객은 시간이 길수록 불평이 더 늘어 난다. 따라서 불평에 대한 신속한 처리를 실시하고 처리 과정을 공개하여야 한다.

⑥ 고객에 대한 개인정보 보호를 지키기 위하여 고객의 비밀을 존중한다.

⑦ 고객 불평 정보를 활용하여 기업의 서비스 개선 가능성과 회사의 이미지를 좋게 만든다.

2) 처리단계

1단계 : 경청(傾聽) • 무조건 경청한다. • 비언어적 표현의 비중을 주어 응대한다. • 몸짓, 손짓, 표정, 시선, 자세 등이 중요하다.	① 부드럽고 완화된 표현을 사용하여 고객의 불만을 신속하게 접수한다. ② 고객의 흥분을 진정시키기 위해 먼저 사과하며 접객어는 "죄송합니다"를 쓰되 고객보다 목소리를 낮추어야 한다. ③ 고객의 항의는 인내심을 가지고 경청하며 고객이 기분 상하지 않도록 공손한 태도를 유지한다. ④ 고객의 불평을 경청해 주는 것만으로도 심각하지 않은 불만은 상당 부분 해소된다. 따라서 고객이 하고 싶은 말을 다하도록 환경을 조성하며 겸허히 들어준다. ⑤ 자신의 의견을 개입시키지 말고 불평에 대한 본질이 무엇인지 꿰뚫어야 한다. ⑥ 종업원과 고객이라는 대립관계의 선입견을 버리고 고객의 입장에서 생각하고 문제를 파악한다. ⑦ 고객의 자극적인 말이나 도전적인 태도에 감정적으로 중심을 잘 잡아야 한다. ⑧ 고객과 언쟁하지 않도록 한다. ⑨ 중요 사항을 메모함으로써 경청하며 반드시 해결하겠다는 정성을 보여준다.
2단계 : 공감(共感) • 고객의 항의에 공감하고, 감사의 인사를 한다. • 긍정적 언어, 비언어 사용	① 고객의 항의 시에는 고객의 심정에 대한 이해와 공감을 언어적, 비언어적 표현을 통하여 적극적으로 표현한다. ② 고객의 마음을 충분히 이해할 수 있음을 인정하고 표현한다. ③ 감정적 이완을 위해 필요한 경우, 고객이 문제점을 지적함으로써 해결의 기회를 준 데 대해 감사의 표시를 한다.
3단계 : 사과(謝過) 진심 어린 사과를 한다.	① 고객의 의견을 경청한 후 고객의 의견이 타당할 때는 그 문제점을 인정하고 잘못된 부분에 대해 신속하고 정중히 사과한다. ② 변명과 책임전가 등은 문제를 더 확대시킬 수 있으므로 잘못을 솔직히 인정하고 이해와 용서를 바라는 것이 문제해결의 지름길이다.

	③ 설사 고객에게 잘못이 있더라도 고객에게 책임을 묻는 것은 아니라, 고객의 오해와 오류를 친절히 안내하고 문제를 잘 해결할 수 있도록 돕는다는 생각에 집중해야 한다. ④ 정중하고 자연스러운 분위기로 이끌어 상황을 진정시킨다.
4단계 : 원인을 분석하고 해결 방안을 모색한다.	① 원인을 인식하기 위해 문제 해결을 위한 질의응답을 통해 필요한 정보를 확보한다. ② 확보한 정보를 종합적인 관점에서 원인을 분석한다. ③ 고객의 입장에서 대책을 강구하고, 본인이 해결하기 어려운 경우 담당자를 통해 해결 방안을 모색한다.
5단계 : 설명하고 해결을 약속한다.	① 고객이 납득할만한 해결 방안을 제시하고, 문제를 시정하기 위한 조치계획과 처리 절차 등을 설명하고 실천을 약속한다. ② 문제 처리 방법을 제시하되 고객이 원하는 것이 불가능한 경우 충분한 의견 교환을 통하여 적절한 대안을 강구한다. ③ 고객에게는 처리 책임자 또는 책임부서가 어떻게 되는지가 중요한 것이 아니라 서비스 조직이 고객 자신의 문제를 어떻게 어떤 수준으로 해결해 줄 수 있는지가 중요하다. ④ 해결에 대한 확실한 약속은 고객에게 안정감과 신뢰를 줄 수 있어 불만을 빨리 처리할 수 있다.
6단계 : 미래 개선 방안을 수립한다.	① 고객 불만 사례와 처리방법 등을 전 직원에게 알려 공유한다. ② 재발 방지책을 수립하고 새로운 고객 응대 매뉴얼을 작성한다.
7단계 : 처리를 확인하고 다시 한번 사과한다.	① 불만사항을 처리한 후 고객에게 처리결과를 알리고 만족 여부를 확인한다. ② 고객에게 다시 한 번 정중하게 사과하며, 감사의 표현을 한다.

3 컴플레인 응대 기법

1) 서비스 접점에 있는 에티튜드(attitude) 조건

컴플레인 최초 응대 시점에서 서비스 제공자의 태도는 컴플레인의 증폭, 감소에 영향을 미치는 중요한 요소이다.

① **지향태도** : 서비스 접점에서 행해야 하는 태도이다.

㉠ 불만고객의 경우에 시선을 고정시켜 집중하고 있음이 전달되어야 한다.

㉡ 고객을 존중하고 있다는 느낌을 주도록 공손한 자세와 진지한 표정으로 응대한다.

② **지양태도** : 서비스 접점에서 컴플레인 고객을 응대할 때 금지되는 태도이다.

　　㉠ 웃는 모습(문제의 심각성을 미인식한 듯한 가벼움), 권위적이고 거만한 태도, 고객을 무시하는 듯한 태도 등

　　㉡ 어떤 공감이나 도와주고 싶다는 의사표시도 없이 냉담한 태도

2) MTP 기법

컴플레인 응대의 상황이 길어지게 되면 고객이 흥분하거나 컴플레인 내용을 즉각 해결하지 못하는 상황이 발생되는데, 이때 사람(Man), 시간(Time), 장소(Place)를 바꾸어 컴플레인을 처리하는 기법이다.

Man : 응대하는 사람을 바꾼다.	• 담당 직원 → 책임자　　　• 하급자 → 상급자 • 판매 사원 → 판매 담당　　• 남 → 여, 여 → 남
Time : 시간을 바꾼다.	• 시간을 가질 수 있도록 하여 화난 고객의 감정을 이완시킨다. 　예 차 또는 물 등 마실 것을 권유 • 처음에는 대꾸를 하지 않고 가만히 듣는다. • 문제에 대한 본질을 인식하고 문제 해결을 위한 처리단계를 확인 · 제시한다.
Place : 장소를 바꾼다.	• 서 있는 고객은 쇼파 등 쿠션이 있는 자리로 앉기를 권한다. • 감정이 격한 사람은 쿠션이 있는 의자에 앉으므로 심리적으로 감정을 조절할 수 있는 분위기가 조성된다. • 서비스 장소 이동 : 매장 → 사무실 또는 소비자 상담실 • 차분한 분위기를 유지한다.

3) 공감적 경청과 효과적인 질문

　　㉠ 기본적인 경청 방법 이외에 적극적인 경청으로 적절한 맞장구, 따라하기 및 정리하기 기법 등을 활용한다.

　　㉡ 고객의 불만을 계속해서 반복적으로 듣고 있기보다는 적절하게 정리하는 재질문을 통해 서비스 제공자가 원하는 방향으로 주도적인 대화를 전개한다.

　예 정말 많이 기대하셨던 날이었단 말씀이시네요. 저희 서비스 실수로 기대하셨던 만큼 서운함도 크셨을 것 같습니다. 그러면 서비스 받으시는 동안 계속해서 그런 일이 반복되었다는 말씀이신가요? 아니면 특히 어떤 때에 더 문제가 많이 발생했는지요?

불만고객 응대 10계명

① 무조건 잘 들어라 : 일단 고객이 하는 이야기를 경청해야 한다.

② 끝까지 잘 들어라 : 고객의 이야기를 끝까지 듣고 끼어들지 않아야 한다.

③ 선입견에 사로 잡히지 마라 : 지레 짐작과 선입견은 고객의 마음을 이해하는 데 방해가 된다.

④ 변명하지 마라 : 상황을 이해시키되 변명이 되지 않게 해야 한다.

⑤ 자신의 감정을 이입시키지 마라 : 개인적인 감정으로 응대하게 되면 실수가 발생한다.

⑥ 최우선으로 처리하라 : 불만고객을 처리하는 것을 최우선으로 한다.

⑦ MTP 기법으로 처리하라 : 시간, 장소, 사람을 바꾸어서 응대한다.

⑧ 하나의 기회라고 생각하라 : 고객의 의견을 듣고 서비스 품질을 개선할 기회로 생각하고 응대에 임하라.

⑨ 권한 내에서 처리하라 : 서비스 제공자가 해결할 수 있는 권한 수준 안에서 업무를 처리해야 한다.

⑩ 감사의 인사를 하라 : 고객에게 의견을 준 부분에 대해 감사를 표하라.

4 컴플레인의 유형별 분류 및 해결 방법

1) 문제 상황에서의 고객 응대방법

① 서비스 제공 과정에 문제가 있어 발생된 컴플레인의 해결

㉠ 주요 포인트

문제 발생을 즉각 인정하고 주도적으로 문제를 해결하는 것이 중요하다.

㉡ 실행 방법

 - 즉각 문제를 인정하고 사과한다.
 - 원인을 명확히 파악하여 해결 방안을 모색한다.
 - 해결 혹은 대안적 해결 방안을 제공하거나 약속하여 이를 반드시 이행한다.
 - 적절한 보상을 제공한다.

㉢ 유의할 표현의 예

 - "그럴리가 없는데, 이상하네요." : 문제를 인정하지 않는 듯한 인상을 준다.
 - "어떻게 해드리면 될까요?" : 고객이 해결방안을 찾도록 미루는 표현이다.

② 고객이 무리한 요구를 하면서 발생하는 컴플레인의 해결

   ㉠ 주요 포인트

     고객 요구 수용에 대한 최선의 자세와 노력하는 모습을 보이는 것이 중요하다.

   ㉡ 실행 방법

- 고객의 요구를 수용하고자 노력하는 표현으로 시작한다.
- 서비스 기업의 규정이나 방침 등을 설명한다.
- 요구사항을 수용하지 못하는 구체적인 이유를 보편 타당성을 가지고 이해시키려 노력한다.
- 지키지 못할 약속은 하지 않는다.
- 책임을 전가하거나 회피하지 않는다.

   ㉢ 유의할 표현의 예

- "그렇게 해드린 경우는 이제껏 없었습니다." : 고객의 요구를 수용하려는 노력 없이 바로 거부하는 반응이다.
- "그건 제가 처리해 드릴 수 없는 일인데요." : 다른 쪽으로 책임을 전가하는 듯한 인상으로 고객이 자신의 요구사항을 따로 다시 알아봐야 하는 상황이 전개된다.

③ 고객이 서비스 제공에 비협조적인 상황에서 발생되는 문제 해결

   ㉠ 주요 포인트

     서비스 제공과정에 문제가 있는지 확인하고 검토한다.

   ㉡ 실행 방법

- 고객이 상황을 이해할 수 있도록 정중하게 설명하고 양해를 구하도록 한다.
- 고객의 컴플레인을 단순한 사건으로 치부하지 않고 서비스 제공 과정에 문제는 없었는지 확인하고 검토한다.
- 고객의 불만이 다른 고객에게 영향을 미치지 않도록 한다.

   ㉢ 유의할 표현의 예

- "이렇게 하시면 서비스 해드릴 수가 없습니다." : 서비스 제공자의 입장만을 강조한다는 인상을 줄 수 있다.
- "원래 이런 방향으로 진행되는 서비스입니다." : 서비스 제공과정의 불편 요소나 고객 불만의 원인에 대해 무심한 듯한 입장으로 보일 수 있다.

④ 고객이 불만을 직접 표현하지 않지만 서비스 제공자가 필요에 의해 자발적으로 추가 서비스를 진행하게 되는 상황의 해결

　ㄱ 주요 포인트

　　고객의 입장에서 욕구를 미리 예측해 본다.

　ㄴ 실행 방법

　　- 여유를 가지고 충분히 준비하여 실행한다.
　　- 고객을 존중하는 차원에서 진행한다.
　　- 차별적으로 고객을 대우하지 않도록 명확한 이유를 통해 진행한다.

2) 고객의 성격에 따른 컴플레인 대처 방법

유형	특징	응대 요령
급한 성격 신경질적인 반응을 보이는 고객	• 말이 빠르고 빠른 처리를 지속적으로 요구한다. • 업무 순서를 무시하거나 기다리는 것을 힘들어 한다. • 의자에 앉아 기다리지 못하고 계속 서성이며 재촉한다. • 이야기의 순서가 없이 여러 가지 상황에 대해 한꺼번에 쏟아내듯 이야기 한다. • 중요하지 않은 주변의 사항들에 대해서도 민감하게 반응한다.	• 신속한 처리를 하려 애쓰고 있음을 차분하게 표현한다. • 고객의 이야기에 "네, 알겠습니다." 등의 말과 함께 적극적인 동작을 보여준다. • 불필요한 대화를 줄이고 신속하게 처리한다. • 처리가 늦어지는 경우, 사유에 대해서 분명히 말하고 양해를 구한다.
흥분하는 고객	• 고객 자신이 생각하는 문제 해결 방안만을 고집하고 서비스 제공자나 다른 사람의 이야기를 무시한다. • 서비스 기업에 일방적으로 피해를 보고 있다고 생각하고 공격적인 자세와 말투로 대화한다. • 이야기를 하면서 점차 목소리가 더 높아진다.	• 함께 흥분하는 일이 없도록 주의한다. • 부드럽고 정성스러운 분위기로 응대하되 웃음이 섞이지 않도록 주의한다. • 고객이 스스로 지나치게 흥분했음을 인정할 수 있도록 간접적으로 유도한다.
소리 지르는 고객	소리를 지르면서 상담을 시작한다. 경우에 따라서 욕설을 섞기도 하고 대체로 성격이 급하거나 흥분하는 고객 유형과 같은 특징을 보인다.	• 낮은 목소리로 천천히 말하며 응대한다. • 위협적으로 보일 수 있으나 기선제압을 위해 계획적으로 진행되는 경우가 있으니 차분하고 부드럽게 응대한다.

신중한 고객	• 실용적인 측면에 대해 질문을 많이 하고 망설임이 많다. • 꼼꼼히 따지며 논리적이다. • 의심, 염려가 많으며 비용에 민감하다.	• 질문을 확인하며 성의껏 대답한다. • 너무 빠른 결론을 내려 하지 말고 설득하기보다는 고객이 스스로 판단할 수 있게 한다. • 시간적인 여유를 주고 응대한다. • 너무 많은 설명은 역효과가 날 수 있으며 자신감 있는 간결한 응대가 더 효과적이다. • 분명한 근거와 증거 및 기타의 사례를 가지고 응대한다.
거만하며 자기를 과시하려는 고객	• 서비스 제공자의 설명을 들으려 하지 않고 이미 다 알고 있다고 주장한다. • 자신의 생각과 정보에 대한 확신을 고집스럽게 주장한다. • 언어 예절을 지키지만 강한 우월감이 있어 거만한 인상을 주고 서비스 제공자에게 영향력을 행사하려 한다. • 책임자와 직접 응대하려 한다.	• 경청의 태도와 함께 적절한 칭찬을 통해 고객을 인정해 주어야 한다. • 반론을 제시하거나 자존심을 건드리는 행위를 하지 않도록 주의한다. • 서비스 제공자는 자신의 지식을 내세우거나 주장하기보다 문제 해결 자체에 초점을 맞추어 응대한다. • 존중받고자 하는 고객의 욕구에 관심을 기울인다.
얌전하고 과묵한 고객	• 정중한 태도를 가진 고객이다. • 불만을 직접적으로 언급하기보다 질문의 형태로 확인하려 한다. • 말이 많지 않지만 오해를 할 가능성이 높다. • 사소한 불만사항에 대해서는 잘 이야기하지 않는다. • 불만이 해결되지 않으면 다시는 거래하지 않는다.	• 정중하고 예의 바르게 응대하며 빈틈 없는 업무 처리가 필요하다. • 시선을 마주치며 언행을 주의한다. • 다른 고객을 대하는 모습도 영향을 줄 수 있다. • 대체적으로 공정함이나 도덕적 가치의 기준을 가지고 있으므로 문제 해결의 취지, 의미 등을 설명한다.
깐깐한 고객	• 예의가 밝고 경어를 사용하며 서비스 제공자에게 의견을 구체적으로 제시한다. • 잘못을 지적하고 이를 옳고 그름을 구분하여 주장하는 경향이 있다. • 잘못은 반드시 시정되어야 한다고 생각하고 이야기 한다.	• 잘못이 지적될 때 반론을 제기하지 말고 감사를 표현하고 문제 해결을 위해 노력하는 모습을 보인다. • 경우에 따라 고객에게 대안을 묻거나 해결방안을 함께 상의할 수 있다. • 세심한 부분까지 파악하는 유형이므로 서비스 품질 개선에 도움이 된다.
부정적이면서 빈정거리는 고객	• 열등의식이나 허영심이 강한 유형이다. • 문제 자체보다는 본인이 경험한 불쾌한 감정이나 상황에 대해 항의하는 경우가 많다. • 아주 국소적인 문제에 집착하여 말한다. • 불만 응대 가운데 새로운 문제점을 발견하여 추가적인 불만을 제기한다.	• 대화의 초점을 문제 해결의 방향으로 집중하여 진행될 수 있도록 한다. • 고객을 인정하고 고객 응대 중 말실수를 하지 않도록 특히 주의해야 한다.

- **VOC의 개념 :** 사전적 의미와 협의적 해석과 광의적 해석의 VOC 개념 이해

- **VOC의 범위 :** 기업 내부 채널로 접수되는 Internal VOC, 기업의 외부 채널을 통해 전달되고 있는 고객의 소리인 External VOC, 웹채널 접수 여부에 따라 나누어지는 On, Off line VOC 로 구분할 수 있다.

- **VOC 시스템 구축시 고려사항 :** VOC와 고객 정보의 저장, 분석 / VOC 처리 부서 및 담당자의 배치 / 일관성 있는 체계 / 전사적 관리 시스템 / 전사적으로 내용 공유 / 업무 개선에 적용 및 고객에게 피드백

- **VOC 진화 과정 :** 정보처리 기술을 활용하여 고객 의견을 수집, 처리하는 VOC 1.0 → VOC를 기업의 자원으로 인식하여 통계를 만들고 근본적인 원인을 해결하는 노력 VOC 2.0 → 적극적, 능동적 개념에서 고객이 미처 표현하지 않았던 요소까지 미래 발견하여 해결하고자 하는 VOC 3.0

- **VOC를 관리하는 목적 :** 서비스 품질 향상, 업무 효율의 증대, 고객 만족도 향상

- **VOC 프로세스별 세부 진단 내용 :** 수집 단계(비용이 아닌 이익의 관점, 서비스 현장 구성원들의 적극적 수집 활동, 다양한 채널의 세분화된 VOC 수집), 처리 단계(처리 과정의 정확한 기준, 운영 정책이나 지침, 유형별 대응 기준, 등급별 우선순위와 객관적 기준, 신속한 전달 체계), 활용 단계(데이터 분석을 통해 마케팅과 경영에 도움이 될 소스를 추출하고 관리 지표를 통해 지속적으로 체크, 개선. 업무 개선에 활용)

- **VOC 유형 분류 :** 제안형, 불만형 / 고객 주체, 사내 직원 주체 / 접수채널 / 형성 장소

- **VOC 관리 시스템의 중요 속성 :** 서비스의 즉시성, 수집채널의 다양성, VOC 정보 시스템의 통합성, 고객 및 내부 프로세스로의 피드백

- **VOC 데이터의 특징 :** 내부 데이터 특징(키워드 형식으로 구성, 약어, 구어체 형태, 문장보다는 단어의 나열. 비정형화된 데이터), 외부 데이터 특징(다양한 채널에서의 비정형화 데이터, 기준과 분류가 없는 방대한 양으로 실시간 변화 특성, 빅 데이터 특성 공유됨)

- **VOC 데이터 분석 기법 :** 랭킹 분석, 연관 분석, 추이 분석, 평판 분석

- **빅 데이터 개념 :** 대량의 정형 또는 비정형 데이터 집합 및 이러한 데이터로부터 가치를 추출하고 결과를 분석하는 기술

- **빅 데이터의 특징 :** 데이터 양, 다양성, 속도

- **컴플레인과 클레임의 개념 :** 컴플레인은 주관적인 만족 여부, 심리적 기대 수준 충족 여부를 포함하는 포괄적인 의미이며, 클레임은 객관적인 관점에서 정당한 사유로 문제점과 불만사항을 제기하고 이에 대한 수정 및 배상을 요구하는 개념으로 일종의 컴플레인의 범주이다.

- **컴플레인과 클레임의 발생 원인 :** 고객측 상황별 불만원인(제품, 상표, 매장, 회사 등 잘못된 인식, 기억의 착오, 성급한 결론, 독단적 해석 및 고의성), 판매자측 상황별 불만 발생 원인(물리적 상황, 시간적 상황, 인적 상황, 절차적 상황, 정보적 상황, 금전적 상황, 제공적 상황)

- **서비스 실패의 유형 :** 과정적 실패와 결과적 실패, 복합적 실패 / 공정성과 정의의 측면

- 고객 불평 행동의 영향 요인 : 불만 정도, 제품의 중요성, 개인의 특성, 외적 귀인, 불평 행동에 따른 이익이 비용보다 많은 경우

- **서비스 보증 설계의 원칙 :** 무조건적 보증, 이해하기 쉬운 보증, 고객에게 중요한 보증, 요청하기 쉬운 보증, 받기 쉬운 보증, 확실한 보증

- 서비스 불평 관리(소비자 불만의 원인을 찾고 개선할 목적), 서비스 불만 관리(겉으로 드러난 고객 불평에 근거한 관리), 서비스 회복(불평뿐 아니라 불만이 있지만 표현하지 않는 서비스 불만까지 파악하여 해결함)

- **서비스 회복 패러독스 :** 서비스 실패시 효과적인 서비스 회복 전략으로 고객의 만족도가 서비스 실패 이전보다 오히려 더 높아진다.

- **서비스 회복에 대한 고객 기대의 요소 :** 신뢰성, 확신성, 유형성, 공감성, 대응성

- **서비스 회복 기대에 대한 영향 요소 :** 서비스 실패의 심각성, 기각된 서비스 품질, 고객 충성도, 서비스 보증

- **서비스 회복 수단의 대표적 유형 :** 할인, 시정, 관여, 교환, 사과, 환불

- **컴플레인 해결의 5가지 원칙 :** 피뢰침의 원칙, 책임 공감의 원칙, 감정 통제의 원칙, 언어 절제의 원칙, 역지사지의 원칙

- **제이미커스터머 고객 유형 :** 도둑형, 호전형, 규칙 위반형, 내분형, 파괴형, 신용 불량형, 사기꾼형

- **문제 상황별 고객 응대 :** 서비스 제공 과정의 문제, 고객의 무리한 요구, 고객이 비협조적인 상황인 경우, 서비스 제공자의 자발적 추가 서비스 상황

사례형, 통합형 문제 대비하기

- 다양한 고객 불만 및 의견 접수의 상황을 제시하고 이를 통해 다음과 같이 VOC의 개념과 적용을 이해할 수 있는가를 확인
    - VOC의 범위(내·외부)와 종류(the VOC, Over the VOC, Under the VOC)
    - VOC를 수집, 처리, 활용하는 과정에 대한 이해 여부
    - 고객 불만의 내·외부 피드백 방향에 대한 이해
    - VOC 관리 시스템의 중요 속성을 반영하여 이해할 수 있는가의 여부

- 고객 불만 상황을 제시하고 이를 통해 다음과 같이 컴플레인의 개념과 대응 원칙을 이해하고 적용할 수 있는지 확인
    - 해당 컴플레인의 발생 원인을 해석할 수 있는가의 여부
    - 서비스 실패의 원인에 따른 유형별 구분이 가능한가의 여부
    - 서비스 실패의 다양한 원인을 통해 해당 고객 불만의 의미를 잘 이해할 수 있는가를 판단
    - 고객 불평 행동의 원인과 영향 요인의 관계를 파악할 수 있는가의 여부
    - 효과적인 서비스 보증의 개념에 따라 서비스 보증을 이해하고 설계할 수 있는가의 판단
    - 고객 컴플레인을 회복하는 서비스 회복 과정에서 고객이 기대하는 것을 구분하여 이해하고 있는가를 판단
    - 서비스 회복의 중점적인 전략과 회복 수단을 활용할 수 있는가를 판단

- 다양한 컴플레인 상황에서의 서비스 제공자의 실질적인 응대 요령 및 고객 이해에 대한 판단력 확인
    - 불량 고객에 대한 명확한 의미를 이해하고 있는가
    - 불만 고객을 대하는 고객 응대의 기본적인 자세를 확인
    - 불평 처리의 원칙과 단계에 따라 응대할 수 있는가
    - 서비스 접점의 컴플레인 응대를 위한 태도를 이해하고 있는가
    - 컴플레인 상황 및 고객에 따라 어떤 것을 실행하고 유의해야 하는가를 확인

≫ 실력 평가 문제

01~17 선다형

01 다음 중 VOC 개념에 대한 설명이 잘못된 것은?

① 고객이 기업에게 들려주는 피드백을 의미한다.

② 협의적 해석의 VOC는 기업 내·외부 현장에서 다양한 채널을 통해 들려오는 고객의 요구사항에 대한 효율적 처리 및 고객만족을 극대화 하는 행위를 의미한다.

③ 광의적 해석의 VOC는 서비스 기업이 적극적으로 조사하여 수집한 적극적인 고객 의견, 기대사항, 구매 의도, 행동양식 등의 고객정보 전체를 의미한다.

④ CRM 시스템의 일부 시스템으로 고객관계관리에 필요한 아이디어를 찾아내어 이를 통해 고객과의 관계를 강화할 판촉 활동을 실행한다.

⑤ 고객과의 간담회, 고객설문, 접점직원 워크샵, 전화, 팩스나 우편, 외부 모니터링, 인터넷, 내부 고객소리, 상급기관, 고객 민원엽서 등을 통한 다양한 채널을 활용한다.

해설 CRM을 대체·보완하는 하나의 독립적인 시스템으로 고객을 아이디어의 원천으로 이해하여 고객과 커뮤니케이션을 하여 고객의 욕구를 파악해 내는 개념이다.

02 다음은 VOC 3.0에 대한 설명이다. 특성이 아닌 것은?

① 보다 적극적, 능동적인 개념으로 보다 상위단계의 목표를 추구하는 단계이다.

② 고객이 찾아오기를 기다리는 VOC가 아니라 고객이 미처 표현하지 않았거나 몰랐던 요소들을 미리 발견하여 해결하고자 하는 VOC개념이다.

③ 시스템이나 솔루션에 집중하는 것이 주요 목적이라고 할 수 있다.

④ 기업 내부 채널에 한정되어 있던 VOC(internal)에서 기업의 다양한 외부 채널(external)의 중요성을 인식하는 단계이다.

⑤ 주요 목적은 총체적 고객경험관리에 있다.

해설 시스템이나 솔루션에 집중하는 것이 아니라 실시간으로 고객과 소통하고 가치를 전달하는 체계가 핵심이다.

Answer 1. ④ 2. ③

03 다음 중 VOC 시스템 구축 시 고려사항이 아닌 것은?

① VOC 분석은 고객의 요구사항에서 획득한 정보를 통해 고객의 핵심 요구사항을 파악하여 구체화시킬 수 있어야 한다.

② VOC의 효율적인 활용은 모든 접점에서 수집되는 VOC를 통합하여 분석하는 인적 자원을 기반으로 한다.

③ VOC를 고객 서비스 프로세스의 관점에서 통합하고 분석하여 상품과 고객 서비스에 반영하기 위해 VOC를 체계적으로 분석할 수 있어야 한다.

④ VOC 수집 · 처리 · 분석 단계에 따라 담당하는 부서에서만 공유하고 정확한 정리와 데이터를 보관하는 것을 원칙으로 한다.

⑤ VOC 시스템을 구축할 때 조직 문화적 관점을 기반으로 하여 마케팅이나 고객 접점 등 현업 부서들이 함께 참여하여 현업의 니즈를 파악하고 개발자와 협의하여 구축하는 것이 중요하다.

해설 VOC 수집 · 처리 · 분석 단계에 따라 전사적으로 내용을 공유함으로써 VOC 활용에 대한 인식을 확산시키고, 부서 간 협조를 통해 신속한 처리가 가능하다.

04 VOC 프로세스별 세부진단 내용 중 바른 것은?

① 효과적인 VOC 수집을 위한 과정은 이익관점이 아닌 비용의 관점으로 접근한다.

② VOC 수집은 서비스 현장에서의 구성원들의 업무가 아니므로 자연스럽게 접수되는 정보를 효과적으로 수집하는 것이 중요하다.

③ VOC 처리과정에서는 누구나 납득할 수 있는 정확한 기준이 마련되어 있어야 한다.

④ VOC 처리에서는 모든 VOC가 동일하게 중요하므로 우선순위를 나누기보다는 모두 같은 일관된 기준으로 처리해야 한다.

⑤ VOC로 수집된 정보는 활용을 목적으로 하는 것이 아니므로 당장의 고객 불만 응대, 처리에 중심을 두고 잘 보관하는 것을 목적으로 한다.

해설 ① 비용이 아닌 이익 관점
② 현장 구성원들의 적극적인 수집활동이 중요하므로 적절한 동기부여와 교육이 필요
④ 수집된 VOC의 처리를 위한 분류, 우선순위 설정 등의 처리 기준이 필요
⑤ 적극적으로 활용하여 마케팅과 경영에 도움이 되는 소스를 통해 관리

05 다음 중 VOC 관리목적으로 해당하지 않는 것은?

① 고객 의견이 상품, 서비스의 개선에 반영되어 서비스 품질의 만족도를 향상시킬 수 있다.

② 고객이 기대한 서비스가 서로 일치하지 않을 때 발생하는 서비스 품질 갭을 감소시킴으로써 서비스 품질을 향상시킨다.

③ 전사적인 고객 중심 경영의 근거와 개선점을 발견하여 효과적인 업무 프로세스를 구축할 수 있다.

④ 매출이 증대되고 상품, 서비스에 대한 아이디어나 전략에 대한 기초 데이터를 수집할 수 있으며, 비용발생이 증가된다.

⑤ 장기적으로 기업과 고객의 유대를 강화하기 위한 시발점이 되어 고객 밀착 경영을 강화할 수 있으며, 궁극적으로 충성고객을 창출하고 기업 가치를 극대화할 수 있다.

해설 비용은 절감된다.

06 다음 VOC 분석의 필요성에 대한 설명 중 거리가 먼 것은?

① 환경적 요인으로 대량정보의 구축, 디지털환경의 발달, 서비스 기업에 대한 입체적인 평가와 선호 등이 필요성이라고 할 수 있다.

② 데이터의 특성으로 내부 콘텐츠를 활용하여 정형화된 패턴으로만 VOC 데이터를 활용하여 적용하기 때문이다.

③ 일반 문서 대비 짧은 텍스트 구성되어 문장이기보다는 주요 이슈(불만, 불량 등)에 대한 핵심 단어의 나열인 경우가 많다.

④ 데이터의 중요도, 유의미성, 우선순위 등의 기준과 분류되어 있지 않은 방대한 양의 데이터이며 실시간으로 변화되는 특성을 지닌다.

⑤ 상담원 등을 통해 구축되는 경우 약어, 구어체 형태로 기술되어 있다.

해설 내부 콘텐츠 활용에 대한 노력으로 부분적으로 정형화된 패턴일 수 있지만 모든 데이터를 정형화시킬 수 없어 비정형화된 데이터가 많이 포함될 수 있다. 고객이 기업에 직접적으로 의견을 개진하지 않는 데이터를 포함하므로 기업의 적극적인 VOC 정보 수집 활동을 통해 다양한 채널에서 수집된다. 주로 인터넷 환경에서 고객들의 다양한 일상의 데이터인 경우가 많아 비정형화된 데이터가 대다수를 차지하게 된다.

Answer 3. ④ 4. ③ 5. ④ 6. ②

07 다음 중 VOC 관리 시스템의 중요 속성으로 거리가 먼 것은?

① 서비스의 즉시성(immediately response)
② VOC 수집채널의 다양성(channel diversity)
③ VOC 정보 시스템의 통합성
④ VOC 유효 정보의 한계성
⑤ 고객 및 내부 프로세스 피드백

해설 즉시성, 수집채널의 다양성, 시스템 통합성, 고객 및 내부 프로세스로의 피드백

08 다음은 빅 데이터에 대한 내용이다. 잘못된 것은?

① 대규모 데이터 속에서 일정한 거시적 패턴을 분석, 발견함으로써 빠른 속도로 변화하고 있는 초세분화 시대의 현대 사회에 대한 보다 정확한 예측이 가능해진다.
② 위험의 징후, 이상 신호, 이슈 등 특정 이벤트를 사전에 인지하여 빠른 의사결정과 실시간 대응을 지원할 수 있게 된다.
③ 상황 인지, 개인화, 지능화 서비스를 제공하여 보다 더 스마트한 기능성을 강화하고 맞춤형 고객 서비스가 가능해진다(시장, 평판, 트렌드, 신용, 취향의 분석).
④ 타 분야와의 결합을 통한 새로운 가치 창출이 가능해진다(의료 정보, 자동차 정보, 건물, 환경 정보 등의 결합·융합).
⑤ 시간에 대하여 정적인 데이터와 내부적인 문제로 정형화되어 지며, 통계적 추론과 비선형 시스템 식별의 일부 개념을 활용한다.

해설 시간에 대하여 계속 쌓이고 변화하는 데이터와 내·외부 정형화 및 비정형화(텍스트, 음성, 영상, 이미지, 소셜 등)의 큰 데이터 집합으로부터 일정한 법칙을 추론한다.

09 다음 중 컴플레인에 대한 설명으로 잘못된 것은?

① 서비스 마케팅 차원에서 고객이 상품, 서비스의 구매 및 소비의 과정에서 다양한 이유로 발생하는 불평, 불만을 제기하거나 개선을 요구하는 것을 의미한다.
② 객관적인 품질의 문제점을 떠나 주관적인 만족 여부, 심리적 기대 수준 충족 여부까지 포함한다.
③ 정당한 사유로 객관적인 관점에서 문제점이나 불만사항을 제기하고 이에 대한 수정 및 배상을 요구하는 개념이다.
④ 고객의 감정이 개입된 것으로 직원의 태도가 불친절하다고 지적하는 경우도 해당된다.
⑤ 사전적 의미로 '불평하다', '투덜거리다'의 뜻이다.

해설 ③은 클레임의 개념이다.

10 서비스 실패를 체계적으로 분석하기 위해 보다 중요하게 고려해야 하는 실패 요소는? (기출)

① 서비스 제공 시간의 실패, 서비스 제공 방법의 실패
② 서비스 제공 과정의 실패, 서비스 제공 결과의 실패
③ 서비스 제공 종업원의 실패, 서비스 제공 시간의 실패
④ 서비스 제공 과정의 실패, 서비스 제공 환경 조성의 실패
⑤ 서비스 제공 상황의 실패, 서비스 제공 요소의 구성 실패

해설 서비스를 체계적으로 관리하기 위해서는 서비스가 전달되어 고객이 인지하는 과정의 핵심적 요소를 고려해야 한다.

11 다음 중 컴플레인 발생 원인이 아닌 것은? (기출)

① 전문가 해설 판매
② 약속에 따른 불이행
③ 상품 관리의 부주의
④ 성의가 없는 접객 서비스
⑤ 해피콜로 미리 예약 확인 서비스

해설 해피콜로 미리 예약 확인을 하는 서비스는 좋은 서비스에 해당한다.

12 다음 중 서비스 실패의 유형과 발생 원인에 대한 설명이 바르게 설명된 것은?

① 과정적 실패 : 무엇이 제공되었는가의 차원이다.
② 결과적 실패 : 무엇을 어떻게 적용하였는가의 차원이다.
③ 공정성과 정의 측면에서 절차적 정의는 고객이 지불하는 비용에 상응하는 서비스의 결과물을 제공 받았는가를 통해 판단하며 다수의 서비스 실패가 여기에서 비롯된다고 볼 수 있다.
④ 서비스 실패는 내적, 외적 귀인 모두에서 발생하지만 내적 귀인으로 지각하게 되는 경우 서비스 만족도는 더욱 낮아지게 되어 서비스 실패의 강도는 더욱 높아지는 경향이 있다.
⑤ 고객의 지나친 기대는 서비스 실패의 발생 원인이 될 수 있다.

해설 ① 과정적 실패 : 무엇을 어떻게 적용하였는가의 차원이다.
② 결과적 실패 : 무엇이 제공되었는가의 차원이다.
③ 공정성과 정의 측면에서 고객이 지불하는 비용에 상응하는 서비스의 결과물을 제공 받았는가를 통해 판단하며 다수의 서비스 실패가 여기에서 비롯된다고 볼 수 있는 것은 분배적 정의에 해당된다.
④ 서비스 실패는 내적, 외적 귀인 모두에서 발생하지만 외적 귀인으로 지각하게 되는 경우 서비스 만족도는 더운 낮아지게 되어 서비스 실패의 강도는 더욱 높아지는 경향이 있다.

Answer   7. ④   8. ⑤   9. ③   10. ②   11. ⑤   12. ⑤

13 다음 중 컴플레인과 클레임의 발생원인에 대한 설명으로 잘못된 것은?

① 고객 자체에 의한 원인으로 컴플레인과 클레임이 발생하는 경우는 없다.

② 컴플레인과 클레임은 한 가지 원인으로 발생할 수도 있지만 두 세 가지 복합적인 상황에서 불만이 증폭될 수 있다.

③ 외부시설 및 매장청결에 대한 부주의로 발생할 수 있다.

④ 판매 담당자의 고객에 대한 인식 부족이나 무성의한 고객 대응 태도, 용모, 복장의 준비성 결여 등에서도 발생한다.

⑤ 지불수단, 결제조건, 멤버십 유무, 금전적 혜택, 우대 등에 대한 숙지 부족 등에서도 발생할 수 있다.

해설 제품, 상표, 매장, 회사 등에 대한 잘못된 인식, 기억의 착오, 성급한 결론, 독단적인 해석, 할인의 구실을 찾기 위한 고의성 등의 고객측 원인에 의해 발생할 수 있다.

14 다음 중 MTP 기법에 대한 설명으로 옳은 것은? (기출)

① 불만은 발생한 장소에서 끝까지 해결하는 것이 일관성 있는 행동이다.

② 고객의 불만은 담당직원이 해결할 때까지 개입하지 않는다.

③ 고객에게 이성적으로 생각할 수 있는 시간을 준다.

④ 고객에게 컴플레인 발생에 대한 자세한 설명을 계속한다.

⑤ 담당직원이 상황에 대해 잘 알기 때문에 책임자는 개입하지 않는다.

해설 MTP 기법은 사람(Man), 시간(Time), 장소(Place)를 바꾸어 컴플레인을 처리하는 방법이다.
① 불만 발생 시 서비스매장에서 사무실이나 소비자상담실로 바꾼다.
②, ⑤ 불만 발생 시 담당 직원에서 책임자 또는 판매사원에서 판매담당원으로 바꿔 응대한다.
④ 고객이 진정할 때까지 기다리고 잠잠히 듣는다.

15 다음 중 서비스 접점에서 컴플레인 고객에 대한 대응 및 서비스 실패 회복 방법이 아닌 것은?

① 고객과의 논쟁은 이긴다 해도 고객의 불만을 잠재울 수 없으므로 논쟁하여서는 안 된다.

② 고객 입장에서 문제를 이해한다는 것을 보여 주어야 한다.

③ 고객은 자신의 불만이 수용되지 않거나 무시되었다는 감정을 느끼면 더 강하게 불만을 느끼게 되므로 고객의 감정을 잘 이해하여야 한다.

④ 사실을 확인하고 원인을 해결하되 잘못이 있으면 즉각 사과 및 시정하여 고객이 공명정대하게 문제가 해결되고 있음을 알 수 있어야 한다.

⑤ 문제 해결은 신속하게 이루어져야 한다. 따라서 문제 해결이 즉시에 이루어지기 어렵다면 문제해결을 위해 필요한 단계를 일일이 설명하기보다는 정해진 시간 내에 빠르게 응답 및 처리를 하여야 한다.

해설 문제 해결이 즉시에 이루어지기 어렵다면 이후 어떤 절차를 밟게 될 것인가를 고객에게 상세히 알리고 소요시간을 예상하게 해주어야 한다.

16 다음 중 서비스 회복에 대한 설명으로 가장 거리가 먼 것은?

① 제공된 서비스 문제가 발생한 경우 제공자가 문제를 적극적으로 해결해 주는 것을 의미한다.
② 소비자의 불만족 원인을 찾고 개선할 목적으로 정보를 배포하는 것을 말한다.
③ 서비스 실패를 수정하기 위해 서비스 제공자가 취하는 일련의 행동이다.
④ 불평하는 고객뿐만 아니라 불만을 가지고 있어도 겉으로 표현하지 않는 고객들의 서비스 불만까지 파악하여 서비스 접점에서 문제를 해결하는 것이다.
⑤ 서비스 회복은 서비스 제공자가 무엇을 했는가를 포함하며, 고객충성도와 호의적인 구전효과를 통한 기업의 경쟁력 우위확보에 매우 중요한 수단이 되고 있다.

해설 소비자의 불만족 원인을 찾고 개선할 목적으로 정보를 배포하는 것은 서비스 불평 관리이다.

17 다음 중 불만고객 응대 기법 중 올바르게 설명한 것은?

① 컴플레인 응대 상황이 길어지게 되어 고객이 흥분하거나 컴플레인 내용을 즉각 해결하지 못하는 상황이 발생될 때 MTP 기법으로 컴플레인을 처리한다.
② MTP 기법은 응대의 방법(Method), 시간(Time), 장소(Place)를 바꾸어 처리하는 기법이다.
③ 불만 고객 응대 중 적절한 재질문은 고객의 불만에 대한 경청의 태도를 오해할 수 있으므로 절대 삼가야 한다.
④ 고객이 컴플레인을 하는 경우라 하더라도 웃는 모습을 잃지 않고 친절하게 대해야 한다.
⑤ 불만고객 응대 기법으로써 기본적인 경청 방법 이외에 적극적인 경청으로 적절한 맞장구, 따라하기는 가벼워보이므로 사용하지 않는 것이 좋다.

해설 ② 사람(Men), 응대시간(Time), 응대장소(Place)를 바꾸어 처리하는 기법을 말한다.
③ 적절한 재질문은 경청의 또다른 표현이며 서비스 제공자가 대화를 전개하는 효과적인 방법이다.
④ 웃는 모습은 문제의 심각성을 모르는 듯한 인상을 주므로 삼간다.
⑤ 적극적인 경청으로 적절한 맞장구나 감탄사, 따라하기 등을 사용할 수 있다.

Answer 13. ① 14. ③ 15. ⑤ 16. ② 17. ①

18 효과적인 서비스 회복 시스템 구축을 위한 시스템 측면에서 서비스 회복은 일사분란한 조치가 요구되어지므로 권한은 중앙집권화 되어야 한다. (① O, ② X)

해설 서비스 회복은 권한 이양이 필요한데 이는 서비스 접점의 제공자가 서비스 문제를 능동적으로 해결할 수 있는 의사결정이 가능할 수 있는 권한이 필요하기 때문이다.

19 제이커스터머(Jaycustomers)는 의도적으로 혹은 우연히 서비스 조직과 다른 고객에게 부정적인 영향을 미쳐 서비스를 혼란시키는 고객을 의미한다. (① O, ② X)

해설 불량고객으로 도둑형, 호전형, 규칙 위반형, 내분형, 파괴형, 신용불량형, 사기꾼형 등이 있다.

20 흥분하며 컴플레인하는 고객에게는 웃음을 띠고 부드럽고 정성스러운 분위기로 응대하는 것이 효과적이다. (① O, ② X)

해설 흥분하는 고객에 대한 응대 방법으로는 함께 흥분하는 일이 없도록 주의하며, 부드럽고 정성스러운 분위기로 응대하되 웃음이 섞이지 않도록 주의해야 한다.

※ 다음은 서비스 회복에 대한 고객 기대의 구체적인 요소이다. 각 의미에 대한 해석으로 올바른 것을 연결하라.

| ① 신뢰성 | ② 대응성 | ③ 공감성 | ④ 확신성 | ⑤ 유형성 |

21 서비스 회복에 대해 기업이 약속을 지키고 실천할 것이라는 의미의 기대 (　　　　　)

해설 기업이 서비스 회복에 대해 실천할 것을 믿는 기대

22 고객의 입장을 이해하고 진심으로 관심을 기울일 것이라는 의미의 기대 (　　　　　)

해설 고객의 불만사항에 대해 충분히 이해하고 배려할 것이라는 기대

23 고객의 입장을 중시하여 신속하게 조치할 것이라는 기대　(　　　　)

해설 기업이 고객의 컴플레인을 중요하게 여겨서 반응할 것이라는 기대

24~26　사례형

24 다음은 '저돌적인 고객'이 변호사 사무실에 전화하여 사무장과 통화하는 장면이다. 이 상황에서 사무장의 고객 응대 방법으로 적절하지 않은 것은? (기출)

> 고　객 : "변호사님과 상담하고 싶습니다."
>
> 사무장 : "죄송합니다만 변호사님은 재판 준비 때문에 바빠서 전화 상담까지 일일이 하실 수가 없습니다."
>
> 고　객 : (짜증나는 말투로) "그럼 누구와 상담해야 합니까?"
>
> 사무장 : "사무장인 저와 상담하시면 됩니다. 고객님의 알고 싶으신 법률적인 정보를 저도 얼마든지 제공해 드릴 수 있습니다."
>
> 고　객 : "그래도 저는 사무장님이 아니라 변호사님과 직접 상담하고 싶은데요. 사무 장님을 못 믿어서가 아니라, 제가 전에 변호사가 아닌 다른 분하고 상담하 고 소송을 진행하다가 낭패를 본 경험이 있어서 그럽니다."
>
> 사무장 : "그렇다면 한 번 저희 사무실을 방문해 주시겠습니까?"
>
> 고　객 : (약간 흥분된 어조로) "제 기분이 좀 나쁘네요. 변호사 사무실이 여기만 있 는 것도 아닌데, 왜 그렇게 까다롭습니까?"

① 고객이 충분히 말할 수 있도록 기회를 준다.

② 부드러운 분위기를 유지하며 정성스럽게 응대한다.

③ 침착함을 유지하고 자신감 있는 자세로 정중하게 응대한다.

④ 흥분된 고객의 감정 상태를 스스로 조절할 수 있도록 유도한다.

⑤ 자신의 법률적 지식이 부족하지 않음을 사례로 선보이며 고객이 신뢰할 수 있도록 유 도한다.

해설 자신의 전문적인 지식으로 상대방을 가르치려는 식의 상담을 하면 흥분을 더욱 고조시켜 일을 그르치기 쉽다.

25 다음은 서비스 직원 대상 '컴플레인 처리 스킬 향상 교육'에서 강사가 서비스 실패의 원인에 대하여 설명한 내용이다. 이 중에서 '고객측 원인'에 해당되는 사항으로만 구성된 것은 어느 것인지 고르시오. (기출)

> 가. 서비스 직원이 고객 감정을 제대로 살펴서 배려를 잘해야 하는데, 그렇게 하지 않으면 서비스 실패가 되기 쉽습니다.
>
> 나. 매일 반복되는 일을 하다보면 자칫 고객응대를 무성의하게 해서 고객의 기분을 상하게 하는 경우가 있습니다.
>
> 다. 거래를 중단하거나 바꾸려는 심리로 의도적인 불만 제기를 하는 경우도 간혹 있습니다.
>
> 라. 매출목표 압박으로 인하여 무리하게 판매를 권유하게 되면 그 후유증이 나타날 수 있습니다.
>
> 마. 구매 전의 지나친 기대심리나 자신의 기억 착오로 직원과 마찰이 생겨서 서비스가 나쁘다고 하는 경우도 많습니다.

① 가 – 나 ② 나 – 다
③ 다 – 마 ④ 다 – 라
⑤ 라 – 마

해설 서비스 실패는 고객측 원인보다 기업측 원인이 훨씬 많지만 고객측 원인도 무시할 수 없다. 고객측 원인 중에서 거래 중단과 바꾸려는 심리로 의도적인 불만 제기를 하게 되면 담당 직원은 매우 난감해진다. 또한 구매 전의 지나친 기대나 자신의 기억 착오로 직원과 마찰이 생겨서 서비스가 나쁘다고 하는 경우도 의외로 많다.

26 다음은 OO호텔 VOC 회의에서 사례로 제시된 고객의 불만이다. 고객 불만을 해석한 내용으로 가장 부적절한 것은?

> 가. 객실이 생각보다 넓지 않네요. 홈페이지에서 보던 거랑 차이가 너무 많이 나서 좀 실망했습니다. 미리 알았더라면 객실을 좀 업그레이드 해서 예약했을 텐데요.
>
> 나. 조식이 객실 가격에 포함되어 있는데 조금 늦게 일어나는 바람에 먹을 수가 없었어요. 조식을 안먹는 사람들에 대한 다른 방안이 있어야 되지 않을까 하는데요.
>
> 다. 예전에 방문했을 때는 아주 친절하고 세련되었던 것 같은데 이번 방문으로 좀 실망했습니다. 그 사이 시설들이 낡은 것 같네요. 시설에 비해 가격이 좀 비싼 것 같아요.
>
> 라. 외국 호텔의 직원들은 복도에서 만나면 밝게 인사하는데, 여행기간 동안 미소를 띠는 직원을 만나기가 어렵더군요. 복도에서 마주치면 머쓱하고 말이죠. 좀 더 친절 교육을 강화하셔야 할 것 같네요.
>
> 마. 객실 체크인 때 사람이 많아 너무 오래 기다렸어요. 특급 호텔인데 마트 계산대에 서있는 것 같았어요.

① 가 – 고객의 인식과 기대에서 발생한 불만으로 고객의 기대와 서비스 품질의 차이를 줄이기 위해서 홈페이지 사진을 점검해 볼 필요가 있다.

② 나 – 서비스 자체의 문제가 아니고 고객 자신의 문제로 발생한 불만이지만 고객 불만을 사전에 예방할 수 있도록 적극적인 불만 관리가 시행될 필요가 있다.

③ 다 – 호텔의 물리적 상황에 대한 불만으로 고객은 서비스 실패의 원인을 과거 자신의 경험으로 내적 귀인하고 있어 불만이 커지지는 않은 상태로 고객 개인의 특수한 상황으로 보인다.

④ 라 – 호텔의 인적 상황에 대한 불만으로 서비스 제공자들에 대한 친절 마인드와 교육을 강화하여야 하겠다.

⑤ 마 – 서비스 품질의 핵심적인 결과에 대한 불만은 아니지만 서비스 전달의 과정상에서 결함이 발견된 사례로 고객이 호텔에 지불하는 비용에 적합한 서비스를 요구할 수 있으므로 서비스 프로세스를 시정하도록 해야 한다.

해설 고객은 불만이 생기는 경우 이를 외적 귀인하여 자신의 경험보다는 호텔의 환경을 그 원인으로 돌리게 된다.

※ 명절 선물을 주문한 고객이 배송 지연에 관하여 유통업체에 전화를 걸어 항의하고 있는 내용이다.

> **고 객** : 명절 전에 도착한다고 해서 선주문을 했는데 아무도 받지 못했다고 하네요. 어떻게 된거예요?
>
> **직 원** : 고객님 정말 죄송합니다. 제가 바로 확인해 보겠습니다.
>
> **고 객** : 거래처 고객들에게 보낸 선물인데 명절이 지난 후에 받으면 어떻게 생각하겠어요? 제가 먹으려고 주문한 것도 아니고, 게다가 도착 여부도 미리 다 확인했는데 이런 일이 발생하면 어떻게 책임지실 겁니까?
>
> **직 원** : 네. 고객님, 지금 주문하신 내용과 확인 내용도 모두 다 확인해 보았는데요, 정말 죄송합니다. 게다가 저희 VIP 고객이신데 저희가 큰 실수를 했습니다. 이번에 명절 주문이 폭주해서 해당 업체가 실수한 것 같습니다.
>
> **고 객** : 제가 해당 업체에 주문한 것은 아니죠. 저는 00몰에 주문한 거 아닙니까? 어떻게 처리하실 겁니까?
>
> **직 원** : 죄송합니다. 일단 지금이라도 최대한 빨리 배송해 드리겠습니다.
>
> **고 객** : 명절 끝나고 받는게 무슨 소용입니까? 어떤 식으로든 뭔가 조치해 주세요.
>
> **직 원** : 네. 저희가 조치할 수 있는 내용들을 한시간 이내에 확인하고 바로 고객님께 연락 드리겠습니다. 다시 한번 죄송하다는 말씀드립니다.

27 위 고객의 불만 상황에 대한 설명이다. 적절하지 못한 것은 무엇인가?

① 중요한 거래처 명절 선물의 배송 지연이라고 하는 서비스 실패의 심각성으로 인해 고객의 불만과 서비스 회복에 대한 기대가 커지게 되었다.

② 해당 유통업체의 충성고객이므로 해당 서비스 실패에 대한 고객의 서비스 회복에 대한 기대는 더 클 것이다.

③ 고객은 배송 지연의 상황이 어떤 문제를 야기하고 있고 이로 인한 자신의 난처함과 불편함에 대해 서비스 제공자가 잘 이해해 줄 것을 기대하고 있다.

④ 상기 고객 불만은 고객 접점에서의 고객 응대상의 문제로 발생하였으며 서비스 과정상의 실패로 볼 수 있다.

⑤ 상기 고객 불만은 컴플레인의 일종으로 명확하고 객관적인 관점에서의 불만사항 제기이므로 배상을 요구하는 개념의 클레임으로도 이해할 수 있다.

해설 상기 고객 불만은 서비스의 효과나 유용성을 제시하지 못한 상태로 정확한 배송이라고 하는 핵심 서비스 전달에 실패하여 결과적 실패로 볼 수 있다.

28 서비스 제공자가 상기 전화 상담 이후 진행한 서비스 회복을 위한 다양한 응대이다. 효과적인 서비스 회복을 위한 응대로 가장 부적합한 것은 무엇인가?

① 할인 – 구매 지불 금액의 50%에 해당하는 금액을 현금처럼 사용할 수 있는 쿠폰으로 고객에게 발송하였다.

② 관여 – 배송 지연으로 인해 해당 고객이 거래처 고객에게 오해를 받을 수 있는 사실에 집중하여 상기 업체에서 거래처 고객에게 직접 전화를 걸어 배송 지연의 원인이 업체에 있었음을 밝히고 사과 및 추가 보상을 실시하여 해당 고객의 난처한 입장을 해소시켜 주었다.

③ 충성고객에 합당한 추가 보상 – 해당 고객이 VIP 고객임을 감안하여 일반적인 보상에 비해 더 많은 보상을 제공하였다.

④ 진행 과정에 대한 안내 – 이후 서비스 회복을 위해 배송 시점, 보상 진행 등의 서비스 회복 절차에 대해 안내하고 각 과정이 진행될 때마다 고객에게 이를 상세히 전달하였다.

⑤ 감정 통제 – 고객의 주관적 불만에 의해 서비스 회복 절차를 진행하게 되지 않도록 고객의 감정보다는 객관적인 사실과 업무 수행 원칙에 의거하여 처리하도록 하였다.

해설 고객의 감정을 이해하고 정서적 연대감을 향상시켜 서비스 회복의 과정을 원활하게 만드는 것이 더 중요하다. 감정 통제는 다양한 고객 반응에 대한 자신의 감정을 드러내지 않아야 한다는 의미이다.

PART 04

서비스 유통관리

기업 경영활동의 많은 부분에서 서비스 경쟁력이 강화되고 있는 만큼 서비스를 언제 어떻게 제공할 것인가에 대한 문제도 중요한 마케팅의 요소가 되고 있다. 이는 서비스라는 무형의 가치를 누가 판매하고 어떤 경로로 고객에게 전달할 것인가라는 구체적인 관리와 전략의 문제로 이어지게 되고 여기에 최근의 복잡하고 다양한 고객의 구매, 소비 활동이 결합되어 좀 더 다양하고 입체적인 관점에서 서비스 유통을 바라볼 필요가 생기게 된다.

이에 서비스 관리자는 물리적 환경의 조성은 물론 고객과 서비스 기업의 요구를 보다 적극적으로 이해하여 서비스 현장에 적용함으로써 높은 서비스 품질과 현장의 경쟁력을 강화시킬 수 있을 것이다.

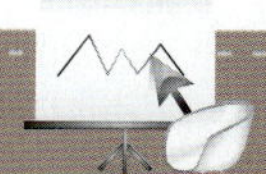

이번 Part에서	서비스 유통의 기본적인 개념과 핵심적인 요소를 이해하고 서비스 유통채널을 효과적으로 설계, 관리하는 구조와 다양한 기법을 학습한다.
학습목표	1. 서비스 유통에 있어 가장 기본적인 서비스 현장의 물리적 환경의 개념과 그 주요 요소들을 이해한다. 2. 서비스에 있어 유통채널의 의미와 역할을 이해하고 각 유형별 특성과 효과를 학습한다. 3. 서비스 유통채널을 설계함에 있어 고려할 사항과 시간, 장소 관리의 개념을 학습한다. 4. 서비스채널의 다양한 이해관계와 갈등 요소를 관리하는 방법과 주요 전략들을 이해한다. 5. 새로운 유통 환경에 중요한 역할을 수행하는 전자적 유통경로의 영향과 관리 전략의 방향을 이해한다.
이번 Part를 학습하고 나면...	• 서비스 현장에서 고객에게 전달되는 무형의 가치가 구체화되는 물리적 환경의 요소를 이해하여 서비스 현장을 점검하고 개선할 수 있다. • 서비스가 고객에게 전달되는 유통 개념을 통해 서비스의 역할을 명확히 하며 동시에 해당 서비스 산업과 현장에서 채널 유형의 의미를 알고 적용한다. • 서비스 유통채널이 효과적으로 전개되기 위해서 고려해야 하는 이해관계 및 갈등 요소를 통해 갈등을 예방할 수 있으며 해당 서비스 현장에서 활용 가능한 주요 전략을 적용해 본다. • 전자적 유통경로의 확대가 서비스 현장에 미치는 영향을 이해하고 다양한 관리 전략을 통해 서비스 현장의 품질 및 성과 향상에 적용할 수 있을 것인가를 검토하여 실행한다.

Chapter 01 서비스 구매 과정의 물리적 환경

고객이 서비스 그 자체, 혹은 서비스가 담긴 유형의 상품을 구입하면서 무엇을 통해 구매 결정의 만족감을 구체화하는가는 매우 중요한 화두이다. 구체적으로 입증되지 않는 서비스의 특징상 구매 과정에서부터 고객의 만족은 시작되어야 하며 중요한 변수 중 하나가 바로 '어디서' 서비스가 시작되고 구매를 결정하는가이다. 일반적인 제품 거래, 즉 보편적 유통의 관점에서도 그렇지만 구체적이지 않은 무형의 서비스 부문에서의 환경적 요소는 보다 더 민감하고 섬세하게 다루어져야 한다. 바로 구체적인 물리적 환경의 중요성이다.

1 물리적 증거에 대한 이해

1) 서비스에 있어 물리적 증거의 개념과 이해

① 물리적 증거의 개념과 영향력

㉠ 서비스에 있어 물리적 증거란 서비스가 전달되고 서비스 조직과 고객이 상호작용하는 환경을 의미하며 무형적인 서비스를 전달하는데 동원되는 모든 유형적 요소를 포함한다.

㉡ 물리적 증거의 영향
- 고객의 구매 의사결정 및 서비스 품질에 대한 고객의 기대와 평가에 영향을 미친다.
- 서비스 직원의 태도와 생산성에 영향을 주는 요소로 작용한다.
- 고객과 서비스 제공자의 인지적, 정서적, 심리적 반응을 일으켜 외적 행동에 영향을 미친다.

2) 물리적 증거의 두 가지 개념

물리적 증거는 물리적 환경(physical environment)과 기타 유형적 요소로 분류할 수 있다.

① 물리적 환경 : 서비스스케이프(servicescape)

㉠ 개념 : 경치, 풍경을 의미하는 접미사인 스케이프와 서비스를 합성한 것으로 인간이 창조한 환경을 의미한다. 서비스 현장을 구성하는 환경적인 요소이다.

㉡ 물리적 환경의 구분

외부 환경	• 시설의 외형, 건물의 디자인, 조형물, 외관의 청결 등 외부 환경 • 서비스 기업의 차별화된 이미지를 확립하는데 결정적인 역할을 한다. • 특히 신규고객을 확대하기 위한 중요한 요소 예 주차장 확보 여부에 따른 고객 유입의 중요성 　독특한 디자인의 레스토랑 외관

| 내부 환경 | • 내부 실내장식, 가구, 레이아웃, 시설물, 음악, 조명 등의 내부 환경
• 고객 만족과 서비스 제공자의 생산성에 영향을 미친다.
• 인테리어적인 요소는 물론 동선, 편의성 등을 포함한다.
• 각종 신뢰를 제공할 수 있는 객관적 증거나 자료(예 유명인사들의 방문 증거로써 사진이나 기사/고객만족 수상 기록/고객 기념일 행상 등)는 고객들로 하여금 서비스 기업의 신뢰도를 높이는 역할을 한다.
예 병원 내 환자들의 편리한 이동을 고려한 동선의 설계 및 의료진들에 대한 각종 경력 및 언론매체 인터뷰 등을 게시한다. |

ⓒ 물리적 환경의 세 가지 차원

주변요소 (ambient condi- tion)	• 물리적 환경의 배경적 특성 • 의식적, 무의식적으로 고객과 서비스 제공자에게 영향을 미치는 요소이다.	실내 온도, 조명, 소음, 음악, 향기, 색상, 전망
공간 배치와 기능성 (spatial layout & functionality)	• 물리적 환경의 공간에 속하는 도구들 간의 배치와 기능과 역할에 대한 부분 • 서비스 조직의 원활한 서비스 제공 및 성과를 위한 기능들을 의미 • 특히 서비스 제공자의 지원을 받지 않는 셀프 서비스 환경에서 더욱 중요 • 공간의 접근 정도, 좌석 배치, 크기 등에 관련되어 고객과 서비스 제공자의 사회적 상호작용에 있어 효과적인 관계 형성 여부와 연관되는 요소	• 기계나 장비, 사무기기 배열의 방법과 크기, 좌석 배치와 크기, 좌석과 테이블의 형태와 그 사이의 공간적 관계 • 다양한 기구 및 도구 사용의 편의성 및 효율성 예 호텔 객실 내 침대, 테이블과 의자의 배치, 프론트와 연결되는 전화기의 다양한 기능 버튼
표지판, 상징물과 조형물(sign, sym- bol& artifacts)	• 물리적 환경 내에서 기호적인 상징을 통해 고객 및 서비스 제공자 사이에 이루어지는 커뮤니케이션 수단 • 명시적, 암묵적 정보 제공 • 특정 상황에서 요구되는 행위 규범을 알리는 역할을 수행할 수 있다. • 고객의 첫인상 형성에 영향을 미칠 수 있으며, 서비스 콘셉트를 전달하는 중요한 수단이기도 하다.	방향 제시, 기업명, 부서명 알림 예 금연, 부모 동반, 고객안내 센터, 출입금지 등

② 기타 유형적 요소

　㉠ 개념 : 무형적 서비스 전달에 수반되는 요소로써 물리적인 환경은 아니지만 서비스의 품질이나 첫인상에 큰 영향을 미치게 되는 유형적인 요소들이다.

　㉡ 특히 특정한 장소가 고정되지 않는 서비스 영역에서는 서비스에 대한 이미지에 영향을 미치는 유형적 요소들이 큰 영향을 미치게 된다.

　㉢ 유니폼, 광고 전단지, 운송차량, 영수증, 명함, 문구류, 콘서트나 경기장의 입장 티켓, 항공기 탑승권, 계산서 등이 해당된다.

플러스 tip

물리적 증거의 다양한 사례

서비스 제공 주체	물리적 환경		기타 유형적 요소
	외부	내부	
보험회사 지점	입주 건물의 청결도, 간판, 엘리베이터	인테리어, 회의 공간, 각종 게시물	보험증서, 보험료 청구서, 영수증, 상품안내서 등
병원	건물의 외관, 안내 표지판, 주차장	진료 대기실, 진료실, 회복실, 안내 데스크, 의료장비	의사, 간호사의 유니폼, 진료 차트, 진료비 명세서 등
항공사	비행기의 외관과 색상	기내 좌석과 안전벨트, 실내온도, 기내 TV모니터	항공 탑승권, 기내 음식, 승무원의 유니폼 등
백화점	백화점 외부, 쇼윈도우, 주차장, 외부 조명, 간판, 출입구	매장 인테리어, 내부 조명, 엘리베이터, 동선, 휴게실, 화장실, 직원 출입구, 직원 휴게실	유니폼, 안내책자, 쇼핑백, 배송 트럭, 교환권, 포장지 등
학원	건물의 외관, 주차장, 간판	교육장 시설, 휴게실, 교사 연구실, 실내 분위기	안내문, 간식, 등록금 영수증, 셔틀 버스

2 물리적 환경의 역할

1) 물리적 환경이 미치는 영향력

① 구매 결정에 미치는 영향

ㄱ 고객의 행동과 구매, 서비스 경험에 대해 의식적, 무의식적으로 영향을 미친다.

ㄴ 매장의 음악, 향기 또는 인테리어와 머천다이징 등의 특정한 요소의 분위기가 상품 그 자체보다 더 큰 영향을 미치거나, 고객의 태도와 이미지 형성에 직접적으로 영향을 미칠 수 있다.

예 레스토랑 외부의 깔끔한 인테리어 – 고객 식사 장소 결정에 영향을 미친다.

예 레스토랑의 메뉴판, 직원의 깔끔한 유니폼, 테이블과 의자의 편안함 – 식사 메뉴 선정, 주문 내용, 주문 금액 등에 영향을 미친다.

② 서비스 무형성의 극복 기능

　㉠ 서비스가 가지고 있는 무형적 특성으로 인해 고객들은 서비스 자체의 가치를 이해하거나 평가하는데 어려움을 느낄 수 있다.

　㉡ 따라서 고객이 상품과 서비스를 사전적으로 이해하여 이를 결정하는데에 도움이 될 수 있는 구체적인 단서를 원하므로 이때 물리적 환경은 유형적 실체를 제공하여 고객의 이해와 의사결정을 돕는다.

　예 건강식을 제공하는 한식 레스토랑에서는 자연주의에 걸맞는 인테리어와 천연 소재의 식탁보를 사용하고 놋그릇에 음식을 제공한다.

③ 이미지 형성에 미치는 영향

　㉠ 색상, 조명, 음향, 실내 공기, 온도, 공간 배치, 가구 스타일 등의 물리적 환경은 서비스에 대한 고객의 인식에 영향을 미쳐 서비스에 대한 고객의 감정을 형성하는데 도움을 준다.

　㉡ 물리적 환경은 실제로 아주 미묘한 것이기에 서비스 기업 및 제공자는 궁극적으로 서비스 자체에 대한 긍정적 인식을 창조하기 위한 물리적 환경 조성에 노력해야 한다.

　예 금융기관의 VIP센터에서는 유명 브랜드의 찻잔과 고급 가구를 선택하여 특별한 서비스를 제공한다는 이미지를 형성한다.

④ 직원 행동에 영향

　㉠ 적절한 사무공간, 적당한 온도와 공기의 질 등의 쾌적한 근무환경은 일에 대한 만족도에 영향을 미쳐 생산성을 높이고, 동료 직원들과의 조화에도 긍정적 영향을 미칠 수 있다.

　㉡ 또한 서비스 기업과 조직이 추구하는 고객 가치에 잘 부합하는 환경 속에서 서비스 제공자들이 자연스럽게 서비스 활동을 전개할 수 있도록 해야 한다.

　예 법률 서비스를 제공하는 변호사 사무실은 깔끔하면서도 조용하고 지적인 이미지를 풍기는 근무환경을 조성하여 고객이 편안한 상담을 진행할 수 있도록 돕는다.

2) 물리적 환경의 구체적 역할

① 패키지로써의 역할

　㉠ 서비스의 물리적 환경은 본질적으로 서비스를 감싸며 외부적 이미지로 전달하는, 즉 포장하여 고객의 첫인상을 끌거나 고객의 기대를 설정한다.

　㉡ 서비스의 무형성을 극복하고 서비스 내용을 시각적으로 제시하는데에 있어 패키지의 역할은 특정한 기대와 문제해결 욕구를 갖고 있는 신규고객에게 더욱 중요하며 고유한 이미지를 형성하려는 서비스 기업에도 의미가 있다.

예 청결한 호텔 객실의 물리적 환경 – 비누, 칫솔, 빗 등의 어메니티(amenity) 개별 포장, 수건과 가운에 종이 띠를 둘러서 제공하여 객실이 새로운 손님맞이를 위해 준비되어 있음을 표현한다.

② 편의 제공으로써의 역할

㉠ 서비스의 물리적 환경은 고객과 서비스 제공자의 성과를 돕는 역할을 한다.

㉡ 고객의 입장을 배려하는 세심성과 존중의 마인드와 서비스 철학 및 가치가 수반되어야 양질의 편의를 만들어 낼 수 있다.

예 영화관의 물리적 환경 – 과거보다 넓어진 극장 좌석, 어린 자녀를 위한 방석, 좌석 등

③ 사회화의 역할

㉠ 물리적 환경 설계는 고객뿐 아니라 서비스 제공자에게 자신의 역할이 무엇인가, 어느 부분에 있어야 하는가, 어떻게 행동해야 하는가 등의 사회화를 조성한다.

㉡ 서비스 제공자의 사회화 – 사무실 내 자리 배치, 가구의 수준, 사무 집기 등을 통해 자신의 역할과 지위 등을 파악

㉢ 고객의 사회화 – 조용한 음악, 좌석 간의 거리, 조명의 밝기 정도에 따라 고객이 서비스 환경 내에서 어떻게 행동해야 하는가를 암묵적으로 느끼거나 인지할 수 있도록 조성한다.

예 조용한 음악이 있는 로비 라운지에 접견실을 구비하여 외부 고객과 내부 직원의 공간을 분리하면서 접견실에서 미팅을 진행하도록 한다.

④ 차별화의 역할

㉠ 물리적 환경을 통한 경쟁사와의 차별화 – 다른 경쟁 서비스 기업과는 확연히 차이가 느껴지는 물리적 환경의 제공을 통해 서비스 기업을 차별화시킬 수 있다.

예 호텔 로비처럼 넓고 다양한 접객 시설을 갖춘 병원의 차별화

㉡ 물리적 환경을 어떻게 조성하는가에 따른 시장 및 고객 세분화 – 물리적 환경의 조성에 따라 어떤 고객을 위해 조성된 환경인가를 드러낼 수 있다.

예 1인용 칸막이가 설치된 식당 – 혼자 식사를 하러 오는 고객을 우대하는 차별화

1) 물리적 환경 대상에 따른 형태 이해

물리적 환경으로 인해 영향을 받는 대상이 누구인가에 따라 물리적 환경 조성의 관점이 달라져야 한다.

① 고객과 서비스 제공자 모두가 대상이 되는 경우

- ㉠ 가장 보편적인 대인서비스(interpersonal services)로 호텔, 레스토랑, 병원, 은행 등 대부분의 서비스가 이에 속한다.
- ㉡ 고객과 서비스 제공자가 물리적 환경 내에서 함께 활동하여 서비스를 생산하는 형태로 고객과 서비스 제공자를 동시에 만족시킬 수 있도록 조성되어야 한다.
- ㉢ 경우에 따라 고객들에게 편리한 환경이 서비스 제공자에게는 불편할 수 있고 그 반대인 경우도 있으므로 서비스 조직의 핵심 우선 사항이나 전체적인 서비스 품질에 영향을 미치는 정도에 따라 결정해야 한다.

② 고객이 대상이 되는 경우

- ㉠ 셀프서비스(self-services)인 경우로 은행의 ATM이나 티켓 자동발매기, 패스트푸드점 등이 해당된다.
- ㉡ 고객 스스로가 대부분의 활동을 수행하고 혹시 직원이 관여하더라도 많은 영향을 미치지 않는 경우로 고객 서비스 이용의 편리성과 특정하게 세분화된 고객들이 이용할 수 있도록 물리적 환경을 조성해야 한다.
- ㉢ 효과적인 물리적 환경의 조성으로 시장이 자연스럽게 세분화되고 기업의 포지셔닝도 효율적으로 이루어진다.

③ 서비스 제공자가 대상이 되는 경우

- ㉠ 물리적 환경과 관련하여 고객의 참여가 거의 없는 경우인 원격서비스(remote services)에 해당되며 주로 유·무선 통신회사, 회계법인, 통신판매회사 등이 해당된다.
- ㉡ 서비스 기업의 물리적 환경을 보지 않고도 서비스가 이루어지며 주로 유선이나 인터넷 등을 통해 서비스를 받게 되므로 물리적 환경 설계시 서비스 제공자의 니즈와 의견을 수렴하는 것이 보다 효과적이다.
- ㉢ 효과적인 물리적 환경의 조성으로 생산성 향상과 팀워크, 효율성을 증대시키는 효과를 볼 수 있다.

2) 물리적 환경의 복잡성에 따른 형태 이해

① 단순한 환경인 경우

- ㉠ 주로 셀프서비스나 원격서비스 형태에서 고객과 서비스 제공자의 상호작용이 없는 경우는 물리적 환경의 설계가 상대적으로 간단하다.
- ㉡ ATM처럼 특별한 공간이나 여러 시설물이 존재하지 않는 환경을 의미한다.

② 복잡한 환경

- ㉠ 다양한 기능을 수행하는 복잡한 환경의 경우에는 물리적 환경을 보다 세심하게 관리하여야 하며 설계시에도 신중을 기해야 한다.
- ㉡ 복잡한 환경일수록 고객과 서비스 제공자 양측 모두를 만족시키는 설계를 진행해야만 서비스 품질을 입체적으로 유지할 수 있으며 동시에 기업의 마케팅 목표를 달성할 수 있다.
  - 예 환자와 보호자의 편의를 위해 엘리베이터를 배정한다면 환자 진료를 위한 의료진들의 빠른 이동에는 방해가 될 수 있으므로 고객 만족과 함께 서비스 품질의 핵심 가치 유지를 동시에 고려해야 한다.
- ㉢ 셀프서비스나 원격서비스의 형태에서도 서비스 상황이나 서비스 내용의 종류 등에 따라 복잡한 환경에 놓이게 될 수 있다.
  - 예 고객이 직접 서비스를 즐기는 테마파크의 경우, 원격에서 고객을 서비스하는 회계법인의 내부 물리적 환경 등

Chapter 02 서비스 유통채널과 유형

서비스 산업의 발전으로 인해 서비스가 고객에게 어떻게 되는가의 유통 개념이 대두되고 있다. 또한 거의 대부분의 물적 유통에서도 서비스의 부가가치 형성이 중요해지고 있다. 특히 서비스를 제공받는 고객을 확대하면서도 동시에 그 품질을 균일하게 유지하기 위해 서비스 유통채널의 이해와 적용이 더욱 중요해졌다.

1 서비스 유통채널의 이해

서비스는 일반적인 재화의 유통과는 다른 점이 매우 많다. 그러므로 재화의 유통 개념과 다른 서비스의 정의와 개념 이해가 함께 진행되어야 한다.

1) 유통채널에 대한 기본적인 개념과 이해

① 유통채널의 개념

   ㉠ 고객이 제품이나 서비스를 구매, 사용 또는 소비하는 과정에 참여하는 통로 혹은 단계에 해당하는 모든 기업체나 개인들을 의미한다.

   ㉡ 유통채널에 참여하는 도매상, 소매상과 같은 기업체나 개인들을 중간상(middleman)이나 경로구성원(intermediaries)이라고 하며, 이들은 상호 의존적인 조직들의 집합체로의 특성이 있으며, 또한 경로구성원이 수행하는 활동은 연속적인 과정으로 진행된다.

② 유통채널의 필요성

기본적으로 상품, 서비스의 생산에 있어서는 생산자와 소비자 사이의 불일치가 존재하게 되며 이러한 불일치를 해소하고 효과적인 거래가 성립되기 위해 유통채널이 필요하게 되었다.

   ㉠ 시간상의 불일치 : 생산시점과 소비시점의 불일치를 의미한다.

예 겨울 의류의 생산은 여름이나 가을에 시작된다.

ⓒ 장소상의 불일치 : 생산 장소와 소비 장소의 불일치를 의미한다.

예 서울에 거주하는 고객이 남해에서 생산되는 멸치를 구입하고자 하는 경우

ⓒ 형태상의 불일치 : 생산되는 형태와 소비되는 형태의 불일치를 의미한다.

예 기업 생산, 출고 시스템의 효율을 위해 낱개 포장이 아닌 대량 단위 박스 포장으로 판매하고 소비자는 낱개 혹은 소량으로 구입하고자 한다.

③ 유통채널의 역할

㉠ 수요(고객) 측면

- 유통경로 내 중간상은 생산과 소비 사이에 존재하여 고객이 구매에 필요한 정보를 대신 제공함으로써 정보탐색의 노력을 감소시켜 준다.

  예 감기에 걸려 찾아간 집 앞의 약국에서 감기약 복용법과 유의점을 알 수 있다.

- 고객이 알고자 하거나 공급자가 제공하고자 하는 상품, 서비스에 대한 정보를 확대시킨다.

  예 새로 나온 신제품에 대한 정보를 대형 마트에서 알게 되었다.

- 제조업자의 기대와 소비자 기대 간의 차이를 조정하고 생산된 상품, 서비스의 구색과 소비될 상품, 서비스의 양적 측면의 불일치를 해소해 준다.

  예 박스 단위로 공급되는 과일을 근처 과일 가게에서 필요한 수량만큼 구입할 수 있다.

플러스 tip

수요 확대 및 편의를 위한 유통채널의 분류 기능

등급(sorting out) 기능	여러 공급원으로부터 취합된 다양한 상품을 등질적인 상품 분류 방식에 의해 구분하는 기능 **예** 식료품 매장의 야채, 가공, 정육 등의 코너
수합(accumula-tion) 기능	여러 공급원으로부터 제공된 다양한 동질적인 상품을 한 군데로 모아 대규모 공급이 가능하도록 하는 기능 **예** 장난감 전문 대형 매장
분배(allocation)	한 군데로 모인 대규모의 동질적인 상품을 고객이 구매하기 용이하도록 소규모 단위로 나누는 기능 **예** 대형 마트에서의 낱개 판매 제품들
구색화(assorting)	고객 니즈의 연관성이 있는 상품들을 한 군데로 모아 일정한 구색을 갖추어 함께 진열, 제공하는 기능 **예** 유아용품 매장에 유아 의류, 유모차, 식기 등을 판매

ⓛ 공급 측면
- 유통경로 내 중간상은 일회성 거래가 아닌 반복적인 거래기능을 수행함으로써 공급자의
  판매 과정을 보다 용이하게 수행하게 한다.
- 교환 과정에 있어 거래비용 및 거래횟수를 줄여 효율성을 높여준다.
  예 보석 가공업체는 보석 전문매장과 반복적인 거래를 함으로써 개인 거래에 따르는
  마케팅 비용, 물류비용 등을 줄이고 안정적인 판매를 한다.

2) 유통채널의 효용과 기능

생산자와 소비자 간에 존재하는 차이를 극복하기 위해 존재하는 유통채널은 그 역할에 맞는
구체적인 효용과 기능을 가지게 된다.

① 유통채널의 거래 관계에서의 기본적인 효용

시간효용 (time utility)	소비자가 원하는 시기에 언제든지 제품과 서비스를 구매할 수 있는 시간적 편의를 제공해 주는 것(24시 편의점)
장소효용 (place utility)	소비자가 어디에서나 원하는 장소에서 제품과 서비스를 구매할 수 있는 편의를 제공해 주는 것(인터넷 쇼핑)
소유효용 (possession utility)	생산자나 중간상으로부터 제품과 서비스의 소유권이 이전되는 편의를 제공해 주는 것(대부분의 재화를 판매하는 형태)
형태효용 (form utility)	제품과 서비스를 고객에게 좀 더 매력적으로 보이기 위하여 그 형태나 모양을 변경시키는 모든 활동(포장 및 이벤트)

② 유통채널의 다양한 사회, 경제적 기능

ⓐ 거래기능 : 중간상이 재판매를 목적으로 제품을 구매하고, 구매한 제품을 고객에게
  판매하는 기능을 의미한다.

판매기능	생산된 상품, 서비스를 고객에게 제공하여 판매하는 기능
구매기능	고객에게 판매하기 위해 여러 공급업자로부터 상품을 구매하는 기능
위험부담기능	재고유지 및 진부화(陳腐化, obsolescence) 등의 리스크를 부담하는 기능
생산과 소비의 연결 기능	생산자와 소비자를 연결시켜 거래를 보다 효율적이고 편리하게 진행하게 하는 기능
거래의 표준화 기능	복잡한 거래 과정을 체계화, 정형화하고 제품, 가격, 구입단위, 지불조건 등을 표준화시키는 기능(확대된 개념의 거래기능)

ⓒ 물적 유통기능 : 상품, 서비스의 물리적 공간을 이동시켜 구매자가 구매하기 좋은 양으로 결합하는 기능

구색기능	잠재고객을 위해 여러 가지 상품의 구색을 갖추는 기능
보관기능	재판매를 위해 여러 공급업자로부터 상품을 구입함으로써 생산자가 직접 상품을 보관하여야 하는 리스크를 감소시키는 기능
소량판매기능	대량 혹은 부피가 큰 상품을 구입하여 개별고객이 원하는 수준으로 판매하는 기능
운송기능	원거리의 상품을 직접 사용자에게 운송하는 기능

ⓒ 촉진(조성)기능 : 상품, 서비스의 구매나 판매를 보다 용이하게 해주는 기능

신용기능	고객에게 신용(외상)판매를 하거나 제조, 공급회사에게 구매 이전에 일부 자금을 선지급 하는 등의 기능을 수행
등급분류 기능	다양한 상품, 서비스의 품질을 평가하고 등급에 따라 분류하는 기능
정보수집 및 정보제공 기능	고객이 합리적인 구매를 할 수 있도록 각 상품, 서비스별 객관적이고 구체적인 정보를 제공하고 공급 및 제조자에게 예상판매량, 유행의 흐름, 가격정보 등의 정보를 수집·제공함으로써 원활한 상품, 서비스를 제조·공급할 수 있도록 하는 기능

ⓒ 고객 서비스 기능

쇼핑의 즐거움과 편안함 제공 기능	상품, 서비스의 구매에 대한 욕구를 충족시킬 수 있는 다양한 물리적 환경을 제공하고 판매 및 서비스 제공자의 인적 요소들이 조화를 이루어 고객 구매 과정의 다양한 니즈를 충족 혹은 개발하는 기능
A/S 및 반품처리 기능	제품의 설치 및 보증 수리, 상품법 안내 및 서비스 만족 조사 등과 같은 판매 후 서비스를 제공하고 반품이 있을 경우 이를 처리한다.
상품과 서비스에 대한 안내 및 응대	고객이 상품, 서비스의 기능, 효용 등을 이해할 수 있도록 안내하여 고객 만족을 높이고 서비스 품질을 향상시키는 기능

플러스 tip

유통경로상의 기능 및 활동의 흐름

① 개념

유통경로 내에 존재하는 상이한 경로 구성원(생산－1차 중간상(도매)－2차 중간상(소매)－소비자) 사이에서 세부적 기능(function) 및 활동(activity)이 경로흐름(channel flow)의 형태로 그 역할을 수행한다.

  ㉠ 생산자에서부터 중간상을 거쳐 소비자에게 이동되는 전방 경로의 흐름 : 보유, 소유, 촉진
  ㉡ 소비자로부터 중간상을 거쳐 생산자로 이동되는 후방 경로의 흐름 : 주문, 지불
  ㉢ 생산자, 중간상, 소비자 쌍방 경로의 흐름 : 교섭, 자금 지원, 위험 부담

② 의미와 해석 : 경로 배열의 원칙

모든 형태의 유통경로는 경로 흐름의 수행과 관련된 배열에 의해 그 구조가 결정된다.
㉠ 유통경로 배열에 있어 경로 구성원은 제거되거나 대체될 수 있다.
㉡ 하지만 이들 경로 구성원이 수행하는 기능의 흐름은 생략·제거될 수 없다.
㉢ 특정한 경로 구성원이 제거되었을 경우에는 그에 해당하는 경로 흐름은 경로 배열상의 전방 혹은 후방의 경로 구성원에게 이전되어 수행된다.

예 유통경로 배열 원칙에 의한 직거래 구조

중간상이 생략된 상태에서의 직거래가 가능하다(중간상의 경로 구성원 제거). 하지만 제품의 물리적 보관 및 소유 개념이 고객에게 이동되고 생산자가 고객에게 마케팅 활동을 전개하는 기능의 흐름을 생산자가 직접 수행하게 되며(전방 경로 흐름의 유지) 소비자는 제품을 주문하고 비용을 지불하는 것을 직접 생산자에게 수행해야 한다(후방 경로 흐름의 유지). 또한 양자는 거래를 위해 직접 교섭하고 결제와 배송 및 소유 이전의 시간 차이에 대한 위험을 직접 부담하게 된다(쌍방 경로 흐름의 유지). 즉, 유통경로상 필수적인 기능의 흐름은 유효하며 직거래로 인해 중간상이 담당했던 역할을 각각 생산자, 소비자로 이전되었다.

3) 서비스의 특수성과 서비스 유통의 이해

① 서비스 유통 과정의 특수성

서비스가 가지는 특성은 서비스 유통채널 특수성의 배경이 된다.

㉠ 본연의 특성

- 대부분 생산과 소비가 동시에 이루어지며 이는 고객이 서비스 제공의 물리적 현장(서비스 현장)에 있어야 한다는 것을 의미한다.
- 서비스는 고객의 적극적인 참여와 협조에 의해 제공된다.

㉡ 가치 전달의 특성

- 서비스 현장의 관리자(주체)는 기업의 서비스 방침 및 철학을 직접 현장에서 고객에게 전달해야 하는 일종의 유통채널로써의 역할을 수행하게 된다.
- 일반적 유통채널의 불일치 해소의 관점을 뛰어넘는 서비스 운영에 대한 기획, 서비스 처리와 서비스 환경에 대한 주의 깊은 설계, 수요와 생산능력의 관리를 필요로 한다.

㉢ 중점 사항 관리

- 단순한 거래의 개념이 아닌 고객 관점에서 서비스 과정과 성과를 생각하는 것이 중요하다.
- 서비스 제공에 따른 고객의 금전적인 비용 이외에도 비금전적인 비용, 예를 들면 시간, 정신적/신체적 노력, 심지어는 두려움과 고통 등을 현장에서 직접 입체적으로 실시간 고려되어야 한다.

② 서비스 유통 대상

물리적 개념이 아니므로 서비스와 관련된 경험, 만족, 성과 그리고 해결 방안 등은 저장, 배송되지 않는다. 그렇다면 서비스 유통은 무엇을 대상으로 하는가에 대한 의문이 남는다. 다음 세 가지 과정을 통해 서비스 유통의 대상을 이해할 수 있다.

　㉠ 정보와 촉진 과정

　　서비스 구매에 관심이 있는 고객을 확보하기 위해 서비스 제공과 관련된 정보와 촉진 과정을 유통하는 것이다.

　　예 여행사의 유통 대상 – 여행 정보를 고객에게 유통하고 이를 촉진할 수 있도록 하는 과정을 고객에게 전달한다.

　㉡ 협상 과정

　　서비스 유통채널이 고객의 상품, 서비스를 구매할 수 있도록 고객과 함께 서비스의 특징, 사양, 그리고 구매 계약에 필요한 조건들에 대한 합의를 도출하는 과정을 유통한다.

　　예 여행사의 유통 대상 – 여행 상품을 구매할 수 있도록 각 상품 및 서비스의 특징 등을 알리고 비용을 협상하는 과정을 고객에게 전달한다.

　㉢ 상품화 과정

　　서비스를 고객에게 전달하기 위한 물리적 시설 혹은 인터넷 환경 등을 의미한다. 즉, 무형의 서비스를 고객이 구매하기 위한 환경을 제공함으로써 이를 구체적인 상품으로써 유통될 수 있도록 한다.

　　예 여행사의 유통 대상 – 고객이 여행 상품을 문의하고 구입하도록 여행사 대리점은 오프라인 상담 창구 및 인터넷 거래 사이트의 문의 및 결제 시스템을 운영한다.

③ 서비스 유통에 대한 관점

서비스 유통은 다음과 같이 고전적인 서비스의 협의적 개념과 유형의 제품에 부가가치를 더하는 서비스의 광의적 개념으로 이해할 수 있다.

　㉠ 협의의 개념

　　생산과 소비가 동시에 일어나는 서비스의 특성을 고려하여 보편적으로는 중간상, 즉 유통채널이 존재하지 않지만 다음의 경우에 서비스 유통의 개념이 발생한다.

　　– 서비스를 사용할 권리를 제공받은 프랜차이즈 형태

　　　예 00헤어숍 전국 프랜차이즈 망

　　– 대면하지 않는 전화, 인터넷 등의 온라인채널을 통해 서비스를 제공하는 유통채널

　　　예 지역 케이블 방송

　　– 호텔, 항공사, 컨벤션홀 등에 대한 서비스 판매와 함께 전체 서비스가 구성되는 여행사, 파티플래너 등의 브로커 및 에이전트의 형태

예 예식장, 연회장, 신혼여행 항공 및 호텔 등 서비스 전반을 제공하면서 다양한 서비스 상품을 유통하는 웨딩플래너

ⓒ 광의의 개념

유형의 상품 유통 과정 중에 발생되는 부가가치, 즉 상품의 판매 과정에서 도입되는 다양한 서비스 형태 전체를 포괄하는 개념에서는 서비스의 가치가 전달되는 모든 유통 과정을 서비스 유통 과정으로 이해할 수 있다.

– 해당 기업의 상품은 물론 상품을 전달하는 과정에서의 서비스 내용을 유통 과정에서 전달

예 00가구 대리점의 서비스 유통 – 정찰제, 고객맞이, 상담 및 응대, 사후 처리 등의 서비스적인 부분을 실행하며 가구의 물적 이동은 본사가 직접 진행한다.

– 다양한 상품을 한 군데로 모으는 고전적 유통 과정에 서비스 개념의 부가가치가 증대함에 따라 유통업체 자체의 서비스 유통 개념으로 확대

예 00백화점의 유통 시스템, 고객 서비스 철학 및 방법은 약 30여 군데의 유통채널을 통해 전국의 고객에게 동일하게 전달된다.

같은 제품, 다른 만족

고객은 동일한 비용을 지불하면 동일한 만족감이 있어야 한다는 기대를 합니다. 이는 서비스뿐 아니라 유형의 제품을 구매하면서도 마찬가지입니다. 같은 가격에 같은 TV를 구매한 두 명의 고객이 느끼는 만족감은 다를 수 있으며 이는 구매과정 혹은 사용 중 서비스에 대한 다양한 경험을 통해 그 차이가 더 커질 수도 있습니다. 때문에 이제 유형의 제품 구매 경로에 있어서도 서비스의 부가가치가 유통되고 있음을 인지해야 합니다.

2 서비스 유통채널의 유형

1) 직영채널(다이렉트채널, Direct channel)

① 직영채널의 개념

㉠ 중간상을 거치지 않고 기업이 직접채널 접촉점을 관리하는 형태를 의미한다.

㉡ 모든 채널이 서비스 기업의 소속으로 직접 관리되는 형태이다.

㉢ 서비스 기업이 단일 조직으로 운영되기도 하고 다수의 조직으로 운영되기도 하지만 공통적으로 의사결정 및 법적 주체는 하나로 구성된다.

예 단일 조직 – 지역 내 소규모 소아과, 미용실

다수 직영 조직 – 전세계 직영 호텔 120군데를 운영하는 00호텔 체인

② 직영채널의 장점

㉠ 관리하는 채널에 대해 직접적으로 통제함으로써 해당 서비스 기업 및 조직은 일관된 서비스를 수행할 수 있다.

㉡ 고용, 해고, 교육 등 인적 자원 관리 및 통제를 직접 수행하여 서비스 품질 관리의 주요한 요소에 직접적으로 관여할 수 있다.

㉢ 고객관계관리를 직접함으로써 서비스 품질을 사전, 사후에 통제할 수 있으며 동시에 고객에 대한 각종 데이터베이스를 일괄적으로 관리할 수 있다.

③ 직영채널의 단점

㉠ 채널 확장에 따른 재무적 위험을 감수해야 한다.

㉡ 직영채널의 규모가 커질수록 소규모 지역 시장에 대한 전문적인 지식, 정보나 노하우를 쌓기 어려울 수 있다.

㉢ 각 채널별로 지역 시장별 특색이나 다양한 전략 구사 측면에서 오너십 마인드의 부족으로 획기적, 도전적 과제를 수행하기에 어려움을 겪을 수 있어 새로운 지역으로의 확장이나 시장 공략 등에서 장애 요소가 될 수 있다.

④ 고려사항

중간상이 없으므로 경로 길이, 집중도, 단계별 중간상 유형, 중간상들에 대한 동기부여 등 유통경로에 대한 관리 문제는 없으나 각 직영채널별 표적시장의 욕구와 특성을 반영한 서비스 체계를 구축하는 것이 필요하다.

– 각 직영 서비스 현장의 입지 선정 및 결정

– 표적시장의 규모를 고려한 서비스 현장의 물리적 크기 및 환경 결정

– 해당 표적시장 예상 고객들의 특성, 서비스 구매시점 및 방법 등에 대한 파악

2) 프랜차이징(Franchising)

① 프랜차이징의 개념

㉠ 상품의 유통 · 서비스 등에서 프랜차이즈(특권)를 가지는 기업(프랜차이즈 본부)에서 지역 확대를 위한 체인을 구성하기 위해 참여하는 독립점(프랜차이즈 가맹점)과 일정한 계약을 맺고 특정 지역에서 판매를 독점할 수 있는 권한을 주는 형태의 유통채널이다.

㉡ 프랜차이즈 기업은 브랜드, 표준화된 상품 및 서비스, 판매기술, 마케팅 노하우 등을 유통채널에 전수해주고 일정한 로열티, 보증금, 가입금을 포함한 대금을 받게 된다.

ⓒ 상품 구성, 서비스의 물리적 환경 요소, 광고 등에 대해 직영점과 똑같이 관리하고 경영지도 및 판매 촉진 등도 관여, 수행할 수 있다.

ⓔ 중간상을 이용하지만 서비스의 표준화를 직영점과 같은 수준으로 진행하기 위한 유통전략이다.

② **프랜차이징의 장점**

㉠ 전국 어디에서나 동일한 서비스 및 상품을 원하는 소비자들의 니즈를 충족시키기에 가장 적합한 경로조직이다.

㉡ 가맹점과 본부가 위험을 공유함으로써 리스크를 분산시키며 효과적으로 수익을 창출할 수 있는 구조이다.

㉢ 고객 측면의 장점

- 표준화되고 일관된 품질의 서비스와 지역과 시간에 관계없이 동일한 가격의 서비스를 제공받을 수 있다.
- 과잉 요금에 대한 리스크가 감소하며 선택을 위한 탐색비용과 시간을 줄일 수 있다.

㉣ 프랜차이즈 본부 측면의 장점

- 사업영역의 확대와 수입증대, 시장점유율 향상, 브랜드 인지도 향상, 규모의 경제 등의 이익을 얻을 수 있다.
- 직영채널에 비해 재무적 위험을 줄이면서 가입금과 로열티 등의 수입을 통해 안정적인 사업을 영위할 수 있다.
- 일관성 있는 사업정책을 통해 지명도와 신뢰를 높일 수 있다.
- 지역시장에서의 밀착경영, 즉 고객관계관리 등에 효과를 볼 수 있으며 경기의 흐름이나 환경 변화에 맞춰 가맹점 수를 조절할 수 있어 유연한 경영이 가능하다.

㉤ 가맹점 측면의 장점

- 사업을 영위하는 핵심 기술을 전수받는 것을 포함하여 영업관리, 입지선정이나 법률적인 문제해결 등의 지원을 통해 상대적으로 사업 실패 확률을 줄일 수 있다.
- 판매에 필요한 시설에 대해 융자를 받거나 임대할 수 있다.
- 질 높은 상품, 표준화된 서비스, 디자인, 상표 등을 사용하여 효과적인 판매가 가능하며 프랜차이즈 본부의 일괄적인 광고를 통해 광고비 지출이 상대적으로 적다.

③ **프랜차이징의 단점**

㉠ 고객 측면

- 가맹점과 본부 사이의 책임소재가 분명하지 않음으로 인한 문제가 발생할 수 있다.
- 본부와 가맹점 간의 수익 분배 구조로 인한 과도한 가격 책정 등으로 고객의 지불 비용이 오히려 커지게 되는 경우가 있을 수 있다.

ⓛ 프랜차이즈 본부 측면

- 지속적으로 프랜차이즈 가맹점 운영에 관한 지원을 해야 하는 부담이 있다.

- 유통경로의 통제력이 낮아 가맹점과의 갈등이 발생할 수 있다.

- 가맹점의 일관성 없는 서비스가 발생할 시 브랜드 인지도가 실추될 수 있으며 가맹점을 통해 간접적으로 고객과 접촉하기 때문에 고객의 목소리를 명확하게 듣지 못하는 상황이 발생할 수 있다.

ⓒ 가맹점 측면

- 개별 가맹점을 위한 정책이 아닌 가맹점 전체의 효율을 위해 정책과 관리가 진행되므로 경우에 따라 선의의 피해를 볼 수 있다.

- 프랜차이즈 본부의 사업 확장으로 인해 가맹점 수가 증가되면 이에 대한 이해관계 대립의 상황이 발생될 수 있으며, 반대로 프랜차이즈 본사가 사업을 중단하게 되는 경우 사업의 연속성에 문제가 발생하고 피해가 있을 수 있으므로 유의해야 한다.

④ **프랜차이징의 종류**

상표명 프랜차이징	제품 거래에 해당하는 경우이며 가맹점은 본부의 제품을 본부가 등록한 상표명으로 판매한다. 딜러와 공급자의 관계로 볼 수 있다. 예 본사에서 공급받는 휘발유를 해당 기업의 브랜드로 공급하는 형식의 주유소 프랜차이징
사업 형태 프랜차이징	가장 보편적인 형태로 본부 제품, 서비스, 등록상표, 운영방식, 경영지도 등 사업에 필요한 대부분의 요소를 가맹점에게 제공한다. 이에 대한 대가로 가입금, 보증금 등을 본부에 지급한다. 예 패밀리 레스토랑의 입지 선정부터 식자재, 등록 상표, 운영 방식 전반을 본부에서 관리하고 사업에 대한 금전적 투자와 경영을 하게 되는 형태의 프랜차이징
전환 프랜차이징	독립적으로 운영하고 있던 서비스 지점을 프랜차이즈 시스템 내에 영입하여 형성한 프랜차이징 형태이다. 프랜차이즈 본부가 갖고 있는 명성이나 고객확보능력, 강한 구매력이나 고도의 운영노하우에 의한 비용절감 등의 장점을 독립 사업체가 활용하고자 하는 경우 형성된다. 프랜차이즈 본부는 이미 형성된 시장과 사업 시스템을 자신의 프랜차이즈 체인에 도입함으로써 단기간의 성장과 시너지 기회와 효과를 가지게 된다. 예 기존의 지역 내 부동산 중개업소가 프랜차이즈 본부로부터 특별한 정보와 마케팅 서비스를 받고 프랜차이징 중개업소로 전환되는 경우

유통채널의 도덕성

우리나라에서는 패스트푸드 업체인 롯데리아가 1979년 가맹점 형태로 1호점을 개점한 이후, 1989년 편의점 업체인 세븐일레븐이 1호점을 개점하면서 본격적으로 시장이 형성되었습니다. 과거에는 프랜차이즈 사업을 일종의 유통 산업으로 인식하는 관점이 우세하였으나 최근에는 서비스 산업의 개념으로 바라보는 관점이 우세합니다. 즉, 프랜차이즈 본부인 서비스 기업의 다양한 서비스 체계와 품질을 동일하게 이어가기 위해 채택하는 전략 개념이기 때문에 전통적인 유형적 제품 거래를 위해 존재하는 개념만으로는 그 역할을 이해하기 어렵기 때문입니다.

이러한 균일한 서비스 품질의 확대라는 목표가 긍정적으로 발휘된다면 프랜차이즈 본부인 서비스 기업의 매출 및 기업 이미지에 매우 효과적인 역할을 수행하며 그 목적을 달성할 수 있습니다. 하지만 반대의 경우도 있습니다. 프랜차이즈채널 중 한 두 개 가맹점의 서비스 품질 저하가 전체 체인에 영향을 미치게 될 수도 있습니다. 혹은 프랜차이즈 본부인 서비스 기업의 도덕성에 문제가 발생하게 되면 개별 사업자인 가맹점에도 부정적 영향이 오래 가게 됩니다. 특히 최근 SNS의 영향력이 커지게 되면서 단순한 서비스 품질에 대한 불만뿐 아니라 다양한 도덕적 이슈들이 매출과 수익에 직접적인 영향을 미치고 있는 바 각 프랜차이즈 가맹점의 서비스 경영은 개별 사업체로써의 의미를 넘어 프랜차이즈 체인 전반에 영향을 미치는 것으로 이해해야 합니다.

이러한 배경으로 인해 프랜차이즈 유통채널의 공식적, 비공식적 계약 관계 및 관례가 소비자에게 어떤 의미가 있는가를 면밀히 살피고 사회적 보편타당한 규범 내에서 지켜지는 것이 중요한 시대가 되었습니다. 서비스 현장의 관리자들은 이러한 배경을 이해하여 프랜차이즈채널 내의 건강하고 발전적인 서비스 문화 수립과 내부 고객 만족에 많은 노력을 기해야 합니다.

3) 전자채널(Electronic Channel)

① 전자채널의 개념

    ㉠ 기업의 서비스 전달이 사람과의 접촉을 통해서가 아니라 전자매체를 통해 이루어지는 것으로, 전자채널이 활성화되기 위해서는 서비스 콘텐츠와 전자 매체의 두 가지 요소가 필요하다.

    ㉡ 서비스 콘텐츠는 정보, 교육, 엔터테인먼트 등 서비스가 가능하도록 준비된 실시간 혹은 다량의 정보를 의미한다.

    ㉢ 전자매체로는 전화, TV, 인터넷, 위성, 컴퓨터, PDA, PMP, 스마트폰 등이 있으며 혁신적 서비스 전달기술을 결합한 전자채널은 전통적인 물리적 유통채널을 보완하거나 혹은 대체하는 채널로 부상하고 있다.

② 전자채널의 장점

표준화된 서비스의 일관된 전달	사람이 제공하는 서비스에 비해 명확하게 표준화되고 일관성 있는 서비스 품질을 제공할 수 있다. 또한 고객이 원하는 상황에 서비스 제공자가 없어도 서비스를 받을 수 있어 서비스가 가지고 있는 특성인 비분리성의 문제를 극복할 수 있다.

저비용, 광범위한 유통	상대적으로 저렴하게 광범위한 지역의 고객들에게도 서비스를 전달할 수 있다.
고객의 편의성 증대	시간과 공간의 제약을 벗어나 고객의 접근성을 높일 수 있다.
고객의 선택폭 증대 및 맞춤화 가능	전자채널은 물리적 공간 제약이 없기 때문에 많은 대안을 제시할 수 있어 일반 채널에 비해 고객의 선택폭이 넓으며 경우에 따라 고객 스스로 서비스 내용을 지정, 맞춤형으로 선택할 수 있다.
고객의 신속한 피드백	신속한 피드백으로 고객에 대한 대응성을 높일 수 있다.

③ 전자채널의 단점

가격경쟁 심화	전자채널의 도입은 동일 상품, 서비스에 대한 가격 비교를 보다 용이하게 제공함으로써 각 채널 간, 기업 간 치열한 가격 경쟁을 유발할 수 있다.
개별화 불가능	표준화라는 장점에 비해 개별화가 불가능한데, 질문에 대한 답변을 즉시 듣지 못하는 불편이나 개별적으로 원하는 바를 실행하기 어려운 점 등이 이에 해당된다.
고객의 개입(상황)으로 인한 일관성 저하	서비스를 수용하는 고객 측면에서의 변수로 인하여 고객이 체감하는 서비스 품질이 균일하지 못할 수 있다. 전자 매체에 익숙하지 않거나 오히려 불편을 느끼는 경우 혹은 전자매체 사용의 물리적 상황이 어려운 경우에는 서비스 제공 자체가 불가능해 질 수 있다.
보안문제	대금결제 혹은 정보 유출 등의 보안문제가 발생할 수 있다.
서비스 지역의 확장으로 인한 경쟁 심화	서비스 제공 지역의 한계가 거의 없기에 기존의 지역 경계에 따라 치열한 경쟁을 유발시킬 수 있다.

4) 에이전트와 브로커(Agent & Broker)

에이전트와 브로커는 거래 대상이 되는 서비스에 대해 소유권을 갖지 않고 단지 거래를 촉진시키는 역할을 수행하는 중간상을 의미한다.

① 에이전트

　㉠ 개념

　　대리점 혹은 대리인으로 불리는데 주로 서비스 제공자나 고객 중 어느 한 쪽을 대표하여 이들과 지속적인 관계를 갖는다. 이들은 서비스 제공자를 위한 여러 가지 마케팅 기능을 수행하며 마케팅 서비스에 대한 법적인 권한을 가지게 된다. 에이전트는 판매 에이전트와 구매 에이전트로 구분해 볼 수 있다.

ⓒ 판매 에이전트

  – 상품이나 서비스를 판매하는 것을 목표로 하는 에이전트이다.

  – 여행 상품 판매를 대신하거나 보험, 투자 상품 등의 금융상품 판매를 권유하는 경우 혹은 연예인이나 프로 스포츠 선수의 매니저 등이 대표적인 경우이다.

  – 상품과 서비스 판매에 대한 공식적인 권한을 부여 받고 활동하며 판매 대금의 일부 등을 수수료로 받는다.

ⓒ 구매 에이전트

  – 구매고객을 대신하여 서비스를 평가하고 구입하여 고객과 장기적인 관계를 유지한다.

  – 특정 서비스에 대해 많은 정보와 지식을 가지고 최상의 조건으로 계약하도록 돕는 한편 가지고 있는 정보를 판매하는 부수적인 서비스도 제공한다.

  – 골동품이나 희귀한 귀금속 전문가들 혹은 최근 기업의 다양한 구매 활동을 대행하는 구매대행 기업 등이 그러한 예이다.

② 브로커

ⓐ 브로커는 중개인 또는 거간꾼으로 불리는데 서비스 제공자와 고객 간의 거래를 중개하여 촉진시키는 것을 주요 기능으로 하여 거래가 성립되면 수수료를 받는다.

ⓑ 브로커는 에이전트와는 달리 거래가 성사되면 고용 당사자와의 관계가 일단 종료되는 단기적 관계이며 거래에 대한 위험 부담을 지지 않는다.

ⓒ 부동산 중개인, 증권 중개인, 결혼 정보 회사 등이 이러한 역할을 수행한다.

③ 에이전트와 브로커 활용의 장·단점

장점	• 고객들은 원하는 서비스에 대한 탐색 시간과 노력 등을 줄일 수 있으며 서비스 제공자는 판매나 유통에 따른 비용을 절감할 수 있다. • 해당 분야에 대한 전문적인 기술과 지식, 정보를 통해 마케팅 기능을 좀 더 효과적으로 수행하고 관련된 다양한 업무를 대행할 수 있다. • 해당 시장 및 고객에 대해 좀 더 깊이 있게 이해할 수 있어 특별한 니즈를 파악하고 해석할 수 있다.
단점	• 에이전트나 브로커에 의한 유통채널에서는 가격이나 기타 판매 촉진과 관련한 통제력을 상실할 수 있다. • 에이전트와 브로커의 다양한 요구에 따라 서비스 기업과 제공자는 제공 서비스의 형태를 바꾸거나 요구 수준에 맞게 변형해야 하는 경우가 발생할 수 있다. • 해당 거래에만 집중하게 되는 경우 서비스 품질의 중·장기적 전략에 장애가 될 수 있다. • 여러 서비스 제공자를 대리하는 에이전트나 브로커의 경우에는 서비스 기업 입장에서 경쟁자에 더 유리한 서비스를 하게 될 가능성을 통제할 수 없다.

Chapter 03 서비스 유통채널의 설계

서비스 기업은 해당 서비스의 종류 및 기업의 전략에 따라 다양한 유통채널을 선택하게 된다. 또한 이는 서비스의 물리적 환경이나 채널 유형과도 입체적인 연관성을 지니며 유통채널에 대한 서비스 기업의 기대를 포함하게 된다. 따라서 서비스 유통채널의 설계 시 고려사항을 이해하고 서비스 제공에 대한 시간과 장소 관리의 개념을 알아보는 것이 중요하다.

1 서비스 유통채널 설계의 고려사항

1) 서비스 유통과 마케팅 믹스(4P)의 관계

유통채널을 설계하기 위해서는 서비스 기업의 상품, 서비스 전략, 가격 전략, 촉진 전략 등 마케닝 믹스의 나머지 요소와의 연계성을 고려하여 이루어져야 한다.

① 상품(product)과 유통채널의 관계

대체로 서비스 기업이 제공하고자 하는 상품, 서비스가 먼저 결정된 후 이에 적합한 유통채널이 선정되며, 각 특성이 유통채널 설계에 미치는 영향을 고려해야 한다.

상품, 서비스 자체의 특성 고려	• 고가, 고품질의 상품인가 아닌가 • 대중성이 있는가 그렇지 않은가 등을 입체적으로 고려
상품, 서비스의 수명 주기	도입기, 성장기, 성숙기, 쇠퇴기 중 어디에 해당하는가
브랜드 파워	상품, 서비스 및 서비스 기업의 브랜드 파워의 정도
브랜드 전략	서비스 기업 본연의 브랜드 전략이 있는가, 있다면 어떤 전략을 펼치고 있는가를 고려하여 반영함
신상품, 서비스 개발	새로운 아이디어에 의한 상품, 서비스인가 그렇지 않은가에 따라 유통채널의 역할 및 비중이 달라짐

② 촉진(promotion)과 유통채널의 관계

㉠ 서비스 기업의 촉진 활동 대상에 따른 촉진 전략의 구분

풀(pull) 전략	최종 소비자를 대상으로 촉진활동을 펼쳐 소비자들이 유통채널을 통해 상품, 서비스를 구매하도록 하는 전략	예 프랜차이즈 레스토랑 광고

푸시(push) 전략	서비스 기업이 중간 유통채널을 대상으로 판촉 활동을 수행하여 중간상이 최종 소비자에게 적극적인 판매를 하도록 유도하는 전략	예 호텔 및 리조트 마케팅 홍보 담당자가 여행사 및 에이전트를 대상으로 판촉 활동 전개

ⓛ 중간상 촉진의 다양한 방법

- 중간상 광고 : 서비스 기업이 일반적 소비자 광고와 달리 유통경로상의 유통채널을 대상으로 자사의 상품, 서비스를 인지시키기 위해 시행하는 광고이다.
- 다양한 중간상 촉진 활동 : 서비스 기업이 유통채널을 대상으로 특정 상품, 서비스 구매를 촉진하기 위한 추가적인 노력을 의미한다. 일시적인 이벤트 형식 혹은 유통채널과의 계약 관계 등을 통해 촉진할 수 있다.

할인	신상품 출시 기념 특별 할인 등의 구매 금액 할인에 관한 프로모션 전개
특정 기간 중 구입 금액의 환불	• 총 구입 금액의 일부를 유통 마진에 포함하여 재지급 • 주로 특정 금액의 상한선을 넘기는 경우에 적용
판촉 지원금	• 중간상의 판촉 활동을 금전적으로 지원 • 고객 사은품 및 판촉물 제작을 보조
전시 및 세미나 개최	중간상들이 서비스 기업의 상품, 서비스를 이해하고 관계를 강화시키기 위해 해당 업종에 대한 다양한 전시 및 세미나를 개최
콘테스트(contest) 개최	특정 기간 동안 판매액 달성 순위에 따른 별도의 포상금을 지급하는 경연대회 형태

③ 가격(price) 전략과 유통채널의 관계

가격 전략은 최종 소비자에 대한 전략도 중요하지만 유통채널에 공급하는 공급 가격 전략도 중간상의 판매 성과와 최종 소비자의 구매량에 큰 영향을 미치게 된다. 따라서 다음의 다양한 전략적 수단을 활용할 수 있으며 가격 전략이 미치는 다양한 영향력도 동시에 고려해야 한다.

가격 전략 방법	내용	예시
현금 할인	중간상이 상품, 서비스를 구매하고 이를 정해진 기일 내에 일시에 지불하지만 만일 중간상이 현금으로 구매하거나 약정 지불일 이전에 대금을 지급하면 할인하는 제도	대금 선결제 시 여행사에 제공하는 객실 단가를 30% 할인
거래 할인	중간상이 서비스 기업의 업무 일부를 대신 수행하는 경우 그 경비의 일부를 부담해 주는 형태	중간 대리점이 설치, A/S 등을 담당
판촉 지원금	판매 금액에 대한 보조금이나 판촉 활동에 대한 지원금의 형태로 실질적인 구매 지불 금액을 할인하여 준다.	월 판매액이 일정 수준 이상인 경우 10% 할인
수량 할인	대량 구매의 경우 할인 실시	특정 품목을 대량 구매 시 추가 할인하여 제공

서비스 마케팅 믹스 7Ps

① 전통적 마케팅 믹스 4Ps

  ㉠ Product(상품)

    고객에게 판매, 제공하고자 하는 상품, 서비스를 말하며 넓은 의미에서는 고객의 욕구를 충족시킬 수 있는 유·무형의 모든 것을 의미한다.

    예 금융기관의 Product : 예금, 대출 등의 상품 및 재무 상담사를 통한 상담 서비스 등

  ㉡ Price(가격)

    상품과 서비스의 효용 및 가치로써 소비자가 지불해야 하는 상품 가치의 금액 혹은 상품, 서비스의 화폐 교환 비율을 의미한다.

    예 호텔 스위트룸의 Price : 객실 이용 및 부대 서비스에 대한 추가적인 가치에 대한 비용

  ㉢ Place(장소 또는 유통)

    상품과 서비스가 생산자로부터 최종 소비자에게 전달되는 구조적인 과정으로 이는 소비자가 경험하는 물리적 환경은 물론 생산자에서 소비자로 가치가 이전되는 유통 과정 전체를 의미한다.

    예 국적 항공기의 항공권 구매 Place : 항공사 전화 예약, 여행사 이용, 항공사의 홈페이지, 인터넷 쇼핑몰에서 최저가 구매, 신용카드 회사의 VIP센터를 통한 구매 등의 다양한 과정을 통해 달라질 수 있다.

  ㉣ Promotion(촉진)

    고객과의 다양한 커뮤니케이션 활동을 통해 상품, 서비스를 알리고 설득하여 고객이 구매 의사결정을 내릴 수 있도록 하는 활동이다. 상품 및 서비스 등의 특징에 따라 대인판매(Personal Selling), 광고(Advertising), 홍보와 선전(Public Relation and Publicity), 판매촉진(Sales Promotion) 등의 방법을 결정하게 된다.

    예 자동차 보험 상품의 Promotion : TV 및 인터넷 광고, 보험 설계사를 통한 대인 판매, 보험 상품 신규 가입 특별 프로모션 등의 다양한 이벤트 방법

② 서비스 마케팅의 추가 요소 3Ps

  현대 마케팅이 지향하는 고객지향 노력, 통합적 마케팅 노력, 고객만족 상태에서의 이익지향 방향을 고려하여 3가지 주요 요소를 추가하게 되었다.

　　㉠ Personnel(Participant, 참가자)

　　서비스를 수행하는 인적 요소로써 합리적인 인사관리와 교육을 통해 서비스 품질을 확보하는
　　마케팅 믹스의 추가 요소이다.

　　㉡ Physical Facility(시설)

　　고객 서비스 환경의 시설 이미지를 통해 고객에게 만족을 추구하는 요소로 서비스의 물리적
　　환경 개념을 중요한 요소로 다룬다.

　　㉢ Process Management(작업진행관리)

　　고객 서비스의 지속적이고 원활한 흐름을 유지하기 위한 프로세스와 시스템 도입이 필요
　　하다는 개념이다.

2) 서비스 제공의 고객 접점에 대한 유형 설계

제공하는 서비스의 특징을 통해 고객이 서비스가 제공되는 곳으로 올 것인지 혹은 그렇지 않은
지에 대한 사항을 고려하고 동시에 접점을 단일화할 것인지 복수 지점에서 시행할 것인지 등을
고려하여 서비스채널의 유형을 설계할 수 있다.

① 접촉 방식에 따라

　㉠ 고객이 서비스 기업을 방문하는 경우

　　– 고객 방문의 편의성을 위한 입지 선정과 운영 시간에 대한 스케줄 등을 결정해야 한다.

　　– 서비스 유통채널을 단일 접점으로 전개할 것인가 혹은 어느 수준까지 확대하는 복수
　　　접점으로 전개할 것인가를 결정하여야 한다.

　　– 대다수 물리적 환경을 수반하는 서비스 현장의 경우 여기에 해당한다.

　　예 미용실, 병원, 레스토랑, 금융기관 등

　㉡ 서비스 기업이 고객을 방문하는 경우

　　– 서비스 제공자가 직접 고객을 방문하여 서비스를 전개하는 경우로 고객이 기업을
　　　방문하는 것보다 시간과 개별 비용이 더 많이 소요된다.

　　– 개별화되거나 맞춤형 서비스의 경우 고객의 만족도를 높이는 방문 서비스 형태로 이해
　　　할 수 있다.

　　– 불확실한 고객을 대상으로 물리적인 서비스 접점을 먼저 설정하는 초기 비용은 오히려
　　　감소할 수 있으며 서비스 접점의 지역적 한계에 제약을 받지 않을 수 있다.

　　예 지역 인테리어 사업, 택배, 출장 요리, 보험 설계사의 상담 및 청약, 자동차 영업사원
　　　활동, 중장비 서비스, 학습지 교사, 이사 대행 서비스 등

    ⓒ 고객과 기업이 원거리에서 접촉하는 경우

        고객이 서비스 설비나 서비스 제공자를 직접 대면하지 않고 서비스를 받는 경우이다.

            예 신용카드 회사, 케이블 방송 서비스, 이동통신 회사, 온라인 여행사 등

② 단일 및 복수의 서비스 접점

    서비스 제공 지점이 단일 지점에서 시행되는가 혹은 복수 지점에서 시행되게 할 것인가를 결정하는 것으로 서비스 접점을 확대할 것인가 그렇지 않을 것인가의 유통채널 전략과 맞물려서 결정하게 된다.

플러스 tip

고객 선호에 대한 고려

동일한 서비스인 경우에도 유통채널에 따라 고객의 개인적 선호가 다를 수 있으며 상품, 서비스의 특징에 따른 고객 선호의 특성을 고려하여 입체적으로 유통채널을 설계, 선택할 수 있다.

– 복잡하고 잘못된 선택에 따른 위험 요소가 높은 경우에는 인적채널에 의존하는 경향이 있다.
   예 예적금 가입은 은행의 인터넷 뱅킹을 이용할 수 있으나 투자 상품의 선택 및 모기지 대출 상품의 경우에는 대면채널을 통해 상담받고자 함

– 제공되는 서비스에 대한 가치를 확신하고 해당 유통채널에 대한 이해도가 높은 고객은 대체로 비인적채널 및 셀프 서비스채널을 더 선호한다.
   예 여행 동호회에서는 여행 상품 선택 시 인터넷을 통해 항공, 숙박 등을 따로 구매

– 거래의 기능적 측면을 선호하는 고객은 편리함을 추구하므로 비인적채널이나 셀프 서비스채널을 선호한다.

– 사회적 동기를 지니고 이를 중시하는 고객은 인적채널을 선호한다.

– 편리함은 대다수 고객이 중요하게 여기는 채널 선택의 요인으로 핵심적인 서비스가 담고 있는 시간과 노력의 절감뿐 아니라 구매 과정상의 편리함은 물론 다양한 보조 서비스에 대한 편리성을 모두 포함한다.

---

2   서비스 유통에서의 시간과 장소에 대한 의사결정

1) 서비스 유통에서의 장소 선정

① 기본 개념

    서비스 유통에서의 장소 선정과정은 일반적인 기업의 기반 시설 설치 장소의 선정과정과는 그 구조가 다르다. 고객 측면의 편리함과 유통채널에 대한 선호도 등이 반드시 고려되어야 하고 동시에 기업의 시설 비용, 생산성 및 인적 자원 수급에 대한 부분 등도 고려해야 한다.

② **주요 고려사항**

㉠ 접근의 용이성

- 고객이 서비스 기업을 찾아오는 경우의 서비스 유통 장소 선정에서는 무엇보다 고객 접근이 얼마나 용이한가가 매우 중요한 요소이다.
- 이는 일반적인 교통의 편의성 및 거리 등과 함께 기타 다른 시설과의 접근성 등이 입체적으로 고려된다.
- 지역별로 고객 접근을 용이하게 하기 위해 서비스 유통채널의 지점을 확대하는 전략을 펼칠 수도 있다.

㉡ 입지 선정

- 고객 접근을 용이하게 하는 체계적인 방법을 의미한다.
- 지역 선정 → 지구 선정 → 지점 선정의 3단계

지역 선정	지구 선정	지점 선정
넓은 의미의 공간 단위 예 핵심 관광지인 제주도	지역 내 단위의 묶음 예 제주 지역 내 중문단지	지구 내 특정 위치 예 특정 번지 수

- 입지는 서비스 기업의 채널 전략에 중요한 의미를 지니며 상품, 서비스 및 서비스 기업의 충성도 유발에 기여할 수 있다.

㉢ 공간적 제약 요소 및 극복 방안

- 비용적 측면의 장애 요소 : 물리적 공간 비용 이외에도 서비스 제공자 등의 인적 자원에 대한 비용을 유발하므로 서비스 기업에서는 서비스 제공의 장소를 무한대로 확대할 수 없다.
- 서비스 유통채널 내부의 갈등 요소 : 고객 접근성을 용이하게 하기 위한 유통채널의 다량 확대는 서비스 유통채널 간의 경쟁을 유발하고 수익성을 악화할 수 있다.
- 공간의 크기에 따른 장애 요소 : 시설의 규모가 매우 큰 복합적인 서비스 시설의 경우 장소 선정에 있어 비용은 물론 공간 확보에도 어려움을 겪을 수 있다.
- 장애 요소 극복의 다양한 시도 : 무인점포, B급 상권 전략 등 기존 서비스의 물리적 장소 선정 및 운영과 다른 다양한 방법이 시도되고 동시에 기타 기반 시설 지원에 대한 전략을 펼칠 수 있다.

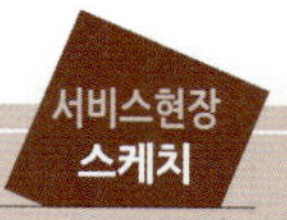

B급 상권 및 '서브 스트리트' 전략

서비스 유통 장소 선정에 있어 전통적으로 중시되던 A급 상권 및 입지 전략이 프랜차이징 유통채널 확대에 따른 가맹점의 수익성 보존을 위해 변형되어 성공적으로 운영되는 사례가 늘어나고 있습니다. 2014년 연말 기준 1400개의 가맹점을 보유한 한 커피 전문점 프랜차이즈는 '서브 스트리트' 전략을 구사해 가맹점 설립 비용을 평균 60% 수준으로 낮추고 있다고 합니다. 저렴한 임대료를 강점으로 소비자에게 제공되는 커피 한잔의 가격도 낮추어 고객만족 조사에서 1위로 평가받기도 하였습니다.

즉, 서비스 유통에서의 장소 선정이 다양한 유통채널 전략과 만나게 되면서 마케팅 믹스의 기타 요소인 상품, 서비스 및 가격 등과 함께 색다른 관점에서의 전략이 실행되고 있다는 것입니다.

2) 서비스 유통에서의 시간 관리

서비스 유통에서의 시간 관리 개념은 일반적 물적 유통에서의 시간 관리와는 다르다. 물적 유통에서의 시간은 생산된 제품이 고객에게 제공되기까지 걸리는 시간적 양적 개념이 강하다면, 서비스 유통에서는 서비스를 언제 어떻게 제공할 것인가의 질적 개념으로 해석된다. 또한 서비스 유통채널의 관점에서는 유통채널 전략에 따라 고객 서비스에 소요되는 시간이 달라질 수 있으므로 다양한 관점으로의 접근이 필요하다.

① 시간의 양적 개념으로 접근

㉠ 고객이 서비스를 받고자 할 때 서비스에 접근할 수 있는가의 개념으로 서비스 유통채널이 서비스를 제공하는 시간을 어떻게 설계할 것인가의 개념이다.

㉡ 서비스 제공 요일, 날짜별 시간 등으로 휴무일은 언제이고 서비스 제공 시간이 24시간인지 혹은 정해진 업무 시간 내에 이루어지는 가 등에 대한 결정이다.

㉢ 서비스 제공의 양적 시간 결정에 있어 고객 관점과 서비스 유통채널의 수익성 및 내부 고객의 만족 등을 고려해야 한다.

- 고객 관점 : 가능하면 모든 시간대에서 서비스를 받고자 할 것이다. 보편적으로 연중무휴, 24시간 서비스는 고객이 가장 선호하는 서비스 시간이다.

- 서비스 기업 및 유통채널의 관점 : 서비스 시간은 유통채널 서비스 수행에 따른 다양한 비용을 발생시키며 서비스 품질을 해당 시간 내에 균일하게 유지시켜야 하는 추가적인 프로세스를 필요로 한다. 또한 보안 문제 및 인적 자원의 수급 문제를 고려하여 결정해야 한다.

- 내부 서비스 제공자의 관점 : 서비스 품질 향상에 필수적인 내부 고객 만족도에 영향을 미칠 수 있다. 근무시간의 연장 혹은 2부제, 3부제 근무가 개인적인 생활 패턴과 연관성을 지니므로 이 부분을 고려하여 결정하고 설계해야 한다.

② **시간의 질적 개념으로 접근**

　㉠ 서비스 제공 시점에 고객이 투자하는 시간을 어떻게 관리하는가의 개념이다.

　㉡ 이는 서비스 제공에 있어서 신속성 및 혼잡성 등의 개념과 관계가 있으며 유통채널을 설계함에 있어 고객 서비스의 신속성을 높이고 혼잡성을 줄이는 개념을 어느 정도 고려할 것인가를 결정해야 한다.

　㉢ 구체적으로는 유통채널의 숫자 및 각 채널에 종사하는 서비스 인적자원의 규모, 서비스 설비 투자 등 서비스의 물리적 환경 등에 대한 결정으로 수렴될 수 있다.

③ **시간적 제약 요소 및 극복 방안**

　㉠ 제약 요소

　　－ 비용적 측면의 제약 요소 : 서비스를 전달하는 시간의 양적, 질적 만족도를 높이기 위해서는 인적 자원에 대한 비용 및 기타 비용이 추가로 발생한다.

　　　예 24시간 서비스를 위한 전기료 및 야간 보안 시설 유지비, 3부제에 따른 인력 비용 증가 혼잡성을 줄이기 위한 서비스 제공자의 추가 고용 및 부대시설 증가에 따른 비용 증가

　　－ 서비스 품질에 대한 고려 : 양적 시간을 늘려서 서비스를 제공할 경우에 서비스 품질이 유지될 수 있을 것인가에 대한 입체적인 고려가 필요하며 신속한 서비스는 경우에 따라 개별고객의 서비스 만족도를 줄이게 될 수 있다.

　　　예 점심시간 이후 휴식 시간을 가지는 레스토랑은 저녁 시간의 서비스 품질을 높이기 위한 준비 시간을 충분히 가질 수 있다. 대기 시간을 줄이기 위해 2부제로 운영하는 뷔페 레스토랑은 고객 식사 시간 선택이 줄어들어 만족도를 떨어뜨릴 수 있다.

　㉡ 극복 방안

　야간 시간의 무인 서비스 실시 및 서비스 현장 내에 자동화기기의 설치를 고려할 수 있다. 또한 원격 서비스가 가능한 경우에는 서비스 유통채널별로 온라인 환경에서 서비스를 받거나 사전 예약 및 서비스 프로세스를 줄일 수 있는 방안 등이 검토될 수 있다.

　　－ 금융 기관 내에 무인 자동화기기를 설치

　　－ 온라인 쇼핑 및 사전 예약 시스템의 운영

　　－ 사전 예약제를 실시하여 대기 시간 및 혼잡성을 감소시킴

Chapter 04 서비스채널 관리 전략

서비스 기업에 적합한 서비스 유통채널을 선정한 이후에도 서비스 산업의 특수성과 유통경로 구성원 간의 이해관계의 상이함으로 인해 서비스 품질 유지와 서비스 기업과 각 채널의 수익성 증대를 위해서는 효과적이고 지속적인 관리가 수반되어야 한다. 서비스 관리자로서 서비스채널에 있어서의 이해관계와 갈등 요소, 그리고 적절한 관리 전략을 이해하여 서비스 현장에 접목해야 한다.

1 서비스 유통채널에서의 이해관계

서비스 유통채널은 서비스 기업과 기업의 직영 혹은 중간상으로 구성된 다양한 서비스 접점 간의 원활한 의사소통 및 균일한 서비스 품질을 통해 효과적으로 운영된다. 그러나 서비스 유통경로 상의 구성원 역할과 서비스에 대한 인식이 다를 수 있어 이해관계의 구조를 통해 서비스 유통채널 관리 전략의 기본적인 틀을 구성할 수 있다.

1) 서비스 유통채널에서의 권력

① 서비스 기업이 보유하는 권력

보상적 권력	• 유통채널에 대한 보상을 결정, 중재하는 권력 • 유통채널의 영업 활동을 지원하거나 특별한 정보나 판촉물을 제공하는 등의 추가적인 지원 및 재정적 인센티브의 제공
강압적 권력	• 유통채널에 대한 패널티나 처벌적 규제를 행사할 수 있는 권력 • 주요 지원을 중단하거나 해당 지역에 경쟁 유통채널을 신설하는 등의 압력
합법적 권력	• 유통채널을 통제할 수 있는 법적인 권력으로 계약 및 규범에 의하여 부여 • 계약 내용에 의거한 다양한 규제 및 강제 사항, 특허나 상표권에 대한 법적 구속력 등
전문적 권력	• 서비스 기업의 해당 분야에 대한 전문성 및 정보 등에서 나오는 권력 • 전문적인 경영 노하우, 교육과 훈련 지원, 지역 상권에 대한 정보, 유통채널 성장에 필요한 전문적인 조언 및 경쟁력 강화를 위한 노력 여부 등
준거적 권력	• 유통채널이 서비스 기업의 브랜드나 명성을 따르고자 하면서 발생하는 권력 • 서비스 기업의 철학, 명성 등에 대한 로열티, 소속감 및 긍지 등

② 권력에 대한 유통채널의 반응

서비스 유통채널 내에 존재하는 권력은 다음과 같은 반응을 통해 효과를 거두게 된다.

순응	• 유통채널의 성장, 발전을 위한 것으로 인식하여 지시를 따름 • 서비스 기업의 품질 향상 노력에 대한 존중과 이해에 바탕을 두는 반응
동일시	• 바람직한 관계를 설정하고자 하여 자연스럽게 협조함 • 서비스 기업과 준거적 관계 설정을 통해 이루어지는 반응(소속감, 유대)
내재화	• 상호간의 요구사항이 일치하여 지시를 당연히 따름 • 매출 증대 및 수익 향상이라는 공동의 목표에 대한 합의에 따른 반응

2) 서비스 유통채널 구성원 간 갈등의 이해

① 서비스 유통채널 간 갈등의 원인

목표의 불일치	유통채널 구성원 사이의 목표가 다르고 이 목표를 동시에 만족시킬 수 없는 경우	예 인적 자원에 투자하여 품질을 높이는 목표 vs 비용 절감 목표
역할-영역의 불일치	각자의 역할과 영역이 서로 합의되지 않아 발생되는 불일치	예 유통채널별 지역 할당이 명확하지 않아 생기는 갈등
지각의 불일치	동일한 상황에 대해 인지하고 예측하는 반응이 달라서 발생	예 고객 컴플레인에 대한 민감도와 중요도에 대한 인식 차이
상호 의존성	유통채널 구성원 간에 의존성으로 인해 불균형이 발생함	예 서비스 기업의 지원에만 의존하는 유통채널의 경쟁력
이념의 차이	사업에 대한 목표, 지속성에 대한 생각 등 이념의 불일치	예 단기적인 가맹점 확장 목표와 안정적인 지역 점포 운영

② 서비스 유통채널 간 갈등의 기능

순기능적 측면	갈등의 결과가 성과를 개선시키는 방향	예 유통채널별 지역 설정 및 고객 판촉 활동에 집중
역기능적 측면	갈등의 결과가 비생산적이고 성과에 부정적 영향을 미침	예 유통채널의 이탈 및 대외 브랜드에 악영향

중립적 측면	경로 성과에 아무런 영향도 미치지 않음	

③ 서비스 유통채널 간 갈등의 분류

수직적 갈등	서로 다른 단계에서의 구성원 간의 갈등	프랜차이즈 본부와 프랜차이즈 가맹점 간의 갈등
수평적 갈등	유통채널의 동일 단계에서 발생하는 갈등	• 직영채널인 지점별 갈등 • 프랜차이즈 가맹점 간 갈등 • 에이전트나 브로커 간의 갈등
복수 경로 갈등	다른 유통채널 간의 갈등	직영채널과 가맹점 간 갈등

> **플러스 tip**
>
> **서비스 유통채널에 있어서의 중간상과 관련한 기타 갈등의 이슈**
> - 표준화된 서비스 품질에 대한 이슈 : 유통채널별 가격 전략이 달라지거나 채널별 물리적 환경, 인적 자원의 구성이 달라짐에 따라 서비스 품질이 달라지게 되는 문제에 대한 이슈는 중간상을 통한 서비스 유통채널 관리 전략에서 고려해야 하는 이슈이다.
> - 통제로 인한 긴장감에 대한 이슈 : 통제는 유통채널의 중간상들에게 부정적인 이슈로 작용할 수 있다. 이는 통제에 대한 관리 전략을 수립함에 있어 반영되어야 할 이슈이다.
> - 역할에 대한 이슈 : 마케팅에 대한 의미 및 권한, 고객 정보에 대한 소유 등 서비스 기업과 서비스채널의 역할에 대한 명확한 기준이 없을 때 갈등이 야기될 수 있으며 성과 향상에 부정적 영향을 미칠 수 있다.

2 서비스 유통채널의 커버리지(Coverage) 전략

서비스 기업이 유통채널을 설계함에 있어 직영채널과 중간상 중에서 선택하고 또 중간상의 형태라면 그 중 어떤 유형으로 설정할 것인지를 결정하게 된다. 그러한 결정이 끝났다면 이제 서비스 접점을 어느 정도의 수준에서 고객에게 노출시킬 것인가를 결정해야 한다.

1) 개방적 채널 전략

① 개념

서비스 기업은 많은 현장 접점에 자신의 서비스를 노출하여 고객이 구매 및 서비스 제공에 많은 시간과 노력을 들이지 않도록 하는 전략이다.

② 장점 및 기대효과

- 많은 고객들이 손쉽게 서비스 기업의 서비스를 접하고 만날 수 있다.
- 자주 서비스를 이용하거나 경쟁이 치열한 상황에서는 언제 어디서나 서비스를 만날 수 있다는 점이 서비스 경쟁력의 일환으로 강조될 수 있다.
- 서비스가 일회성으로 끝나지 않고 지속적, 연속적으로 요구되는 경우에 이러한 개방적 채널은 고객 편의와 만족을 높이는 요인이 될 수 있다.
- 다만 서비스 유통채널 확장에 따른 유통 비용이 증가될 수 있으며 중간상을 선택하는 경우에는 중간 유통채널의 개별 수익성 기대와 충돌할 수 있다.

③ 사례 및 적용

- 서비스 지역이 광범위할수록 고객의 만족도와 편의성이 높아지는 경우로, 주로 고객의 편의가 중요한 서비스 분야에 해당된다.

  예 은행 지점, 신용카드 회사의 가맹점 분포, 식품 및 일용품 판매 서비스 등
- 또한 중간상을 도입하는 유통채널을 선택하는 경우 서비스 유통을 희망하는 중간상이라면 누구나 자사의 서비스를 취급할 수 있도록 한다.
- 고객의 구매에 대한 관여도가 낮고 인식된 위험의 정도가 낮은 경우로 '편의 서비스'에 해당한다.

2) 전속적 채널 전략

① 개념

일정한 지역 및 서비스 상황을 설정하고 제한된 숫자의 유통채널을 통해 서비스를 공급하여 서비스 노출 수준을 제한하는 전략이다.

② 장점 및 기대효과

- 서비스 기업이 제공하는 서비스를 선택하기 위해 고객은 특별한 요건에 맞는 서비스 유통채널을 이용하여야 하므로 고객이 가격 이외의 특별하고 전문적인 서비스를 제공받는다는 만족을 얻을 수 있어야 한다.
- 서비스 기업이 유통채널에 대한 협조와 통제가 용이하며 서비스 접점별 적정 수준의 매출 및 수익을 기대할 수 있으므로 중간상을 통한 유통채널 확대를 주도적으로 전개할 수 있다.
- 유통 비용이 감소되고 서비스의 이미지 수준을 서비스 기업의 마케팅 전략에 맞추어 조절, 유지할 수 있다.

③ 사례 및 적용

- 에이전트나 브로커 제도를 활용하는 경우 전속 계약을 통해 특별한 요건(예를 들면 자사 서비스 상품만을 취급하도록 하거나 특정 고객을 대상으로 하는 경우로 한정)에 해당하는 경우에만 서비스 유통채널로 인정하는 경우 등으로 이해할 수 있다.
- 지역별 전문 대리점 및 프랜차이즈 가맹점의 형태로 지역 상권을 보장해 주며 진행되는 경우에 해당된다.

  예 전속 대리점을 통해서만 물품 및 서비스 구매를 신청할 수 있도록 하는 형태, 전속 변호사를 통한 법률 상담 서비스, ○○투자회사 자문역을 통해 투자자문 서비스를 받음

- 전속 유통채널이 되기 위한 조건과 부여되는 권한은 책임과 의무로 연결되어 자격 유지 등에 대한 기준이 설정되거나 평가될 수 있다.
- 고객 관여도가 매우 높으며 인식된 위험의 정도나 구매에 대한 노력의 정도도 높은 서비스로 '전문 서비스'가 여기에 해당된다.

3) 선택적 채널 전략

① 개념

개방적 채널 전략과 전속적 채널 전략의 중간적 형태로 일정 기준 안에서 노출 범위를 선택하여 서비스를 공급할 수 있도록 하는 전략이다.

② 장점 및 기대효과

- 고객이 일정한 시간과 노력을 들여 서비스 품질이나 가격 등을 비교하는 것이 의미 있는 경우에 활용될 수 있는 전략이다.
- 매우 제한적인 것은 아니지만 최소한의 서비스 수준과 경영 능력이 인정되는 유통채널에서 서비스가 공급되므로 최소 수준의 서비스 품질을 유지하는데 유용하다.
- 전속적 채널 전략이 가지고 있는 서비스 노출의 한계를 극복하면서도 유통 비용을 절감하고 서비스 품질을 일정 수준으로 유지할 수 있다.

③ 사례 및 적용

- 서비스의 마케팅 포지셔닝에 따라 적절한 물리적 환경과 서비스 품질을 설정하여 서비스를 제공한다. 특히 서비스 비용이 경쟁 서비스와 비교 대상이 되는 경우에 선택된다.
- 특정한 시장 규모나 타깃 고객층이 확보될 수 있는 경우 혹은 자사 서비스의 노출 빈도를 높이며 매출과 서비스 품질에 기여할 수 있는 경우 유연하게 유통채널을 선정할 수 있다.

  예 전속 설계사만을 통해 보험 상품을 가입할 수 있도록 하는 보험회사의 유통채널 전략. 매장의 크기가 일정 규모 이상인 경우 전시장 허가를 주는 프랜차이즈 가맹 조건, 백화점, 전문 대형 쇼핑몰 등에 입점하는 조건의 중간상 계약 조건, 지역 내 치과나 미용실 등의 서비스 등

　　- 서비스에 내재된 위험성을 인지하고 높은 관여도를 보이지만 구매를 위한 탐색과 노력의 크기가 아주 높지 않은 경우로 서비스 상품은 주로 '선매 서비스 상품'에 해당한다.

서비스 상품의 3가지 분류

서비스 유통채널 전략을 이해하는데 있어 필요한 서비스 상품의 고객 관여 정도에 따른 분류이다.

분류	인식된 위험의 정도	구매 노력의 정도	고객의 관여 정도	예
편의 서비스	낮음	낮음	매우 낮음	편의점, ATM기기
선매 서비스	높음	중간	높음	치과, 의류 매장, 가전 매장
전문 서비스	높음	높음	매우 높음	법률 상담, 커플 매니저

3 중간상을 효율적으로 관리할 수 있는 전략

1) 중간상 관리의 의미

서비스 기업은 중간상을 통해 서비스 제공을 효율적으로 하고 다수의 고객에게 서비스 기업의 이미지를 증진시켜 매출과 수익을 극대화하고자 할 것이다. 하지만 서비스 기업과 유통채널로써의 중간상은 사업 목적과 경영 방침이 다를 수 있으며 기업이 원하는 서비스 품질을 달성하는데 어려움을 겪을 수 있다. 따라서 서비스 기업은 중간상이 자사의 서비스 품질을 효과적으로 고객에게 전달할 수 있도록 여러 가지 전략을 구사하게 된다.

2) 중간상 관리 전략의 종류

① 통제 전략(control strategies)

　　㉠ 통제 전략은 서비스 기업이 유통채널 내에 가장 강력한 주체이거나 고객의 서비스 기업에 대한 브랜드 충성도가 매우 높은 경우 혹은 각종 지원을 수행할 수 있는 경제적 파워를 보유하고 있을 때 수행 가능한 전략이다.

　　㉡ 통제 전략의 실행

　　　　- 다양한 규제 및 지속적인 피드백의 요구, 매출 목표 설정 및 할당, 각종 교육, 훈련 참가 등을 통해 통제하게 된다.

- 각종 규제 실행, 제도 이행, 피드백 데이터 등을 근거로 하여 계약 종료, 공급 제한 등의 패널티를 부과하는 등의 방법을 사용한다.

ⓒ 장점과 단점

- 서비스 기업의 매출 및 품질 유지 목표를 유지시켜 유통채널에 대한 균일한 서비스 품질 제공과 기업 이윤 확대라는 목표를 달성하는데 효과를 가진다.
- 하지만 중간상이 이러한 기업의 통제를 압박과 처벌로 인식한다면 유통채널 간 신뢰가 깨질 수 있다는 단점이 있다.

② **임파워먼트 전략(empowerment strategies)**

㉠ 서비스 기업이 중간상 유통채널에 통제 전략을 사용할 만큼의 파워를 가지지 못한 경우에 사용되는 권한 부여 전략이다.

㉡ 임파워먼트 전략의 실행

- 서비스 기업은 중간상에게 적절한 재량권을 부여하면서 중간상이 서비스를 잘 수행할 수 있도록 지원을 제공하는 노력을 동시에 병행한다.
- 서비스 기업의 지원

고객지향적 서비스 과정의 제공	서비스 제공에 대한 매뉴얼, 교육 프로그램 개발, 시장 조사
다양한 시스템 제공	예약, 결제, 주문 등을 원활히 할 수 있는 전산 시스템 제공
경영 참여	서비스 기업의 서비스 경영에 협력하거나 다양한 의견을 제시할 수 있는 기회 제공. 서비스 기업의 관리 범위 축소 및 개선
서비스 품질 개선	중간상의 서비스 품질 개선을 위한 교육, 훈련 지원, 기술 이전 등

③ **파트너 전략(partnering strategies)**

㉠ 파트너 전략은 서비스 기업이 중간상을 대등한 파트너로 인식하여 상호 신뢰를 쌓아 관계를 발전시키면서 고객 서비스 품질을 향상시키고 매출 및 수익을 공동으로 확대시켜 가는 전략이다.

㉡ 파트너 전략의 실행

- 관계 형성의 초기 단계에서부터 서비스 기업의 목표를 중간상과 공유, 일치시키는 것이 중요하다.
- 서비스 기업은 중간상에게 컨설팅과 협조를 의뢰하며 각종 서비스 정책을 수립함에 있어 중간상을 의사결정 과정에 참여시키고 이를 통해 중간상은 서비스 기업의 전체적인 서비스 경영에 어느 정도의 권한과 통제권을 가지고 있다고 인식하여 꾸준한 아이디어와 시장정보를 제공한다.

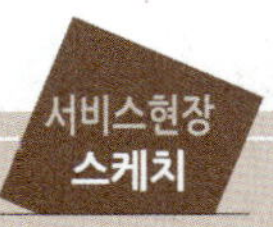

파트너십의 효과

서비스 기업에 있어 고객의 범주는 상품, 서비스를 구매하는 외부 고객에 한정하기보다 내부 고객과 관련 거래 당사자 등을 모두 포함하는 것으로 해석하는 것이 좋습니다. 최근 기업들의 다양한 고객 만족의 과제는 기업의 전략이나 효과적인 관리 툴로만 해결하기 어려우며 내부 고객의 감성과 긍정적 지지를 통해서 유연성과 적극성을 담보해야 하는 경우가 많습니다. 따라서 유통채널을 관리하는 통제 전략과 임파워먼트 전략을 실행함에 있어서도 파트너 전략, 즉 주인 의식을 함께 나누면서 얻어지는 다양한 시너지를 창출하기 위해 노력해야 합니다. 또한 서비스 현장의 각 서비스 제공자도 일종의 작은 단위의 서비스 유통채널로 인식할 수 있으므로 이러한 파트너십은 서비스 현장의 역동성과 경쟁력 향상에 도움이 될 것입니다.

4 멀티채널 전략

1) 멀티채널 전략의 이해

① 멀티채널 전략의 배경

- 점차 다양하고 세분화되고 있는 고객의 욕구를 단일채널로 충족시키는 것이 어려워지는 상황이다.
- 과거와 달리 복수 채널을 통합, 조정하는 기술적 지원이 가능해졌다.
- 치열한 유통채널의 다양화는 고객 맞춤형 마케팅과 함께 기업의 주요 이슈로 떠오르고 있다.

② 멀티채널의 유형

㉠ 온라인-오프라인채널의 결합 유형

오프라인 유통채널이 온라인 유통채널을 동시에 보유하고 운영하는 경우이다. 대표적인 사례로는 전통적인 대형 서점이 온라인몰을 운영하거나 인터넷 서점이 오프라인 유통 채널과 전략적 제휴를 맺어 새로운 비즈니스 모델을 창조하는 등의 경우이다.

플러스 tip

클릭 앤 모타르(click and mortar)

온라인 기업을 뜻하는 click에 오프라인 기업을 뜻하는 mortar가 합쳐진 신조어.

첨단기술을 가진 온라인기업의 장점과 거대하고 조직적인 점포망을 보유한 오프라인 기업의 장점을 조화시킨 새로운 형태의 사업으로, 기업이 오프라인과 온라인의 모순을 극복하고 장점을 취합한 비즈니스 모델로 미국 최대의 온라인 증권회사인 찰스 슈왑(charles schwab)에서 1996년 처음 모델화되었다. 온라인 서점인 아마존과 오프라인 경매업체 소더비즈가 제휴한 소더비즈·아마존닷컴(sothebys.amazon.com), 야후와 K마트가 구축한 블루라이트 닷컴(bluelight.com)이 대표적인 사례로 꼽힌다. 특히 소더비즈·아마존닷컴의 성공으로 세계적인 주목을 받았으며 우리나라에도 여러 업체가 도입하고 있다.

ⓛ 무점포 기업의 채널 다변화 유형

- 인적 판매를 기반으로 하는 유통채널, 즉 에이전트나 브로커를 통한 판매채널이나 카탈로그 등을 통한 우편 판매채널이 온라인채널을 통한 매출 확대를 꾀하는 경우이다.
- 방문 판매 및 네트워크 판매 형식의 유통채널을 보유한 서비스 기업이 온라인, 오프라인상의 다변화된 유통채널을 추가하여 병행하거나 제휴하는 형태를 사례로 들 수 있다.

ⓒ 오프라인 점포형 서비스 기업의 채널 다변화 유형

- 하나의 서비스 기업이 대상 고객군이나 제공 서비스의 단계를 나누어 다양한 형태의 채널을 동시에 보유하는 형태이다. 대표적인 사례로는 유통 서비스 전문 기업이 점차 대형화되면서 백화점과 할인점, 슈퍼마켓 사업으로 채널을 확장시키고 있는 경우이다.
- 또한 설계사 중심의 전통적인 판매채널에서 열세를 보였던 중소형 보험사들이 보험 전문 대리점을 전속 유통채널로 도입하는 전략 등도 점포형 서비스 기업의 채널 다변화 유형이라고 볼 수 있다.

2) 멀티채널 전략 실행 시 고려사항(방안)

서비스 기업의 입장에서는 단일 유통채널보다는 다각도의 유통채널을 보유하는 것이 경쟁력 확보 측면에서 효과적인 것으로 판단할 수 있다. 그러나 각 채널별 가격, 서비스 품질, 대상 고객 층 등이 달라지게 될 수도 있으므로 이에 대한 세심한 고려와 판단을 통해 전략 수행 여부를 결정하고 실행해야 한다.

① **장점 및 기대효과**

단일 유통채널의 한계를 벗어나 다양한 유통채널을 통해 고객 접점을 다변화하고 새로운 고객군을 창출해 낼 수 있다. 고객의 세분화된 요구사항을 확대 수용할 수 있어 기업의 경쟁력 강화에 도움이 된다.

② **단점 및 유의사항**

각 채널에서 취급하는 서비스의 품질이나 가격이 다르고 서비스 접점의 물리적 환경이나 커뮤니케이션의 방향 역시 달라질 수 있으므로 소비자에게 일관된 브랜드 체험을 전달하지 못할 가능성이 있다. 따라서 고객 지향적인 채널 구조를 확립하고 각 채널별로 명확한 역할을 분담하여 일관된 브랜드 이미지를 형성시키는 것이 중요하며 그러기 위해서는 각 채널별 서비스에 대한 품질 및 가격 조정, 고객 정보 공유 등 채널 간 통합이 이루어질 수 있는 시스템이 수반되어야 한다.

③ **효과적인 멀티채널 전략을 위한 중점 사항**

　㉠ 고객 지향적 멀티채널의 운영

　　각 채널들이 고객 관점의 역할을 분담하여 고객의 만족을 높이는 목적에 부합하는 멀티채널 전략을 구사한다.

　㉡ 명확한 채널별 역할 설정

　　세분 시장별 소비자 행동과 선호를 고려하여 각 채널별 기능과 형태, 상호작용의 방법 등을 고려하여 정립해야 한다.

　㉢ 내부 시스템 강화

　　멀티채널은 다양한 고객 니즈를 효과적으로 파악함과 동시에 채널별 수집 정보의 전체 공유 및 시너지 창출을 위한 내부 조직의 유연성을 전제로 해야 한다. 따라서 각 채널별 독립적인 평가 항목을 갖추고 시장의 변화에 따른 채널 간 자원의 재할당 등이 가능한 민첩성이 요구된다.

3) 멀티채널 전략의 발전

최근에는 단일 유통채널의 다각화에서 시작된 멀티채널이 유의사항과 단점을 극복하면서 더욱 고객 지향적인 채널 전략으로 발전하고 있다.

싱글채널	멀티채널	크로스채널	옴니채널
하나의 유통채널	복합 유통채널, 각 채널별 독립 운영. 온·오프라인채널의 경쟁 관계	각 채널의 유기적 운영, 온·오프라인채널의 보완 관계	고객 중심의 유기적 채널 운영. 온·오프라인채널의 상생 관계

Chapter 05 전자적 유통경로 관리

최근의 기업 경영에 있어 가장 주목할만한 변화의 요인은 인터넷과 모바일 환경의 대두라 할 수 있다. 이는 서비스 경영에 있어서도 많은 변화를 초래하였으며 특히 서비스 상품의 구매 과정에 있어서 중요한 유통채널로 부각되고 있다. 이를 어떻게 관리하고 전략적으로 적용하는 것은 서비스 기업과 조직의 경쟁력 강화에 매우 중요한 요소이다.

1 전자적 유통경로의 이해

1) 인터넷과 유통경로의 관계

인터넷을 통한 유통의 새로운 경로 출현은 서비스 기업과 고객을 포함한 기존의 서비스 유통채널 내 모든 구성원에게 영향을 미치게 되었다.

① 인터넷의 등장에 따른 유통경로의 편익

  ㉠ 유통단계 축소와 유통단계별로 부가되는 비용이 절감된다.

    예 디지털 제품의 경우 인터넷을 통해 직접 거래 및 배달

  ㉡ 주문, 결제 등 서비스 제공자 측면의 기능이 온라인 주문과 주문양식의 직접 작성 등을 통해 소비자에게 이전됨으로써 서비스 기업 및 유통채널의 일부 판매 기능이 간소화 된다.

  ㉢ 고객이 직접 주문, 결제 등을 진행함으로써 고객에 대한 정보를 체계적으로 확보하게 되고 고객의 선호도를 근거로 고객군을 선별하거나 모니터링 할 수 있게 되었다.

② 전자적 연결효과(electronic interconnection effect)

  ㉠ 전자적 연결 효과란 기업과 소비자가 전자적으로 연결됨으로써 발생되는 유통경로상의 새로운 효과를 의미한다.

  ㉡ 전자적 연결 효과

    - 전자적 의사소통 효과 : 기업과 소비자가 서로 전자적으로 연결됨으로써 의사소통되는 정보의 양이 많아지고, 정보교환의 속도가 빨라지는 효과이다.

    - 전자적 중개효과 : 전자적 상호작용 시스템의 발전에 따라 거래상대를 찾는 과정이 전자적으로 해결된다는 효과이다.

    - 전자적 통합효과 : 전자적 거래 시스템의 활용이 커짐에 따라 전·후방의 유통기관들이 기능적으로 통합되는 효과이다.

ⓒ 전자적 연결 효과의 영향력

서비스 기업의 상품, 서비스에 대한 설명이 용이하게 되어 가격과 효과에 대한 판단을 통한 일회적 거래가 더욱 많아짐에 따라 오프라인상에서의 유통채널 특성(경쟁력)이 약화되고 지역적, 물리적 환경을 초월하는 거래가 가능하게 된다.

2) 전자적 유통경로에서의 중간상

인터넷을 통한 기업과 고객의 전자적 연결이 가능해진 전자적 유통경로상에서는 중간상의 역할과 의미에 대해 새로운 개념과 전망이 논의되었다.

① 탈중간상화(disintermediation)

기업과 소비자가 전자적으로 연결됨으로써 나타나게 된 개념으로 상품 및 서비스의 제공 업체 또는 후방의 유통채널 구성원이 전방에 있는 유통채널 구성원, 즉 중간상을 거치지 않고 소비자와 직접 거래함으로써 전방의 중간 유통채널이 유통 경로에서 사라지게 되는 현상이다.

② 탈중간상화 가설에 대한 반론

㉠ 사이버 중간상의 출현 : 서비스 기업이 상품, 서비스를 소비자에게 직접 판매할 경우 오히려 거래에 따른 비용이 높아지는 경우에는 사이버 중간상이 출현하게 된다. 즉, 탈중간상화는 거래 비용이 직접 판매하는 비용보다 낮아지는 경우에만 발생하게 된다는 의미이다.

㉡ 재중간상의 출현 : 탈중간상화가 이루어지고 있는 영역에서 새로운 형태의 중간상이 등장할 수 있고, 이러한 중간상들을 재중간상(reintermediaries)이라고 정의한다.

㉢ IDR 과정 : 기존의 중간상이 있는 구조(intermediation)에서 인터넷만을 사업기반으로 하는 중간상이 출현(disintermediation)하여 기존의 중간상에 비해 거래 비중이 급격하게 커지게 되나 이후 기존의 중간상이 기존의 유통능력과 인터넷 기반 기술을 결합시켜 시장에 재진입(reintermediation)하는 기업의 거래 비중이 커지는 과정을 의미한다.

③ 전자적 유통 환경에서 새로운 중간상의 역할과 기능

㉠ 중간상의 역할에 대한 새로운 이중적인 관점

인터넷 비즈니스 세계에서는 단순히 생산자로부터 상품, 서비스를 공급하고 안내, 유통시키는 단순 경로상의 중간상은 그 존재가 사라지는 경향이 있지만, 다른 한편으로는 서비스 기업과 소비자 모두에게 특별한 가치를 제공하는 중간상의 경우에는 오히려 그 역할과 가치가 강화되는 이중적인 경향이 나타날 것으로 예상할 수 있다.

전자적 유통경로의 강화와 서비스 제공자의 역할 관계

인터넷 환경에서의 서비스 유통은 공간적 제약이 없고 다량의 정보가 제공되며 실시간으로 가격과 품질 비교가 가능한 공간이다. 이는 중간상의 역할은 물론 현장 서비스 제공자의 역할 일부를 재조명하는 계기가 된다. 단순히 상품, 서비스를 전달하는 소극적 차원의 역할은 점차 인터넷이 담당하게 될 것이다. 이에 서비스 관리자와 제공자는 고객이 단순히 비교할 수 없는 개별적인 만족이나 차별화된 서비스 제공으로 자신의 역할을 강화시켜야 하며, 이는 서비스 기업이 오프라인 유통채널에 대한 고품질 기대로 이어질 것이다.

서비스 현장의 관리자는 계량화되지 않는 차별화된 무형의 가치와 서비스를 어떻게 구체적으로 실현시켜 나갈 것인가라는 고민을 통해 해당 서비스 현장을 더욱 경쟁력 있는 조직으로 발전시켜나가야 할 것이다. 이러한 의미에서 전자적 유통 환경에서의 중간상과 서비스 제공자는 오히려 그 역할과 가치가 과거에 비해 더욱 강화되고 있다고 볼 수 있다.

ⓛ 전자적 유통경로 내에서 중간상의 역할과 기능

- 정보수집의 역할 : 해당 서비스 및 고객에게 유효한 정보를 수집, 제공하는 역할을 수행하게 된다. 전자적 유통 환경에서는 상품, 서비스 구매에 필요한 다양한 정보를 충분히 게재할 수 있으며 그 정보의 체계적인 전달이 중간상의 경쟁력으로 평가되기도 한다.

- 향상된 마케팅 커뮤니케이션 활동 : 전자적 유통 환경에서는 서비스 제공자 역시 고객에 대한 기초적인 데이터베이스를 보유하게 됨으로 인해 단순한 정보 전달이 아닌 보다 고객에게 적합한 수준의 향상된 커뮤니케이션을 진행하게 된다.

- 기존 채널에 비해 진보된 고객 맞춤형 서비스 제공 : 고객과의 쌍방향 교류가 가능한 환경에서 고객의 개별 특성에 부합되는 서비스를 제공함으로써 고객 충성심을 강화시킬 수 있는 기술적 지원이 가능해졌다.

- 파이낸싱의 역할 수행 : 상품, 서비스의 인도 및 제공 시점과 대금 결제 시기에 시간적 차이가 발생하므로 중간상은 이를 직거래에 비해 안정적인 거래 개념에서 대행하게 된다. 예를 들어 개인 간의 직거래시에는 소비자는 상품 인도 전에 대금을 결제하거나 제공자는 대금을 수령하기 전에 상품을 전달해야 하는 리스크를 안게 된다. 중간상은 이러한 염려를 해소하는 기능을 수행한다.

- 물적 유통의 역할 수행 : 전자적 유통 환경에서는 고객이 직접 상품, 서비스를 수령하는 것이 아니므로 중간상은 이를 고객에게 전달하는 물적 유통의 역할을 서비스 기업을 대신하여 수행하게 된다. 예를 들면 상품 배송 등에 있어서는 직접 거래에 비해 중간상을 통하는 것이 비용이 저렴하고 신속, 안전할 수 있다.

1) 전자적 유통채널의 갈등 발생

유통채널은 인터넷 사용 여부에 따라 오프라인과 온라인채널로 구분할 수 있는데, 인터넷을 통한 직접 판매의 활성화는 전통적인 유통채널의 위협 요소가 될 수 있어 이에 대한 갈등은 전체 유통채널을 관리함에 있어 여러가지 문제를 야기하게 된다.

내부적 갈등 발생	외부적 갈등 발생
새로운 채널이 서비스 기업의 내부 판매원을 대체하면서 발생하는 기업의 내부 판매원들과의 갈등 – 내부 서비스 종사자들의 신분을 위협하고 평가와 보상 구조에 혼선 야기	기업 외부의 기존 유통채널들의 반발로 갈등 발생 – 기존의 오프라인 유통채널의 수익성과 매출 저하에 대한 염려

2) 갈등 관리 방안

서비스 기업이 전자적 유통경로를 채택하게 되는 경우 역기능적인 경로 갈등이 발생되어 경로 성과에 부정적 결과가 초래하지 않도록 하여야 한다.

① 갈등 관리의 방법 및 예방

ㄱ 온 · 오프채널 기능의 차별화

전자채널과 기존 채널이 담당하는 서비스 제공 기능에 차이를 두고 진행할 수 있다.

> 예 증권회사에서 단순 주식 거래 기능은 저렴한 수수료의 전자채널이 담당하고 기존 채널의 직원은 투자 상담 및 자산관리 기능에 더욱 집중하게 함

ㄴ 온 · 오프채널의 타깃 시장 차별화

서비스 기업 내 상품, 서비스의 타깃 시장을 다르게 하여 온 · 오프라인의 중점 판매상품으로 차별화를 두는 전략이다.

> 예 최대, 최저 가입 한도를 정해두고 판매하는 인터넷 전용 상품을 출시하는 보험사의 전략

ㄷ 온 · 오프채널의 고객 가치 차별화

온라인과 오프라인상에서 제공되는 상품, 서비스의 고객 가치를 차별화하여 이를 마케팅으로 활용하는 전략이다. 고객 가치가 높은 상품 및 서비스를 오프라인에서 판매하기도 하지만 그 반대의 경우를 선택할 수도 있다.

> 예 일반 객실의 경우에는 온라인 판매 대행사를 통해 예약할 수 있지만 스위트 룸 이상의 객실은 반드시 오프라인 에이전트를 통해 상담하게 함

㉣ 채널 구성원 간의 협조 도모

전자채널의 활성화가 기존 오프라인 유통채널에 도움이 될 수 있게 진행하는 경우이다. 이는 최근 고객이 오프라인채널을 방문하기 전에 인터넷으로 여러 가지 정보를 확인하는 등의 경향을 반영한 것으로 양자의 채널이 상생할 수 있도록 다양한 마케팅 활동을 펼친다.

> 예 서비스 기업의 홈페이지 내 쇼핑몰에서 가까운 지역의 오프라인 유통채널을 안내하거나 전화 문의를 직접 연결시키는 경우

㉤ 기타 다양한 일반 유통채널 갈등 관리 방안을 활용할 수 있다.

> 예 경로 구성원 간 공동의 목표를 설정하거나 중재 및 교육, 채널별 대표기구 활동, 법적 수단 활용 등

② 전자적 유통채널 갈등 관리의 핵심사항

㉠ 채널 갈등 대처의 기준은 비용 절감보다는 수익성을 우선하여 판단한다.

㉡ 채널별로 비용과 수익을 정확하게 조사, 분석한다.

㉢ 채널별 수익, 비용의 분석결과를 토대로 육성의 우선순위를 결정한다.

㉣ 보편적으로 전자적채널의 비용이 적게 들지만 수익에서는 오히려 오프라인의 기존 채널이 더 우수한 경우가 많다.

㉤ 일부 채널에서 수익을 초과하는 비용이 발생하는 경우에는 판매를 의도적으로 줄이는 신중한 디마케팅(de-marketing)을 펼칠 필요가 있다.

플러스 tip

전자적 유통경로 등장에 따른 유통채널 간 갈등을 줄이는 하이브리드채널

전자적채널과 기존 유통채널이 보유한 한계를 극복하고 장점을 결합하는 채널형식이다.

① **정보 공유형 하이브리드채널** : 마케팅채널에서 획득한 고객 정보를 다른 마케팅채널에 이용할 수 있도록 하는 형태로 개인정보 유출을 규제하는 법적 범위 안에서 이루어져야 한다.

> 예 인터넷에서 간단한 서비스 상품을 구매한 고객 정보를 기존 채널에서 프리미엄 서비스 안내를 위한 고객 DB로 활용

② **역할 분리형 하이브리드채널** : 각각의 채널이 담당하는 기능이나 역할을 다르게 부여하는 방법이다.

> 예 인터넷상에서는 각종 다양한 이벤트나 정보 제공을 통해 고객의 정보를 수집하고 이를 통해 실제 상품, 서비스 구매나 제공은 기존의 오프라인채널에서 담당하여 진행하는 경우이다.

③ 갈등 관리의 주요 과제

인터넷 환경의 급성장과 고객의 정보 검색에 대한 욕구와 능력이 향상됨에 따라 고객은 온라인에서 상품, 서비스를 탐색하고 기존의 유통채널에서 이를 구매하거나 그 반대의 경우로 구매하기도 한다. 따라서 하나의 채널만으로는 고객을 만족시키기 어렵기 때문에 전통적 채널과 전자적채널 사이의 시너지 창출이 중요한 과제로 부각되고 있다.

3 오프라인 기업의 전자적 유통경로 선택과 관리 전략

마케팅에서의 유통 기능은 전자적 유통경로의 등장으로 인해 그 역할이 한층 강화되고 있는 추세이다. 전자적 유통경로는 단순한 상품, 서비스 판매, 구매, 물리적 이동의 역할 이외에도 기업 마케팅의 여러 기능을 함께 포함하게 됨으로 인해 어느 기업도 그 중요성을 소홀히 다룰 수 없다. 서비스 기업이 상황에 따라 전자적 유통경로를 어떻게 활용하고 관리해야 하는가는 매우 중요한 화두가 된다.

1) 전자적 유통경로에 대한 관점

전략	내용	기업 상황	사례
기존 오프라인 유통채널을 보완하는 전략	전자적 유통경로를 기존 유통채널에서 제공하는 서비스를 보완하는 정도로 인식하는 경우	온·오프 경로의 갈등 정도가 높고 해당 상품, 서비스가 인터넷 환경에의 적합도가 낮은 경우에 선택	결혼중개회사가 인터넷상에서 가입을 신청하지만 실제 서비스는 오프라인채널에서 이루어지게 됨. 이때 전자적 유통은 회원 유치 노력을 대행하는 정도로 해석함
온라인 유통경로의 차별화	전자적 유통경로를 별도의 채널로 추가하여 기존의 유통채널과 기능 및 고객, 상품, 가치 측면에서 차별화	온·오프 경로의 갈등 정도가 높지만 인터넷 환경에의 적합도가 높다고 판단되는 경우에 선택	기업 교육 전문 기업이 오프라인 강좌와 온라인 강좌를 별도로 개설하고 각각의 강좌 내용, 타깃 고객층을 차별화하여 진행하는 경우
온라인 경로로의 통합	전자적 유통경로로 모든 판매 활동을 통합하고자 하는 전략	온·오프 경로의 갈등 정도가 낮고 인터넷 환경에의 적합도가 높거나 높아질 전망인 경우	오프라인 대형 서점이 향후 온라인 서점의 전망을 높게 판단하고 인터넷 거래 비중을 높이고 오프라인은 고객 마케팅용으로 활용하는 경우

2) 온 · 오프채널에 대한 옴니채널 전략

① 옴니채널의 개념

기업의 유통채널이 오프라인 단일채널에서 온라인과 오프라인채널을 병행하게 되는 멀티채널로 온 · 오프채널이 서로 갈등관계가 아닌 상호 유기적 관계로 재정의되어 서비스 기업에서 고객 지향적인 새로운 유통채널의 개념으로 도입하는 온 · 오프 상생채널 전략이다.

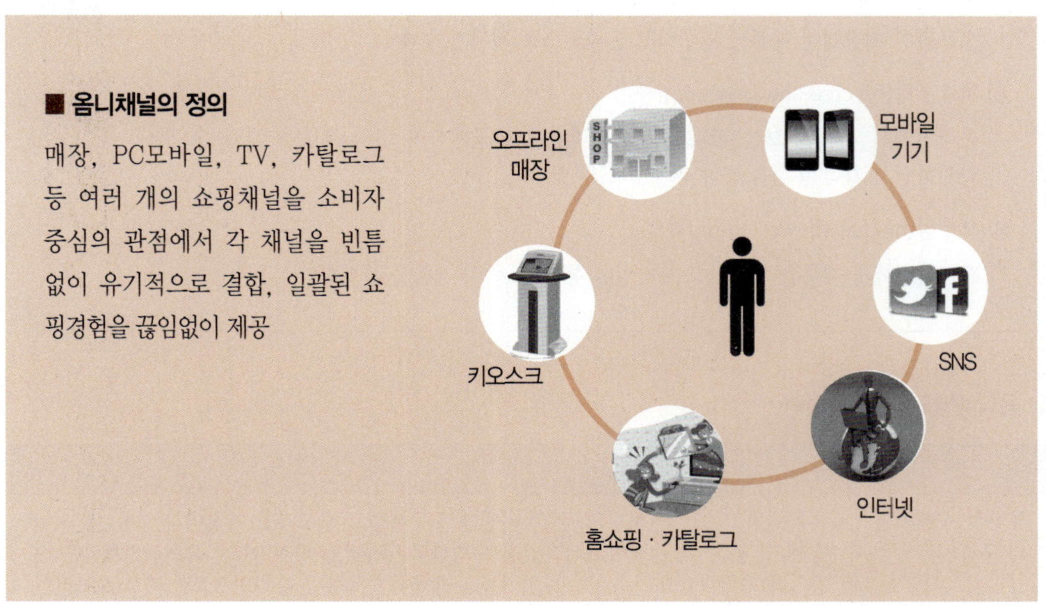

② 등장 배경

ㄱ. 최근의 고객들은 특정한 유통채널에 머무르지 않고 온라인, 오프라인, 모바일을 넘나들며 쇼핑을 즐기는 크로스쇼퍼의 성향을 보이고 있다.

ㄴ. 또한 오프라인 유통채널에 모바일 앱 기술이 접목되거나 모바일, SNS, 빅 데이터 등을 활용하여 기존과 차별화된 새로운 금융서비스를 제공하는 핀테크(fintech) 기술의 발달로 온라인상에서의 상품, 서비스 구매가 더욱 편리해지고 있다.

ㄷ. 최신 정보와 기술에 익숙한 밀레니엄 세대들은 옴니채널의 네트워크를 활용하여 멀티 플레이 쇼핑을 하는 시대가 되었다.

ㄹ. 이에 서비스 기업은 자사의 상품 및 서비스를 다양하고 복잡한 유통채널의 네트워크를 활용하여 보다 효과적으로 판매 및 서비스해야 하는 필요성이 대두되었다.

ㅁ. 전자적 유통경로의 발달을 통해 자사의 상품 및 서비스의 유통채널을 보다 입체적이고 통합적으로 관리하면서 각 채널의 시너지를 극대화 할 수 있는 전략의 필요성으로 생겨난 개념이다.

밀레니엄 시대 새로운 쇼핑 풍속

소비자의 과거와 다른 쇼핑 풍경은 앞으로도 지속될 것으로 보이며 이는 온·오프채널의 통합, 상생이 필요한 배경이 된다.

① **쇼루밍(showrooming)족**

오프라인 매장에서 제품을 확인하고 온라인으로 최저가 구매

② **역쇼루밍(reverse showrooming)족**

온라인에서 제품 정보를 파악하고 오프라인에서 구매하여 고가 제품을 직접 수령하고 눈으로 확인하면서 가격 흥정을 통해 최저가로 구매

③ **모루밍(mobile showrooming)족**

오프라인에서 제품을 체험하고 모바일을 통해 그 즉시 제품을 구매한다.

③ 옴니채널의 다양한 전략

전략	내용	적용
통합적 구매채널의 구축	온라인과 오프라인채널의 경계가 없는 통합적이고 동일한 구매채널의 구축	온라인에서 구매하고 오프라인 매장에서 상품 및 서비스를 수령하고 제공받는 방식이거나 오프라인채널은 전시기능을 제공하고 주문은 온라인으로만 가능(오프라인 매장에도 인터넷 주문 시스템 제공)
오프라인 매장의 모바일 솔루션 도입	사물 인터넷 등의 발달로 오프라인채널에서 모바일로 고객 서비스 제공	오프라인채널 방문 고객에게 모바일로 각종 쇼핑 정보를 제공하거나 제품의 바코드를 입력하여 온라인으로 자동 주문되게 하는 시스템 등
지불 결제 수단의 결합	새로운 결제 방식으로 쇼핑에서의 소비자 수고를 최소화하는 형태	모바일 결제 시스템을 가장 편리한 형태로 제공하여 소비자 만족도를 높임
빅 데이터와의 적극적 활용	SNS와 온라인상에서의 빅 데이터를 분석해 최적의 상품 및 서비스를 제공	온라인채널의 다양한 빅 데이터를 활용하여 이를 상품, 서비스 개발 및 제공 방식 등에 적용하는 경우

- **물리적 증거의 개념** : 서비스 조직과 고객이 상호작용하는 환경으로 무형적 서비스를 전달하는 데 동원되는 모든 유형적 요소

- **서비스스케이프(물리적 환경)** : 서비스 현장을 구성하는 내부, 외부의 환경 요소

- **물리적 환경의 영향력과 역할** : 구매 결정, 서비스 무형성 극복의 기능, 이미지 형성, 직원 행동 등에 영향을 미침. 패키지, 편의 제공, 사회화, 차별화의 역할을 수행함

- **유통채널의 필요성과 역할** : 시간상, 장소상, 형태상의 불일치로 인해 고객 측면과 공급자 측면에서의 다양한 역할이 생겨남(시간 효용, 장소 효용, 소유 효용, 형태 효용)

- **유통채널의 사회, 경제적 기능** : 거래 기능, 물적유통 기능, 촉진 기능, 고객 서비스 기능

- **서비스 유통 과정의 특수성** : 본연의 특성, 가치 전달의 특성, 중점 사항 관리

- **직영채널의 개념과 장ㆍ단점** : 모든 채널을 기업 소속으로 하여 직접 관리하는 개념으로 일관된 서비스 품질 관리의 장점과 채널 확장에 따른 재무적 위험 및 오너십 결여 등의 단점이 있다.

- **프랜차이징의 개념 및 장ㆍ단점** : 전국 어디서나 동일한 서비스와 상품을 원하는 고객의 니즈를 충족시키고 가맹점과 본부가 리스크를 분산시키며 효과적으로 수익을 창출할 수 있으나 다양한 갈등 요소가 존재할 수 있다는 단점이 있다.

- **전자채널의 장ㆍ단점** : 표준화된 서비스를 저비용으로 광범위하게 유통하고 고객의 편의를 증대, 가격 경쟁 개별화 서비스의 어려움, 보안 문제 등의 위험 존재

- **에이전트** : 서비스 제공자나 고객 중 어느 한쪽을 대표하여 지속적인 관계를 맺고 여러 가지 마케팅 기능을 수행하면서 이에 대한 법적 권한을 가진다.

- **브로커** : 서비스 제공자와 고객 간의 거래를 중개하여 거래가 성립될 때 수수료를 받는 단기적 관계로 거래에 대한 위험 부담을 지지 않는다.

- **서비스 유통채널에서 서비스 기업의 보유 권력** : 보상적, 강압적, 합법적, 전문적, 준거적 권력

- **서비스 유통채널 간의 갈등 원인** : 목표의 불일치, 역할-영역의 불일치, 지각의 불일치, 상호 의존성, 이념의 차이

- **개방적 채널 전략** : 가능하면 많은 접점에서 자신의 서비스를 노출하는 전략으로 고객들이 기업의 서비스를 접할 수 있으나 비용 증가와 개별 유통채널의 수익성 기대가 충돌할 수 있다.

- **전속적 채널 전략** : 일정한 지역 및 서비스 상황을 설정하여 제한된 숫자의 유통채널을 통해 서비스를 공급하여 서비스 노출 수준을 제한하는 전략으로 유통 비용이 감소되고 서비스의 수준을 조절ㆍ유지할 수 있으며 유통채널 확대를 주도적으로 전개할 수 있다.

- **선택적 채널 전략** : 개방적 채널 전략과 전속적 채널 전략의 중간 형태로 일정 기준 안에서 노출 범위를 선택하여 서비스를 공급함으로써 최소한의 서비스 수준과 경영 능력을 인정하는 유통채널에 서비스가 공급되어 최소 수준의 품질을 유지할 수 있게 된다.

- **중간상 관리 전략** : 통제 전략, 임파워먼트 전략, 파트너 전략

- **멀티채널 전략** : 유통채널의 다양화를 통해 다양해지고 세분화되는 고객 욕구에 적극적으로 다가가는 복수 유통채널 전략

- **전자적 유통경로에서의 탈중간상화** : 기업과 소비자의 전자적 연결로 인해 중간상이 사라지고 소비자가 기업 혹은 제공 업체와 직접 거래하여 중간 유통채널이 유통경로에서 사라지는 현상이다(사이버 중간상, 재중간상, IDR 과정 등의 등장으로 탈중간상화 가설에 대한 반론).

- **전자적 유통 환경에서 중간상의 새로운 역할과 기능** : 정보수집, 향상된 마케팅 커뮤니케이션 활동, 진보된 고객 맞춤형 서비스 제공, 파이낸싱 역할 수행, 물적 유통의 역할 수행

- **전자적 유통채널 등장에 따른 갈등 관리** : 온 · 오프채널 기능의 차별화, 온 · 오프채널의 타깃 시장 차별화, 온 · 오프채널의 고객가치 차별화, 채널 구성원 간의 협조 등

- **옴니채널** : 온 · 오프채널이 상호 유기적인 관계로 재정의되어 소비자 중심의 관점으로 결합되어 일괄된 쇼핑 경험을 제공하는 새로운 유통채널의 개념이다.

사례형, 통합형 문제 대비하기

- 특정 서비스 현장을 예시로 하여 물리적 환경의 역할과 영향력을 이해하고 적절성을 판단할 수 있는가를 확인

- 고객 관점에서 서비스 유통채널에서의 효용과 이익을 이해하고 사례를 통해 이를 분류할 수 있는지를 확인

- 서비스 제공자 및 관리자가 각 서비스 유통채널의 특성에 맞게 어떤 점을 활용하고 어떤 부분을 유의해야 하는가에 대한 판단을 질문함

- 특정한 서비스, 상품 상황을 제시하고 서비스 기업의 유통 목표 등에 부합하는 적절한 유통채널의 유형, 커버리지 전략 등을 묻는 형식의 문제

- 서비스 유통채널 구성원 간의 갈등 상황을 제시하고 이에 대한 원인과 관련 이슈들을 이해하고 있는가를 확인

- 효과적인 중간상 관리 전략의 예시와 사례를 통해 적절한 전략을 선택할 수 있는가

≫ 실력 평가 문제

01~16　선다형

01 다음 중 물리적 환경이 미치는 영향에 관한 설명으로 가장 적절한 것은? (기출)

① 서비스의 비분리성을 극복하도록 도움을 준다.

② 특정 서비스 기업에 대한 고객의 충성도를 향상시킬 수 있다.

③ 서비스 기업에 대한 이미지 형성에 있어서 물리적 환경이 중요하다.

④ 물리적 환경은 주로 외부 고객에 대해서 영향을 미치며, 내부 직원에 대한 영향은 매우 적다.

⑤ 물리적 환경은 서비스 기업의 분위기에 영향을 미치지만, 고객의 구매결정에 영향을 미치지 않는다.

해설 ① 서비스의 무형성을 극복하도록 도움을 준다.

② 서비스 기업에 대한 충성도에 직접적인 영향을 미치지 않는다.

④ 바람직한 물리적 환경은 직원의 생산성, 직무만족 등에 긍정적인 영향을 미친다.

⑤ 물리적 환경은 서비스 기업의 분위기에 영향을 미치며, 고객의 구매결정에 영향을 미친다.

02 다음은 물리적 환경의 어떤 역할을 표현하는 것인가?

> • 고객과 서비스 제공자의 성과를 돕는 역할을 한다.
> • 고객의 입장을 배려하는 세심성과 존중의 마인드와 서비스 철학 및 가치가 수반되어 제공되는 물리적 환경이다.

① 편의 제공의 역할　　　　　　② 사회화의 역할

③ 차별화의 역할　　　　　　　④ 패키지의 역할

⑤ 시각화의 역할

해설 매출을 증대하는 관점보다는 고객의 서비스 이용에 따른 만족을 높이는데 초점을 둔다.

Answer　1. ③　2. ①

03 다음은 유통채널의 거래 기능을 표현하고 있다. 가장 거리가 먼 것은?

① 꽃가게를 운영하는 사장님은 새벽마다 대규모 화훼 센터에서 꽃과 화분을 구입한다.
② 수산물 시장은 동해안에서 잡은 오징어를 충청도 내륙 지역에서도 쉽게 사먹을 수 있다.
③ 화장품 매장에서는 고객에게 사용법을 상세하게 설명하여 준다.
④ 프랜차이즈 빵집에서는 본사에서 만든 빵을 소비자에게 직접 판매한다.
⑤ 레스토랑에서 메뉴판에 표시된 가격만 지불하면 음식을 맛볼 수 있다.

해설 고객이 화장품의 기능을 이해할 수 있도록 안내하여 고객 만족을 높이고 서비스 품질을 향상시키는 고객 서비스 기능 혹은 해당 상품 정보를 제공하는 촉진 기능이다.

04 다음은 다양한 서비스 유통채널의 유형에 대한 설명이다. 틀린 것은?

① 직영채널은 인적 자원 관리 및 통제를 직접 수행하여 서비스 품질 관리의 중요한 요소를 직접 관여함으로써 일관된 서비스를 수행할 수 있다.
② 직영채널은 지역 시장별 특성이나 다양한 전략 구사에 있어 직접적인 통제를 통해 보다 더 경쟁력 있는 도전적인 과제를 수행하기에 용이하다.
③ 프랜차이징은 전국 어디서나 동일한 서비스나 상품을 원하는 소비자들의 니즈를 충족시키기에 가장 적합한 경로 조직이다.
④ 프랜차이즈 가맹점 측면에서는 사업을 영위하는 핵심 기술을 전수받거나 영업 관리, 입지 선정 등의 지원을 통해 상대적으로 사업 실패의 위험을 줄일 수 있는 장점이 있다.
⑤ 프랜차이즈는 본부 및 가맹점이 수익과 리스크를 공유하고 있으므로 상호간에 갈등의 소지나 선의의 피해를 볼 수 있는 가능성이 있다.

해설 직영채널은 지역 시장에 대한 전략 구사에 있어서는 오너십 마인드의 부족 등으로 어려움을 겪을 수 있는 한계가 있을 수 있다.

05 다음은 전자채널의 장점에 대한 설명이다. 틀린 것은?

① 표준화된 서비스를 일관되게 전달할 수 있다.
② 서비스 제공자가 없어도 고객이 원하는 시간과 상황에서 언제든 서비스를 받을 수 있다.
③ 상대적으로 광범위한 지역의 고객에게도 서비스를 전달할 수 있다.
④ 고객의 질문에 대한 답변을 즉시 제공하여 개별적으로 원하는 바를 바로 실행할 수 있다.
⑤ 고객 선택의 폭이 넓고 고객 스스로 서비스 내용을 지정하여 맞춤형으로 선택할 수 있다.

해설 표준화라는 장점에 비해 질문에 대한 답변을 즉시 듣지 못하는 불편이나 개별적으로 원하는 바를 바로 실행하기 어려운 점은 개별화 불가능에 해당하는 전자채널의 단점이다.

06 브로커와 에이전트에 관한 설명 중 옳은 것은? (기출)

① 에이전트는 구매자와 판매자 간의 협상을 돕고 이들 간의 거래 관계를 맺어주는 역할을 수행하는 중간상이다.

② 판매 에이전트는 일반적으로 하나의 서비스 공급자만을 대행한다.

③ 브로커는 기업이나 고객 중 한쪽을 대신해 기업과 고객 간의 거래를 활성화시키는 역할을 한다.

④ 브로커는 구매자와 판매자를 지속적으로 대리한다.

⑤ 브로커는 자금 조달과 같은 거래에 따른 위험부담을 지지 않는다.

해설 ① 브로커에 대한 설명

② 판매 에이전트는 일반적으로 하나의 서비스 공급자만을 대행하는 것이 아니라 다양한 서비스 공급자의 상품을 취급하여 선택의 폭이 넓어짐. 구매 에이전트의 경우도 유사.

③, ④ 에이전트에 대한 설명

07 다음은 중간상에 대한 촉진의 다양한 방법이다. 촉진 전략에 해당하지 않는 것은?

① 중간상이 상품을 구매하고 약정 지불일 이전에 대금을 지급하면 할인해 주는 제도

② 신상품이 출시 기념으로 구매 금액을 할인하여 중간상의 마진을 높여주는 프로모션

③ 중간상의 월 구입 금액이 일정 수준을 넘어서면 구입 금액의 일부를 재지급하는 제도

④ 상품 및 서비스의 이해도를 높이고 관계를 강화하기 위해 중간상들을 위한 세미나 개최

⑤ 중간상들의 소비자에 대한 판촉 활동을 지원하기 위해 판촉 대금의 일부를 지원하는 제도

해설 중간상에 대한 가격 전략에 해당한다.

08 다음은 서비스 기업이 유통채널에 대해 보유하는 어떤 권력을 의미하는가?

- 유통채널이 서비스 기업의 브랜드나 명성을 따르고자 하면서 발생하는 권력이다.
- 서비스 기업의 철학, 명성 등에 대한 로열티, 소속감 및 긍지 등이다.
- 해당 유통채널에 소속되어 있다는 것을 자랑스러워하는 유통채널을 보유할 때 발생

① 보상적 권력　　　　　　　　② 전문적 권력

③ 합법적 권력　　　　　　　　④ 준거적 권력

⑤ 강압적 권력

해설 무형적 권력의 하나로써 준거적 권력은 유통채널의 로열티와 소속감을 증가시킨다.

Answer　　3. ③　　4. ②　　5. ④　　6. ⑤　　7. ①　　8. ④

09 다음 중 서비스 유통채널 간 갈등의 원인으로 거리가 가장 먼 것은?

① 목표의 불일치　　　　　　　　② 역할과 영역의 불일치
③ 상호 독립성　　　　　　　　　④ 이념의 차이
⑤ 지각의 차이

해설 상호 의존성. 상호간의 의존성으로 불균형이 초래되면 갈등의 원인이 된다.

10 서비스 유통채널의 커버리지 전략에 대한 설명이다. 가장 적절하지 않은 것은?

① 많은 고객들이 손쉽게 서비스 기업의 서비스를 접하게 하기 위해서는 개방적 채널 전략을 선택하여야 한다.
② 개방적 채널 전략은 서비스 지역이 광범위할수록 고객의 만족도와 편의성이 높아지는 경우에 선택하는 것이 좋다.
③ 서비스 기업이 제공하는 서비스를 선택하기 위해 고객이 특별한 요건에 맞는 유통채널을 선택하게 하는 것은 전속적 채널 전략이다.
④ 전속적 채널 전략은 고객의 구매에 대한 관여도가 낮고 인식된 위험의 정도가 낮은 상품 및 서비스에서 성공적으로 활용될 수 있다.
⑤ 매우 제한적인 것은 아니지만 최소한의 서비스 수준과 능력을 보유한 유통채널에서 서비스가 공급되는 것은 선택적 채널 전략이다.

해설 고객 관여도가 높고 고객의 구매에 대한 노력의 정도가 높은 서비스의 경우 전속적 채널 전략을 활용한다.

11 유통채널 간에 마찰이 발생했을 때 이를 해결하기 위해 지켜야 할 원칙으로 적절하지 않은 것은? (기출)

① 중복 투자를 막기 위해서 하나의 채널에 집중해야 한다.
② 채널별 수익/비용을 분석한 객관적 자료를 기반으로 결정한다.
③ 비용이 수익을 초과한다면 신중하게 디마케팅 전략을 고려한다.
④ 채널 간 갈등 발생 시에는 수익성을 기준으로 의사결정을 해야 한다.
⑤ 일반적으로 비용 측면에서는 전자채널이 유리하나 수익 측면에서는 오히려 기존 채널이 우수한 경우가 많다.

해설 하나의 채널만으로 고객에게 접근하기는 점점 어려워지고 있다. 특정 산업군이 아닌 이상 복수의 채널을 고려해야 한다.

12 중간상 관리 전략 중 서비스 기업이 중간상에게 적절한 재량권을 부여하면서 중간상이 서비스를 잘 수행할 수 있도록 지원을 제공하는 전략은 무엇인가?

① 통제 전략　　　　　　　　　　② 판촉 전략

③ 임파워먼트 전략　　　　　　　④ 파트너 전략

⑤ 멀티채널 전략

해설 서비스 기업이 중간상에게 통제 전략을 사용할 파워를 가지지 못한 경우에 사용된다.

13 다음 중 멀티채널 전략의 실행 시 고려사항이 아닌 것은?

① 각 채널별 가격, 서비스 품질, 대상 고객층 등이 달라지게 될 경우 이에 대한 세심한 고려와 판단을 해야 한다.

② 각 채널들이 고객 관점의 역할을 동일하게 설정하여 고객 만족을 높이는 목적에 부합할 수 있어야 한다.

③ 서비스 접점의 물리적 환경이나 커뮤니케이션의 방향이 달라져 소비자에게 일관된 브랜드 체험을 전달하지 못할 가능성을 염두에 두어야 한다.

④ 각 채널별 역할을 분담하고 일관된 브랜드 이미지를 형성시키는 것이 중요하다.

⑤ 채널별 수집 정보를 공유하고 채널별로 독립적인 평가 항목을 갖추기 위해 내부 시스템을 강화시켜야 한다.

해설 멀티채널 전략은 세분화된 고객의 요구사항을 확대 수용하기 위해 세분 시장별 채널의 역할과 기능, 형태 등을 분담하여 시행한다.

14 다음은 인터넷과 유통경로의 관계를 설명한 것이다. 틀린 것은?

① 유통 단계가 축소될 수 있게 되었다.

② 유통 단계별 부가 비용을 절감할 수 있다.

③ 주문, 결제 등을 서비스 제공자가 담당하게 되어 소비자의 구매 절차가 간소화 되었다.

④ 고객에 대한 정보를 체계적으로 확보할 수 있게 되었다.

⑤ 고객의 선호도를 근거로 고객군을 선별하거나 모니터링 할 수 있게 되었다.

해설 주문, 결제 등의 서비스 제공자 측면의 기능이 온라인 주문으로 소비자에게 이전되어 서비스 기업 및 유통채널의 일부 판매 기능이 간소화 되었다.

Answer　　9. ③　　10. ④　　11. ①　　12. ③　　13. ②　　14. ③

15 다음의 설명이 의미하는 것을 가장 잘 표현한 것은 무엇인가?

> 전자적 유통경로 내에서 중간상은 정보 수집의 역할을 수행하게 되며 단순한 정보 전달이 아닌 고객에게 적합한 수준의 향상된 커뮤니케이션을 진행하게 된다. 또한 상품, 서비스 인도 및 제공 시점과 대금 결제의 시간적 차이를 거래의 개념으로 대행하는 파이낸싱 역할을 수행하게 된다.

① 전자적 유통경로상에서의 탈중간상화를 설명하고 있다.
② 전자적 유통경로상에서의 중간상의 역할은 기존의 중간상 역할과 동일하게 유지된다.
③ 전자적 유통경로상에서도 중간상은 반드시 필요하다.
④ 전자적 유통경로상에서의 중간상은 기존의 유통경로에 비해 단순하거나 생략될 수 있음을 설명하고 있다.
⑤ 전자적 유통경로상에서의 중간상은 서비스 기업과 소비자 모두에게 특별한 가치를 제공하는 경우 오히려 그 역할이 강화된다.

해설 고객 DB를 활용한 우량고객의 특성을 분석하여 이를 통해 잠재적 고객을 대상으로 우수한 신규고객을 확보하는 전략은 신규고객 확보 전략이다.

16 전자적 유통채널 등장에 따른 갈등 관리에 대한 설명이다. 가장 거리가 먼 것은?

① 온·오프채널의 기능을 차별화하는 방법으로 전자채널과 기존 채널이 담당하는 서비스 제공의 기능에 차이를 두고 진행할 수 있다.
② 채널 구성원 간의 독립적인 목표와 프로세스를 도입하여 해당 채널에 집중하도록 한다.
③ 채널별 대표 기구를 설립하여 활동하거나 중재 및 교육 등의 다양한 방안을 활용한다.
④ 온·오프채널의 고객 가치를 차별화 하여 마케팅에 활용할 수 있다.
⑤ 온·오프 시장의 타깃 시장을 다르게 하여 중점 판매 상품으로 차별화를 둘 수 있다.

해설 채널 구성원 간에 협조 체제를 만들어서 양자의 채널이 상생할 수 있게끔 하는 것이 더 효과적이며 경우에 따라서는 공동의 목표를 설정할 수도 있다.

17~19 O/X형

17 서비스 제공자의 유니폼, 광고 전단지, 영수증, 운송 차량 등은 무형적 서비스 전달에 수반되는 물리적 환경은 아니지만 서비스 품질이나 첫인상에 영향을 미치는 물리적 증거의 유형적 요소로 볼 수 있다. (① O, ② X)

해설 물리적 증거의 기타 유형적 요소에 해당한다.

18 서비스 유통에서의 입지 선정은 고객 접근을 용이하게 하는 체계적인 방법으로 지구 선정 → 지역 선정 → 지점 선정의 3단계를 거치게 된다. (① O, ② X)

해설 지역 선정 → 지구 선정 → 지점 선정의 단계를 거친다.

19 서비스 기업이 유통채널에 대해 보유하는 권력 중 유형적 권력은 보편적으로 장기적인 효과 측면에서 무형적 권력의 효과보다 더 크고 안정적이다. (① O, ② X)

해설 무형적 권력이 장기적인 측면에서 효과가 더 크다.

20~22 연결형

※ 다음의 보기에서 각 설명에 알맞은 유통채널 전략을 골라 넣으시오.

① 싱글채널	② 멀티채널	③ 크로스채널	④ 옴니채널

20 복합 유통채널로써 각 채널별 독립 운영으로 온·오프라인채널이 경쟁관계를 유지하게 되는 채널 전략이다. (   )

해설 복수의 유통채널을 각각 독립적으로 운영하여 다양한 고객 니즈에 부합하고자 한다.

21 고객 중심의 유기적 채널 운영으로 온·오프라인이 갈등관계가 아닌 상호 유기적 관계로 재정의되어 새로운 유통채널의 개념으로 도입된 온·오프 상생채널 전략이다. (   )

해설 각 채널을 유기적으로 결합하여 일관된 쇼핑 경험을 제공하는 전략이다.

22 각 채널의 유기적 운영으로 온·오프라인채널이 상호 보완의 관계를 유지할 수 있도록 하는 전략이다. (　　　　　)

해설 멀티채널의 경쟁적 관계를 보완하는 전략이다.

23~24　　사례형

23 00은행 VIP센터의 물리적 환경 조성에 관한 내용이다. 이를 설명한 내용 중 가장 적절치 못한 것은 무엇인가?

> 00은행의 강남 지점은 별도의 VIP 센터를 운영하고 있다.
> VIP 센터에는 엄선된 클래식 음악과 조명을 바탕으로 하고 일반 사무용 가구가 아닌 앤틱 스타일의 가구를 사용한다. 고객 방문 시 접객을 위한 찻잔도 별도의 구매 과정을 통해 준비하고 금융상품 안내 브로셔 대신 여행, 쇼핑, 골프와 관련된 잡지를 비치하였다.

① VIP 센터에 걸맞는 이미지를 형성하기 위해 노력하였다.
② 무형의 서비스를 외부적 이미지로 전달하는 패키지로써 물리적 환경의 역할에 대한 좋은 예이다.
③ 일반 은행 지점의 환경과는 확실하게 다른 물리적 환경은 VIP 센터의 차별화된 서비스를 표현하게 된다.
④ VIP 센터를 방문하는 고객이 주어진 서비스 환경 내에서 어떤 행동을 해야 하는가를 암묵적으로 인지할 수 있도록 조성하는 사회화의 역할을 수행한다.
⑤ 이와 같은 물리적 환경은 VIP센터에서 근무하는 서비스 제공자의 행동에도 영향을 미쳐 VIP센터에 내방하는 고객 가치에 잘 부합하는 행동과 서비스를 전개하는데 도움이 된다.

해설 서비스 제공자의 역할을 이해하는 개념의 사회화가 더 적절하다.

24 고급 회의실 및 강의장 대여로 성공적으로 비즈니스 센터를 운영하는 김철수 사장은 최근 사업 확장에 대해 고민하고 있다. 다음은 김철수 사장이 유통채널 확대에 대해 영업부서와 회의를 한 내용에서 추가적으로 고려할 요소를 설명한 것이다. 적절치 않은 것은?

> 1. 회의 주제 : 비즈니스 센터 추가 확장에 대한 논의
> 2. 주요 발언 및 논의
>   ① 목표 : 현재까지의 기업 고객을 바탕으로 근접 지역에 비즈니스 센터 추가 개설을 계획함
>   ② 검토 및 고려사항 : 비용과 추가 인력 및 마케팅
>   ③ 대안
>   – 프랜차이즈 형태로 모집하여 비용을 절감하고 가맹점주의 마케팅 역량으로 추가적인 시장을 창출할 수 있는 장점이 있음
>   – 직영으로 개설한 후 마케팅에 대한 부분만 별도의 전문 에이전트에 의뢰하여 마케팅에 대한 수수료를 별도 지급하는 방안도 검토할 수 있음(에이전트 계약 문제 고려)
>   – 근접 지역 이외에 광역시 등에 동시 추가 개설도 고려할 수 있음

① 추가 개설 시 현재의 성공적인 비즈니스 센터의 서비스 품질이 동일하게 유지될 수 있는가에 대한 검토와 준비가 필요하다.

② 프랜차이즈 형태로 확장 시에는 본사와의 서비스 품질을 동일하게 유지할 수 있도록 서비스 인력 채용이나 교육 등에 대한 지원 체계를 고려해야 한다.

③ 프랜차이즈로 개설하게 된다면 기존의 고객 DB 활용 여부와 추가로 수집될 고객 DB에 대한 본사의 권한을 확보할 수 없게 되므로 이 부분에 대한 방안을 고려해 두어야 한다.

④ 에이전트가 마케팅을 대행하게 되면 가격이나 기타 판촉과 관련한 통제력을 본사가 유지할 수 있지만 해당 시장에 대한 이해도가 낮아 고객 니즈 파악에 어려움을 겪을 수 있다.

⑤ 광역시 등에 동시에 추가 개설을 할 때 직영점으로 운영하게 되면 비용이 과다 지출될 수 있으며 해당 직원이 오너십을 가지고 운영할 수 있을 것인가를 고려해 봐야 한다.

해설 전문 에이전트에 의한 마케팅은 보편적으로 해당 시장 및 고객에 대해 더 깊이 있고 전문적으로 이해하게 되어 특별한 고객 니즈를 파악하는데 있어 유리하며, 가격이나 판촉에 대한 본사의 통제력을 상실할 수 있다는 점에 유의해야 한다.

※ OO가구회사는 신규 대리점주를 대상으로 본사의 정책을 전달하기 위한 세미나 개최를 준비하고 있다. 다음은 세미나에서 전달할 내용을 정리한 것이다. (기출)

1. 본사 현황 및 역사, 미래 비전
   - OO가구점의 유통 및 제품 개발의 철학   - 비전에 대한 공유
   - Win-Win의 파트너십에 대한 약속

2. 각종 제도에 대한 안내
   - 성과 보상 정책 : 기본 유통 마진을 제외한 추가 인센티브 등 안내
   - 정찰제 안내 : 본사의 정찰제 제도에 대한 의의 및 시행 방식 안내
   - 고객 만족 지수 평가제도 : 본사의 고객 해피콜 등을 통한 고객 만족 지수 조사 안내, 항목별 체크사항 안내, 고객 만족 지수 우수 대리점 포상제도 안내
   - 각종 유의사항 안내 : 대리점 유통 계약서 상에 금지 및 유의사항 발생 시 조치 내용의 안내 (공정성, 명확성)

3. 지원제도 안내
   (   )

4. 기타
   - 신제품 개발 및 품질 개선 자문단 활동(대리점주 및 현장 판매원)
   - 주요 제도, 정책 변경 시 사전 협조 시스템 구성
   - 향후 정기적인 제품 및 서비스 품질 관련 지역별 회의 확대 및 상시 정보 공유 기구 창설

25 OO가구점이 대리점 중간상의 효과적인 서비스 전달을 위해 다양한 지원제도를 통해 권한을 부여하고자 한다. 세 번의 지원 제도에 해당되지 않는 것은?

① 대리점의 신규 채용 판매사원의 신입사원 교육을 본사 집합교육으로 지원한다.
② 본사는 시장 조사 및 판매 마케팅에 관련한 다양한 연구를 통해 대리점을 지원한다.
③ 대리점별 판매 목표를 월별로 부여하고 이를 통해 대리점의 매출과 수익향상을 촉진한다.
④ 업무를 효율적으로 전개할 수 있는 재고 확인, 주문, 출고 등의 온라인 시스템을 지원한다.
⑤ 대리점주 및 대리점 판매 사원의 효과적인 고객 응대를 위한 정기적인 교육 프로그램을 진행한다.

해설 일종의 통제 전략으로 본사의 강력한 파워를 활용하는 전략이다.

26 OO가구회사는 유통채널을 성공적으로 관리하기 위한 다양한 제도, 메시지를 준비하고 있다. 성공적인 유통채널을 확보하기 위한 활동을 설명한 것으로 틀린 것은?

① 중간상인 대리점이 기업 경영에 효과적인 의견을 개진하고 주인의식을 가지기 위한 다양한 권한을 제공한다.

② 고객 만족 및 서비스 품질에 대한 책임감, 의무 등을 명확하고 공정한 통제 시스템을 활용하여 통제할 수 있도록 한다.

③ 회사가 추구하는 고객 지향성 및 유통 철학이 대리점 현장에서 고객에게 효과적으로 전달되기 위해 다양한 제도를 활용한다.

④ 파트너십을 성공적으로 구성하기 위해 회사는 공동의 목표를 설정하고 이를 각자의 이익에 부합할 수 있음을 전달하려 한다.

⑤ 대리점주는 독립적인 사업주이므로 자체적인 유통 전략을 수립하고 이를 통해 경쟁력을 확보, 본사의 매출에 기여할 수 있도록 한다.

해설 중간상을 통한 서비스 유통채널 관리의 이슈는 일관성과 통일된 품질 통제에 있다.

PART 05

코칭/교육훈련 및 멘토링/동기부여

서비스 현장은 고객과 서비스 제공자 그리고 서비스 조직의 유기적인 관계에 의해서 형성되고 운영된다. 서비스 기업과 조직이 고객 만족을 위해 어떤 전략을 펼칠 것인가가 중요한 만큼 이러한 철학과 전략이 서비스 제공자들에게 제대로 전달되어 실질적으로 고객 가치로 형성되는 것도 매우 중요한 과제이다. 또한 과거와 달리 조직의 규범에 의해 조직의 방향을 일방적으로 강제화 할 수 없는 환경인 만큼 서비스 제공자들을 교육시키고 역량을 개발해 내는 다양한 접근법을 시도해야 한다.

이번 Part에서는 서비스 관리자가 해당 조직의 특성에 맞는 서비스 조직 문화를 형성시켜감에 있어 기본이 되는 교육, 훈련 및 코칭, 동기부여의 기본적인 방법과 구조를 이해하는 내용이 제시된다.

이번 Part에서	서비스 관리자가 조직 구성원의 역량을 개발하고 건강한 조직문화를 형성해 내기 위해 알아야 할 코칭, 교육훈련, 동기부여 및 멘토링의 방법과 기본 구조를 이해할 수 있다.
학습목표	1. 성인학습 고유의 특성을 이해한다. 2. 다양한 교육 및 학습 방법의 종류와 특징들을 파악한다. 3. 서비스 코칭의 목적과 효과를 이해하고 이를 서비스 관리자로서의 역량에 접목하여 이해한다. 4. 내부 고객 및 내부 마케팅의 중요성을 인식하고 정서적 노동의 특징을 이해한다. 5. 동기부여의 다양한 이론들을 숙지하고 그 목적과 필요성을 파악하여 실제 업무에 활용할 수 있다. 6. 멘토링의 특성과 효과를 잘 파악하여 목표에 맞는 계획을 수립하고 적용할 수 있다.
이번 Part를 학습하고 나면…	• 다양한 성인학습의 특성과 방법론을 이해하여 조직의 특성에 맞는 효과적인 학습 문화를 접목하고 적용할 수 있다. • 서비스 코칭의 프로세스와 기법들을 숙지하여 서비스 현장에서 고객 및 조직 내부의 문제 해결 과정에 접목하여 활용한다. • 서비스 조직의 내부 구성원에 대한 정서적 노동의 부정적 경험을 극복하고 긍정적인 퍼스널 브랜드를 구축할 수 있다. • 동기부여의 효과적인 방법들을 실제 서비스 현장에 적용함으로써 내부 고객과 외부 고객이 모두 만족할 수 있는 서비스 조직 문화를 구축한다. • 멘토링 효과를 잘 이해하여 인재육성을 위한 다양한 프로그램으로 활용할 수 있다.

Chapter 01 성인학습의 이해

서비스 제공자들의 동기부여와 꾸준한 학습은 서비스의 질적 수준 향상에 필수적인 요소이다. 하지만 학습 효과를 높이기 위해서는 성인학습의 특성을 이해하는 것이 필요하다. 성인학습이 일반적인 학습과 어떤 측면에서 다른지를 알아보고 그 특성에 맞는 효과적인 학습 방법을 찾도록 한다.

1 성인학습의 개념

1) 성인학습의 의의와 원리

① 성인학습의 기본 개념

㉠ 성인인구의 증가와 교육 수준의 향상으로 달라진 사회구조에서 지식의 폭발적 증가와 빠른 기술변화로 성인학습의 중요성이 대두되기 시작하였다.

㉡ 노울즈(Knowles, 1980)의 성인교육 개념 : 기존 교육 개념(Pedagogy)에서 성인교육을 분리하여 교육적 측면에서의 성인에 대한 정의를 새롭게 정립하였다.

> **노울즈의 성인에 대한 정의**
>
> 자신이 속한 사회에서 능력을 개발하고 지식을 확장하며 자신의 기술적, 전문적 자질을 향상시킬 수 있는 존재, 그리고 자신의 행동과 태도를 새로운 방향으로 바꿀 수 있는 존재

② 성인학습의 의의

㉠ 청년이나 성인기의 개인이 사회적 역할을 보다 잘 수행하고 개인적 성장을 추구하기 위하여 지식, 기술, 태도의 변화를 지향하는 학습 활동 과정이다.

㉡ 연령상의 성인을 대상으로 하는 교육으로, 학교나 대학에서의 조직적인 교육과 여가활동 등의 비체계적 활동 등은 그 범주에서 제외시키는 것이 일반적인 경향이다.

㉢ 성인은 인생 목표를 스스로 설정하고 학습하며 그것을 이룰 수 있는 자유와 책임이 있다. 따라서 성인학습은 자발적으로 학습과제를 발견하고 도전하며 해결해 나갈 수 있도록 하는 자기주도형 학습의 성격을 띠게 된다.

ⓔ 성인학습에서는 다양한 특성을 가진 학습자들을 고려하여 교육목표 과정이나 프로그램 내용을 기획하는 과정에서부터 차별화되고 융통성 있게 이루어진다.

③ 성인학습의 특성과 원리

㉠ 성인은 경험을 통해 필요와 흥미를 가지게 되고 이를 통해 학습 동기를 찾아 잠재력을 개발하고 자아실현을 위해 스스로 학습한다.

㉡ 성인학습은 생활중심성(life-centered)을 지향한다. 학문 그 자체보다는 생활에 적용하기 위해 자신에게 필요한 학습을 한다.

㉢ 성인학습에 있어 경험은 가장 풍부한 학습자원으로 그들의 경험을 분석하는 것은 성인학습의 핵심적인 방법론이 된다.

㉣ 성인은 스스로 삶을 주도해 나가기 때문에 교사는 성인학습자에게 단순히 지식을 전수하거나 평가하는 것이 아니라 함께 문제를 탐구해 가는 과정에 동참하는 역할을 수행한다.

㉤ 성인학습자의 개인차는 연령이 증가함에 따라 확대된다. 따라서 성인학습자 개개인의 학습양식, 시간, 장소, 그리고 학습 속도가 만들어 내는 개인차를 수용해야 한다.

2) 성인학습자의 특성과 학습참여 동기

① 성인학습자의 특성

㉠ 신체적 특성을 통한 이해
- 성장의 둔화와 함께 신체적 기능이 서서히 쇠퇴한다.
- 노화는 일시적인 현상이 아니며 노화가 진행된다고 해서 학습이 불가능한 것은 아니다.
- 성인기의 신체적 노화는 성인기의 효과적인 학습환경 조성에 반영되어야 한다.
  예 조명의 밝기, 소리의 크기 등 지각의 변화에 대한 배려
- 선천적인 요인으로 생물학적으로 결정된 지능인 수리 능력, 공간지각 능력 등의 유동적 지능(fluid intelligence)은 나이가 들어가면서 쇠퇴하는 경향이 있다.
- 언어 능력이나 문제해결 능력 등의 후천적인 교육과 경험에 영향을 받는 결정적 지능(crystallized intelligence)은 지속적으로 증가하는 경향이 있다.
- 나이가 들면 단기 기억은 감소하고, 일생동안 저장할 수 있는 장기 기억은 안정적이 된다.

㉡ 심리적 특성을 통한 이해
- 성인의 심리적 상태는 학습에 직접적으로 영향을 준다.
- 성인은 자기분야에서의 경험이 오랜 기간 축적되면서 고집이 세지고 경직되기 쉽다.
- 내향성과 조심성이 증가하여 새로운 것을 시도하는 것에 대한 두려움이 있다.

- 새로운 것을 받아들이고 도전하기 위해서는 충분한 학습 시간과 자신감을 고취시키는 동기부여가 함께 제공되어야 한다.

ⓒ 사회적 특성을 통한 이해

- 다양한 사회문화적인 역할과 책임이 부여된다.
- 책임 이행의 과정으로써 성인교육을 요구한다.

ⓔ 성인학습자에 대한 기본적인 인식 및 이해

- 성인은 보다 독립적이고 자기 주도적이며 생애 경험을 많이 축적한 존재로 인식된다.
- 풍부하고도 다양한 생애 경험을 보유하고 있으므로 이러한 경험에 기반한 실제적 자극을 제공하고 학습 이익을 검증해야 한다.
- 학습자로서의 성인은 스스로 선택적으로 학습상황에 참여는 경우가 많아 학습에 대한 비용과 시간을 투자하기 전에 얻을 이익, 그리고 참여하지 않았을 때 가질 손실에 대해 탐색한다.
- 구체적이고 직접적인 목표가 있는 주도적 학습을 선호한다.

② 학습 참여 동기

㉠ 목표 지향형 동기

외부적 기대	권위 있는 사람의 기대나 다른 사람의 권유에 부응하기 위해서 학습에 참여한다.	• 다른 사람의 지시나 권유에 따르기 위해 • 형식적 권위를 지닌 사람의 기대사항들을 수행하기 위해 • 다른 권위자의 권고사항을 수행하기 위해
전문성 향상	직업에서 더 높은 지위를 차지하거나 향상된 전문지식을 습득하기 위해 또는 경쟁에서 뒤처지지 않기 위해 참여한다.	• 직업에서 더 높은 지위를 차지하기 위해 • 전문성을 높여 직업적 안정과 진보를 보장하기 위해 • 경쟁에서 뒤떨어지지 않기 위해

㉡ 활동 지향형 동기

사회적 관계	새로운 친구를 사귀거나 폭 넓은 인맥을 확보하기 위해 참여한다.	• 개인적 교제와 친밀함을 충족시키기 위해 • 새로운 인맥을 형성하기 위해
도피, 자극	새로운 삶의 활력과 에너지를 위해 참여한다.	• 지루함으로부터 벗어나기 위해 • 가정이나 일로부터 자신의 여가를 내기 위해 • 남은 생애에서 진일보한 차이를 내기 위해
사회적 복지	사회 공동의 가치 향상 목적에 부합하기 위해 참여한다.	• 지역사회나 인류에 봉사할 수 있는 능력 향상을 위해 • 공동체에 대한 기여를 위해 • 공동체 작업에 참여할 수 있는 기회를 만들기 위해

ⓒ 학습 지향형 동기

지적 호기심과 인지적 흥미	새로운 것을 배우는 학습 그 자체에 대한 흥미와 욕구로 참여한다.	• 단순한 학습 욕구 충족을 위해 • 지적 호기심을 추구하기 위해 • 개인의 탐색과 성장을 위해

2 성인학습 이론

성인학습의 특성을 반영하여 효과적인 학습을 이해할 수 있는 다양한 이론이 있다.

① 앤드라고지(andragogy)

ⓐ 개념
- adult를 뜻하는 andros(성인)와 agogus(이끈다. 지도한다)를 합성하여 '성인들의 학습활동을 돕는 기예와 과학'이라는 뜻을 가지고 있다.
- 성인학습을 일반적인 학습과는 다른 관점에서 이해하여 성인으로서의 특성 및 성인학습의 동기나 목적 등에 따라 학습 방법이 달라져야 된다는 이론이다.

ⓑ 의미
- 성인학습자는 기본적으로 아동이나 청소년과는 다른 발달 단계를 가지고 있는 존재이므로 그 차이점을 교육활동에 반영해야 한다.
- 성인교육은 교수자가 학습자에게 하는 일방적인 지식전달 방식이 아니라, 상호존중과 신뢰, 협동, 상호계획화 등 상호작용에 의한 학습을 강조한다.
- 성인학습자는 일정한 사회적 역할과 지위, 풍부한 경험과 다양한 학습욕구를 지니고 있으므로 새로운 이론과 실행체계를 갖추어야 한다.

② 자기주도적 학습(self-directed learning)

ⓐ 개념

학습자 스스로가 자신의 학습 욕구를 진단하여 목표를 설정하고, 목표달성을 위하여 필요한 인적 또는 물적자원을 선택하며 학습 성과를 평가하는 과정으로 정의할 수 있다.

ⓑ 자기주도 학습과 타인주도 학습의 개념은 다음과 같은 차이가 있다.

자기주도 학습	타인주도 학습
능동적이고 주도적	의존적

자율적	지시에 따르는 수동적 방식
긍정적인 자아 효능감	타율적이고 제한된 자아 효능감
내적인 요인으로 동기화됨	외적인 요인으로 동기화됨
깊이 있는 참여	표면적인 참여
정신적 초점에 우선권을 둠	정신적 초점이 산만함
초인지적 인식	초인지적 인식이 제한됨

ⓒ 자기주도학습의 3요소

동기 – 동기적 측면	학습을 시작하게 하는 내적인 힘
인지 – 자기 관리의 측면	실질적이고 효율적인 전략. 계획, 점검, 평가
행동 – 자기 통제의 측면	스스로 자신의 행동을 통제, 시간을 조절, 도움을 요청

③ 전환학습(transformative learning)

ⓐ 개념

특정 인식이나 관행을 무비판적이고 습관적으로 받아들여졌던 것들에 대해 자아성찰이라는 과정을 통해 '근본적인 변화'를 시도하기 위한 과정을 학습의 과정으로 이해한다.

ⓑ 의미

- 자신의 일상 경험이 지니고 있는 의미들을 새롭게 해석하고 미래의 행동지침을 새롭게 만들어 가는 과정이다.
- 무비판적으로 답습해 온 '준거틀'(의미관점, 사고습관, 마음가짐)을 비판적으로 성찰하고 보다 개방적인 태도로 확장·통합하여 자신의 삶에 도움이 되는 방향으로 새로운 관점을 확장해가는 과정이다.
- 전환학습은 신념과 의미구조에 전환을 가져 올 수 있기 때문에 다른 사람의 목적, 가치, 신념을 무비판적으로 수용하는 것으로부터 자유로울 수 있게 한다.

ⓒ 개조주의 학습

- 비판적 사고를 통해 개인의 삶과 행동에 변화가 생김으로써 이것이 사회적 차원에서의 새로운 전환으로 이어지는 것을 주목하는 이론이다.
- 전환학습의 개인적 차원의 관점이 사회적 관계망으로 확장되어 타인과 공유하는 학습을 강조하는 것이다.
- 개조주의 학습은 전환학습의 포괄적 범위의 이론이다.

④ 경험학습(experience leaning)

　㉠ 개념

　　현실생활 속에서 겪는 직접적인 경험이 학습에 직·간접적 영향을 미치는 것에 초점을 맞춘 이론이다. 여러 방면의 다양한 경험을 통해 학습한 결과는 인턴십, 역할극, 시뮬레이션 기법 등과 같은 다양한 학습 방법으로 활용된다.

　㉡ 경험학습의 의미

　　－ 학습은 경험에 근거한 지속적 과정이며 결과가 아니라 과정이다.

　　－ 학습자는 전 생애에 걸쳐 학습하는 존재로서 능동적으로 자신의 경험을 구성한다.

　　－ 학습자의 경험적 특성은 학습자가 학습 과정에 적극적으로 참여하고 학습 경험을 통해 자기 개발을 위한 반성을 촉진하는 요인으로 인식된다.

　　－ 학습은 갈등을 해결하는 도구이자 수단이며, 이러한 학습 과정은 의식적이고 조직적인 형식적 맥락뿐만 아니라 무형식적인 차원에서도 이루어진다.

　　－ 서로 다른 문화적 배경과 경험은 학습 형식에 영향을 미쳐 다양한 학습 문화의 근간이 된다.

• 콜브(Kolb)의 경험학습 4단계 모델

콜브(Kolb, 1984)에 의하면, 사람들은 구체적인 경험을 하고 그러한 경험을 다양한 관점에서 성찰한다. 그러한 성찰에 기초하여 학습한 경험을 수정하거나 재규정한 후 토론을 통하여 간접적이거나 실제적인 문제에 직접적으로 적용함으로써 검증한다.

• 경험학습 사이클(단계) : 경험(정보)을 이해하고 변형시키는 과정

1단계 구체적 경험 단계	2단계 관찰과 성찰 단계	3단계 추상적 개념화와 일반화 단계	4단계 실험과 검증 단계
구체적이고 실제적인 경험을 하는 단계	경험을 해석하고 반성하는 단계	관찰하고 성찰한 내용을 논리적으로 통합하여 개념화 하는 단계	개념화한 이론을 실제 적용하는 행동적인 실험 단계

〈콜브의 경험에 의한 학습 순환〉

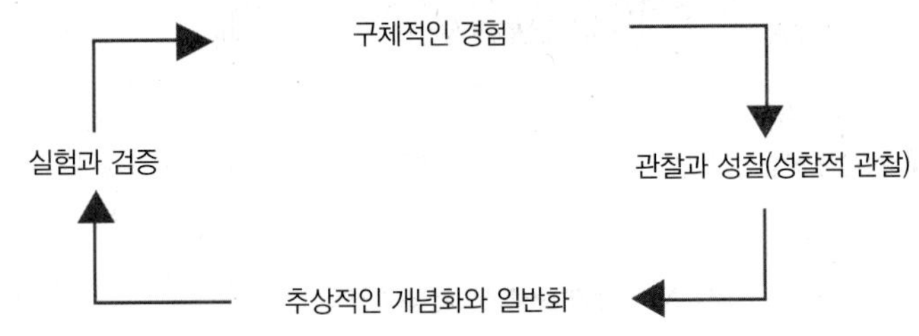

⑤ 조직학습

㉠ 조직학습(organizational learning)의 개념과 특성

- 조직학습이란 조직 환경에 적합성을 증대시키기 위해 새로운 지식, 신념, 가치, 능력 등을 탐색하고 습득하여 적용하는 과정을 말한다.
- 한 사람의 조직행동 변화로 조직 내 다른 사람의 행동변화를 촉발하고 영향을 미쳐 상호간의 행동변화를 수반하도록 하는 집단적 학습 과정이다.
- 조직수준에서 학습이 이루어지는 현상으로, 조직이 주체가 되어 학습목표와 비전을 실행하는 학습 과정이다.
- 조직학습은 공개적 성찰, 의미 공유, 공동 계획, 협동과 실천과정을 거친다.

㉡ 학습조직(learning organization)의 개념

- 제도화된 조직학습이 반복, 습관적으로 이루어지는 조직을 '학습조직'이라 하며, 늘 새로운 학습으로 위기 상황에서도 능동적으로 대처할 수 있는 역량을 갖춘 상태의 조직을 의미한다.
- 정보를 조직의 요구에 맞게 가공하여 조직 구성원이 공유하고 일상업무에 적용함으로써 새로운 지식을 창출하고 이를 조직의 성장발전을 위해 지속적이고 조직적으로 전달·학습한다.
- 학습조직은 수평적이며 팀으로 기본단위를 구성하여 창의적인 문제해결과 혁신을 위해 개별 구성원들에게 권한을 부여한다.
- 학습조직 성원 스스로가 전략과 계획, 학습주제 등을 설정하도록 한다.

다양한 성인학습 이론의 서비스 현장 적용

서비스 현장에서의 교육, 학습을 운영함에 있어 앞서 배운 이론들은 어떤 의미를 가지고 또 어떻게 적용할 수 있을까요? 다음의 각 사례를 통해 구체적으로 현장에 접목해 보기 바랍니다.

① 앤드라고지 : 서비스 현장에서의 교육, 훈련은 성인학습으로써의 특수성을 고려해야 합니다. 따라서 일반 학습처럼 일방적인 훈육, 전달의 분위기가 아닌 상호 존중, 신뢰를 바탕으로 진행되며 이를 학습의 목표 설정과 학습 환경의 조성 등에 직접 반영해야 합니다.

   예 오전 Break Time에 편안한 분위기에서 차를 한 잔씩 나누며 본사에서 내려온 주요 지침과 매출 목표에 대해 이야기 나눈다.

② 자기주도학습 : 가장 효과적인 학습이자 하나의 문화로 형성될 수 있는 방법입니다. 따라서 스스로 학습할 수 있도록 관리자는 효과적인 방법을 조언해 주고 격려해 줄 수 있습니다.

   예 매달 스스로 필요한 학습 주제를 선정하여 학습 방법과 실천 방안을 정하고 함께 공유한다.

③ 전환학습 : 서비스 제공자는 유연성과 자기성찰 능력이 필요합니다. 자신의 생각이나 관점을 고정화시키지 않고 새로운 관점을 받아들일 수 있을 때 고객의 니즈를 발견할 수 있습니다.
> **예** 고객 불만 상황을 가정하고 매우 다양한 관점의 질문을 통해 고객의 입장을 새롭게 바라보게 한다. 역할 연기 등을 통해 고객의 관점, 관찰자의 관점에서 새로운 질문을 받고 대답해 보게 한다.

④ 경험학습 : 서비스 현장에서는 매우 다양하고 역동적인 경험을 하게 됩니다. 이러한 경험은 서비스 종사자의 발전적 에너지가 되며 이를 학습의 기반이자 방법으로 활용할 수 있습니다.
> **예** 분기에 한 번 고객 응대 경험을 통해 배우고 적용한 케이스를 함께 공유하고 축적한다.

⑤ 조직학습 : 서비스 현장의 역동성과 다양성은 혼자만의 경험이나 노하우로는 한계가 있습니다. 함께 공유하고 학습하는 문화는 서비스 종사자의 직업적 만족을 높이고 동시에 조직의 건강한 성과 향상에 큰 의미가 있습니다.
> **예** '화법 연구회'가 구성되어 있어 현장의 성공적인 화법을 서로 공유하고 스터디를 통해 함께 개선시키면서 롤플레잉을 통해 꾸준히 체득하고 있다.

3 교육훈련

1) 교육훈련의 개념

① 교육훈련의 의의

역량과 태도가 우수한 서비스 제공자는 동일한 품질의 상품, 서비스를 제공하여도 더 높은 고객 만족과 가치를 생산해 내게 된다. 이에 따라 인적 자원에 대한 지속적인 투자와 개발이 선행되어야 하며 이는 조직 내 교육훈련에의 투자로 이어지게 된다. 효과적인 교육훈련은 직원의 행동, 지식, 동기를 변화시키는 체계적 과정으로 인식할 수 있다.

② 교육훈련의 효과

㉠ 기업 자산으로써의 인재를 육성하고 기술을 축적함으로써 양질의 상품 및 서비스를 고객에게 제공할 수 있게 된다.

㉡ 기업과 구성원 모두가 성장할 수 있는 기회를 창출한다.

㉢ 직원들의 자기발전 욕구를 충족하고 능력 개발의 기회를 제공함으로써 성취동기를 부여한다.

㉣ 기업과 직원, 직원과 직원 간의 화합에 도움이 되며 직원들의 고용 만족도를 높여 고용 안정화를 추구할 수 있다.

㉤ 교육훈련 과정은 기업 내 역동적인 의사소통의 채널이 될 수 있다.

2) 교육, 훈련 및 개발

① 교육, 훈련 및 개발(education, training, and development)의 차이점

방법	교육	훈련	개발
초점	기초적인 직무지식과 태도의 육성(knowledge)	현재 직무의 업무기능과 기술(skill)	현재와 미래의 직무수행 능력(ability)
대상	개별 종업원(개인목표 강조)	개별종업원, 집단(조직목표 강조)	개인, 집단, 조직 전체
내용	개념, 이론	실무, 기능	이론, 실무
시간	직접, 장시간	직접, 단기간	간접, 장기간
특징	기초적인 직무지식 배양(전체적, 객관적, 체계적 과정)	현재 업무기술의 결점 보완 및 향상(개별적, 실제적, 구체적인 관점)	미래의 직무수행 능력 배양

② 교육훈련 계획 설계

서비스 조직 및 기업의 교육담당자는 교육훈련 프로그램을 작성하고, 교육훈련을 실시하기까지 해야 할 기본사항, 즉 니즈(needs) 파악에서부터 계획(plan), 실시(do), 평가(see) 등 교육훈련 전반을 관리한다.

㉠ 교육훈련 계획이란 교육훈련 체계에 입각해서 개개의 교육훈련 과정을 실시하기 위한 구체적인 추진방법을 말한다.

㉡ 교육훈련 계획은 단지 교육훈련 활동만이 아니라 교육훈련 주변관리와의 관련성도 포함하며, 비교적 단기간의 프로그램이다.

㉢ 교육훈련 계획은 훈련결과를 평가하는 기준이 되며, 차기 교육훈련 계획 입안 때 개선의 실마리가 된다.

Chapter 02 교육훈련의 종류와 방법

조직 내 구성원들의 역량 강화 등을 위한 교육훈련은 그 목적과 대상자 등에 따라 다양한 종류와 방법으로 구분해 볼 수 있다. 교육훈련의 종류별 목적과 방법을 명확히 하여 실제 서비스 현장의 역량 강화에 적용할 수 있도록 이해해야 한다.

1 장소 구분에 의한 교육훈련의 종류

1) 직장 내 훈련(OJT)

① OJT의 정의

OJT(On-the-Job Training)는 일상의 업무를 통해 직원을 교육하는 일을 의미한다. 피교육생은 직무에 종사하면서 지도 교육을 받게 되는데 교육을 지도하는 지도자의 업무 추진 사항, 결과에 대한 평가 등을 다양하게 보고, 경험하면서 실질적인 업무 수행에 필요한 교육훈련을 받게 된다.

㉠ 특징
- 업무 수행이 중단되는 일이 없어 현장 업무 투입이 즉각 일어난다.
- 업무 수행 중에도 구체적인 사안 별로 직접적인 학습이 가능하다.
- 피 교육생의 능력에 맞는 맞춤형 현장 교육이 가능하다.
- 지도자인 동료, 선배, 리더와의 친밀감이 조성되며 협력 체계가 강화된다.
- 교육훈련에 추가적인 시간이나 비용이 발생하지 않으며 실질적인 훈련이 가능하다.
- 비교적 조직의 실무 현장에서 일어나게 된다.
- 지도자는 단순한 지휘, 감독자가 아니라 업무 수행과정에서 실질적으로 직원의 능력 향상을 책임지는 책임자로서의 역할을 수행하게 된다.

㉡ 유의점
- 지도자의 높은 자질과 책임감이 요구된다. 지도자의 역량에 따라 교육훈련의 효과가 달라질 수 있다.
- 지도자의 업무 수행에 지장을 초래할 수 있다.
- 동시에 여러 직원을 훈련하기에는 어렵다.
- 교육훈련의 내용이 체계화되기 어렵다.

② OJT의 목적

㉠ 피 교육생의 업무 추진 의욕을 불러일으키는 것과 함께 업무 개선과 효과적인 관리, 부하 직원 육성 및 조직 내 인간관계 개선 등의 일상 관리 전반에 영향을 미침으로써 결과적으로 조직 전체의 종합 능력을 높이고 일상 업무를 보다 효과적으로 달성하기 위한 것이다.

㉡ 구체적 목표
- 일을 효율적으로 할 수 있도록 한다.
- 조직의 팀웍을 개선하고 강화한다.
- 개인의 성장에 도움이 되게 한다.

③ OJT 지도과정과 실시

제1단계 – 배울 준비를 시킨다.	편안하게 한다. 어떤 작업을 하는지 말한다. 그 작업에 대해서 어느 정도 알고 있는지 확인한다. 작업을 배우고 싶은 기분이 되도록 한다. 올바른 위치에 자세를 취하도록 한다.
제2단계 – 작업을 설명한다.	중요한 스텝(step)을 하나씩 말해서 들려주고, 해 보이고, 기록해 보인다. 급소를 강조한다. 확실하게, 빠짐없이, 끈기 있게, 이해하는 능력 이상으로 하지 않는다.
제3단계 – 시켜본다.	시켜보고 잘못을 시정한다. 시켜보면서 작업을 설명하도록 한다. 다시한번 시켜보면서 급소를 말하도록 한다. 완전히 이해할 때까지 확인한다.
제4단계 – 가르친 결과를 본다.	작업에 종사시킨다. 모를 때에 답변할 사람을 지정해 둔다. 몇 번이고 조사한다. 질문하도록 작용한다. 차츰 지도를 줄인다.

2) 직장 외 교육훈련(Off JT)

① 정의

직장 외 교육훈련은 교육훈련담당 전문 스태프의 책임 하에 실시하는 방식으로 OJT를 제외한 모든 교육을 지칭한다. 직장에서의 실무 또는 작업을 떠나서 교육훈련을 담당하는 전문 스태프의 책임 하에 집단적으로 교육을 실시하는 방법을 말한다.

② 특징 및 유의점

- 전문가의 지도 하에 동시에 많은 직원들에게 통일된 교육을 실시하여 교육훈련에 전념하기 위한 방법이다.
- 직무 부담에서 벗어나 새로운 교육훈련에 전념하게 하는 효과가 있다.
- 기업과 조직의 입장에서는 업무 중단에 따른 어려움과 교육훈련 비용 지출 등의 단점을 가지게 되므로 체계적인 준비와 계획이 수반되어야 한다.
- 업무수행 과정에 즉시 활용하기 어려운 점이 있다.

1) 신입직원 교육훈련

① 교육훈련의 목적

- 새로운 환경에 적응하고 직무에 대한 흥미와 직무수행 능력을 제고(提高)하게 한다.
- 견습 기간 중이나 채용 후 일정기간 동안 회사에 관한 제반사항을 습득한다.
- 조직 비전과 가치 공유를 통해 개인의 발전 가능성에 대한 비전을 가질 수 있도록 한다.
- 조직 문화를 이해하는 계기가 되도록 한다.

② 주요 내용

- 직무에 관한 요건이나 근무태도 등 조직 생활에 필요한 기본적인 역할과 규범 등
- 기업의 경영 이념 및 조직 문화
- 업무를 이해하기 위한 제반 기업 내·외부의 환경 및 지식
- 조직 생활의 기본 매너, 기초 지식
- 조직 내 업무 협조를 위한 체계

2) 일선 종업원 교육훈련

① 교육훈련의 목적 : 기존 조직 구성원에 대해 특정 서비스 및 작업에 대한 역량과 지식 습득에 중점을 둔다.

② 다양한 교육훈련 방식

- ㉠ 기능공 훈련 및 직업학교 훈련 : 외부의 전문 직업학교에 위탁하여 훈련받는다.
- ㉡ OJT 및 현장훈련 : 실제 업무 현장에서 감독자의 지시를 받아 기능과 지식을 습득하거나 숙달된 선임으로부터 직접 지도를 받아 서비스 역할을 습득한다.
- ㉢ 실습 훈련 : 현장 상황을 가정하거나 특정한 실습설비를 활용하여 훈련한다.
- ㉣ 프로그램 훈련 : 기본적인 내용을 설명하고 난 후 정해진 프로그램에 맞는 문제를 출제하여 피훈련자를 평가함으로써 성과에 따라 기능훈련의 수위나 서비스의 수준을 높여 가는 훈련방식이다.

3) 감독자 훈련

① 서비스 현장 업무의 최일선에서 서비스 종사자와 일대일 접촉을 통해서 이들을 지휘하고 감독하는 계층이다.

② 지도요원이나 현장 감독자에 대한 교육으로써 기술력과 통솔력 그리고 서비스 현장 감각을 동시에 보유하고 우수한 기술자, 유능한 관리자, 탁월한 통솔자로서의 역할을 수행할 수 있도록 하는 교육이다.

③ 전문가로서의 역할뿐만 아니라 서비스 종사자들의 지도와 관리 능력을 보유하는 일반 관리자로서의 역할이 동시에 요구되기 때문에, 조직 구성원에 대한 지도와 통솔 그리고 관리 역량이 교육훈련 내용에 포함되어야 한다.

4) 중간 관리자 훈련

① 하위 관리자 교육훈련

㉠ 중간 관리자에 맞는 서비스 역량의 숙련도 향상을 위한 교육

㉡ 조직 내에서 기본적인 인간관계에 관한 교육

② 중간 관리자 교육훈련

㉠ 보다 광범위한 경영문제가 다루어진다.

㉡ 경영원칙과 관리자로서 필요한 관리 기술을 지도 · 육성한다.

㉢ 하위 관리자보다 상대적으로 폭 넓은 소통과 리더십 교육이 요구된다.

5) 경영자 훈련

중간 관리자에 비해 더 높은 수준의 리더십과 비전제시 능력이 요구되며 환경변화에 따른 기회와 위협요인을 파악하고 그것들과 내부 자원들을 연결시키는 고도의 전략업무를 수행해야 하므로 '정책 및 전략적 의사결정'의 교육중심으로 사례연구 방법이나 토론, 이론과 실제가 연결되는 내용이 활용된다.

3 경력 개발

① 의의

기업의 목표와 개인의 욕구가 합치될 수 있도록 개인의 경력(승진경로)을 장기적 · 계획적으로 개발하는 것이며, 이는 조직 몰입을 위해 매우 중요한 수단이다.

② 목적

㉠ 종업원의 성취동기 유발

종업원에게 승진에 대한 가능성, 자기발전의 가능성과 비전을 제시하여 성취동기를 유발하는 것을 그 목적으로 한다.

ⓛ 인재확보 및 배치

경력관리는 인재의 효율적인 양성과 확보 및 배분을 통해 조직의 유효성을 증대시키는 것을 그 목적으로 한다. 경력관리를 통해 종업원 노동의 질을 향상시키고 이직을 방지하며 후계자 양성을 기함으로써 인재 확보 및 배분에 기여한다.

③ 구성요소

경력 목표	미래의 직위
경력 계획	경력 경로의 구체적인 선택
경력 개발	경력 계획 달성을 위해 개인 또는 조직이 실제로 참여하는 활동

④ 경력관리의 원칙

㉠ 경력경로의 원칙 : 경력관리는 명확한 경력경로를 확립하고 그 원칙을 고수한다. 기업의 모든 직위는 계층적인 경력경로로 구성되고 정의되며 평가되어야 한다.
  예 팀원 – 선임 – 매니저 – 팀장 – 본부장 – 임원 – 대표 등의 경력경로 설계

㉡ 적재적소 배치의 원칙 : 경력관리는 종업원을 적재적소에 배치하는 것을 원칙으로 한다. 이를 위해서는 직무의 자격요건과 종업원의 적성과 능력 및 선호에 대한 충분한 정보를 파악하여야 한다.
  예 고객 상담실 – 커뮤니케이션 역량과 종합적인 업무 흐름의 이해가 가능한 직원을 배치

㉢ 자체 후진양성의 원칙 : 경력관리는 기업 내부에서 자체적으로 유능한 인재를 육성하고 확보하는 것을 원칙으로 한다.
  예 외부 인재를 스카웃하기보다는 내부 인재 발탁을 우선으로 하는 인사 제도 등

4 교육훈련 방법의 유형

1) 강의법(lecture method)

교육자가 피교육자에게 일방적으로 지식을 전수하는 방법으로 짧은 시간에 다량의 내용을 많은 사람에게 체계적으로 전달할 수 있다는 장점이 있지만 학습자가 수동적 역할로 제약되기 때문에 다양한 활동의 기회를 제한할 수 있다.

예 신상품 안내에 대한 매뉴얼 교육이 실시됨

2) 대화식 교수법(socratic teaching)

교육자와 피교육자 사이에 질문과 대답에 의하여 학습활동이 전개되는 형태로 원활한 의사소통에 의해 사고력, 비판력, 표현력 신장에 도움을 주며 학습에 자극을 주어 흥미와 동기를 유발하며

참여도를 높일 수 있다. 그러나 숙달되지 않은 자가 교육을 했을 경우 비효율적인 수업이 될 우려가 있다.

예 올해 최고의 서비스 사원으로 선정된 선배와의 대화 시간. 올바른 서비스 매너와 불만고객 응대 요령 등에 대한 Q&A와 함께 퀴즈 형식의 질문 학습이 병행됨

3) 구안법(project method)

킬패트릭(Kilpatrick, 1918)이 제안한 학습법으로 스스로가 문제를 찾고 목적을 가지고 계획을 세워 수행하는 학습방법으로 학습자의 흥미에서 출발하므로 스스로 동기부여가 되고 주도적으로 진행할 수 있으며 또한 창조적이고 자발적이며 능동적인 학습을 촉구할 수 있다.

예 매월 구성원들이 하나씩 학습 과제를 선정하고 이를 정리하여 역량 강화를 위해 필요한 학습 계획을 세워 실행한다. 구성원들이 스스로의 지도자가 됨과 동시에 동료 간 주제 발표 및 연구 강의 등을 통해 학습 내용을 공유할 수 있다.

4) 문제법(problem method)

문제해결학습이라고도 하는데, 학습자에게 어떤 문제를 주고 그 해결과정을 통해 지식, 태도, 기능, 기술 등을 종합적으로 획득하도록 하는 학습방법으로 학습자가 자발적인 학습을 할 수 있으며 지식, 태도, 기능, 기술 등의 실제 업무현장에서 직결된 문제를 학습 내용으로 하기 때문에 구체적인 행동과 경험으로 학습할 수 있다.

예 새로 입사한 신입사원에게 서비스 현장의 구체적인 사례를 제시하고 가장 올바른 해결책을 찾아 보고서를 작성하게 한다. 과정 중에 업무 매뉴얼 학습, 선배와의 대화, 과거 유사 사례 학습 등 다양하고 능동적인 학습이 일어나게 된다.

5) 협동학습(cooperative learning)

학습자들이 경쟁보다는 협동을 통해 상호작용하도록 촉진하기 위해 집단보상과 협업기술을 강조하고 학습 능력이 각기 다른 학습자들이 동일한 학습목표를 가지고 소규모 집단 내에서 함께 활동하도록 하기 위한 학습방법이다. 개인이 시도하기 어려운 문제를 협동학습을 통해 주어진 과제에 도전하는데 필요한 적절한 기질, 성향, 태도 등을 개발할 수 있으며 이러한 과정에서 사회적응에도 도움이 된다.

예 서비스 조직 단위별로 하나씩의 경쟁사 분석 및 자사 우위점 찾기 프로젝트가 과제로 부여됨. 각 조직 단위에서는 서비스 현장에서의 다양한 사례와 함께 추가적인 학습, 연구가 병행됨.

6) 역할놀이(role playing)

인간관계의 문제에 대하여 자발적으로 그 입장이 되어 연기해보고, 또 다른 연기자의 행동을 객관적으로 관찰자 입장에서 보고 분석해보는 수업기법으로 고객의 심리를 이해하고 서비스 제공자의 최선의 역할 모델을 탐색함으로써 상황 응대 능력을 연습, 훈련할 수 있다.

예 불만고객에 대한 고객 심리를 이해하고 효과적인 응대 방법을 모색하기 위해 불만고객 응대 역할 놀이를 실시한다. 한 가지 상황을 설정하고 모든 서비스 제공자는 고객 역할과 서비스 제공자 역할을 1회씩 번갈아 가며 실시한다.

7) 액션러닝(action leaning)

성과와 직결되는 이슈나 과제를 정해진 시점까지 선정해 놓고 해결해 나가는 학습방법으로 교육 참가자들이 학습팀을 구성하여 팀 내에서 꼭 해결하고자 하는 실존하는 과제를 팀 전체 또는 각자가 주체가 되어 과제 해결 방안을 도출하는 동시에 그 과정에서 지식습득, 질문, 피드백(feedback), 그리고 성찰을 통하여 과제의 내용 측면과 과제 해결의 과정 측면을 학습하는 프로세스이다.

예 주말 저녁 시간에 대기 시간을 줄이거나 대기 고객의 불만을 해소시킬 수 있는 다양한 방법론을 구상함(서비스 속도의 개선, 대기 안내 시스템의 점검 등). 유사 사례를 조사하고 이를 응용할 경우의 이익과 위험을 판단할 수 있도록 함

8) 컴퓨터 활용학습(computer based instruction)

컴퓨터 활용학습은 컴퓨터 관리수업(CMI; Computer Managed Instruction)과 컴퓨터 보조수업(Computer Assisted Instruction)으로 구분한다.

예 기업의 인트라넷에서 게시된 필수 온라인 교육 과정인 사내 서비스 역량 과정을 수료한다. 원격 북러닝 온라인 프로그램을 통해 필독 도서 교육을 이수한다.

9) 기타

㉠ 교육이수 학점제

직급이나 직종별로 이수해야 할 교육학점을 목표로 설정해 놓고, 그 결과를 승진이나 승격시 일정 부분을 반영하는 제도이다.

㉡ 브레인스토밍

다수의 피교육자가 집단 회의를 열어 자유로운 분위기에서 각 개인의 다양한 의견과 아이디어를 특별한 형식 없이 제시하는 방법으로 효과적으로 진행되면 집단의 창의적인 아이디어를 개발하고 잠재되어 있는 개인의 능력을 발견할 수 있다.

㉢ 사례 연구법

특정 주제에 대한 사례를 배포하여 이에 대해 토론함으로써 공동의 결과를 도출하고 과정상에서 유익하고 주도적인 학습이 진행되도록 한다.

㉣ 실습 교육

직접 배운 내용을 실습하거나 간접적으로 관찰, 실험한 후 이러한 경험한 내용을 바탕으로 학습이 이루어지도록 진행하는 방법이다.

Chapter 03 서비스 코칭의 이해/실행

서비스 현장에서는 새롭고 다양한 문제들에 봉착하게 된다. 또한 심리적 갈등 및 문제 해결을 위한 고민의 과정이 존재하게 되며, 이때 서비스 관리자 및 동료 간에 실행하게 되는 코칭은 매우 효과적이고 실천적인 과정이 된다. 코칭의 기본적인 의미를 이해하고 이를 서비스 현장에 접목함으로써 서비스 현장의 관리자 및 서비스 제공자 모두의 업무 만족도와 서비스 품질을 높일 수 있다.

1 코칭의 이해

1) 코칭의 정의

① 코칭의 기본 개념

㉠ 코칭은 개인의 잠재력을 최대한 확장하여 스스로 문제를 찾아 해결하고 주도적인 인재로 성장시키는 상호존중의 쌍방향 리더십이다.

㉡ 코칭은 상대방에게 동기를 부여하고, 업무성과를 향상시키며, 역량개발을 증진시키는 과정에 활용되는 대화 스킬이다.

㉢ 코칭은 코치가 상대방에게 직접적으로 문제 해결의 답을 제시하기보다는 스스로 해결할 수 있도록 긍정적인 영향을 미치는 것에 중점을 둔다.

㉣ 지시나 명령이 아닌 경청과 질문대화를 통해 상대방이 결과를 이끌어 낼 수 있도록 돕는다.

② 코칭 철학

코칭은 다음과 같은 세 가지 기본 철학을 전제로 한다.

- 모든 사람에게는 무한한 가능성이 있다.
- 그 사람이 필요로 하는 해답(최종적인 인생의 목적 사명 등)은 모두 그 사람 스스로 가지고 있다.
- 그 해답을 찾기 위해 파트너(코치)가 필요하다.

2) 코칭의 필요성

코칭이 필요한 공식적인 상황	코칭이 필요한 비공식적인 상황
• 목표를 설정할 때 • 성과를 측정해야 할 때 • 급여 보상에 대한 검토를 요할 때 • 경력 개발에 대해 논의할 때 • 오리엔테이션을 할 때 • 업무의 진행과정을 검토할 때	• 특정 프로젝트나 과제를 다룰 때 • 팀 구성원의 성과 향상을 지원할 때 • 지속적인 성과 증진에 대해 토의할 때 • 결근이나 지각 등 문제 사항 개선을 토의할 때 • 동기가 부족할 때 • 품질 문제가 발생할 때 • 실천 약속을 관철해 나갈 때 • 의사소통에 문제가 있을 때 • 고객의 불만 처리가 요구될 때

3) 조직 내에서의 코칭 효과

① 개인의 성장과 업무 수행 능력을 촉진한다.

② 상사와 동료로부터 신뢰를 얻고 협력하여 좋은 성과를 얻는다.

③ 팀원에게 동기를 부여하여 팀의 목표를 효과적으로 달성한다.

④ 상호존중과 소통의 조직문화를 통해 보다 높은 성과와 가치를 창출한다.

⑤ 개인의 특성이나 역량을 존중하고, 조직의 힘을 활용하여 성과를 창출한다.

⑥ 공통의 목표에 대한 실천 약속을 지키게 한다.

⑦ 장점을 개발하고 개선점을 보완하도록 돕는다.

⑧ 상대방이 변화의 필요성을 인식하고 실행하게 한다.

⑨ 상대방이 의사결정과 문제해결을 창의적으로 하도록 돕는다.

2 서비스 코칭

1) 서비스 코칭 개요

① 서비스 코칭은 피코치(상대방)의 잠재력이나 가능성을 스스로 이끌어내게 하기 위해 경청과 질문을 활용하는 쌍방향 대화 프로세스이다.

② 서비스 코칭은 서비스 현장에서 '스스로 생각하고 스스로 행동하는' 자율적이고 자립적인 인재육성을 위한 것이다.

③ 서비스 현장의 조직문화가 상호소통적인 대화를 통해 '주도적이고 학습적인 조직'으로 형성되면서 조직 전체의 리더십 수준과 성과 향상을 주도한다.

④ 서비스 코칭은 각 개인의 자아실현과 조직의 목표를 모두 충족하기 위한 리더십 도구 중 하나이다.

2) 서비스 코칭의 목적 및 기대효과

① 서비스 현장에서 발생할 수 있는 각종 문제의 근본 원인을 규명하여 전체적인 맥락을 이해하고 효과적인 대책을 강구할 수 있게 된다.

② 현장에서 고객 니즈를 효과적으로 이끌어내어 고객만족서비스의 결과를 창출함으로써 단순한 고객만족 차원을 넘어 충성도 높은 고객층까지 확보할 수 있는 경쟁력을 갖출 수 있다.

③ 현장 접점직원의 성과를 향상시키기 위해 효과적으로 업무수행의 피드백을 제공하여 새로운 면을 발견하고 잠재력을 활용할 수 있게 한다.

④ 적절한 동기부여 스킬을 적용함으로써 지속적으로 업무에 몰입하게 하고 실제 상황에 적용하게 한다.

⑤ 사내 직원들 간에 커뮤니케이션이 원활해지고 팀워크가 육성되면서 조직이 유연해지고 업무에 있어서 성과향상을 촉진할 수 있게 된다.

3) 서비스 코칭을 위한 리더의 자질

서비스 리더는 긍정적인 영향을 미치면서 이끄는 사람이다.	긍정적인 영향력 행사를 통하여 상대방의 태도를 변화시키고 공동의 선을 추구해나가는 목표달성 과정에 요구되는 리더의 자질
서비스 리더는 분명한 목표와 방향을 설정하는 사람이다.	리더십은 공동의 목표를 이루어 나가기 위해 영향을 미치고 추진해 나가는 과정이다. 리더의 목표의식은 비전과 연관된 것이며, 리더십이란 비전을 현실로 옮기는 능력이다. 리더로서 갖추어야 할 역량 중에서 비전 제시는 핵심 역량 중 하나라 할 수 있다.
서비스 리더는 열정적인 에너지를 불어 넣는 사람이다.	리더는 목표의식과 더불어 열정을 불어넣는 가슴이 뜨거운 사람이어야 한다. 주변사람을 감화시키고 변화시키는 열정적인 태도로 고객을 감동시키고 고객 삶의 질을 개선해 나가며 긍정적인 서비스 문화를 창출해야 하는 책임과 소명을 실천할 수 있다.
서비스 리더는 관계를 촉진하며 강화시켜 나간다.	리더는 일정 규모 이상의 구성원을 리드해 나가는 사람이다. 따라서 구성원 간의 관계를 조화롭게 연결하고 단합하게 하여 공통의 목표를 효과적으로 달성하는 역할을 수행한다. 구성원과의 신뢰 관계 구축을 기반으로 역량을 발휘하고 비전을 제시함으로써 효과적인 목표성과를 이루어야 한다.
서비스 리더는 전문성을 갖춘 혁신가이다.	서비스 리더는 서비스 전문지식으로 무장된 고객관리 전문가로서 서비스에 대한 자기이해와 철학, 그리고 전문가다운 직업정신과 마인드 구축을 위해 제반 전문지식과 서비스 기술 등을 보유하여야 한다. 또한 서비스 환경변화에 능동적이고 주도적으로 대처하는 혁신적인 사고와 비전을 갖추어야 한다. 혁신은 변화무쌍한 시장에서 다양한 고객을 만족시키는 특화된 차별점을 만들어내기 위한 자질이다.
서비스 리더는 상대방의 역량을 강화시키고 개발한다.	• 상대방을 지지하며 긍정적인 태도와 마인드를 갖추어야 한다. • 상대방의 능력을 이끌어내고 촉진하는 안목을 갖추어야 한다. • 공감과 경청의 자세를 갖추고 토론 주최자로서의 역할을 해야 한다. • 설득력 있는 대화 능력과 협상 능력을 갖추어야 한다. • 상대방의 강점을 더욱 강화시키고 개발할 수 있는 기회와 환경을 제공해 주어야 한다. • 멘토의 역할을 하며 상대방을 기다려주는 사람이어야 한다.

리더의 특징

① 추진력(drive) : 성취욕이 강하며 야심에 차 있고 끊임없이 열정적으로 노력하는 높은 수준의 삶의 지표를 가지고 있다.

② 자신감(self-confidence) : 리더는 자긍심과 자부심이 강하며, 추종자들은 목표와 의사결정에 대한 당위성을 확신시켜주는 자신감에 차 있는 리더를 원한다.

③ 전문성과 전문 지식(Job-relevant Knowledge) : 탁월한 리더는 자신의 분야에 대한 높은 수준의 지식과 경험을 가지고 있다. 이러한 전문성은 리더로 하여금 올바르게 정책을 결정하고 의사결정에 관련된 복잡한 문제들을 효율적으로 처리하는데 도움을 준다.

④ 리드하고자 하는 열망(Desire to Lead) : 리더들은 다른 사람들을 리드하고 그들에게 긍정적인 영향을 미치기 위한 강렬한 욕구를 가지고 있으며 기꺼이 책임을 감수하고 헌신하고자 하는 열망이 있다.

⑤ 통찰 또는 예지력(intelligence) : 리더는 다양한 변화와 많은 양의 정보를 해석하고 통합하기 위한 통찰과 예지력을 갖추어야 한다.

3 서비스 코칭 실행

1) 코칭 대화를 위한 프로세스

① GROW 모델

㉠ GROW 모델 프로세스

	단계	핵심	유의점
G	Goal	목표 설정 (원하는 바람직한 결과 찾기)	• 상대방 스스로 자신의 목표를 이끌어 낼 수 있도록 돕는다. • 기업에서는 개인의 목표와 조직의 목표를 동시에 고려해야 한다.
R	Reality	현실 점검 (현실적 문제 파악)	• 건설적인 피드백을 통해 현재의 문제점과 개선점을 스스로 인식하게 한다. • 현실의 문제점과 현황을 객관적으로 파악하게 한다.
O	Option	대안 탐색 (실행 설계)	• 실행 가능한 대안들을 이끌어 낸다. • 대안에 대한 브레인스토밍과 실행 가능성을 탐색한다.
W	Will	실행 의지 (실행 점검)	• 심리적 저항이나 장애요소를 확인하고 제거한다. • 실행의지나 약속 점검하기

GROW 모델 질문 예시

단계		예시
G	Goal	• 어떤 결과를 원하십니까? • 원하는 목표가 달성되면 어떤 것이 달라질까요? • 당신의 목표가 달성된 것을 무엇을 보고 알 수 있을까요? • 혹시 목표를 수치화해서 표현한다면 어떻게 가능하겠습니까?
R	Reality	• 자신의 현재 상황은 어떻게 보고 있습니까? • 지금 어떤 문제를 개선하고 싶은가요? • 무엇을 가장 열정적으로 할 수 있고 즐거운 일이 될까요?
O	Option	• 실행 가능한 방법으로는 어떤 것이 있을까요? • 그것을 해결하기 위해 어떤 지원이나 도움이 필요할까요? • 지금 당장 어떤 일부터 할 수 있을까요?
W	Will	• 예상되는 장애나 어려움은 무엇이며 어떻게 해결할 수 있을까요? • 스스로 평가해 볼 때 어떤 점을 보완하고 개선하면 도움이 될까요? • 그 목표를 달성하기 위해 어떤 방법으로 언제까지 해결 가능할까요?

② 코칭 실행의 4단계

㉠ 1단계_목표 설정하기

- 피코치가 스스로 목표를 설정할 수 있도록 이끌어 주면서 동시에 목표나 방향을 명확하게 제시해 주는 단계
- SMART 목표 정하기

Specific	구체적이고 실제적인 목표	좋은 서비스(×) 고객 만족도 평가 우수 점포(O)
Measurable	측정 가능한 목표	좋은 평가(×) 본사 평가 순위 3위권 내 진입(O)
Attainable	달성 가능한 목표	곧바로 10배 성장(×) 분기별로 최소 5단계 성장(O)
Realistic (혹은 Relevant)	현실적인 목표 (중요도의 의미)	기쁠 것 같다(×) 나의 진로에 큰 의미가 있다(O) 그러면 좋겠다(×) 10점 중 8점에 해당하는 중요도(O)
Time limited	정해진 시간	언젠가는 반드시(×) 올해 안에 달성(O)

ⓛ 2단계_현재 진행 과정 평가하기

- 피코치가 현재까지 이루어낸 결과에 대해 진지하고 공정하게 평가하고 피드백 하는 단계
- 건설적인 피드백을 통해 행동 실행의 과정 및 결과, 개선점을 확인하고 스스로 마무리 하도록 이끌어야 한다.
- 자료의 수집과 성과 달성 여부에 대한 이유 탐색 과정이 포함된다.

ⓒ 3단계_다음 단계 계획하기

- 목표 수정이나 더 많은 지원 등 다음 단계에 무엇을 할 것인가를 함께 논의하는 단계
- 새로운 원인과 대안 전략을 찾아내기 위한 브레인스토밍의 단계
- 선택 대안들의 폭을 좁혀서 최선의 대안을 고려한다.

ⓔ 4단계_변화 행동 지원하기

- 피코치의 재능, 역량, 기술 등을 향상하여 더 높은 성과를 낼 수 있도록 코치가 환경 조성, 정보나 자료 제공, 지식 공유 등을 통해 적극 도와주는 단계
- 역할 모델이 되어 주고 피코치를 이해하고 있음을 지속적으로 표현하는 것이 필요하다.

플러스 tip

코칭과 다른 유사 방식들과의 차이점

- 코칭 : 스스로 답을 찾고 성장할 수 있도록 자극하고 이끌어주는 과정이다.
- 컨설팅 : 해당 분야의 전문가가 해답을 가지고 노하우나 솔루션을 제공해주는 것이다.
- 카운슬링 : 심리적 교양과 기술을 갖춘 전문가가 주로 심리적 문제에 대해 상담하여 치유하는 과정이다.
- 멘토링 : 스승과 같은 입장에서 모델로서 답을 제시하고 성장을 도우면서 인도하는 것이다.

---

2) 코칭 스킬

① 코칭 대화의 기본적인 특성

- 코칭 대화는 피코치자에게 긍정적인 영향력을 미치고 코칭 목적의 달성을 촉진한다.
- 코칭 대화는 피코치자의 생각을 확장할 수 있어야 한다.
- 피코치는 코치와의 관계에서 '공식적 선언'을 함으로써 자신의 약속과 결심을 실행에 옮길 수 있도록 지원군을 얻는 것과 같은 효과를 갖는다.
- 상대방 스스로 답을 찾고 행동하도록 이끄는 과정이다.

② 질문 스킬

　㉠ 코칭에서 질문의 의의

　　－ 질문에 대한 대답은 스스로에게 가장 강력한 동인으로 '자기설득'의 효과가 있다.

　　－ 사고의 전환을 유도하여 상대방의 사고와 행동, 삶을 변화시키는 도구체계이다.

　　－ 공감, 수용, 진정성 등 인간관계의 핵심요소를 언어로 전달하는 방식이다.

　　－ 합리적인 논리전개 방식에 대한 탐색이다.

　　－ 질문은 스스로에게 던지는 질문과 다른 사람에게 던지는 질문 모두를 포함한다.

　　－ 코칭 대화에서는 여러 수준의 질문을 각각의 목적과 특성에 따라 달리 사용한다.

　㉡ 코칭 질문의 다양한 형태

　　－ 대화에서 영향력의 수준에 따라

제1 수준	일반적 정보를 얻기 위한 '질문–답변' 형식의 질문
제2 수준	대화의 흐름을 바꾸거나 다른 프로세스를 진행시키기 위해 환기가 필요할 때 사용된다.
제3 수준	피코치자의 생각을 열어 해답을 찾아가는데 직접적인 영향을 미칠만한 강력한 질문을 하는 것이다. 이러한 질문은 주변상황이나 외부적인 것에 대한 것보다는 존재 자체를 자극함으로써 의식의 깊이를 통찰하게 하는 고도의 심층적 질문법이라 할 수 있다.

　　－ 질문 형식에 따른 형태

질문 형식	내용	효과	형식
열린 질문방식(개방형)	• 상대방으로부터 보다 상세한 설명과 정보를 얻기 위한 질문 • 상대방이 자유롭게 대화할 수 있도록 개방해주는 질문 • 상대방의 관점, 의견, 사고, 감정까지를 폭넓게 이끌어 낼 수 있는 확장된 질문법	• 보다 포괄적인 정보들을 얻을 수 있음 • 상대방이 확산적 사고를 할 수 있도록 유도하는 효과	누가, 언제, 어떻게, 무엇을, 어디서로 시작 • 언제까지 보고서를 끝낼 수 있을까요? • 누가 이 주제로 발표하겠습니까? • 성과 향상을 위해 무엇을 할 수 있을까요? • 지금 하는 일에 만족한다면 어떤 부분이 좋은가요?
닫힌 질문방식(폐쇄형)	• 상대에게 명백한 사실을 요구하는 단정적이고 한정적인 질문 • 답변을 제한하도록 한정하는 질문 방식	• 결정을 유도해야 할 경우 • "예"라는 긍정적 답변을 의도적으로 유도할 때 활용 • 사고를 수렴하는 효과	'예' 혹은 '아니오'의 답변이 나오는 질문 • 보고서는 끝났나요? • 성과 향상을 위해 이것을 하시겠습니까? • 지금 하는 일에 만족하시나요?

| 지향성 질문 | 질문을 듣는 사람이 어떤 방향으로 갈지를 제시하고 유도하기 위한 질문 | 명령이나 지시보다 참여를 적극 유도하는 효과 | '어떤', '만일~라면'으로 시작하는 질문
• 이번 회의에서 A와 B 중 한 명이 발표했으면 하는데, 어떤 것이 좋을까요?
• 만일 다른 지원이 있다면 할 수 있을까요? |

서비스 현장에서 사용할 수 있는 다양한 질문 예시

아래의 질문들은 서비스 현장에서 관리자 및 상급자가 구성원을 코칭하는데 있어 유용한 질문 사례입니다.

- 내(팀, 조직)가 원하는 것은 무엇입니까?
- 이번 분기의 목표는 무엇입니까?
- 이번 프로젝트를 통해 배울 수 있는 것이 있다면 무엇입니까?
- 여기에서 성과를 얻을 수 있는 방법이 있다면 무엇입니까?
- 지금의 상황을 개선하기 위한 가장 좋은 방법이 있을까요?
- 이것을 성공시키는데 있어 나의 역할은 무엇이라 생각합니까?
- 예전에 효과가 있었던 방법은 무엇이 있습니까?
- 이것을 하는데 어떤 방식이 유용합니까?
- 여기에서 도움이 될 수 있는 사례를 찾는다면 무엇이 있겠습니까?
- 성취하고자 하는 결과는 무엇입니까?

변화를 위한 질문

- 변화하지 않고 지금과 같은 방식을 계속 고수한다면 어떠한 일이 일어날 것인가? 그 일은 우리와 어떤 관계가 있는가? 어떠한 영향을 줄 수 있는가?
- 변화하기 위해 가장 먼저 할 수 있는 행동은 무엇인가?
- 지금 변화를 시도한다면 어떠한 결과가 예상되는가?

ⓒ 효과적인 질문하기
- 적극적 경청과 상대방(피코치)의 관점을 반영하는 질문을 한다.
- 과거형이 아닌 미래형으로, 부정 질문보다는 긍정 질문으로 질문한다.
- 피코치의 생각을 확장시키는 개방형 질문을 상대적으로 더 많이 사용한다.
- 발견, 통찰력, 노력, 행동을 불러일으키는 질문을 한다.

플러스 tip

삶을 변화시키는 질문의 기술

마릴리 애덤스는 〈삶을 변화시키는 질문의 기술〉이란 책을 통해 어떤 질문을 하느냐에 따라 어떤 결과를 맞이하게 되는지를 보여 준다. 학습자의 길과 심판자의 길로 나누어지며 학습자의 길은 많은 선택이 열려 있고 사려 깊으며 문제해결에 초점을 둔, 윈윈의 관계로 가는 길이며 반면 심판자의 길은 무의식적 반발과 비난에 초점을 맞춘 승패의 관계로 접어든다. 심판자의 질문은 "누구 탓이지? 내가 상처받을 수도 있겠지?"식의 부정적이고 폐쇄적인 방식이라면, 학습자의 질문은 "내가 책임질 일은 뭘까? 내가 배울 점은 뭘까?"라는 식의 긍정적 전환을 한다는 것이다.

심판자 (승패 관계)	학습자 (문제 해결, 윈윈의 관계)
자신과 다른 사람에 대해 판단하려 든다.	자신과 다른 사람을 받아들인다.
반동적이고 습관적이다.	책임을 지려하고 사려 깊다.
모든 것을 아는 식이고 독선적이다.	앎의 방식을 다양하게 받아들인다.
경직되고 엄격하다.	사고가 유연하고 적응력이 강하다.
편견이 심하다.	호기심이 많다.
방어적이다.	열려 있다.
단정적이다.	개방적이다.

③ 경청 스킬

㉠ 경청의 의미

- 적극적, 공감적 경청을 통해 코칭 과정에서 상대방의 마음을 열고 신뢰를 형성하게 된다.

일반적인 듣기	경청의 듣기
정보 파악을 위한 단순한 듣기	상대방을 이해하는 수단으로써 정보수집과 상황파악을 위한 듣기
자신의 입장으로 듣는 것	자신의 입장을 비우고 상대방의 관점에서 듣는 것
상대방의 표현 그 자체를 듣는 것	표현 이상의 의도, 감정, 정황을 들어 깊은 이면의 의미와 뜻을 헤아리며 듣는 것

- 경청은 상대방의 입장에서 듣기 때문에 객관적인 관점을 취하게 할 뿐만 아니라 자기반성과 자기성찰의 기회를 준다.

ⓛ 경청의 단계

1단계 주관적 경청	상대방의 의견이나 생각에 집중하는 것이 아니라 자신의 관점에서 판단하고 자신의 의사에 따라 대화를 이끌어가는 방식
2단계 상대방 중심의 경청	상대방이 하는 말을 들으면서 언어적 표현 그 이상의 것을 듣는다. 즉 어조, 말의 속도, 표현된 감정을 읽어 자신의 관점이 아닌 상대방의 관점에서 듣는 방법
3단계 직관적 경청	코치 자신의 직관을 통해 언어나 비언어적 표현에 의한 것 이상의 이면의 의미와 들리지 않는 에너지, 감정을 읽어내는 듣기방법이다. 즉, 표면적 해석을 넘어서 보다 심층에 대한 직관을 필요로 하는 듣기 방법이다.

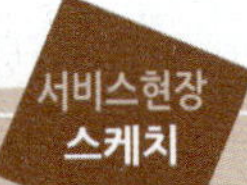

경청을 방해하는 본능

세상에는 두 부류의 사람이 있다고 합니다. '말을 하고 있는 사람'과 '말을 하려고 기다리는 사람'입니다. 말을 듣는 사람은 없습니다. 경청의 어려움을 이야기하고 있는 것이지요. 경청이 강조되고 있는 이유는 그 만큼 실천이 어렵고 '나의 본능'을 거스르지만 '상대의 본능', 즉 욕구를 충족시키기 때문입니다. 따라서 경청은 단순히 의지만의 문제가 아니라 명확히 그 효과를 이해하고 실천하는 현실적인 문제입니다. 상대의 잠재적 역량을 끌어내고 스스로 문제를 해결하게끔 하는 코칭은 상호 신뢰가 절대적으로 필요한 대화이므로 경청이 매우 중요합니다. 경청은 상대가 더 많은 이야기를 할 수 있도록 하고 상대방이 더 진심으로 자신의 내면을 꺼내놓을 수 있도록 하는 역량이라 할 수 있습니다.

ⓒ 경청의 유형

소극적 경청	적극적(반영적) 경청
• 수동적으로 들어 주는 형태이다. • 상대방의 이야기에 대해 질문하거나 반박하는 것과 같은 외형적 표현을 하지 않고 듣는다. • 수동적 경청기술은 수용과 인정을 나타내고 감정에 갇힌 사람이 계속해서 말을 할 수 있도록 격려해 주는 효과가 있다.	• 적극적으로 반영하며 들어주는 형태이다. • 자신이 상대방의 이야기에 집중하고 있다는 것을 상대가 지각할 수 있도록 외현적인 표현을 하면서 듣는 형태이다. • 상대방의 말을 적극적으로 반영함으로써 호감을 불러일으키며 말하는 사람으로 하여금 자신이 이해받고 있다는 느낌을 받게 함으로써 열린 대화가 가능하게 한다.

ⓔ 적극적(반영적) 경청의 방법과 중요성

 – 피코치가 표현한 것 이상의 의도, 감정, 정황까지도 듣는 적극적 경청은 피코치의 마음을 열어 신뢰를 형성하게 한다.

 – 반영하기(reflecting) : 상대방이 전달하고자 하는 내용을 반영하여 표현함으로써 자신이 이해하고 있는 정도를 상대방에게 나타내 보이는 것이다. 상대방으로 하여금 대화 과정에 몰입하여 참여하게 하는 효과가 있다.

- 공감 : 상대방이 전달한 내용에 대한 사실적인 이해의 수준을 넘어 주관적인 정서
  상태에 대해 이해하는 수준이다. 이러한 공감은 상호 신뢰를 높이고 더 깊은 수준의
  의사소통 과정을 유도하게 한다.

3) 서비스 현장에서의 코칭 과정

① 코칭 활동의 다양한 실패

㉠ 코칭 활동의 환경적 제약

- 시간적 제약 : 일상적인 업무와 긴급한 문제들로 인해 코칭을 활용할 수 없는 경우
- 리더의 태도 : 지시, 감독이 익숙하여 코치로서의 역할에 적합하지 못한 경우
- 경직된 조직 문화 : 리더의 책임과 권한이 약하고 의사소통의 문화가 취약한 경우

㉡ 피코치의 저항

- 피코치의 개인적 성향 및 견해로 인한 저항 : 거만함, 두려움, 오해, 불편함, 업무의
  과중, 조언의 거부, 변화의 필요성을 못 느낌
- 코치(관리자)에 대한 피코치의 저항 : 관리자의 능력에 대한 지각, 다른 코치에 대한
  선호, 관리자에 대한 불편 및 불신, 다른 코치를 선호함 등
- 조직의 문화에 관한 저항 : 자원의 부족, 위험을 감수해야 하는 문화
- 코치의 대처 방안 : 근본적인 원인을 이해하고 피코치에 맞추어 코치가 변화해야 할
  것이 무엇인지를 결정하고 좀 더 창의적이고 효과적인 방법을 모색한다.

② 다양한 코칭 상황

㉠ 동료 간 코칭

- 특징 : 서로를 지원해주는 관계로써 동료 간의 시너지를 추구할 수 있으며 상호 비슷한
  위치와 과제가 있으므로 이해하기 쉽다.
- 서로 도움을 주고받을 것에 대한 상호간의 사전 동의가 전제가 되어야 하며 코칭의
  목적을 분명히 하고 고민과 과제를 편안하게 공유할 수 있는 수준에서 진행되어야
  한다.

㉡ 상사 코칭

- 특징 : 모든 사람은 코칭이 필요하다는 생각으로 진행하며 조직의 상사가 훌륭한 업무
  수행을 하도록 돕는 것은 구성원의 성공에 매우 중요한 요소라는 인식으로 진행한다.
- 상사가 잘 하고 있는 것을 알려주고 상사가 코치인 부하직원의 피드백을 어느 정도
  수용할 것인지를 미리 파악한다.

Chapter 04 정서적 노동의 이해 및 동기부여

서비스 현장은 고객과의 최접점으로 다양한 고객의 요구와 반응에 대해 적절히 응대하여야 한다. 정해진 매뉴얼대로 진행할 수 없는 다양한 상황과 고객의 감정적 대응에 응대하는 것으로 인해 발생하는 어려움을 이해하고 이를 적절히 해소하는 것은 서비스 제공자는 물론 관리자에게 매우 중요한 것이다.

1 내부 마케팅과 정서적 노동의 이해

1) 내부 고객과 내부 마케팅

① 내부 고객의 개념

- 내부 고객(internal customer) : 기업의 내부 동료이자 직원. 외부 고객이 원하는 것을 효과적으로 제공하기 위해 중요한 일을 담당하며, 내부 직원들의 역할과 위치를 제대로 인식하고 존중하지 못한다면 외부 고객에게도 최고의 서비스를 제공하기 어렵다.
- '나'를 중심으로 한 상사, 부하, 동료는 물론 경영자, 관리자, 생산자, 판매 서비스 요원 등 가치를 생산하고 판매하는 종업원 모두로 정의한다.

② 내부 고객의 중요성

- 기업이 제공하는 상품 및 서비스는 결국 내부 고객에 의해 생산되고 전달되기 때문에 최종적인 가치 생산자가 이를 어떻게 인식하는가라는 역량, 태도의 부분은 매우 중요하다.
- 기업의 지속적인 경쟁 우위를 위해서는 기업 브랜드의 이미지를 보여주는 서비스 종사자들인 내부 고객의 태도와 행동이 외부 고객의 만족도와 직접적인 연관이 있다.

③ 내부 고객 만족

㉠ 내부 고객 만족이란
- 종업원의 욕구와 기대를 충족시켜주는 것
- 내적 요인 : 직무와 관련된 사항
- 외적 요인 : 임금, 신분 상승, 역할 갈등, 조직 구조, 업무 분위기 등

㉡ 내부 고객 만족의 의의
- 내부 고객의 만족은 외부 고객이 인지하는 서비스 품질에 긍정적인 영향을 미치게 된다.
- 기업이 내부 고객의 기대와 욕구를 정확히 인지하여 이들을 만족시키면 외부 고객의 만족을 극대화시킬 수 있는 서비스 향상을 기대할 수 있다.
- 내부 고객의 만족은 궁극적으로 기업의 성과와 발전에 긍정적인 영향을 미친다.

④ 내부 마케팅

　㉠ 내부 마케팅의 개념

　　종업원을 고객으로 생각하고 이들 기업 구성원과 기업 간의 적절한 마케팅 의사전달체계를 유지함으로써 외부 고객들에게 보다 양질의 서비스를 제공하려는 기업 활동이다.

　㉡ 내부 마케팅의 의의

　　- 서비스 종사자들이 스스로 만족할 때 비로소 고객의 욕구만족을 위한 능력을 향상시킬 수 있으므로 조직이 구성원의 만족을 위해 활동하는 마케팅 영역이다.

　　- 내부 고객을 만족시키고 내부 고객의 고객 지향적 사고를 확립시켜서 대외적으로 외부 고객 마케팅을 효율적으로 수행할 수 있도록 개발한 마케팅 이론 및 기법이다.

　　- 내부 마케팅은 서비스 품질관리를 위해 직원을 교육훈련하고 동기를 부여하는 활동이다.

　㉢ 내부 마케팅의 역할과 목적

임직원의 동기부여와 만족을 추구하여 경쟁력 있는 문화를 창조한다.	임직원들에게 조직의 철학을 전달하고 높은 직무 만족도를 보유할 수 있도록 동기부여함으로써 경쟁사들과 차별화를 이루어 궁극적으로 지속가능한 경쟁력을 갖춘 조직으로 성장할 수 있다.
고객 지향적 목표를 달성하도록 서비스 품질을 향상시킨다.	고객과의 접점에 있는 임직원들이 고객 또는 시장 지향적인 태도를 지니게 함으로써 기업의 고객 지향적 목표를 달성할 수 있다. 따라서 기업은 고객으로서의 임직원을 만족시켜야 하고 고객 지향적인 임직원들을 양성하는 방법에 초점을 맞추어야 한다.
기업 전략의 실행과 변화 관리에 주요한 도구로 활용된다.	내부 마케팅은 조직의 구성원들이 모두 조직의 성공을 위해 일하게 함으로써 기업의 전략을 실행하는데에 도움을 주며 다양한 부서를 통합시키고 부서들 간 마찰과 충돌을 극복하는 방안이다.

　㉣ 내부 마케팅의 주요 요소

내부 커뮤니케이션	구성원들의 감정, 욕구, 동기유발을 촉진하고 조직 내부의 주요한 정보의 통로로써 기능함. 다양한 의사결정에 참여할 수 있는 개방적이고 자율적인 문화를 형성하는 것과 동시에 공식적인 커뮤니케이션의 통로는 구성원의 행동을 통제하기도 한다.
교육훈련	고품질 서비스를 위한 직원의 능력을 개발하여 기업의 전략을 이해하고 전략적 사고, 운용 서비스 노하우 숙지 등 서비스 태도를 구축하기 위해 지속적으로 진행되어야 한다.

권한 위임	현장에서의 고객 요구와 문제에 신속하게 대응하고 주인의식을 통해 동기를 부여함으로써 적극적이고 유연한 서비스 활동을 수행하게 한다.
보상 시스템	기업의 서비스 철학과 전략에 맞는 우수한 인재를 확보·유지하기 위해서 필요한 합리적이고 필수적인 도구
고용 안정성	외부 고객과의 상호 작용을 충실히 수행하기 위한 전제로써 서비스 품질과 고객 만족을 증진시킨다.
경영층의 지원	통합적인 인적 관리가 지속적으로 이루어지기 위한 지원. 일선 종사자들이 조직 활동에 적극 참여하고 제안하는 조직 문화 형성을 위한 최고 경영층, 중간 관리자, 감독자의 역할
정서적 노동 문제 관리	정서적 노동을 이해하고 이에 맞는 물리적 환경을 설계. 적절한 자원을 선발하고 직무에 배치함. 교육, 훈련 등을 통한 스트레스의 완화

2) 감정 노동 관리

① 감정 노동

㉠ 알리 러셀 혹실드(Arlie Russell Hochschild, 1983)의 감정 노동(emotional labor)의 개념
  – 모두들 볼 수 있도록 표정을 짓고 행동을 표현하기 위한 감정의 통제

㉡ 감정 노동의 의미
  – 개인적 감정 관리의 의미 : 외적으로 관찰 가능한 표정이나 몸짓을 표현하기 위한 정서나 감정 관리를 말한다.
  – 조직 통제로써의 의미 : 조직이 요구하는 감정을 표현함에 있어 소요되는 노력, 계획 및 통제의 정도를 포함하며 조직의 감정 관리 요구를 수행하지 못했을 경우에 당하게 되는 조직의 통제를 경험하는 노동이다.
  – 개인적 감정과 조직 규범의 차이 발생의 의미 : 감정 노동은 업무 내에서 규정되고 있는 감정 표현과 개인적인 자아가 경험하는 실제 감정의 표현 사이에서 발생하는 차이를 조직의 표현 규범에 맞게 조절하는 개인적인 노력이다.

② 감정 노동의 특성

감정은 인간의 보편적인 삶의 질에 중요한 가치를 지니는 요소이다. 일반적인 감정 조절과 다른 감정 노동의 특성에는 차이가 있다.

㉠ 일반적인 감정조절은 개인의 정서조절 주체가 개인에게 있는 반면, 감정 노동은 개인의 정서조절 주체가 문서화되고 제도화된 계약에 있다.

㉡ 일반적인 감정조절은 업무 내용에 있어서 부수적인 것으로 취급되는 반면, 감정 노동은 순전히 감정 노동만을 위하여 별도의 교육, 특강, 연수, 훈련, OJT 등의 프로그램이 편성된다.

ⓒ 일반적인 감정조절은 (업무 '내적'에서 만나는 사람들인) 회사 동료나 상사들, 부하들과의 관계에서 나타나는 반면, 감정 노동은 (업무의 대상인) 고객들과 직접적으로 대면 접촉하여 자신의 감정을 상품으로써 판매한다.

ⓔ 일반적인 감정조절은 그 자체만으로는 직무 평가의 대상이 되지 않지만 감정 노동은 감정 노동의 역량이 지속적으로 감시되고 평가되며 직무 실적에 반영된다.

③ 감정 노동 수행의 네 가지 차원

㉠ 감정 표현의 빈도

조직은 고객이 요구하는 적절한 감정 표현을 규정하고 이를 준수할 것을 서비스 종사자에게 요구하며 규정된 감정 표현의 빈도를 높이려고 하며 그 빈도만큼 감정 노동을 경험한다.

㉡ 바람직한 감정 표현이 요구되는 강도

조직이 요구하는 감정 표현 규범의 강도가 높으면 종사자는 더 강한 감정 노동을 경험하게 된다.

㉢ 요구되는 감정 표현의 다양성

조직이 요구하는 감정 표현의 다양성이 증가되면 종사자는 감정 노동을 더욱 깊이 지각하게 되며 특정 상황에 적합한 감정을 표현하기 위해 더 많은 노력과 에너지를 기울이게 된다.

㉣ 감정적 부조화

감정 표현의 규범과 실제 종사자 자신의 개인적 감정의 차이에서 발생하는 심리적 격차가 클수록 더 많은 감정 노동을 수행하게 된다.

④ 감정 노동의 관리

㉠ 원활한 소통과 커뮤니케이션 활성화를 통해 조직 내 유대감을 형성함으로써 긴장과 스트레스를 해소한다.

㉡ 정확한 기준과 원칙하에 자율성을 가진 조직문화를 만든다.

㉢ 직무특성관리를 한다.
  - 시간적 압력, 직무의 자율성, 직무 책임감, 고객 서비스를 위한 이미지 개선

㉣ 개인특성 관리를 한다.
  - 개인의 특성과 감정 조절력 강화
  - 개인의 자기조절 능력 향상
  - 업무에 대한 의미와 진정성 제고

감정 노동이 미치는 영향

감정 노동의 결과에 대한 두 가지 관점

긍정적 관점	부정적 관점
• 안면환류가설(facial feedback hypothesis) – 웃는 표정만으로도 실제 행복감이 전달된다는 가설로 실제 연구에 의해 일부 증명됨 – 서비스 종사자의 의도적인 친절, 미소는 내면에 긍정적 영향을 미침 • 긍정적 직무 만족의 관계 – 감정 노동 종사자들 간의 돈독한 동료애 형성 – 익숙한 감정 노동자들은 불쾌한 상황에 대해 심리적 거리를 조정하여 스트레스를 관리하는 능력을 보유하게 됨	• 노동의 소외감을 초래함 – 자신의 실제 감정과 분리된 감정을 표현함으로써 오는 부조화 – 지속된 부조화는 자신을 진실하게 표현하지 못하게 하며 두려움을 겪음 – 타인과의 감정적 관계 형성에 어려움을 겪게 됨 • 직무 만족과 조직 몰입에 부정적 영향 • 직무 스트레스 수준 상승 및 감정적 고갈을 경험하여 신체적, 정신적 문제 야기

3) 직무 스트레스 관리

① 직무 스트레스 정의

㉠ 근로 환경에서 직무 요건이 근로자의 능력(capabilities)이나 자원(resources), 바람(needs)과 일치하지 않을 때 생기는 유해한 신체적, 정서적 반응이다.

㉡ 직무 스트레스는 특정 직무와 관련된 부정적 환경 요인, 개인의 불편한 감정, 개인 자신의 욕구나 능력 및 성격이 환경적 요구와 일치하지 않을 때 발생한다.

② 스트레스의 두 가지 측면

바람직하지 않은 스트레스 (distress ; 디스트레스)	사람에게 고통이나 해로움을 주는 스트레스로써, 주로 어떤 사건을 예측하지 못하거나 조절할 수 없는 경우에 나타난다.
바람직한 스트레스 (eustress ; 유스트레스)	긍정적인 자극이나 행복감을 증진하는데 도움을 줄 수 있는 바람직한 스트레스로써, 사전에 이미 계획된 것이거나 한 개인의 생활에 잘 적응된 변화이다.

③ 직무 스트레스 요인

스트레스 요인	시간적 압박과 복잡한 과제	구성원이 스스로 업무를 조절할 수 있는지의 여부에 따른 업무 요구도, 잔업, 교대 근무, 과부화된 업무 등
	물리적 환경	불쾌한 환경. 물리적 또는 인간공학적 유해요인 등

	조직 업무 구조와 역할 갈등	업무 요구사항이 불분명하거나 전망이 결여되고 책임 범위가 명확하지 않은 경우 등 역할의 모호성, 갈등 및 경쟁 등
	조직 외적 요인	해당 산업의 문화 풍토, 업무와 관련은 있지만 조직 차원을 뛰어넘는 요인들. 지역사회, 고용 불안, 경력사항 등
	비직업적 요인	업무 외적 스트레스 요인. 개인, 가족, 인간 관계 등
변형 요인	개인적 요인	스트레스 반응에 대한 잠재적 변형 요인. 행동양식, 개인적 자원 등
	환경적 요인	스트레스 반응을 약화시키는 사회적 지지로써 감정적 지지, 자존심의 확인, 정보 제공 등의 여부

**변형 요인 : 같은 스트레스 요인에 노출되더라도 결과물인 스트레스 반응에 영향을 주는 특별한 요인

④ **직무 스트레스 예방관리 방법**

㉠ 개인적 차원

- 직무환경(근무 교대 주기, 시간관리) 등의 조정
- 생활 스타일(업무 외 생활, 여가시간 활용, 긴장 완화 방법 모색) 관리
- 사회적 지원(친구, 가족 및 동료와의 관계, 전문가 상담 등)

㉡ 조직적 차원

- 과업의 재설계, 의사결정에 관한 직원들의 참여를 늘리는 참여적 관리
- 융통성 있는 작업계획과 물리적 환경의 개선
- 각 구성원별 수행역할을 명확히 정의하는 역할분석(role analysis)과 구성원의 개인적 성향을 고려한 업무 배치
- 구성원 개인의 직무에 대한 구체적인 목표 설정(goal setting)과 적극적 피드백
- 복리후생 프로그램 및 조직 내 의사소통 향상

2 동기부여의 이해

1) 동기부여의 개념

① **동기부여의 정의**

㉠ 동기

- 동기란(motive) 개인의 행동을 야기시키는 내적인 추진력을 말한다.
- 목표지향적인 행동을 유발하도록 지시하고 유인하며 격려함으로써 행동을 촉진시키도록 자극하고 고무하는 내적 상태

- 개인이나 집단의 목표를 효율적으로 달성하고 동시에 보수를 욕구수준 이상으로 증대시키기 위하여 자발적인 에너지를 유인하는 행위이다.
- 인간 행동의 주요 원인이다.

ⓛ 동기부여
- 동기부여(motivation)는 원래 '움직인다(to move)'라는 의미를 지닌 라틴어의 'movere'에서 유래된 것으로, 목적 달성을 위해 행동을 자극하고 방향을 주며 유지하는 일련의 심리적인 과정을 말한다.
- 인간의 상태를 능동적이고 동태적인 상태로 변화시키기 위하여 인간행동에 주요 동기를 자극하고 부여하는 것을 의미한다.
- 조직의 목표달성을 위해 조직 구성원이 자발적인 노력을 하도록 조직화시키는 것이다.
- 동기부여는 개인의 욕구를 만족시킨다는 조건하에서 조직의 목표를 향해 높은 수준의 노력을 경주하려는 의지이다.
- 조직의 리더는 목표 지향적인 종업원의 행동을 자극하고 유발시키기 위해서 재무적 또는 비재무적인 보수와 보상을 보장함으로써 동기를 부여한다.

② **동기부여의 효과**

㉠ 인적 자원의 효과적인 관리와 팀의 활력을 불어 넣는데 효과적이다.

㉡ 결과에 직접적으로 영향을 미치며 궁극적으로는 원하는 목표를 달성하기 위한 것이므로 업무성과 향상에 크게 도움이 된다.

㉢ 적절한 동기부여는 팀원들을 지원하고 촉진하여 조직분위기를 긍정적으로 전환하며 원하는 결과를 더 쉽게 달성할 수 있게 한다.

2) 동기부여 이론

① 내용이론

'인간을 동기부여시키는 것이 무엇인가(what)'를 다루는 이론이다.

㉠ X이론과 Y이론
이 이론은 더글러스 맥그리거(Dougles McGreger)에 의해 제시된 것으로, 조직생활과 관련된 인간의 행동을 상반되고 이중적인 정반대의 2가지 방식으로 정의한 것이다.

구분	X이론	Y이론
이론적 전제	인간은 본래 게으르며 일이나 책임에 대해 무관심하기 때문에 어떤 일을 달성하려면 강요나 징계를 통해서 행동을 통제하고, 상황에 따라 상을 주어야 한다는 가설을 전제로 한다.	인간은 일을 싫어하지 않기 때문에 성취감을 즐기고, 자신이 맡은 것에 대해서는 최선을 다한다는 가설을 전제로 한다. 자신의 일에 대해 책임을 다하며 성취감을 즐기고 만족감을 느낀다. 일을 긍정적인 경험으로 만들기 위한 방법을 추구하는 경향이 있다.
구체적인 가정	• 인간은 본래 일을 싫어하며 가능하다면 그것을 피하려 한다. • 대부분의 인간이 적절한 노력을 쏟을 수 있게 하려면 통제, 지시하고 강제하는 등의 처벌을 가해야만 한다. • 인간은 지시 받기를 좋아하며 책임을 회피하려 하며, 비교적 야심이 없고 무엇보다도 안정만을 추구한다.	• 인간은 자기에게 부여된 목표에 대해서 자기조정 능력을 가지고 자율적으로 자기관리를 하려한다. • 적절한 조건만 주어진다면 보통의 인간은 책임을 받아 들일뿐만 아니라 책임을 기꺼이 찾기까지 한다. • 조직문제의 해결을 위한 고도의 상상력, 창조력을 발휘할 수 있는 능력은 소수에 한정되어 있는 것이 아니라 일반적으로 가지고 있는 능력이다. • 인간의 지적인 잠재력은 단지 부분적으로만 활용되고 있다.
동기부여 방식	• 통제와 지시로 관리 • 철저한 감독 • 물질적 보상 • 수직적 통제에 의한 조직	• 자율과 책임 • 자긍심과 자기 효능감 • 정신적 만족과 성취감 • 개방적인 수평적 조직

ⓛ 욕구단계 이론

- 에이브러햄 매슬로우(Abraham Maslow)는 인간의 욕구를 단계별로 설명하였다.

- 욕구는 기본적으로 하위 단계가 충족되어야만 비로소 상위 단계의 욕구를 원할 수 있고 새로운 목표도 세울 수 있다고 말한다.

- 이미 충족된 욕구는 약화되며 동기유발요인으로써의 기능을 상실하기 때문에 이러한 이해를 토대로 상대가 어떤 욕구 단계에 있는가에 따른 효과적인 동기부여가 가능하다.

- 욕구단계 이론을 통해 조직의 리더는 구성원이 일정 수준의 단일한 욕구에 동기부여 되는 것이 아니라 시간이 지나고 역량이 개발됨에 따라 더욱 고차원적 욕구에 의해 업무의 몰입도와 적극성이 개발된다는 것을 알 수 있다.

욕구 단계	욕구의 내용
(하위) 생리적 욕구	– 기본적인 의식주와 관련된 생리적 욕구 생리적 욕구는 삶 그 자체를 유지하기 위한 기본적인 인간의 욕구. 즉 의복, 거처, 음식에 대한 욕구와 같은 것이다.
안전욕구	– 직업의 안전성 등 일단 생리적인 욕구가 어느 정도 충족되면 안전 혹은 안전의 욕구가 나타나게 된다. 이 욕구는 근본적으로 신체적인 위험과 기초적인 생리적 욕구의 박탈로부터 자유로워지려는 욕구이다.

소속감과 인정욕구	– 친구나 동료들로부터 인정 이는 소속(affiliation)의 욕구라고도 불리는데, 일단 생리적 욕구와 안전의 욕구가 어느 정도 만족되면 소속감이나 애정의 욕구가 지배적인 것으로 나타나게 된다는 것이다. 인간은 사회적인 존재이므로 어디에 소속하거나 다른 집단에 의해서 받아들여지기 바라는 욕구를 가지고 있다.
존경욕구	– 다른 사람의 평판이나 존중에 대한 욕구 인간은 어디에 속하려는 욕구가 어느 정도 만족되기 시작하면 어느 집단의 단순한 구성원 이상의 것이 되기를 원한다. 즉, 그는 존경에 대한 욕구를 느끼게 된다. 여기에는 자존심과 아울러 다른 사람들로부터 인정받는 것이 포함된다. 이런 존경욕구가 만족되면 자신감, 명예심, 통제력 등이 생긴다.
자아실현의 욕구 (상위)	– 자신이 이루고 싶은 가치나 일 일단 존경의 욕구가 어느 정도 만족되면 다음에는 자아실현의 욕구가 가장 강력하게 나타난다. 이는 지속적인 자기개발과 발견을 통해 자신의 잠재력을 극대화하여 자기를 실현하려는 욕구이다. 이것은 가장 높은 수준의 욕구로써 가장 마지막으로 갖게 되는 욕구이다.

ⓒ 허츠버그의 2요인(동기–위생요인) 이론

프레드릭 허츠버그(Frederick Hertzberg)는 일상에서 긍정적인 동기를 부여하기 위한 행동을 취할 때 중요하면서도 직접적인 영향을 미칠 수 있는 2가지 요인으로 동기와 위생요인을 설명한다.

- 위생요인(hygiene factor)

부정적인 감정을 유발해서 사람들의 동기를 떨어뜨리는 불만족 요인이다. 이러한 것들을 제대로 관리하지 못하면 직원은 불만족을 느끼고 직무만족도와 직무동기를 저하시킨다. 하지만 이러한 요소가 해소되거나 충분히 주어진다 하더라도 그 자체로 직무 동기가 유발되는 것은 아니다.

例 짜증나는 상사/회사 규범과 행정 절차/규정, 관리/업무환경/급여/동료와의 관계

- 동기요인(motivators)

사람들을 기분 좋게 만들어 만족을 느끼게 하는 만족요인으로 긍정적인 동기를 부여하는 중요한 역할을 한다. 업무적 흥미, 도전, 권한 확대와 같은 내적 요소를 통해 동기를 부여받을 수 있다. 직무만족과 직무동기 그리고 직무태도에 영향을 미친다. 하지만 이 부분이 부족하다고 그 자체로 불만족을 초래하지는 않는다.

例 성취감/인정과 칭찬/업무 그 자체/책임감/성장

ⓔ Clayton Alderfer의 ERG이론

인간 행동의 동기를 존재(Existence), 관계(Relation), 성장(Growth)으로 구분한 이론으로 인간의 욕구를 주요한 동기로 다루지만 매슬로우의 욕구단계 이론과 달리 다양한

욕구가 동시에 동기부여의 원인이 된다. 또한 반드시 하위 욕구가 상위 욕구로만 이전하는 것이 아니라 상하 쌍방식으로 이행한다는 점이 다르다.

- 존재 욕구

  인간의 생명과 존재를 보장하는 기본적 욕구로써 생리적 욕구와 안전, 그리고 돈과 물질에 대한 소유 욕구를 포함한다.

- 관계 욕구

  의미있는 인간관계를 형성하고 감정을 공유하고자 하는 욕구로써 소속감과 애정, 존경 등 대인관계를 통해 충족되는 모든 욕구의 영역이다.

- 성장 욕구

  자신의 능력을 개발하여 자율과 성공을 이루려는 욕구로써 개인의 자아 개념과 존재의 의미를 찾으려는 상위 욕구를 포함한다.

② 과정이론

과정이론(process theory)은 '그 과정이 어떻게 이루어지는가(how)'를 다루는 이론이다. 이들은 여러 가지 욕구가 과제 수행 행동이나 동기 수준에 이르는 과정에 초점을 맞추고 있다.

㉠ 기대이론

어떤 행동을 할 때, 개인은 자신의 노력 정도에 따른 결과를 기대하게 되며 그 기대를 실현하기 위하여 어떤 행동을 결정한다는 이론이다. 기대이론에서 개인은 행동의 결과로 나타날 수 있는 성과에 관한 기대를 가지고 있으며, 사람마다 성과에 대한 선호는 다른 것으로 가정한다.

- 기대이론의 변수

노력과 성과의 관계	어느 정도의 노력이 어떤 성과를 달성할 것인가에 대한 판단
성과와 보상의 관계	어느 정도의 성과가 어떤 수준의 보상으로 연결될 것인가의 믿음
보상의 매력도	직무 수행 결과로 얻어지는 보상이 개인적 목표나 중요성에 어느 정도 영향을 미치는 가에 대한 정도

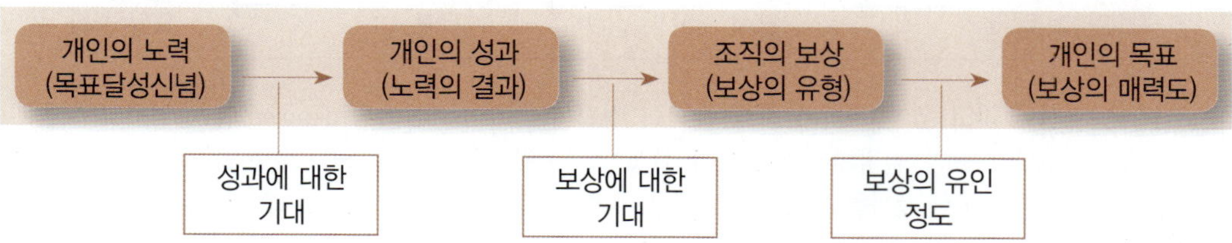

㉡ 공정성 이론

- 조직 구성원은 자신의 투입에 대한 결과의 비율을, 동일한 직무상황에 있는 준거인 (準據人)의 투입 대 결과의 비율과 비교하여 자신의 행동을 결정하게 된다는 아담스 (Stacy Adams)의 동기이론이다.

- 공정성 이론(equity theory)은 사람들이 타인과 비교해서 자신이 얼마나 공평하게 대우 받고 있는가에 대한 개인적인 느낌에 초점을 맞춘다.
- 종업원의 동기 유발을 위해 보상을 결정할 때는 평가하기 위한 비교대상을 고려해야 한다.
- 공정성 이론에 의하면 동기유발에 있어서 중요한 요소는 개인이 보상체계를 공정한 것으로 인식하고 있는지의 여부이다.
- 공정성과 불공정성을 지각하는 경우

불공정성을 지각하게 되는 경우	자신의 산출/자신의 투입 〈 〉 타인의 산출/타인의 투입
공정성을 지각하게 되는 경우	자신의 산출/자신의 투입 = 타인의 산출/타인의 투입

③ 강화이론

강화이론(reinforcement theory)은 '동기부여 과정이 왜 일어나는가(why)'를 다루는 이론이다.

㉠ 심리학자 B. F. Skinner 등에 의해 개발된 학습이론을 기초로 한 강화이론은 과거의 행동 결과를 주기적 학습 과정을 통해 미래의 행동에 영향을 미친다는 이론적 골격을 갖고 있다.

㉡ 조직 구성원이 행동에 따른 결과들에 의해 동기가 부여되므로 이를 조직 전체 동기부여 과정에 활용할 수 있다.

㉢ 행동 수정의 방법에는 긍정적 강화와 회피, 처벌과 소멸이 있다. 동기 부여에 직접적인 영향을 미치는 요인에는 임금, 승진, 신분 보장과 같은 적절한 보상 시스템이 있으며, 이외에는 목표 관리, 행동 수정, 작업시간 변경, 직무 재설계, 직무 확대, 직무 충실화를 들 수 있다.

플러스 tip

로크(Locke)의 목표 설정(goal setting) 이론

목표설정 이론에서는 인간의 행위(동기)는 두 가지의 인지, 즉 가치와 의도(혹은 목표)에 의해 결정되는 것으로 주장되고 있다.

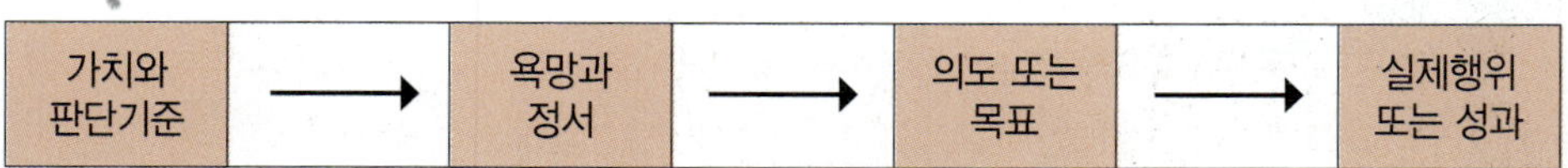

인간은 자신이 갖고 있는 가치가 바탕이 되어 정서(emotions)와 욕망(desires)이 형성되고 이를 토대로 의도나 목표가 설정되므로 자신이 설정한 목표를 성취하려는 의도가 제일 중요한 동기의 힘이 될 수 있다. 또한 성과를 높이는데 기여할 수 있는 목표는 다음의 속성을 갖추어야 한다.

구체성	모호성을 감소시켜 주고, 행동 방향을 명확하게 제시해 주어 성과를 촉진한다.
난이도	다소 어려운 목표는 도전의욕을 일으키며 더 많은 동기를 자극한다.

참여	구성원이 참여하는 경우 성과가 높아진다.
피드백	적절한 피드백은 동기 부여가 된다.
경쟁	적절한 경쟁은 성과를 촉진한다.
수용성	일방적 강요가 아닌 구성원의 자발적 수용이 더 큰 동기를 유발한다.

3) 동기부여 방법과 실행

① 목표 관리(MBO: Management by Objectives)

MBO는 피터 드러커(Peter Drucker)가 1954년에 저술한 『The Practice of Management』를 통해서 학문적으로 널리 알려지기 시작했으며, 'Management By Objectives'의 약어로 '목표에 의한 관리'를 의미한다.

㉠ 목표 관리의 개념

- 목표를 달성하기 위해서 경영자와 종업원들이 설정된 목표에 동의하고 그들이 조직 내에서 무엇을 해야 할 지를 이해해 가는 일련의 과정을 뜻한다.

㉡ MBO의 도입 목적과 효과

- 회사와 개인의 목표를 긴밀히 연결해 경영 목표를 효과적으로 달성할 수 있는 근간을 세운다.
- 스스로의 참여를 통해 목표를 설정함으로써 자율적인 업무 수행이 가능하도록 한다.
- 협의된 목표를 통해 연봉과 승진을 결정하는 명확한 평가기준을 만들 수 있다.
- 업무 내용 및 성과 예측을 구체적으로 정의하고 조직을 관리하고 통합하기 위한 해결 방안을 마련할 수 있다.
- 상사와 직원들 간의 의사소통을 개선하고 동기부여하여 직원들의 업무 능력을 높이고 개발을 장려한다.

㉢ 목표 관리의 특징

- 참여적 과정을 통한 명확한 목표 설정과 업적의 평가라는데 있다.
- 목표 관리의 초점은 목표의 성취이다.
- 구성원 간의 상호의존적인 팀워크에 따라 조직 전체 목표를 지향하는 통합적 관리 기법이다.
- 목표를 고정 불변의 것으로 보지 아니하고, 집행 과정에서 목표와 성과를 비교하여 목표를 수정할 수 있다. 집행 과정에서의 목표 수정 가능성은 MBO의 대표적인 특징으로써 현실적인 집행과 관리 과정에 비중을 둔 방식이다.
- 성과주의 보상 시스템과 연계되며 조직 전체 목표와 부분별, 개인별 목표 사이의 연계성을 높이는 총체적인 경영관리 시스템이다.

② 목표 설정의 과정

- 조직목표 설정 단계 : 조직목표는 조직 구성원의 참여를 통해 설정되며, 목표는 최대한 측정 가능해야 하고, 보통 수개월의 단기적인 목표이다.
- 개인목표 또는 부하목표 설정 단계 : 목표는 상관과 부하의 쌍방적인 참여를 통해 설정된다. 목표에 따라 구체적인 행동계획이 입안된다.
- 정해진 목표와 계획에 따른 업무수행 및 순환 단계 : 구성원들은 실행계획에 따라 직무를 수행하면서 목표달성의 진행상황을 수시로 중간평가를 하고 문제점을 찾아 목표를 수정하거나 새로운 작업 방법을 찾는다.

⑩ 목표 관리의 과정

[1단계] 함께 계획세우기	[2단계] 목표 과업 실행하기	[3단계] 함께 성과 통제하기
상급자와 하급자가 함께 머리를 맞대며 과업의 구체적인 목표를 설정하고, 목표에 적합한 기준을 정하며, 집중해서 해야 할 일을 선택하게 된다.	계획 실행의 주체인 하급자는 목표로 설정된 과업을 실행해 나가고, 상급자는 이를 지원하는 실행의 단계를 진행해야 한다. 과업 실행이 올바르게 이뤄지고 있는지 여부를 확인하며, 방향성을 바로 잡아야 한다.	적합한 평가 주기를 결정하고, 성과를 평가하는 단계를 말한다. 하급자는 자신의 성과를 스스로 평가하고, 상급자는 하급자의 업적을 평가한다. 평가 기간 내에 달성한 성과만을 객관적으로 평가한다.

⑭ MBO 평가 시스템의 특성

목표의 특성	• 난이도 : 능력범위 이내라면 약간 어려운 것이 좋다. • 구체성 : 수량, 기간, 절차, 범위가 구체적으로 정해진 목표가 좋다.
목표의 종류	• 수용성 : 일방적으로 지시한 것보다는 상대가 동의한 목표가 좋다. • 참여성 : 목표설정 과정에 당사자가 참여할수록 좋다.
상황 요인	• 피드백 : 목표이행 정도에 대해 당사자가 아는 것이 좋다. • 단순성 : 과업목표는 단순할수록 좋다. • 합리적 보상 : 목표달성에 준하는 보상이 있어야 한다. • 경쟁 : 약간의 경쟁은 있는 것이 좋다. • 능력 : 능력이 높을수록 어려운 목표가 좋다.

② **임파워먼트**

㉠ 임파워먼트의 개념

- 조직 현장의 구성원에게 업무 재량을 위임하고 자주적이고 주체적인 체제 속에서 사람이나 조직의 의욕과 성과를 이끌어 내기 위한 '권한부여', '권한이양'의 의미이다.
- 변화하는 환경에 능동적으로 대처하고 보다 신속한 고객만족 서비스를 개선하기 위해 현장 접점의 사람에게 문제해결력을 부여하거나 영향력 있는 능력을 개발하고 신장시킴으로써 지속적 향상을 성취해내는 과정이며, 최대한 하위조직에 의사결정 권한을 보다 많이 위임하기 위한 것이다.

- 구성원들이 올바른 일을 하도록 신뢰하고, 유용한 지식과 내적 동기부여에 대한 파워를 인정해주어 자율적으로 발휘할 수 있도록 하는 것이다.
- 조직 구성원을 무기력하게 만드는 여건을 파악하여 공식적 또는 비공식적 방법에 의해 제반 여건을 개선시켜감으로써 조직 구성원들에게 자기효능감(self-efficacy)을 고양시켜주는 과정이다.

ⓛ 임파워먼트의 목적

- 능동적이고 창조적으로 상황에 유연하게 대응하기 위한 자율경영과 창조경영을 추구하여 조직성과를 지속적으로 증진하기 위한 것이다.
- 조직 내 구성원들이 스스로의 의사결정권을 통해 보다 능동적으로 주인의식을 갖게 하여 강한 업무 의욕과 성취감을 주기 위함이다.
- 개인에 구속된 권한을 확장하여 잠재 능력을 최대한 활용하여 문제를 해결하고 새로운 아이디어를 창조해 나갈 수 있는 능력으로 개발하기 위해서이다.
- 구성원들이 자신이 담당하는 업무의 중요성을 인지하여 최선을 추구하며 조직의 지속적인 성장과 발전을 위한 것이다.

ⓒ 임파워먼트의 수준별 구성요소

임파워먼트는 다양한 수준과 범위에 걸쳐 이루어지기 때문에 의미와 해석도 다양하다.

개인 E	• 개인의 자기 이해와 효능감 증진 • 개인의 의식 전환과 역량의 증대	• 자발적으로 자신의 일에 몰입하고 능동적으로 고객 만족에 기여하게 함 • 역할 수행 능력이 필요함	micro E	meso E	macro E
집단 E	• 역량의 확산으로 타인과 집단의 역량 증대 • 상호 권한이전과 관계증진	• 조직 내 임파워먼트의 수준을 파악할 필요 • 팀 사고 증진			
조직 E	• 집단 임파워먼트의 조직문화로 확산 • 제도와 구조 변화를 통한 임파워먼트 의향과 행동이 정착됨	개인과 조직의 상호작용으로 지속적인 문화로 정착되는 과정			

ⓔ 임파워된 사람과 조직의 특성

- 적극성과 도전성 및 신속성이 증대된다.
- 변화에 대해 보다 적극적이고 능동적으로 대응
- 책임과 영향력이 증대되고 확산된다.
- 폐쇄적 의사소통에서 개방적인 의사소통으로 확산
- 지속적으로 역량이 개발되고 강화된다.
- 지속적이고 자율적인 교육과 학습 문화 형성
- 긍정적 사고와 신뢰감이 증대된다.

ⓜ 임파워먼트 과정에서의 관리자 역할

코치	잠재역량을 최대한 이끌어내어 문제를 해결할 수 있도록 지원한다.
상담자	심리적 갈등이나 내적인 문제에 대해 올바르게 이해하고 직면할 수 있도록 도움을 준다.
비전 제시와 목표 설정자	공통의 목적이나 비전을 형성하고 구성원이 이를 공유하여 참여적인 조직으로 이끌어 가는 역할을 한다.
도전기회 창조자	구성원이 소극적, 수동적, 방어적인 자세를 능동적이고 적극적인 태로로 전환할 수 있도록 이끄는 역할을 한다.
역량 개발 및 필요한 자원을 확보하고 강화하는 자	구성원이 도전감을 갖고 스스로 목표를 달성할 수 있게 필요한 자원과 역량을 개발하고 강화할 수 있어야 한다.

ⓑ 임파워먼트의 기본 요건
- 임파워먼트의 의미와 실천 방법 이해
- 의사결정의 기준이 되는 비전과 핵심 가치 이해와 수용
- 직무책임의 명확한 이해의 토대가 되는 성과관리 체계와 성과측정 방법 확립
- 학습과 개선을 위한 피드백
- 자기효능감과 긍지를 형성하는 보상과 인정 체계
- 임파워링하는 리더로서의 역할 변화
- 직무수행과 문제해결 능력 증진 및 대인관계 능력 증진
- 자율적 팀제의 활성화

ⓢ 임파워먼트 실행방법(randolph)

[1단계] 정보 공유	• 조직성과 관리와 향상을 위한 정보 공유 • 구성원 모두가 이해할 수 있도록 사업내용 공유 • 신뢰감 증진을 위해 핵심 정보 공유 • 스스로 모니터 하는 능력 강화
[2단계] 조화를 통한 자율성 증진	• 명확한 비전과 세부 사항을 설정하고 실행 • 목표와 역할을 공동으로 합의하고 설정 • 임파워먼트를 가능하게 하는 의사결정 프로세스 확립 • 임파워먼트 성과 관리절차를 구조화 • 학습과 훈련을 강화
[3단계] 팀제 도입	• 새로운 방향성을 제시하고 스킬과 훈련방법 제공 • 긍정적인 변화를 장려하고 지원 • 관리자의 통제를 점진적으로 줄이고 권한과 책임을 늘림 • 리더십 부재시에 작업시 수행 • 두려움과 장애요소를 인식하고 해결방법 제시

Chapter 05 서비스 멘토링 실행

서비스 현장은 역동적이며 매우 다양한 환경에 놓이게 된다. 또한 감정 노동의 강도가 강한 특성에 의해 개인적인 관심과 배려, 상호 존중의 문화가 매우 큰 역할을 수행하게 된다. 따라서 서비스 조직 관리자는 내부 구성원 간의 멘토링 실행을 통해 조직 내 다양한 문제 요인들을 사전에 예방하는데에 효과적으로 활용할 수 있다.

1 멘토링의 이해

1) 멘토링의 정의

① **멘토(mento)** : 그리스 신화에서 유래된 것으로, 지혜와 신망으로 한 사람의 인생을 이끌어주는 지도자 또는 조력자의 역할을 하는 사람을 의미한다.

② **멘토링** : 경험이 많은 사람들을 경험이나 스킬이 상대적으로 부족한 사람과 의도적으로 짝지워, 합의된 목표에 따라 특정 역량을 키우고 개발하기 위한 것이다.

③ **멘티(menti)** : 멘토로부터 도움과 상담(멘토링)을 받는 사람

④ **활용** : 신입사원 교육이나 인재육성의 일환으로 제도적으로 도입하여 활용하고 있으며 기업 내 멘토링 제도는 '현장 학습과 훈련을 통한 인재 육성 활동'으로 정의할 수 있다.

2) 멘토링의 특성

① **일반적인 교육훈련과 멘토링의 차이점**

구분	일반적인 교육훈련	멘토링
목적	업무성과를 높이고 전문지식을 늘리기 위해 시행	구성원의 태도나 마인드 변화와 성장 잠재력에 초점을 맞춤
참여 주체	주로 외부 전문가	외부인 경우도 있지만 내부 사람 중심
목표 기간	상대적으로 단기적 기간	수개월에서 1년 간의 계획에 의해 진행

② 코칭과 멘토링의 차이점

코칭	멘토링
• 직무 중심으로 회사와 개인의 성과 연계 • 성과 향상을 위한 구성원 행동 변화	• 개인의 성장 가능성과 실력 향상이 목적 • 구성원의 마인드, 태도, 정체성 등 행동변화의 기초가 되는 요인까지 변화

③ OJT와 멘토링의 차이

OJT	멘토링
업무 중심의 활동	사람과의 관계 중심
회사의 생산성 향상이 목적	인간관계나 애정, 신뢰 등 감정과 정서적인 측면을 반영
회사생활이나 업무에 국한	개인적인 삶도 중시
수직적 계층 구조	수평적 관계와 쌍방향 소통 중시

3) 멘토링의 효과

조직차원		• 회사의 비전, 가치관, 조직문화의 개선과 강화 • 성장 가능성이 높은 핵심 인재의 육성과 개발 • 구성원들의 학습 촉진과 업무성과 향상 • 지식 전수를 통한 경쟁력 강화 • 우수 인재 유치 • 구성원 이직률 감소 • 신입사원의 회사 및 업무 적응력 강화
개인차원	멘토	• 새로운 지식과 기술 확보 • 다양한 인간관계 형성과 친밀한 유대관계 형성 • 리더십 역량 강화 • 회사로부터 인정과 보상
	멘티	• 담당 분야에 대한 전문지식 및 노하우 습득 ・ 회사 생활에 대한 자신감 • 경력개발 및 자기 가치 향상 ・ 폭넓은 대인관계 형성

4) 멘토링의 기능과 활용방법

① 멘토링의 기능

㉠ 경력 개발 멘토링

후원하기	멘티가 조직 내에서 바람직한 역할을 수행할 수 있도록 적극적으로 후원함으로써 멘티의 목표를 지원하고 동시에 멘토 역시 후원자로서의 역할을 인정받고 자부심을 갖게 된다.
노출 및 소개하기	조직 내에서 멘티에게 영향력을 행사할 수 있는 사람을 소개하고 접촉할 수 있는 기회를 제공하여 멘티는 더 높은 수준으로의 발전에 대해 자극받고 추가 학습의 기회를 얻는다.
지도하기	선배 경험자로서의 멘토는 멘티가 업무를 성공적으로 수행하고 인정받을 수 있도록 여러 지식과 기술을 전해주고 이를 피드백 해주는 지도자의 역할을 수행한다.
보호하기	멘티가 부정적 영향을 받을 가능성에 대해 보호하는 기능을 한다.
도전적인 업무 부여	멘티에게 보다 도전적인 업무를 부여하여 멘티의 능력을 향상시키고 성취감을 맛볼 수 있도록 해줄 수 있다.

㉡ 심리 사회적 안정의 기능

수용 및 지지하기	멘티의 실수를 이해하고 해결 방안을 제시하여 자아 의식을 높여줌으로써 멘티가 인격체로써 존중받고 안정감을 느낄 수 있도록 지원하는 수용 및 확인의 기능을 수행한다.
상담하기	멘티의 고민과 갈등을 들어주고 멘토의 경험을 바탕으로 해결방안을 제시해주는 기능을 한다.
우정 형성하기	멘토와 멘티가 조직을 떠나 서로를 이해하고 호의적인 관계를 이해하면서 업무적인 스트레스를 해소하고 이를 통해 궁극적으로 멘티의 과업 수행 능력을 향상시킬 수 있다.

㉢ 역할 모형 기능

- 멘티가 업무를 수행하거나 역할을 이해함에 있어 멘토는 바람직한 역할 모델 및 준거의 틀로써 적절한 행동 방식과 태도, 가치관을 전해주고 멘티는 이를 모방, 닮아가고자 하여 조직 내 멘티의 역할 수행에 있어 효율성을 고취하고 조직 적응력을 높이는 기능이다.
- 멘티의 적극적 역할을 강조하는 측면의 멘토링 기능이며 멘티의 조직 문화나 규율 학습을 지원하는 학습 기능을 의미한다.

② 멘토링 제도의 도입

멘토링 제도의 도입은 사내 우호적 분위기 형성이 중요하며 경우에 따라 별도의 멘토링 교육 및 워크숍을 실시하여 효과적인 도입 환경을 구성할 필요가 있다. 또한 제도 도입에 있어 필수적인 조건들을 확인하여 구성한다.

5가지 조건 항목	구체적 예시 내용
㉠ 먼저 멘토링 목표를 설정한다.	신입사원 정착률 향상, OJT 업무숙달, 경력개발촉진, 핵심인재개발, 노사화합촉진, 지식생산성활성화 등
㉡ 멘토링 활동 기간을 설정한다.	3개월, 6개월, 9개월, 12개월, 24개월 등
㉢ 멘토링 활동 시작일과 종료일을 확정 짓는다.	시작일 2015년 7월 1일, 종료일 2015년 12월 31일로 정한다.
㉣ 멘티그룹 선정기준을 정한다.	입사 3~6개월 내 신입 직원, 팀장급 대상 중 승진 누락자, 입사 5~7년차 중 2년연속 A등급 평가자 등
㉤ 맨 나중에 멘토그룹 선정기준을 정한다.	멘토는 목표가 설정되고 멘티그룹 선정기준이 확정된 후에 선정한다.

③ 멘토링 프로젝트의 진행 프로세스

사전 진단 및 목표 설정 단계(도입 단계)	조직이 멘토링 제도를 도입할 필요성이 있는가와 멘토링 제도를 통해 얻고자 하는 목표를 설정하고 멘토링 제도를 운영할 준비가 되어 있는지를 점검하여 제도 도입에 대한 공감대 형성과 자발적 참여를 이끌어 내는 과정이다.
멘토와 멘티 Pool 구축 및 매칭	멘토와 멘티 Pool 구축 및 매칭은 멘토링 제도에서 가장 중요한 핵심 과정이다.
멘토와 멘티 오리엔테이션 및 촉진 교육	• 멘토와 멘티에게 필요한 교육과 활동도구를 충분히 제공하여야 한다. • 교육은 주로 멘토, 멘티에 대한 역할과 해야할 일, 멘토링에 필요한 커뮤니케이션 스킬, 팀웍형성 등의 내용으로 구성된다.
능력개발계획서 설계 및 협약서	• 멘토링 제도의 기본도구라고 할 수 있다. • 기존 인사제도상의 경력개발계획 등과 잘 연계된 멘토링 액션플랜을 작성하고, 멘토와 멘티 간 협약서를 작성한다. • 쌍방의 기대수준과 역할을 명확히 하고, 멘토링을 통해 자신이 개발하고자 하는 영역, 방식, 역할 등을 분명하게 기재하도록 하는 것이 좋다.
멘토링 실행	구체적인 멘토링 실천 계획서를 작성하여 계획대로 실행한다.
평가 및 피드백	• 평가는 멘토와 멘티 활동평가와 멘토링 프로세스 평가로 구분할 수 있다. • 멘토링 프로세스 평가는 프로세스 중간에 프로세스 진행 자체에 대한 평가로 실시되며 멘토와 멘티의 평가는 멘토링 협약사항과 멘토링 액션플랜의 실천 정도를 평가한다. • 평가 결과에 대해 적절한 피드백을 하여 다음 멘토링 활동에 고려사항 및 참고사항으로 활용하며, 우수 멘토링 활동에 대해서는 적절한 보상을 시행한다.

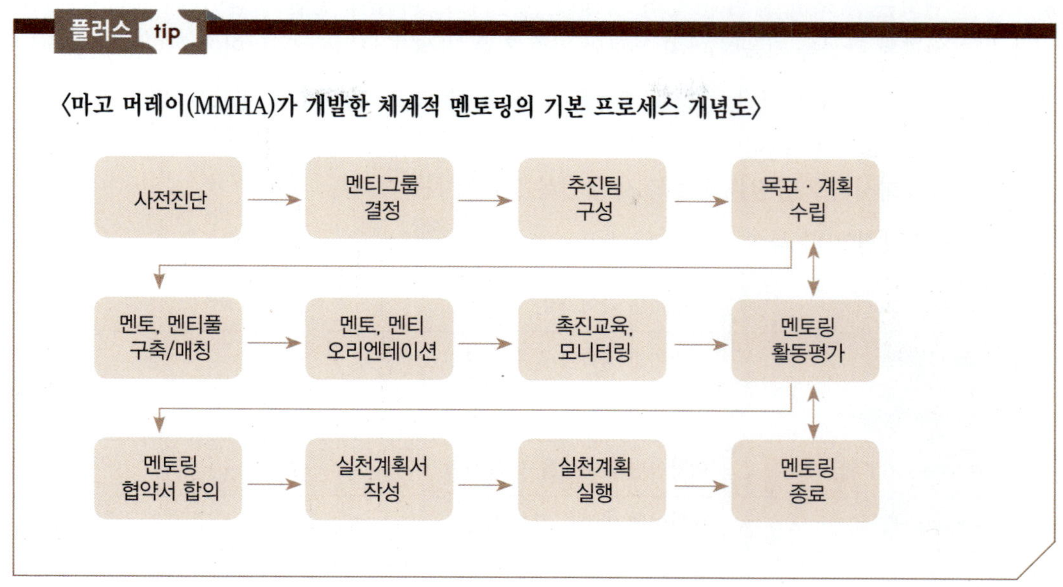

2 멘토와 멘티의 이해

1) 멘토

① 멘토의 역할

- 조직의 사명과 목표에 대한 정보 제공
- 조직의 인적자원 개발 원칙에 대한 설명
- 특수 기술, 효과적인 행동, 조직 내에서 어떤 역할을 할지에 대한 개인 지도
- 업무 수행을 관찰한 후 피드백 제공
- 경험 축적 및 개발에 유익한 활동 코치
- 개인적 위기와 문제에 대한 조언
- 경력 설계에 대한 조언
- 피드백과 기획력 향상을 위한 멘티와의 주기적인 만남

② 멘토의 자질과 역량

㉠ 멘토의 자질

- 멘토는 멘티를 하나의 진정한 인격으로 대하는 사람이다. 자신의 목적을 위해 상대를 이용하려 해서는 안되며 멘토는 상대방을 자신과 동등하게 존중받아야 할 인격체로 이해하며 상대방을 조정하려는 자세를 버린다.

- 멘토는 평소의 삶이 긍정적 자세인 사람이며, 마음이 열린 사람이다. 멘티에 대한 일관된 관심을 기울여 마치 부모와 가족 같은 자세를 보여줄 수 있어야 한다.
- 멘토는 멘티가 지닌 적성과 재능을 알아 볼 수 있는 사람이다. 멘토는 보통 멘티보다 세상 경험이 많고 그 분야에서 이미 시행착오를 겪은 사람으로 상대의 장점을 극대화시키고 단점을 최소화 시킬 안목을 가진 사람이다.

ⓒ 멘토가 갖춰야 할 특성

Age (나이)	이왕이면 나이가 든 사람
Career (경력)	이왕이면 경력이 많은 사람
Knowhow (노하우)	이왕이면 노하우를 가지고 있는 사람
Leadership (리더십)	이왕이면 리더십을 갖춘 사람
Personality (인격)	이왕이면 인격을 갖춘 사람

2) 멘티

㉠ 멘토에 대한 멘티의 자세

- 존경하라 : 멘토를 통해 배운 사실, 느낌 등을 긍정적으로 멘토에게 전하라. 그러면 멘토는 더 많은 것을 나누고자 할 것이다.
- 감사하라 : 멘토는 금전적 보상이나 영광을 위해 멘티를 돕는 것이 아니다. 따라서 감사의 마음과 표현은 서로의 관계를 견고하게 하여 멘토링의 성과를 극대화할 것이다.
- 고려하라 : 멘토의 입장을 고려하고 배려할 수 있는 멘티여야 한다.
- 사랑하라 : 멘토는 멘티를 사랑하는 마음으로 멘토링에 임하는 사람이다. 일방적인 사랑은 없으니 멘티 역시 멘토를 사랑하는 자세로 멘토링에 임해야 할 것이다.

㉡ 효과적인 멘토링을 위한 멘티의 지침

- 멘토에게 적절한 질문을 준비하고 질문하라
- 멘토에게 기대하는 수준을 분명히 하라
- 겸손한 태도로 배우자의 위치를 받아 들여라
- 멘토를 존경하되 우상화하지 마라
- 배운 것은 즉시 실천하라
- 효과적이고 의미있는 만남이 되도록 준비하고 행동하라
- 성장하는 것을 보여줌으로써 멘토에게 보답하라
- 멘토에게 그만두겠다는 말을 조심하라

교학상장(教學相長) : 가르치고 배우면서 성장함

중국 오경(五經)의 하나인 《예기(禮記)》의 〈학기(學記)〉편에 다음과 같은 내용이 등장합니다.

"좋은 안주가 있다고 하더라도 먹어 보아야만 그 맛을 알 수 있다. 또한 지극한 진리가 있다고 해도 배우지 않으면 그것이 왜 좋은지 알지 못한다. 따라서 배워 본 이후에 자기의 부족함을 알 수 있으며, 가르친 후에야 비로소 어려움을 알게 된다. 그러기에 가르치고 배우면서 더불어 성장한다고 하는 것이다." 교학상장(教學相長), 즉 스승은 학생에게 가르침으로써 성장하고, 제자는 배움으로써 진보한다는 말의 사자성어입니다.

이는 서비스 현장에서의 멘토링이 가장 효과적으로 전개될 경우이며 실질적인 목표와 일맥상통합니다. 멘토는 자신의 역량과 성장을 겸손하면서도 진지하게 바라보게 되어 성장하고 멘티는 멘토가 주는 배움을 통해 성장하게 되는 것입니다.

많은 기업에서 멘토링 제도를 도입하고 또 사회단체에서 꾸준히 멘토로서 봉사하는 이유는 바로 여기에 있습니다. 멘토와 멘티가 모두 성장하는 서비스 조직의 문화가 멘토링의 가장 큰 목표임을 기억하기 바랍니다.

- **성인 학습의 특성** : 생활 중심성, 자기 주도학습, 지식의 전수가 아닌 문제를 탐구하는 과정으로의 동참, 성인학습자에 대한 신체적, 심리적, 사회적 특성의 이해

- **앤드라고지** : 성인학습을 일반적인 학습과 다른 관점으로 이해하여 교육활동에 반영하는 개념으로 지식 전달보다는 상호작용에 의한 학습을 강조한다.

- **자기주도적 학습** : 학습을 시작하는 내적힘인 동기, 자기관리 측면의 인지, 자기통제 측면의 행동으로 스스로 자율적으로 참여하여 목표를 성취하는 학습

- **경험학습** : 학습은 경험에 근거한 과정이며 학습자는 전 생애에 걸쳐 학습하는 존재로서 능동적인 자신의 경험을 구성하므로 학습자의 경험적 특성은 학습 과정의 참여 및 자기 개발 촉진의 요인이다.

- **다양한 성인학습 이론** : 앤드라고지, 자기주도학습, 전환학습, 경험학습, 조직학습

- **교육/훈련/개발의 초점** : 기초적인 직무지식과 태도의 육성/현재 직무의 업무 기능과 기술/현재와 미래의 직무 수행 능력

- **직장 내 훈련(OJT)의 특성** : 일상 업무를 통해 직원을 교육하므로 업무 수행이 중단되지 않고 현장에서 즉시 이루어지는 교육으로 피교육생의 능력에 맞는 맞춤형 현장 교육이 가능하지만 지도자의 역량에 따라 훈련 효과가 달라질 수 있고 교육 훈련의 내용이 체계화되기 어려운 점을 유의해야 한다.

- **경력 개발** : 기업의 목표와 개인의 욕구가 합치될 수 있도록 개인의 경력을 장기적, 계획적으로 개발하는 것으로 조직몰입을 위해 매우 중요한 수단이 된다.

- **교육훈련 방법** : 강의법, 대화식 교수법, 구안법, 문제법, 협동학습, 역할놀이, 액션러닝, 컴퓨터 활용학습, 교육 이수 학점제, 브레인스토밍, 사례연구법, 실습 교육 등

- **코칭 철학** : 모든 사람에게는 무한한 가능성이 있다. 그 사람이 필요로 하는 해답은 그 사람 스스로 가지고 있다. 그 해답을 찾기위해 코치가 필요하다.

- **GROW 모델** : 목표 설정 - 현실 점검 - 대안 탐색 - 실행의지

- **코칭 실행의 4단계** : 목표 설정하기 - 진행 과정 평가하기 - 다음 단계 계획하기 - 변화 행동 지원하기

- **코칭 대화의 기본적인 특성** : 피코치자의 생각을 확장할 수 있으며 상대방이 스스로 답을 찾고 행동하도록 이끄는 과정이다.

- **코칭에서의 질문의 의의 :** 사고의 전환을 유도하며 질문에 대한 대답은 자기 설득의 효과가 있어 합리적인 논리 전개 방식이 된다.

- **코칭에서의 효과적인 질문 :** 적극적 경청과 고객 관점을 반영하는 질문. 과거형이 아닌 미래형, 부정 질문보다는 긍정 질문. 개방형 질문을 상대적으로 많이 사용

- **경청의 듣기 :** 상대를 이해하는 수단으로써의 듣기. 자신의 입장을 비우고 상대방의 관점에서 듣기. 표현 이상의 의도, 감정, 정황을 들어 이면의 의미와 뜻을 헤아림

- **적극적 경청의 방법 :** 상대방이 전달하고자 하는 내용을 반영하여 표현하고 상대방의 정서 상태에 대해 이해하는 공감의 수준으로 상호 신뢰를 높이고 더 깊은 대화가 가능해짐

- **내부 고객과 내부 고객 만족 :** 기업의 상품 및 서비스를 생산하고 전달하는 기업 내부의 직원 모두의 만족도는 기업의 최종적인 서비스 품질을 좌우하는 매우 중요한 요소이다.

- **감정 노동의 네 가지 차원 :** 감정 표현의 빈도, 바람직한 감정 표현이 요구되는 강도, 요구되는 감정 표현의 다양성, 감정적 부조화

- **직무 스트레스 :** 근로 환경에서 직무 요건이 근로자의 능력이나 자원, 니즈와 일치하지 않을 때 생기는 유해한 신체적 정서적 반응

- **동기 부여 내용 이론 :** (무엇이 인간을 동기 부여 시키는가?) X,Y 이론, 욕구 단계 이론, 2요인 (동기-위생이론) 이론, ERG 이론

- **동기 부여 과정 이론 :** (동기 부여의 과정이 어떻게 이루어지는가?) 기대 이론, 공정성 이론

- **목표 관리(MBO) :** 목표를 달성하기 위해 경영자와 종업원이 설정된 목표에 동의하고 그들이 조직 내에서 무엇을 해야 할 지를 이해해 가는 일련의 과정. 참여적 과정으로 명확한 목표 설정과 업적의 평가가 따르며 성과주의 보상 시스템과 연계되며 조직 전체의 목표와 부문별, 개인별 목표 사이의 연계성을 높이는 총체적인 경영관리 시스템이다.

- **임파워먼트 :** 조직 현장의 구성원에게 업무 재량을 위임하고 자주적, 주체적인 체제 속에서 사람이나 조직의 의욕과 성과를 이끌어내기 위한 '권한부여', '권한이양'의 의미이다. 따라서 능동적이고 창조적으로 상황에 대응하는 자율경영, 창조 경영을 추구하고 구성원들의 주인의식을 통한 강한 업무 의욕과 성취감을 함양할 수 있다.

- **멘토링의 특성 :** 구성원의 태도나 마인드 변화, 성장 잠재력에 초점을 맞추며 상대적으로 장기적인 계획에 의해 진행되고 주로 내부 사람이 중심이 되어 진행된다.

- **멘토링의 기능 :** 경력 개발, 심리 사회적 안정, 역할 모형

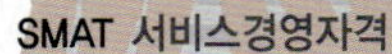

사례형, 통합형 문제
대비하기

- 다양한 서비스 현장 학습 상황을 예시하고 여기에 성인학습의 특성과 각종 성인학습 이론의 적용 여부를 이해하였는가를 확인

- 특정한 교육 훈련의 목표나 상황을 제시하여 가장 적절하거나 적절하지 않은 교육 훈련 방법의 유형을 판단할 수 있는가

- 서비스 현장에서의 코칭 상황을 두고 코칭 프로세스, 코칭 질문 및 경청 등의 내용을 잘 이해하고 적용할 수 있는지를 확인

- 내부 고객 및 내부 마케팅의 개념을 서비스 현장에 도입할 수 있는가를 확인

- 감정 노동 상황에서의 개인적, 조직적 감정 노동 관리 및 직무 스트레스 예방 방법 등을 이해하고 적용할 수 있는가를 평가

- 동기 부여 이론을 서비스 현장의 조직 운영에 접목하거나 서비스 제공자의 심리적 상황을 이해할 수 있는 도구로 활용할 수 있는가를 확인

- 멘토링 상황을 제시하여 멘토 및 멘티의 효과적이거나 부적절한 역할을 판단

≫ 실력 평가 문제

01~16 선다형

01 다음 성인학습의 특성과 원리에 대한 설명 중 가장 적절하지 않는 것은?

① 성인은 다양한 경험을 통해 자신의 잠재력을 개발하고 자아실현을 위해 스스로 학습한다.

② 성인학습은 학문 그 자체보다는 생활에 적용하기 위한 실용적인 학습에 집중한다.

③ 성인학습에 있어 경험은 가장 풍부한 학습자원이므로 그들의 경험을 분석하는 것이 성인학습의 핵심적인 방법론이 된다.

④ 성인학습자에게는 단순히 지식을 전수하거나 평가하는 것이 효과적이다.

⑤ 성인학습자의 특성에 따라 개인차를 수용하는 학습 방식이 제시되어야 한다.

해설 성인학습자에게 단순히 지식을 전수하거나 평가하기보다는 함께 문제를 탐구해 가는 학습 과정에 동참하는 역할을 수행하는 것이 바람직하다. ·

02 다음 중 성인학습에 있어서 자기주도 학습의 특징이 아닌 것은?

① 긍정적인 자아 효능감　　② 능동적이고 자율적

③ 자발적인 참여　　④ 타율적이고 제한된 자기효능감

⑤ 내적인 요인으로 동기화됨

해설 타율적이고 제한된 자기효능감은 주로 타인주도 학습에서 나타나는 특징이다.

03 다음 중 관리자 교육훈련에 대한 설명으로 적절한 것은? (기출)

① 광범위한 경영문제와 관련한 교육훈련

② 직업생활상의 공통적 일반지식에 관한 교육훈련

③ 조직에 존재하는 규칙 및 규범에 관한 교육훈련

④ 상위관리자로부터 지시받은 직무의 성공적인 수행을 위한 교육훈련

⑤ 직장생활을 통해 장래의 발전가능성에 대한 희망부여를 위한 교육훈련

해설 ④ 작업자 교육훈련, ②, ③, ⑤ 신입사원 교육훈련에 대한 설명이다.

Answer　1.④　2.④　3.①

04 다음 중 직장 내 교육훈련의 장점에 대한 설명으로 가장 거리가 먼 것은? (기출)

① 비용이 감소한다.
② 교육훈련과 업무가 직결되어 있다.
③ 직무수행과 동시에 실시하므로 내용이 현실적이다.
④ 상사나 동료 간의 이해와 협동 정신이 강화된다.
⑤ 참가자 간 선의의 경쟁을 통해 교육효과가 증대된다.

해설 직장 외 교육훈련의 장점이다.

05 다음 중 교육훈련의 효과로 볼 수 없는 것은?

① 기업의 자산으로써 인재를 육성하고 기술을 축적함으로써 양질의 상품 및 서비스를 고객에게 제공한다.
② 기업과 구성원 모두가 성장할 수 있는 기회를 창출한다.
③ 직원들의 자기발전 욕구를 충족하게 하고 능력 개발의 기회를 제공함으로써 성취 동기를 부여한다.
④ 기업과 직원, 직원과 직원 간의 화합에 도움이 되며 직원들의 고용만족도를 높여 고용의 안정화를 추구할 수 있다.
⑤ 교육훈련을 통해 조직이 보다 권위적이고 기계적인 시스템이 되게 한다.

해설 교육훈련의 과정은 기업 내 역동적인 의사소통의 채널이 될 수 있다.

06 다음 중 코칭의 기본 개념을 가장 잘 설명한 것은 무엇인가?

① 코칭은 개인의 잠재력을 최대한 확장하여 스스로 문제를 찾아 해결하고 주도적인 인재로 성장시키는 상호존중의 쌍방향 리더십이다.
② 코칭은 코치가 상대방에게 가장 적절한 해답을 제시한다.
③ 상대방이 알 수 없는 결론을 이끌어 내기 위해 코치는 폐쇄형 질문을 통해 정답을 쉽게 찾을 수 있도록 한다.
④ 코칭은 역량 개발의 목표보다는 직무스트레스를 관리하고 동기부여에 목표가 있다.
⑤ 코칭은 코치의 생각을 피코치가 저항 없이 받아들일 수 있도록 하기 위해 활용되는 대화 스킬이다.

해설 코칭은 상대방이 스스로 해답을 찾을 수 있도록 개방형질문을 통해 결론을 도출하며 스스로의 판단과 사고를 기반으로 하는 잠재적 역량 개발을 목표로 하는 대화 스킬이다.

07 다음 교육훈련에 대한 설명 중 가장 거리가 먼 것은?

① 교육의 초점은 기초적인 직무지식과 태도의 육성이다.
② 훈련의 초점은 먼 미래의 직무에 관한 업무기능과 이론이다.
③ 교육은 개념과 이론 중심이며 장시간을 요한다.
④ 훈련은 실무와 기능 중심이며 단기간을 요한다.
⑤ 교육은 기초적인 직무지식, 훈련은 현재 업무기술의 결정보완과 향상을 위한 것이다.

해설 훈련의 초점은 현재 직무의 업무기능과 기술이다.

08 피코치의 행동 변화를 지원할 수 있는 코치의 코칭스킬로 적절하지 않은 것은? (기출)

① 점검해야 할 사항을 명확하게 한다.
② 피코치가 가장 필요로 하는 지원이 무엇인지를 확인한다.
③ 코치는 항상 피코치에게 도움을 줄 수 있는 곳에 있어야 한다.
④ 코치의 분야가 아닌 문제에 대한 지원은 코칭의 범위에서 제외한다.
⑤ 직접 피코치를 지도할 수도 있고, 구체적인 역할모델이 되어 줄 수도 있다.

해설 코치의 분야가 아닌 문제를 해결하거나 자원을 얻기 위해서는 피코치와 파트너가 되어 함께 해결방안을 모색해야 한다.

09 다음 중 내부 마케팅에 대한 설명으로 가장 적합한 것은?

① 기업의 모든 구성원들이 상품, 서비스를 홍보, 판촉하도록 하는 제도이다.
② 내부 고객을 만족시키고 내부 고객의 고객 지향적 사고를 확립시켜서 대외적으로 외부 고객 마케팅을 효율적으로 수행할 수 있도록 개발한 마케팅 이론 및 기법이다.
③ 내부 마케팅은 직원들에게 상품, 서비스의 장점을 홍보하는 활동으로 외부 마케팅과 병행하여 활용되는 마케팅 기법이다.
④ 내부 마케팅은 조직의 각 부서가 각자의 성공을 위해 경쟁하도록 하여 전체적인 역량을 강화하는 기업의 내부 인사관리 전략 중 하나이다.
⑤ 대외적인 고객 지향적 목표와는 별도로 기업의 매출 및 수익 목표를 구성원이 이해하고 기억할 수 있도록 하는 점에서 외부 마케팅과는 다른 목표를 가진다.

해설 내부 마케팅은 임직원의 동기부여와 만족을 추구하며 고객 지향적 목표를 달성하도록 서비스 품질을 향상시키는 역할을 한다. 또한 구성원들이 모두 조직의 성공을 위해 일하고 기업 전략을 실행하는데 도움을 주어 부서 간 마찰과 충돌을 극복하는 방안이 된다.

Answer   4. ⑤   5. ⑤   6. ①   7. ②   8. ④   9. ②

10 코칭 질문에 대한 설명 중 가장 거리가 먼 것은?

① 질문에 대한 대답은 스스로에게 가장 강력한 동기부여로 작용한다.
② 사고의 전환을 유도하는 숙련된 질문을 통해서 상대방의 사고와 행동을 변화시킨다.
③ 질문은 스스로에게 던지는 질문과 다른 사람에게 던지는 질문 모두를 포함한다.
④ 코칭 대화에서 주로 닫힌 질문을 사용한다.
⑤ 질문을 통해 상대방의 말문을 열게 한다.

해설 코칭 대화에서 많이 사용되는 질문은 여러 수준의 질문형태를 취하게 되며 상대적으로 열린 질문을 더 많이 사용한다.

11 다음 중 내부 고객에 대한 설명으로 가장 거리가 먼 것은?

① 내부 고객은 '나'를 중심으로 한 상사, 부하, 동료는 물론 경영자, 관리자, 생산자, 판매 서비스 요원 등 가치를 생산하고 판매하는 종업원 등을 말한다.
② 기업이 제공하는 상품, 서비스는 결국 내부 고객에 의해 생산되고 전달되기 때문에 매우 중요하다.
③ 기업 브랜드의 이미지를 보여주는 서비스 종사자들인 내부 고객의 태도와 행동은 외부 고객의 만족도에 직접적인 연관이 있다.
④ 내부 고객 만족이란 종업원의 욕구와 기대를 충족시켜주는 것으로써, 직무와 관련된 내적 요인과 임금, 신분상승, 역할 갈등, 조직 구조, 업무 분위기 등의 외적 요인이 있다.
⑤ 내부 고객의 만족은 실제로 외부 고객이 인지하는 서비스 품질에 그다지 영향을 미치지 않는다.

해설 내부 고객의 만족은 궁극적으로 기업의 성과와 발전에 긍정적인 영향을 미친다.

12 직무스트레스에 관한 정의 중 가장 거리가 먼 것은?

① "근로 환경에서 직무 요건이 근로자의 능력(capabilities)이나 자원(resources), 바람(needs)과 일치하지 않을 때 생기는 유해한 신체적·정서적 반응"이라고 정의할 수 있다.
② 스트레스는 개인이 느끼거나 경험하는 주관적인 상태로써 개인과 환경 간의 구체적이고 특별한 구조에 의해 매개되는 현상을 말한다.
③ 직무 스트레스는 특정 직무와 관련된 부정적 환경 요인, 개인의 불편한 감정, 개인 자신의 욕구나 능력 및 성격이 환경적 요구와 일치하지 않을 때 발생한다.
④ 직무 스트레스(job stress)는 종업업과 개인의 사적인 환경에서 발생되는 경우만을 말한다.
⑤ 직무 스트레스는 직무 환경에서 경험하는 개인적인 현상이며 정신적, 신체적 긴장 상태를 유발하는 현상 및 요인들이다.

해설 직무 스트레스(job stress)는 종업업과 직무 환경 사이에서 발생되는 경우를 말한다.

13 다양한 동기 부여 이론을 설명한 것 중 틀린 것은?

① X, Y 이론에서는 조직생활과 관련된 인간의 행동을 두 가지 방식으로 정의하였는데 X 이론에서의 인간은 게으르고 책임을 회피하므로 통제와 지시, 철저한 감독과 물질적 보상에 의해 동기부여 해야 한다고 정의한다.

② 매슬로우의 욕구 5단계에서는 이미 충족된 욕구는 약화되어 동기유발 요인으로써의 기능을 상실하므로 이때는 상위 단계의 욕구를 이해하여 동기부여를 해야 한다고 주장한다.

③ ERG 이론에서는 일상에서의 긍정적 동기 부여를 위해서는 위생 요인과 동기 요인의 두 가지 요인이 직접적인 영향을 미친다고 정의한다.

④ 기대 이론에서 개인은 자신의 노력이 정도에 따른 결과를 기대하므로 그 기대를 실현하기 위해 어떤 행동을 결정한다고 가정한다.

⑤ 목표설정 이론에서는 인간은 자신이 가지고 있는 가치를 토대로 목표가 설정되며 이러한 목표를 성취하려는 의도가 가장 중요한 동기가 된다고 정의한다.

⑩⑪ 해당 설명은 2요인 이론으로 ERG 이론에서는 인간 행동의 동기를 존재, 관계, 성장의 욕구로 보고 상하 쌍방식으로 욕구가 이행된다고 주장한다.

14 다음 설명 중 성공적인 MBO를 위한 요건으로 볼 수 없는 것은?

① 최고 관리층이 MBO의 목적과 취지를 이해하고 조직과 개인의 목표를 조화롭게 고려하여 지원하는 방법을 강구해야 한다.

② MBO 시스템과 다른 관리기능은 별개의 항목으로 독자적인 관리가 필요하다.

③ 상하계층 간의 원활한 의사전달 및 환류장치의 마련이 필요하다. 또한 정확한 평가를 위해서 측정기술, 조사연구 활동이 촉진되어야 한다.

④ MBO는 구성원의 태도, 행태의 개선을 지향하는 조직발전(OD)의 노력이 선행적 혹은 동시적으로 추진되어야만 효과가 있다.

⑤ 조직 내·외 여건의 안정성이 필수적이다.

⑩⑪ MBO 시스템과 다른 관리기능의 상호통합적인 관리가 필요하다. 예산, 인력배치, 기획, 심사평가, 교육훈련, 보수관리, 근무성적평정(評定), 조사연구 활동 등을 관리하는 기능과 유기적으로 작용해야 한다.

15 다음 중 임파워된 사람과 조직의 특성으로 볼 수 없는 것은?

① 적극성과 도전성 및 신속성이 증대된다.

② 변화에 대해 보다 적극적이고 능동적으로 대응

③ 책임과 영향력이 줄어들고 위축된다.

④ 폐쇄적 의사소통에서 개방적인 의사소통으로 확산

⑤ 지속적으로 역량이 개발되고 강화된다.

(해)(설) 임파워된 사람과 조직은 책임과 영향력이 증대되고 확산된다.

16 다음 중 효과적인 멘토링을 위한 설명으로 거리가 먼 것은?

① 멘토는 멘티를 성공시키겠다는 의지가 가장 중요하고 멘토링을 통해 자신의 역량을 가꾸고자 하는 사람으로 특별한 특성이나 자격이 필요한 것은 아니다.

② 멘티는 멘토를 존경과 감사의 자세로 대해야 한다.

③ 멘토는 멘토링을 통해 새로운 지식과 기술을 확보하고 리더십 역량이 강화되며 다양한 인간관계를 형성할 기회를 갖는다.

④ 멘티는 멘토링을 통해 회사 생활에 대한 자신감을 가지며 학습 능력을 촉진하고 빠르게 사회화 될 수 있는 기회를 갖는다.

⑤ 멘토링은 회사생활이나 업무에만 국한되는 것이 아니라 개인적인 삶도 중시하고 인간관계나 애정, 신뢰 등의 감정과 정서적 측면을 반영한다.

(해)(설) 멘토는 자신의 목적을 위해 멘티를 이용해서는 안되며 평소 삶에 대해 긍정적인 자세를 가져야 하며 멘티보다 세상 경험이 많고 노하우나 리더십, 인격을 갖춘 사람이 더 좋다.

17~19　O/X형

17 서비스 코칭은 피코치(상대방)의 잠재력이나 가능성을 스스로 이끌어내게 하기 위해 경청과 질문을 활용하는 쌍방향 대화 프로세스로 서비스 현장에서 스스로 생각하고 행동하는 자율적이고 자립적인 인재 육성을 목표로 한다. (① O, ② X)

(해)(설) 서비스 코칭을 통해 서비스 현장에서 고객 니즈를 효과적으로 이끌어 내고 동기부여를 통해 업무에 몰입하게 할 수 있다.

18 교육과 훈련의 차이는 기초적인 직무 지식 배양을 목표로 하는 교육에 비해 훈련은 미래의 직무 수행 능력을 배양하는 것을 목표로 하여 상대적으로 장기적인 계획과 광범위한 대상을 위해 수행된다. (① O, ② X)

> 해설 훈련은 현재 직무의 업무 기능과 기술에 초점을 맞추고 개별 종업원과 집단의 실무적인 내용으로 단기간 실시되는 것이다. 설명은 개발의 내용이다.

19 감정노동은 일반적인 감정조절과 달리 개인의 정서 조절의 주체가 문서화 되고 제도화된 계약에 있으며 감정 노동의 역량이 지속적으로 감시되고 평가되며 직무 실적에 반영된다는 특징이 있다. (① O, ② X)

> 해설 서비스 코칭을 통해 서비스 현장에서 고객 니즈를 효과적으로 이끌어 내고 동기부여를 통해 업무에 몰입하게 할 수 있다.

20~22 연결형

※ 다음의 보기에서 각 설명에 알맞은 교육 훈련법을 골라 넣으시오.

① 강의법	② 구안법	③ 문제법	④ 역할놀이	⑤ 액션러닝

20 성과와 직결되는 이슈나 과제를 정해진 시점까지 선정해 높고 해결해 나가는 학습방법으로 현장의 복잡한 문제를 함께 해결해 가면서 동시에 과정상에서 지식을 습득하고 과제 해결의 과정 측면을 학습하는 프로세스이다. (   )

> 해설 실제 서비스 현장에 존재하는 이슈와 과제를 학습 목표로 삼아 팀 단위로 과제 해결을 실시하는 훈련법

21 특정한 서비스 현장 상황을 설정하여 학습자의 감정, 태도, 가치, 지식에 대해 탐색하여 문제 해결 능력을 증진시키며 과정상에서 상호작용의 방법을 익히고 새로운 행동이나 기술을 습득하는 학습 방법이다. (   )

> 해설 역할 연기를 통해 고객의 심리를 이해하고 서비스 제공자의 최선의 역할 모델을 탐색하고 상황 응대 능력을 연습, 훈련할 수 있다.

Answer　　15. ③　　16. ①　　17. ①　　18. ②　　19. ①　　20. ⑤　　21. ④

22 마음 속에 생각하고 있는 것을 구체적으로 실현하고 형상화 하기 위하여 자기 스스로가 문제를 찾고 목적을 가지고 계획을 세워 수행하는 학습 방법이다. (　　　　　　)

(해설) 학습자의 흥미에서 출발하므로 스스로 동기 부여가 되고 주도성과 책임감 있게 학습할 수 있어 보다 창조적이고 자발적이며 능동적인 학습을 촉구할 수 있다.

23~24　사례형

23 00은행 강남지점에 집합교육을 마치고 신규로 배정받은 신입사원이 다음주부터 출근하게 되었다. 다음과 같은 교육 목표를 원활하게 수행하기 위한 지점장의 방침 중 적절하지 못한 것은 무엇인가?

> 1. 신입사원 배정에 따른 교육 목표 및 지침
> 2. 배정 인원 : 1인
> 3. 교육 기간 : 한 달
> 4. 현재 교육 수료 내용 : 약 3주 간에 걸친 집합 교육 수료(금융 상품 전반, 회사 이념, 비전, 비즈니스 매너와 에티켓, 고객 상담 기초 등)
> 5. 현장 교육 목표
>   ① 지점에서 근무하기 위해 필요한 기본적인 소양 전반에 대한 이해
>   ② 은행 지점에서의 고객 상담에 필요한 업무 지식과 기본적인 현장 상담 스킬 확인 및 훈련
>   ③ 업무 몰입도와 회사에 대한 로열티 제고
>   ④ 빠른 시일 내에 업무 투입이 가능하도록 훈련함

① 별도의 교육 담당자를 배정할 수 없으므로 기간별로 선배들이 직접 OJT를 통해 현장 업무를 익힐 수 있도록 한다.

② 업무 시간 이후 현장 상담 스킬의 수준을 확인하고 서비스 현장에 대한 상황을 깊이 있게 이해하기 위한 역할 놀이를 실시해 볼 계획이다.

③ 처음 2주 간 우리 지점이 보완해야 하는 서비스 품질의 주제를 선정하고 해결책을 찾아 보고서를 작성하게 하는 문제해결 학습을 병행하여 그 과정에서 지식, 태도, 기능 등을 능동적으로 획득하도록 할 계획이다.

④ 우리 지점의 멘토링 제도를 약 6개월 간 시행하며 멘토로는 3개월 전에 입사한 선배 신입사원을 배정하여 두 사람 모두 역량 강화의 기회로 삼겠다.

⑤ 새로운 환경에 적응하도록 하고 직무에 대한 흥미를 느낄 수 있도록 한다.

(해설) 멘토링 제도를 통해 빠른 사회화와 업무 능력 배양 및 인간관계를 넓히는 방법은 좋지만 멘토의 역할은 좀 더 많은 경험을 보유하여 멘티를 성장시킬 수 있는 사람으로 지정해야 한다.

24 인터넷 쇼핑몰 상담센터의 상담직으로 응시하여 최종 합격 통보를 받은 김은아씨는 출근 전에 여러 가지가 염려되어 콜센터 상담직을 하고 있는 선배에게 상담을 요청하였다. 감정 노동에 대해 염려하는 김은아씨에게 선배가 조언하는 내용으로 적절하지 않은 것은?

> **김은아 :** 취업이 되어서 기쁘기는한데 상담직을 하면 이상한 고객들도 많이 만날텐데 좀 겁이 나요. 선배는 어떠세요?
>
> **선 배 :** 음, 일상생활에서의 내 감정과는 좀 다르게 감정을 조절해야 하는 일이긴 하지.
>
> **김은아 :** 회사에서는 어떻게 관리하죠?
>
> **선 배 :** 회사나 조직마다 다르지만 기본적으로는 감정을 관리하고 조절하도록 하는 것이 우리 업무의 일부이다 보니 매뉴얼이나 규정으로 정하고 있긴 하지.
>
> **김은아 :** 선배는 평상시에도 언제나 밝고 쾌활하신데, 일이 힘들지 않으세요?
>
> **선 배 :** 언제나 이상한 고객들을 만나는 건 아니지만 여러 가지 방법으로 스트레스를 해소하면서 자기 관리를 해야 돼.
>
> **김은아 :** 예를 들면 어떻게 해야 하는 거죠?

① 내가 하는 일이 회사에 어떤 역할을 하고 사회적으로는 어떤 기여를 하는지 등을 떠올리는 것도 좋은 방법이야.

② 동료들하고 잘 지내면서 함께 스트레스도 풀고 격려하는 것이 중요해.

③ 회사에서 요구하는 감정 조절의 정도는 중요한 게 아니야.

④ 많이 힘들면 회사에 도움을 요청해서 근무 환경이나 생활 패턴을 조정해 보는 것도 좋은 방법이야.

⑤ 일을 오래하면서 기분 나쁜 상황에서도 심리적으로 거리감을 조정해서 스트레스를 잘 관리하는 능력이 생기기도 해.

해설 조직이 요구하는 감정 표현의 정도와 그 강도 등이 감정 노동에 있어서는 매우 중요한 차원으로 일반적인 감정 조절과 다른 이유이다.

※ 다음은 OO호텔의 사내 전문 코치와 호텔 객실예약팀의 김영철 대리와의 코칭 내용 중 일부이다.

김대리 : 저는 평일 객실 예약률을 높이고 싶어요.

코 치 : 네. 평일 객실 예약률이 대리님께 중요한 일인가요?

김대리 : 그렇죠. 저희 팀은 객실에 대한 매출이 중요한데 평일 객실 이용률이 전체 매출에 영향이 많죠. 예약률이 높으면 당연히 객실 매출이 높아질 겁니다.

코 치 : 평일 객실 예약률을 어느 정도 수준으로 높이고 싶은가요?

김대리 : 지금 수준에서 두 배 정도로 올리면 좋을 것 같아요.

코 치 : 그렇게 되면 어떤 변화가 생길까요?

김대리 : 매출 목표를 자연스럽게 달성하게 되고 그러면 객실 수익률도 높아지고 연말 성과 지표도 높아지겠죠. 남은 객실에 대해 좀 더 공격적인 판촉도 할 수 있게 되구요.

코 치 : 객실 예약률을 높이기 위해서 어떤 활동을 해보셨나요?

김대리 : 평일에 저희 객실을 예약하는 주변 기업의 담당자들을 대상으로 꾸준히 판촉활동을 하고 있어요.

코 치 : 그 방법으로 객실 예약률을 높일 수 없었던 이유는 무엇이지요?

김대리 : 아무래도 저희만 그런 활동을 하는게 아니니까요, 주변에 다른 호텔에서도 비슷하게 판촉활동을 하고 있을 겁니다.

코 치 : 그럼 또 다른 방법을 생각해 보신 것이 있다면 어떤 것이 있을까요? (A)

김대리 : 음… 글쎄요, 담당자들을 찾아가 보거나 소규모 회의나 연회 등과 함께 패키지를 구성해서 프로모션하는 거는 어떨지 생각해 보았어요.

코 치 : 그 방법을 시행하지 않았던 이유는 무엇인가요?

김대리 : 사실 그냥 구상을 잠깐 해보긴 했는데 구체적으로 생각해보지는 않았어요.

코 치 : 담당자를 직접 찾거나 패키지를 만들어 프로모션하는 것 중에서 어떤 것이 더 효과적이라고 생각하나요? (B)

김대리 : 음… 담당자를 찾아가는 것도 좋지만 생각해보니까 프로모션하기에 좋은 시기인 것 같기는 해요. 가을쯤 부터는 전략회의도 많이 하니까요.

코 치 : 그렇다면 지금 당장 어떤 일부터 할 수 있을까요? (C)

김대리 : 팀장님께 보고 드리고 연회팀하고 회의를 해봐야 할 것 같아요.

코 치 : (D   )

25 상기 코칭 대화에 대한 설명 중 적절치 못한 것은 무엇인가?

① 코치는 목표의 중요성과 의미를 확장하는 질문을 통해 김대리의 목표를 명확하게 설정하고 목표달성에 대한 의지를 강화시켰다.

② 코치는 현재 어떤 활동을 통해 목표에 접근하고자 하는가를 질문하여 김대리가 현상태를 객관적으로 정리하여 바라볼 수 있게 도움을 주었다.

③ 코치는 A질문을 통해 김대리가 평일 객실 예약률에 대해 좀 더 깊이 생각하고 아이디어를 떠올릴 수 있도록 지원하였다.

④ 코치는 B질문을 통해 김대리가 실행할 수 있는 여러 가지 대안 중 최선의 대안을 고려하여 선택하게 하였다.

⑤ C질문은 현재 김대리가 선택할 수 있는 현실적인 문제를 점검하는 것으로 대안 탐색의 과정으로 넘어가기 직전의 코칭 단계이다.

해설 C질문은 대안을 탐색하면서 실행 단계로 넘어가는 상태에서의 대화이다.

26 상기 코칭 대화를 효과적으로 마무리 하기 위해 D에 들어갈 코치의 질문으로 적절하지 않은 것은?

① 염려되거나 예상되는 장애가 있다면 어떤 것이 있을까요? – 실행의지 점검을 위해 장애요소를 제거하기 위한 확인하는 과정

② 팀장님께는 언제 보고하실 계획이신가요? – 구체적인 실행에 대한 시간 계획

③ 연회팀과는 어떤 내용들로 회의를 진행하실 계획이신가요? – 실행 단계에 대한 추가적인 아이디어 질문으로 실행 의지의 구체화

④ 연회팀과 회의보다 패키지 구성에 대한 김대리님의 아이디어를 먼저 구체화하는 것은 어떨까요? – 또 다른 선택 대안에 대한 코치의 아이디어 제공

⑤ 연회팀과의 회의에서 어떤 점을 준비하면 도움이 될까요? – 성공적인 실행을 위한 추가적인 아이디어와 탐색 과정

해설 코치는 피코치에게 직접적인 해결안이나 반대되는 제안을 하는 것을 매우 조심스럽게 생각해야 한다. 만일 다른 대안에 대한 탐색이 더 필요하다면 다른 형태의 개방형 질문을 활용해야 한다.

PART 06

실전모의고사

1~5파트까지 학습한 내용 중 출제비중이 높은 문제들
로만 선별하였고, 실제 시험을 보는 것과 같은 난이도로
구성하여 최종적으로 실력을 점검할 수 있도록 구성하
였습니다.

≫ 실전모의고사

01~24　선다형

01 서비스 세일즈의 특징으로 적절하지 않은 것은? (기출)

① 서비스 세일즈의 핵심은 서비스 직원이다.
② 직원에 투자하는 것이 상품개발과 같은 것이다.
③ 서비스 직원은 고객의 판매촉진 수단이 될 수도 있다.
④ 서비스 직원은 서비스라는 상품을 바로 생산해 내기도 한다.
⑤ 서비스 세일즈는 판매 전 활동과 판매 시의 활동까지만 포함한다.

해설 서비스 세일즈는 판매 전 활동과 판매 후 활동까지 모두 포함하는 것으로, 고객관리를 위한 사전, 사후 활동이 모두 이루어지는 것이다.

02 서비스 세일즈의 전략 수립에 관한 내용이다. 가장 적절치 못한 설명은 무엇인가?

① 세일즈 활동이 적극적으로 진행되면서도 서비스에 대한 만족감이 감소되지 않도록 고객 부담을 최소화하여 균형있는 서비스 세일즈가 실행되는데 있어 필요한 부분이다.
② 서비스의 가치를 고객에게 전달하면서 이를 기업과 조직의 성과에 반영할 수 있도록 하는 조직 문화 형성에 기여하는 전략을 수립해야 한다.
③ 서비스 제공자의 개인적인 역량과 고객 가치의 방향을 본인의 개성에 맞게 다양한 관점에서 자유롭게 전달할 수 있도록 하기 위한 개념이다.
④ 서비스 기업과 조직의 세일즈 과정을 평가하고 방향을 설정할 수 있게 된다.
⑤ 좋은 전략은 효과적인 서비스 세일즈를 전개하여 기업의 매출과 수익에 기여할 수 있다.

해설 기업이 추구하는 서비스 가치를 고객에게 효과적으로 전달하는 공통의 방향 수립이 가능하다.

03 다음 괄호 안에 들어갈 공통적인 단어는 무엇인가?

> (　　)는 세일즈 활동을 사전에 준비하고 계획할 수 있게 한다. 또한 세일즈 기술뿐 아니라 기준과 방향을 습득함에 있어서도 정형화된 (　　)에 의한 활동은 도움이 된다. 세일즈맨 개인은 물론 조직의 매출을 예측함에 있어서도 (　　)는 중요한 역할을 수행하는데 바로 세일즈 활동과 과정을 수치화 할 수 있기 때문이다.

① 서비스 세일즈 전략　　　　　　② 서비스 세일즈 프로세스
③ 서비스 세일즈 역량　　　　　　④ 서비스 세일즈 상담 기법
⑤ 서비스 세일즈 평가

해설 구매 결정에 도움이 되는 객관적 기준과 원칙을 통해 고객 선택의 기준을 확보한다.

04 다음은 효과적인 세일즈 상담에 필요한 다양한 기법들이다. 적절치 않은 것은?

① 질문은 목표 질문을 설정하여 연속적이면서 논리적인 흐름을 가지는 것이 좋다.
② 경청은 고객의 이야기를 인내하며 듣는 것을 의미하며 질문을 하거나 고객의 이야기를 정리해서는 실패할 가능성이 크다.
③ 이점이 고객을 설득하는 효과적인 표현이지만 특성과 장점도 판단 근거와 신뢰를 높이는 기능을 수행한다.
④ 정의내리기 기법을 통해 고객의 호기심을 자극하고 상품 및 서비스의 가치를 높일 수 있다.
⑤ 고객 저항 및 염려는 네 가지 유형으로 나눌 수 있고 이에 따라 미리 예방하는 전략을 사용할 수 있다.

해설 적극적 경청 방법에서는 고객이 더 많은 이야기를 하게 하는 질문이나 정리 및 따라하기 등의 기법이 사용된다.

05 다음은 MOT 분석 및 개선 방법이다. 순서가 가장 적절히 배열된 것은 무엇인가?

> (A) 고객 접점 진단, (B) MOT 사이클로 세분화하기, (C) 실행하기, (D) 고객 접점 시나리오 만들기, (E) 새로운 고객 접점의 표준안 구체화하기, (F)고객 접점 MOT 설계

① A-F-B-D-E-C　　　　　　② A-B-D-F-E-C
③ F-A-B-D-E-C　　　　　　④ F-A-B-D-C-E
⑤ C-A-F-B-D-E

해설 고객 접점을 진단하여 이를 MOT로 설계한 후 각 MOT를 세분화하여 고객 접점의 시나리오를 만들고 이를 통해 새로운 고객 접점의 표준안으로 구성하여 실행하는 순서이다.

Answer　　1.⑤　　2.③　　3.②　　4.②　　5.①

06 지속적인 고객관계 유지를 통해 기업이 거둘 수 있는 효과 중 거리가 먼 것은?

① 긍정적인 구전 효과
② 상품 및 서비스 탐색의 노력과 비용 절감
③ 서비스 제공절차 간소화의 효과
④ 고객 요구사항에 대한 이해도 증가
⑤ 교차 및 상향 판매 등 추가 판매의 기회 확대

해설 고객 측면에서의 효과로 볼 수 있다.

07 고객관계관리(CRM) 실행의 성공을 위한 조건에 해당되지 않는 것은?

① 기업의 근본적 변화가 전제가 된 명확한 전략의 정의 및 확실한 전달과 이해
② 고객에 대한 현장 정보의 효과적인 수집 및 최신상태의 고객 정보 통합
③ 장기적 관점에서 우량고객 정보 중심으로 측정되어야 하며 지속적으로 고객과의 대화를 시도하여 우량고객에 대한 명확한 정보가 수집될 수 있어야 한다.
④ 관련 사업부서 간의 협력체제를 확립
⑤ 우량고객에 대한 명확한 기준 설정 및 분류된 고객별로 공정하지만 차별화된 서비스 진행

해설 장기적 관점에서 다양한 고객 정보가 측정되어야 하며 지속적으로 고객과의 대화를 시도하여 항상 최신의 명확한 정보가 수집될 수 있어야 한다.

08 다음은 고객가치 측정에 있어서의 다양한 방법과 개념이다. 바르게 설명한 것은?

① 고객생애가치 : 고객들로부터 미래의 일정 기간동안 얻게 될 이익을 할인율에 의거해 현재 가치로 환산한 재무적 가치
② 고객순자산가치 : 한 고객이 소비하는 제품이나 서비스군 중 특정 기업을 통해 제공받는 제품이나 서비스의 비율
③ 고객추천가치 : 고객과 기업 간의 직 · 간접적인 관계를 재무적 가치로 환산할 경우 관계의 질적 측면을 고려치 못하여 이를 보완하고자 관계의 지수를 통해 미래 고객 가치를 실질적으로 예상할 수 있는 개념의 가치 측정
④ RFM : 고객 가치를 최근성, 구매액, 구매 만족도의 세 가지 지수를 통해 측정하는 개념
⑤ 고객 점유율 : 고객들의 간접적 기여 가치를 의미하며 기업의 마케팅과 무관하게 확보된 신규고객의 가치를 측정하는 개념

해설 ② 고객 점유율에 대한 설명, ③ RFM에 대한 설명, ④ RFM은 최근성, 구매빈도, 구매액,
⑤ 고객추천가치에 대한 설명

09 고객관계관리(CRM)에 대한 설명으로 가장 적절하지 않은 것은? (기출)

① CRM은 고객 가치 향상을 통한 기업 수익성의 극대화가 목적이다.
② CRM은 새로운 정보가치를 발견하는 방식으로 순간순간의 고객정보를 취한다.
③ CRM활동은 전사적으로 접근해야 한다.
④ CRM은 가치 있는 고객을 분별하고 세분화 한다.
⑤ CRM은 전사적인 관점에서 통합된 마케팅, 세일즈 및 고객서비스 전략을 통하여 개별 고객의 평생가치를 극대화 하는 것이다.

해설 DB마케팅에 대한 설명. CRM은 신규고객의 획득, 기존고객의 개발, 우수고객 유지와 같은 순환적 프로세스를 통하여 고객을 적극적으로 관리한다.

10 다음은 무엇에 관한 설명인가?

> 제품이나 회사에 대한 고객의 전반적인 경험을 관리하는 프로세스로 고객의 생각과 느낌을 파악하는데 중점을 두며 전략인 동시에 과정과 실행에 중점을 두는 고객 만족의 개념이다.

① 고객관계 모니터링　　　　② 통합적 CRM
③ 고객만족경영　　　　　　④ 고객경험관리
⑤ 고객관계관리

해설 고객관계관리와 고객만족경영의 한계점을 극복하고자 대두된 개념의 전략이다.

11 다음은 VOC 관리 시스템의 어떤 특성을 설명한 것인가?

> VOC의 속성 중 가장 중요한 속성으로 다른 속성에 비해 고객 만족에 가장 큰 영향을 미치게 된다. 예를 들어 전화 상담원이 고객 전화를 수신한 경우 VOC 시스템을 통하게 되면 고객의 구매 경력과 기본 자료를 확인할 수 있어 이러한 속성이 강화될 수 있다.

① VOC 수집채널의 다양성　　② 정보 시스템의 통합성
③ 서비스의 즉시성　　　　　④ VOC 분석의 유효성
⑤ 고객 및 내부 프로세스 피드백

해설 효과적인 VOC 관리 시스템을 통해 서비스의 즉시성이 높아질 수 있다.

Answer　6. ②　7. ③　8. ①　9. ②　10. ④　11. ③

12 다음 중 기업 경영에 있어 VOC 빅 데이터의 의의나 역할이 아닌 것은?

① 거시적인 패턴을 분석, 발견하여 고객들의 니즈, 의견, 욕구 등의 변화를 전망할 수 있다.
② 이상 신호, 특정 이슈 등의 요소들을 미리 인지하여 기업의 대응력을 높일 수 있다.
③ 보다 더 개인화, 지능화 서비스를 제공하여 보다 경쟁력 있는 고객 서비스가 가능해진다.
④ 타 분야와의 결합을 통해 새로운 가치 창출이 가능해 질 수 있게 된다.
⑤ 정형화된 데이터 속에서 의미있는 기술적 통계를 활용하여 대상을 측정한다.

해설 경영정보학에서의 의의이다. VOC는 비정형 데이터에서의 통계적 추론에 가깝다.

13 다음 중 기업측의 서비스 실패 원인으로 적절한 것은? (기출)

① 제품, 상표, 매장, 회사 등에 대한 잘못된 인식
② 충분하지 않은 설명이나 의사소통의 미숙
③ 거래를 중단하거나 바꾸려는 심리
④ 고객의 고압적인 자세와 감정적 반발
⑤ 고객의 기억 착오로 인한 마찰

해설 ①, ③, ④, ⑤ 고객측의 원인으로 인해 발생하는 서비스 실패

14 다음은 고객 컴플레인을 해결함에 있어서 서비스 제공자의 마음가짐과 태도이다. 거리가 먼 것은 무엇인가?

① 고객이 화를 낼 때 고객이 화를 내는 대상이 서비스 제공자 개인이 아니라 규정과 제도이며 '나를 조직의 피뢰침'으로 생각하며 감정을 조절한다.
② 프로 서비스 제공자라면 다양한 고객 응대에서 비롯하는 부담감을 극복하고 부담감에서 오는 감정적 문제를 통제할 수 있어야 한다.
③ 고객 상담에 있어 고객보다 말을 많이 하기보다는 고객의 말을 많이 들어주는 것이 문제를 해결하게 되는 지름길이다.
④ 고객의 비난과 불만은 나를 향하는 것이 아니므로 서비스 제공자인 '나'의 책임이 아니며 고객 불만족의 책임을 직접 지는 부담에서 벗어나는 것이 중요하다.
⑤ 고객은 우리의 규정이나 프로세스에 관심도 없고 잘 모르는 것이 당연하고 따라서 고객은 자신이 정당하다고 믿는 경향이 있다는 점을 잘 인지하고 고객의 문제를 바라보아야 한다.

해설 고객의 비난이나 불만이 나를 향하는 것이 아니라해도 조직 구성원의 일원으로서 고객 불만족에 대한 책임을 같이 져야 하는 책임 공감의 원칙이 더 중요하다고 볼 수 있다.

15 고객 컴플레인 유형별 응대 방법이다. 가장 적절한 응대는 무엇인가?

① 서비스 자체에 문제가 있어 발생된 컴플레인 – 그럴 리가 없는데 이상하네요?

② 고객이 무리한 요구를 하며 컴플레인을 제기함 – 죄송합니다만 이제까지 그렇게 서비스 한 적은 없습니다.

③ 이미 다 알고 있다고 주장하며 서비스 제공자의 설명을 들으려 하지 않고 책임자와 직접 응대하겠다고 하는 고객 – 하지만 제가 이 분야에서 10년 이상 담당하는 전문가임을 이해하셔야 합니다.

④ 서비스 상황에 비협조적인 고객의 컴플레인 – 이렇게는 서비스를 이용할 수 없습니다.

⑤ 문제 자체보다 불쾌한 감정이나 상황에 대해 항의하고 상담 과정에서도 새로운 문제점을 발견하여 추가적인 불만을 제기하는 고객 – 그러셨겠군요. 죄송합니다. 우선 문제가 해결될 수 있도록 조치하겠습니다.

해설 ①~④는 모두 유의해야 할 표현들이며, ①의 경우 즉각 문제를 인정하여야 하고, ②는 고객 요구 수용에 대한 노력이 표현되어야 하며, ③은 전문성을 드러내기보다 문제 해결에 초점을 맞추어야 한다. ④의 경우도 서비스 기업의 입장만 내세우는 인상을 주게 된다.

16 다음 프랜차이징 유통채널에 대한 설명 중 거리가 먼 것은?

① 어디서나 동일한 서비스를 원하는 소비자의 니즈를 충족시키기에 가장 적합한 경로이다.

② 가맹점과 본부가 위험 공유 및 리스크 분산을 통해 효과적으로 수익을 창출하는 구조이다.

③ 프랜차이즈 본부는 직영채널에 비해 재무적 위험에 대한 부담은 커지지만 안정적인 수입을 얻을 수 있다.

④ 고객은 서비스 이용에 대한 탐색비용과 시간을 줄이면서 일정한 서비스 품질을 예상할 수 있다.

⑤ 가맹점은 영업관리, 입지 선정, 법률적 문제 해결 등의 지원을 통해 상대적으로 사업 실패의 확률을 줄일 수 있다.

해설 프랜차이즈 본부는 직영채널에 비해 재무적 위험을 줄이면서 사업을 영위할 수 있다.

Answer   12. ⑤   13. ②   14. ④   15. ⑤   16. ③

17 다음은 어떤 용어에 대한 설명인가?

> 인간이 창조한 환경을 의미하며 서비스 현장을 구성하는 환경적 요소를 의미한다. 이는 외부 환경과 내부 환경을 포함하며 주변요소, 공간 배치와 기능성, 표지판이나 상징물 혹은 조형물 등의 세 가지 차원으로 이해할 수 있다.

① 물리적 증거
② 물리적 증거의 기타 유형적 요소
③ 서비스 스케이프(물리적 환경)
④ 패키지의 역할
⑤ 이미지와 분위기

해설 물리적 증거는 물리적 환경과 기타 유형적 요소로 나누어 진다. 패키지는 물리적 환경의 기능이며 이미지와 분위기는 관련 이슈이다.

18 다음 중 멀티마케팅 전략에 관한 설명으로 가장 적절한 것은? (기출)
① 복수 점포 전략은 전문적인 서비스에 적합하지 않다.
② 가격은 멀티마케팅 전략의 중요한 다양화 대상에 포함된다.
③ 복수 서비스 전략은 기존 서비스에 새로운 서비스를 추가하는 것이다.
④ 멀티마케팅 전략에 포함된 다양한 전략을 혼합하는 전략은 바람직하지 않다.
⑤ 현재의 설비를 충분히 활용하지 못하고 있는 기업에게 복수 점포 전략이 적합하다.

해설 ① 복수 점포 전략은 전문적인 서비스에 적합하다.
② 멀티마케팅의 중요한 다양화 대상에는 서비스, 점포, 표적시장 등이 포함된다.
④ 필요한 경우 멀티마케팅 전략에 포함된 다양한 전략을 혼합하는 것이 필요하다.
⑤ 현재의 설비를 충분히 활용하지 못하고 있는 기업에게 복수 시장 전략이 적합하다.

19 중간상을 이용한 서비스 유통경로가 아닌 것은? (기출)
① 프랜차이징   ② 에이전트
③ 다이렉트채널   ④ 브로커
⑤ 전자채널

해설 현대의 많은 기업들은 다이렉트로 직접 움직이는 것보다 특정 과업에 대해 외주를 주는 것이 더 비용효과적인 것으로 판단하고 있다.

20 다음 중 서비스 유통채널 내에서의 권력이 효과를 거두게 되는 반응을 가장 잘 설명한 것은 무엇인가?

① 유통채널의 구성원 중 일부가 다른 채널에 도움을 받고자 하는 의존성이 생기게 된다.

② 유통채널 간 매출 및 수익 증대라는 공동의 목표에 대해 합의하게 되고 상호간의 요구 사항이 일치되어 서비스 기업의 지시사항을 당연히 따르게 된다.

③ 유통채널의 구성원 간 목표는 당연히 다르고 이 목표가 동시에 만족될 수 없음에 따라 권력 관계에 의해 자연스럽게 결정되도록 한다.

④ 서비스 기업의 보상적, 강제적 권력에 의해 유통채널 간에 질서가 생기고 단기적으로 매출 증대의 효과를 거두게 된다.

⑤ 역할과 영역의 구분을 명확히 하기보다는 갈등의 결과로 성과를 개선시키는 방향으로 해석되어 유통채널 전체의 경쟁력이 향상되도록 한다.

해설 ①,③은 유통채널 간 갈등의 원인이며, ④는 해당 권력의 특성이며, ⑤는 갈등의 기능이다.

21 다음은 어떤 성인학습 이론에 대한 설명인가?

> 습관적으로 받아들였던 특정한 인식이나 관행에 대해 자아 성찰이라는 과정을 통해 근본적인 변화를 시도하기 위한 과정을 학습의 과정으로 이해한다. 이로써 학습자는 자신의 일상 경험이 지니는 의미를 새롭게 해석하고 스스로 미래의 행동 지침을 새롭게 만들어 갈 수 있게 된다.

① 자기주도적 학습 ② 전환학습
③ 앤드라고지 ④ 경험학습
⑤ 조직학습

해설 전환학습에 대한 설명으로 자신의 삶에 도움이 되는 방향으로 관점을 확장할 수 있다.

22 코칭 대화의 기본적인 특성에 관한 설명 중 가장 거리가 먼 것은?

① 코칭 대화는 피코치자에게 긍정적 영향력을 미치고 코칭 목적 달성을 촉진한다 .

② 코칭 대화는 피코치자의 생각을 코칭 목표에 맞게끔 제한하여 진행하여야 한다.

③ 코칭 대화는 질문을 통해 상대방이 말하도록 유도하기 때문에 '자기설득'의 효과가 있다.

④ 코칭 대화는 상대방 스스로 '공식적 선언'을 함으로써 실행의지를 높인다.

⑤ 코칭은 상대방 스스로 답을 찾고 행동하도록 이끄는 과정이다.

해설 코칭 대화는 피코치자의 생각을 확장할 수 있어야 한다.

Answer   17. ③   18. ③   19. ③   20. ②   21. ②   22. ②

23 인간의 행동에 대한 동기를 인간 욕구의 관점으로 구분하였지만 다양한 욕구가 동시에 동기부여 의 원인이 될 수 있으며 하위 욕구가 상위 욕구로 이전되는 것이 아니라 상하 쌍방식으로 다양한 욕구가 이행된다는 동기부여 이론은 무엇인가?

① 매슬로우 욕구 5단계 이론 　　　　② 동기-위생의 2요인
③ ERG이론 　　　　　　　　　　　④ 기대이론
⑤ 강화이론

해설 존재, 관계, 성장의 세 가지 욕구가 중요한 동기가 된다는 이론이다.

24 집단 수준의 임파워먼트(Empowerment)에 대한 설명으로 가장 거리가 먼 것은? (기출)

① 핵심은 구성원 간의 상호작용이다.
② 상대방의 저항을 극복하는 능력과 관련된 개념이다.
③ 두 사람 이상의 상호관계가 있을 때 존재하는 개념이다.
④ 조직 내 무력감을 제거하는 파워의 생성, 발전, 증대에 초점을 둔다.
⑤ 무력감에 빠진 조직 구성원들이 자기효능감을 가질 수 있도록 함으로써 무력감을 해소
　시키는 과정이다.

해설 개인 수준의 임파워먼트에 대한 설명이다.

25～29　O/X형

25 고객에게 가장 적합한 제안을 하기 위해서는 이미 파악된 고객의 정보를 통해 최적의 제안을 준 비하는 별도의 과정이 필요하며, 특히 맞춤형 제안이 가능한 세일즈 상황에서는 제안 근거를 확 보하는 과정이 필요하다. (① O, ② X)

해설 제안 준비 과정 단계에서 세일즈맨의 주요 활동이다.

26 고객 충성도에 대한 보상 제공에 있어서 높은 단계의 충성도 보상 프로그램에서는 비금전적 보상 보다는 금전적 보상이 더 효과적이다. (① O, ② X)

해설 높은 단계의 충성도 보상 프로그램에서는 비금전적 보상이 더 효과적이다.

27 고객의 불평 행동은 사회적 규범을 위반하여 소비 질서를 어지럽히며 서비스 조직과 다른 고객에 게 부정적 영향을 미치는 행동으로 이런 고객 유형을 제이커스터머라 한다. (① O, ② X)

해설 설명은 고객 불량행동에 대한 것으로 불평 행동은 사회적으로 허용되는 합법적인 고객 행동으로 보상 요구, 불매 운동, 부정적 구전, 소비자 보호의 접수 등이다.

28 인터넷을 통한 유통경로가 구성됨에 따라 기업과 고객은 모두 중간상을 배제하고 싶은 욕구를 갖는 탈중간상화의 현상이 나타나고 있다. (① O, ② X) (기출)

해설 전자적 유통채널의 도입은 유통단계의 축소와 유통단계별 부가되는 비용 감소로 판매기능을 고객에게 이전시켰다.

29 코칭이 성과 향상을 위한 구성원의 행동 변화에 초점이 있다면 이에 비해 멘토링은 개인의 성장 가능성과 실력 향상을 목적으로 하여 마인드, 태도, 정체성 등 행동 변화의 기초가 되는 요인까지 변화시키고자 한다는 점에서 차이가 있다. (① O, ② X) (기출)

해설 멘토링은 보다 장기적인 관점에서 태도와 마인드 변화 및 잠재력에 초점을 맞추고 합의된 목표에 따라 역량을 개발하는 과정이다.

30~34 연결형

※ 다음 보기 중에서 각각의 설명에 알맞은 것을 골라 넣으시오.

① MGM 기법	② MBO	③ 굿맨 법칙
④ 공헌 마진	⑤ 텍스트 마이닝	

30 자신의 불만을 해결하여 만족하게 된 고객은 불만을 토로하지 않은 고객에 비해 동일 브랜드를 재구입할 가능성이 높다. (   )

해설 서비스 실패에 따른 고객 불만 행동을 이해하는 법칙으로 총 3가지 법칙이 있다.

31 도서관에서 주제별로 책을 분류하듯 비정형 데이터에서 유용한 정보를 추출, 가공하는 것을 목적으로 하여 성격이 비슷한 문서끼리 군집을 묶어주는 분석 기술 (   )

해설 빅 데이터의 특성인 비정형 데이터 분석에 활용되는 분석 기술 중 하나이다.

Answer 23. ③   24. ⑤   25. ①   26. ②   27. ②   28. ①   29. ①   30. ③   31. ⑤

32 기업이 기존고객으로부터 신규고객이 될 가능성이 있는 사람의 정보를 받아 새로이 고객을 유치
하는 기법 (기출)   (   )

   해설 고객확보전략 Member Get Member 기법

33 목표를 달성하기 위해 경영자와 종업원들이 설정된 목표에 동의하고 그들이 조직 내에서 무엇을
해야 할지를 이해해 가는 일련의 과정을 뜻한다.   (   )

   해설 피터 드러커에 의해 주창되었으며 목표에 의한 관리를 의미하는 약자이다.

34 고객이 기업과 처음 거래를 시작한 시점부터 현재까지 그 고객이 기여한 총 가치에 대한 개념이다.
    (   )

   해설 고객 생애 가치를 측정하는 구성요소 중 하나로 현재까지 기여한 수익의 가치를 의미한다.

35~44   사례형

35 다음은 00치과 상담실장이 인공치아 이식술을 환자에게 권유하는 상담내용이다. 보다 효과적인
상담 화법으로 바꿀 경우 염두에 둘 내용들에 대한 설명 중 부적절한 것은?

> **상담실장** : 고객님, 인공치아 이식술을 하셔야 될 것 같은데, 어떠세요? (A)
>
> **환　　자** : 그렇게 이야기는 듣긴 했는데요.
>
> **상담실장** : 네. 하시는 것이 좋습니다. 지금은 그 방법 밖에 없네요. (B)
>
> **환　　자** : 글쎄요.
>
> **상담실장** : 비용을 알려드릴께요. (C)
>
> **환　　자** : 네. 얼마인가요?
>
> **상담실장** : ~~정도 비용이 드네요. 어떠세요? (D)
>
> **환　　자** : 지금도 크게 불편하진 않은데, 천천히 생각해 볼께요.
>
> **상담실장** : 음식을 잘 씹지 못하고 계실 텐데요. 불편하실 겁니다. 하시는 게 좋은데요. (E)

① A : 고객의 상황을 공감하는 형식의 대화가 필요하며 고객이 편안하게 이야기할 수 있는 오프닝 질문 형식으로 바꿔야 한다.

② B : 고객이 염려하고 있는 상황이 어떤 것인지, 혹은 다른 대안에 대한 생각이 있는지 등을 개방형으로 질문하여 고객에 대한 정보나 니즈를 발견하기 위한 상담을 전개해야 한다.

③ C : 고객이 애매한 답변을 하는 경우에는 이식술에 대한 이점과 장점에 대해 보다 많은 정보를 제시하여 좀 더 주도적이고 적극적으로 설득해야 한다.

④ D : 비용에 대한 안내와 함께 고객이 누리게 될 혜택에 대해 함께 이야기하거나 비용에 대한 고객의 생각을 좀 더 구체적으로 들을 수 있어야 저항에 대한 응대를 할 수 있다.

⑤ E : 고객의 입장에 대한 공감을 바탕에 두고 고객이 왜 이식술을 받는 것이 좋은지에 대해 명확하게 설명하거나 현재의 불편함에 동의할 수 있는 질문으로 바꾸어 응대해야 한다.

해설 고객이 자신의 생각을 솔직하게 이야기하지 않고 부담감 속에서 오픈마인드를 하지 못하고 있거나 상황 판단에 시간이 필요한 경우이므로 효과적인 질문으로 대화를 전개하여야 한다. 이때 이점과 장점을 나열하는 상담 형태는 주도적인 상담으로 볼 수 없다.

36 다음은 ○○여행사의 김영희 상담실장이 예비 신혼부부와 처음 만나 상담하는 내용이다. 다음 밑줄 친 내용은 초회 면담의 주요 전략 중 어떤 전략에 해당하는가?

> 고　　　객 : 6월 경에 신혼여행을 가려고 해요. 몇 가지 생각해 둔 곳이 있는데 견적과 스케줄을 알아보려고 해요.
>
> 김영희 실장 : 정말 축하드립니다. 신혼여행을 준비하시는 것이 가장 설레이고 기분 좋은 결혼 준비이죠. 어떠세요?
>
> 고　　　객 : 그렇죠. 가고 싶은 곳이 너무 많아서 말이에요. 요즘은 어디로 많이 가나요? 저희는 유럽이나 동남아로 생각하고 있는데요.
>
> 김영희 실장 : 요즘은 다양한 곳으로 여행을 떠나시는 편입니다. 제가 저희 여행사의 추천 상품을 설명드리기 전에 멋진 추억으로 후회하지 않을 신혼여행을 위해 중요한 몇 가지 요소들을 먼저 알려드려 볼께요. 아마 도움이 되실 겁니다. 세 가지 정도를 고려하셔야 하는데요. 우선, 정확한 예산을 미리 설정하시는 것입니다. 다음으로는 여행의 테마를 명확히 하시되 신혼여행의 특성을 고려하셔야 합니다. 그리고 마지막으로는 약속과 기대에 따라 이루어질 수 있는가에 대해 점검하실 수 있어야 합니다.

① 상품, 서비스의 필요성 부각　　② 원칙과 기준의 안내

③ 전문성 부각　　④ 상담의 진행 단계 안내

⑤ 고객 상황 파악

해설 서비스 제공자의 전문성을 토대로 고객에게 정보를 제공하는 내용이다.

Answer　32. ①　33. ②　34. ④　35. ③　36. ②

37 00건설의 인사팀이 점심시간 직전에 나눈 대화이다. 대화를 통해 고객의 구매 단계별 서비스 전략을 설명한 것 중 가장 적절치 못한 것은 무엇인가?

> **김대리 :** 오늘 점심은 회사 뒤편에 새로 생긴 A중국집을 가보는게 어떠신가요?
>
> **박팀장 :** 그래요? 그 집 음식이 맛있나 보죠?
>
> **김대리 :** 저도 안가봤지만 다른 곳보다는 깔끔해 보여서요. 한번 가보면 어떨까해서요.
>
> **박팀장 :** 음. 괜찮아 보이긴 하던데, 이주임은 어때?
>
> **이주임 :** 제가 어제 가봤는데요, 생각보다는 그냥 평범하던데요. 나쁘진 않지만 오늘은 다 같이 식사하는 거니까 지난 달에 회식했던 B초밥집은 어떨까요? 단골이니 잘해 줄 거에요. 넓은 자리로 안내해 달라고 하면 좋을 것 같긴 해요. 팀장님께서도 좋아하시잖아요.
>
> **박팀장 :** 거기가 좋긴 한데, 거기 음식은 메뉴별로 다 먹어봐서 말이지. 요즘 장사가 잘되는지 예전처럼 넓은 자리를 줄지도 모르고 말야.

① A 중국집은 최초 구매고객에게 보다 차별화된 서비스를 펼쳐 고객들의 재방문율 및 구전 효과의 제고를 염두에 두어야 한다.

② 이주임은 B초밥집의 단골고객이면서 동시에 적극적으로 추천하는 충성고객의 면모를 보이고 있다.

③ 박팀장은 B초밥의 단골고객이었지만 과거에 비해 유대감이 약화되고 서비스에 대한 불만족을 표현하여 고객 이탈의 상황에 놓여 있다.

④ 김대리는 A중국집에 대한 기대감을 보유하고 구매 전단계인 인지 단계에 있는 잠재고객 단계에 있으며 이주임은 최초 구매 후 평가 단계에 있다.

⑤ A중국집과 B초밥집은 00건설 인사팀에 대해 맞춤형 상품, 서비스 제공 등의 동일한 충성 고객화 전략을 사용하여야 한다.

해설 A 중국집은 최초 고객군이 많아 전문성을 강화하고 서비스 정신을 고양하는 등 최초 구매 후에 발생하는 초기 문제를 효과적으로 처리하고 서비스와 서비스 지원 활동에 큰 가치를 두어야 한다.

38 OO병원은 분기별로 '고객의 소리'라는 제목으로 내부 세미나를 개최하고 있다. 다음은 세미나 과정에서 확인된 내용이다.

> **A. 병원 홈페이지 :** 총 120건의 게시글에서 약 30건 정도의 고객 불만이 접수되고 60건 정도의 고객 만족 사례 및 추천 글이 접수되었음. 기타의 내용에서는 아이디어 및 문의사항 접수.
>
> **B. 지역 사회 블로그, 카페 :** 약 50여 건의 문의 및 개인 경험담 등이 확인됨. 특이사항은 약 30여 건이 ××병원과의 비교를 담고 있으며 전 분기 대비 30% 증가함.
>
> **C. 병원 내 '고객 우체통' :** 80건 불만 접수 중 50%는 대기 시간에 대한 개선, 30%는 안내에 대한 불만, 20%는 기타 사항(기타 사항 중 추가 의료 서비스에 대한 의견과 아이디어가 포함되어 원장님께 보고됨).
>
> **D. 직접적인 불만 접수 응대 사례 :** 지난 분기 약 10여 분의 고객이 원장님 및 접수실에 직접적인 항의 및 불만 제기. 이 중 5명의 경우 병원의 서비스 실패로 보여 보상과 사과 등의 회복 절차를 거침. 나머지 5명은 불량고객의 사례로 보임.
>
> **E. 세미나 중 추가 발의 :** 고객 대기 시간을 줄이는 방안과 함께 대기 중 무료함을 극복할 수 있는 방안을 추가로 논의하고 아이디어가 수집됨(김OO간호사, 이OO실장 제안).

① A,C,D는 내부 VOC이며, B는 외부 VOC로 구분되고 C와 D는 Off-line VOC로 구분된다.

② 세미나 과정 이후 상기 VOC는 해당 부서에 개별 통지되어 즉각적으로 개선될 수 있도록 하며 동시에 전 직원이 공유할 수 있도록 정리되어 통합적으로 관리되어야 한다.

③ C에서의 일부 고객 제안과 E의 내부 직원에 의해 발의된 아이디어 등은 고객의 불만 접수 및 개선 사례가 아니므로 VOC에 해당한다기보다는 CRM의 개념으로 볼 수 있다.

④ VOC 3.0의 개념을 실천하기 위해서는 A,B의 On-line VOC에서 실시간으로 고객과 소통하고, 특히 B와 같은 외부 채널의 중요성을 인식하는 것이 중요하다.

⑤ 상기에서 발견된 고객의 소리를 효과적으로 활용하여 각 유형의 VOC들을 지속적으로 체크함으로써 서비스 품질 및 업무 개선에 활용하는 것이 중요하다.

해설 제안형 VOC와 내부 서비스 제공자에 의한 VOC로 광의의 개념의 VOC로 볼 수 있다.

39 다음은 OO호텔에서 근무하는 김영희 매니저가 접한 서비스 상황이다. 고객관계관리를 위한 서비스 제공자의 업무 수행 태도로 볼 때 가장 적절하지 못한 접근법은 무엇인가?

> OO호텔의 프론트를 담당하는 김영희 지배인은 오늘 특별한 두 가지의 서비스 상황에 놓이게 되었다. 어제 체크인 때 조식 쿠폰을 발급해 드리며 안면을 익혔던 출장길에 방문하셨던 고객 한 분이 쿠폰을 잃어버려 레스토랑에 가방을 맡기고 허둥지둥 객실로 올라가는 모습을 발견하였다(A). 또 한 분의 고객은 프론트에 내려와서 객실 청소 상태에 대한 컴플레인을 제기하였다(B).

① A상황을 발견한 김영희 매니저는 고객의 곤란한 상황에 진심어린 관심을 가지고 있었으므로 고객에게 다가가 고객의 상황을 알아보고 도움을 주고자 하였다.
② B상황에서는 기본적인 서비스 상황의 실패가 발생한 것으로 우선 객실 상태를 확인해야 할 필요가 있어 고객에게 양해를 구하고 확인하는 동안 기다려 달라고 요청하였다.
③ A상황에서 고객의 아침 일정이 급한 것으로 판단한 김영희 매니저는 고객에게 다가가 쿠폰을 나중에 주셔도 된다고 이야기하고 식사를 할 수 있도록 도와드렸다.
④ B상황에서 김영희 매니저는 고객의 상황을 이해하고 고객의 관점에서 효과적으로 의사소통을 하는 것이 매우 중요하다.
⑤ A상황에서는 쿠폰 제시 후 식사라는 매뉴얼보다는 서비스 품질을 높일 수 있는 진정성에 기반을 둔 유연성이 발휘되는 것이 더 중요하다고 판단하였다.

해설 고객관계관리에 있어 서비스 제공자의 업무 수행 태도에서는 상호이해, 진정성, 특별 서비스 제공, 능숙도, 실패 최소화 등이 있으며, B상황에서의 업무 수행은 실패 최소화를 위해 진행되어야 하며 여기에 상호이해, 진정성 등이 바탕이 되도록 해야 한다.

40 투자 상품의 원금 손실에 대해 강하게 항의하는 고객을 응대하는 내용이다. 불평 처리의 단계로 볼 때 밑줄 친 부분의 응대를 보다 효과적으로 바꾼다면 다음 중 무엇이 적절한 응대인가?

> **직원** : 네. 고객님 어떤 일을 도와드릴까요?
> **고객** : 아니, 3년이나 지났는데도 아직 원금도 안되는데, 이게 무슨 전문 투자 상품인가요? 그 때 분명히 수익률 10%정도를 예상한다고 하지 않았나요? 어떻게 배상할 건가요?
> **직원** : 네. 고객님 죄송합니다.
> **고객** : 10% 수익은커녕 원금보다 10%가 손실이 나니 말이 되냔 말이죠.
> **직원** : 네. 고객님. 손실이 나시면 많이 속상하시죠? 죄송합니다. 투자에서 원금 손실만큼 고객분께 죄송한 상황은 없습니다. <u>하지만 투자라는 개념에는 위험이 따르기 마련이라 어쩔 수 없는 경우도 발생하는 것 같습니다.</u>

> **고객** : 어쩔 수 없다구요? 위험이 따른다면 제가 더 좋은 수익률을 준다는 곳에 투자했겠지 겨우 10% 예상하고 투자했겠어요? 지금 투자를 하지 말았어야 된다는 거요?
>
> **직원** : 아닙니다. 고객님 그런 뜻은 아니구요.

① 고객님께서 어떻게 상담을 받으셨는지 몰라서 제대로 드릴 말씀이 없습니다.

② 수익에 대한 기대로 투자하셨을 텐데 원금에 손실이 나셨으니 많이 속상하실 것 같습니다.

③ 어떤 상황이신지 모르지만 이번에 손실을 만회할 만한 상품이 있는데 어떠십니까?

④ 앞으로는 이런 일이 없도록 설명을 좀 더 자세히 드리도록 하겠습니다.

⑤ 당시 담당자 분이 어느 지점에 계신지 알아봐 드리겠습니다.

해설 해당 단계에서는 고객의 불평을 경청하고 고객 입장을 충분히 이해하고 있음을 공감 및 사과하는 응대가 적절하다. 자세한 상품 설명이나 해결 방안을 상의할 수 있도록 하기 위해서는 그에 맞는 적절한 상황을 조성해야 한다.

41 다음은 OO반도체에서 판매 에이전트 채널을 대상으로 하는 1/4분기 정책 발표이다. 각 정책들에 대한 설명 중 틀린 것은?

> A. 독립 에이전트 중 매출 성장률 상위 3위 시상 : 분기 매출 금액의 1% 추가 보수 지급
>
> B. 우수고객 및 잠재고객 대상 세미나 개최 : 우수고객에 대한 DB 수집 및 선별 효과
>
> C. 신규고객 발굴 가상 PT 대회 개최 : PT 대본 전체 제출. 대회 우수자 포상함
>
> D. 5년 이상 유지 에이전트 경영자 간담회 개최 : 시장에 대한 다양한 아이디어, 경쟁사 동향 및 에이전트 보수 체계 등에 관한 의견 조율
>
> E. 에이전트별 분기 최소 목표 금액 개별 공지 : 2회 연속 미달자 별도 공지 및 특별 관리

① A - 중간상 촉진 전략의 일종

② B - 서비스 기업의 판촉활동 중 푸시 전략에 해당

③ C - 서비스 품질 개선을 중간상에 대한 교육 등의 지원으로 임파워먼트 전략의 일종

④ D - 상호 신뢰와 관계 형성 강화를 위한 파트너 전략 수행

⑤ E - 통제 전략의 일종

해설 중간상 촉진 전략으로 활용 중 한 가지이며 동시에 최종 소비자를 대상으로 직접 판촉활동을 벌이는 내용이므로 풀 전략에 해당한다.

Answer   39. ②   40. ②   41. ②

42 00종합병원은 최근 시내에 새로 건강검진센터를 오픈하려 한다. 오픈 전 최종 점검 사항이다. 이를 물리적 환경의 개념에서 고려하여 설명한 내용으로 틀린 것은?

> • 출입구 및 외부 간판 등의 디자인 확인
> • 건물 외관 및 주차 시설 등
> • 내부 인테리어
> • 고객 및 직원 동선의 효율에 맞는 레이아웃
> • 조명 및 음향 시설
> • 직원 및 간호사 유니폼
> • 고객 안내를 위한 표지판 및 소책자 등

① 건물 외관 및 주차 시설은 고객의 경험이 시작되는 지점으로 특히 신규고객 유치에 중요한 역할을 수행한다.
② 출입구, 외부 간판 등은 서비스 제공자의 서비스 수행을 돕는 편의 제공의 역할을 한다.
③ 조명이나 음향 및 레이아웃 등은 고객은 물론 서비스 제공자의 생산성에도 동시에 영향을 미치는 내부 환경 변수이다.
④ 유니폼, 표지판 및 소책자 등은 물리적 증거의 기타 유형적 요소에 포함되어 서비스의 품질이나 첫인상에 큰 영향을 미치게 된다.
⑤ 내부 인테리어에는 신뢰를 제공할 수 있는 객관적 증거나 자료 등을 통해 고객들이 병원에 대한 신뢰를 높일 수 있는 요소를 모두 포함할 수 있다.

해설 외부 환경으로써 서비스 기업의 차별화된 이미지를 확립하며 고객의 첫인상을 끌거나 기대를 설정한다. 서비스의 무형성을 극복하는 패키지로써의 역할로 볼 수 있다.

43 00레스토랑의 김영철 지배인은 직원들의 교육 프로그램을 위해 다음과 같은 계획서를 짜서 발표하고자 한다. 각 항목별 계획에 대한 효과를 설명한 것 중 틀린 것은?

> **〈 고객 만족을 높이는 00레스토랑 아카데미 계획안 〉**
> A. 모닝 커피 세션– 사례와 아이디어를 공유하고 활기차게 하루를 시작할 수 있도록 함
> B. 1인 1주제로 공부하기 – 모든 직원이 스스로 목표와 주제를 정해서 학습하고 이를 후원하고 지원함
> C. 새롭게 바라보기 – 특정한 서비스 상황에 대해 다양한 관점으로 이야기를 나누면서 고객 만족의 방향을 설정해 볼 수 있도록 기회를 만들어 봄
> D. 경험 일기 – 서비스 제공자의 경험을 기록하여 이를 통해 느낀 바를 함께 공유함
> E. 우리끼리 공부방 – 분기별로 함께 학습할 수 있는 팀을 구성하여 서로 특정한 현장 주제를 해결해 가도록 함. 공부방별로 선정한 도서, 기획에 대해 일정 금액을 지원함

① A: 성인학습은 일방적인 훈육이나 전달보다 상호 존중 및 신뢰를 바탕으로 진행되어야 한다.

② B: 자기주도학습의 문화를 통해 학습 효과를 높이고 문화로 정착시킨다.

③ C: 기존의 서비스 매뉴얼이나 행동 방식을 점검하여 강화시킬 수 있는 기회를 가진다.

④ D: 자신의 경험을 해석하고 성찰하는 과정에서 자연스러운 학습이 가능해진다.

⑤ E: 서비스 현장에 대해 함께 학습하는 문화를 통해 직업적 만족감과 유대를 높이고 건강한 학습 문화를 조직 내에 뿌리 내리게 된다.

해설 새로운 관점으로 바라보는 전환학습의 개념으로 새롭게 고객 니즈를 발견하고 변화되는 서비스 현장을 만들어 가는 기회로 볼 수 있다.

44 코칭 대화를 전개하고 있는 상황이다. 괄호 안에 들어갈 코칭 질문으로 가장 효과적이지 못한 것은?

> **코　치** : 성과 관리에 도움이 될 수 있는 부분은 무엇이라고 생각하세요?
>
> **피코치** : 아무래도 업무의 집중도를 높여야 할 것 같아요.
>
> **코　치** : 지금 현재의 업무 집중도는 100점 만점에서 몇 점 정도 되시나요?
>
> **피코치** : 약 60점 정도 될 것 같아요.
>
> **코　치** : 그럼 몇 점 정도로 올리고 싶으신가요?
>
> **피코치** : 아무래도 90점 정도는 되어야 하지 않을까 합니다.
>
> **코　치** : (　　　　　　　　　　　　　　　　)

① 90점 정도로 집중력이 높아지면 무엇이 달라지게 될까요?

② 집중력을 높여야겠다고 생각하게 된 계기는 무엇이었나요?

③ 100점이 만점이라면 100점을 목표로 설정해야 하지 않을까요?

④ 집중력을 높이기 위해서 이제까지 어떤 노력을 해 보셨나요?

⑤ 만약 그 정도로 집중력을 높이지 못하면 어떤 문제가 생기게 되나요?

해설 코치는 피코치가 설정한 목표에 대해 부정적인 의견이나 제약을 두지 않는 것이 좋다.

Answer　42. ②　43. ③　44. ③

※ [45~46] 00호텔의 김영희 매니저는 내일 중요한 두 건의 상담이 예약되어 있다. 다음은 김영희 매
니저가 담당 팀장에게 제출한 영업 예상 보고 중 해당 상담 건에 대한 내용이다.

〈주요 영업 예상 보고〉 – 3월 25일 상담 건

1. 00건설 10주년 행사 진행 결정 건
   - 행사 예정일 : 5월 넷째주 경(예상 인원 300여 명)
   - 담당자 : 김영식 팀장
   - 진행 상황 : 호의적인 반응을 보여 한달 전부터 결정할 것으로 예상되었으나 계속 진전을 보
     이지 못하고 1차 견적만 제공한 상태임
   - 장애 요소 : 본사와의 거리, 전체 예상 문제 등으로 보임
   - 이번 상담 주요 목표 : (　　　　　　　　　　)

2. 00경영자 연간 조찬 모임 유치 관련 초회 면담 건
   - 예정일 : 올해 8월경 기존 행사장 계약 종료
   - 담당자 : 00모임 부회장 이명희
   - 진행 상황 : 지인으로부터 소개받아 전화로 약속한 상태
   - 특이 사항 : 이명희 부회장은 매사에 주도적이며 명성과 명예를 중시하는 타입이라고 함
   - 장애 요소 : 알 수 없으나 기존 행사장 변경에 대한 거부감 예상됨
   - 이번 상담 주요 목표 : (　　　　　　　　　　)

---

45 상기 영업 예상 보고를 통해 알 수 있는 세일즈 상황에 대한 설명과 응대 전략이다. 가장 적절하
지 않은 것은?

① 00건설 김영식 팀장의 호의적인 반응으로 인해 김영희 매니저는 세일즈 결과를 기대하
고 있었으나 실제 의사결정과는 무관한 반응이었다고 볼 수 있다.

② 00건설 김영식 팀장은 고객의 의도를 명확하게 확인할 수 있는 질문을 통해 세일즈 주도
권을 잃지 않고 고객의 동의를 차근차근 받아가며 진행해야 하는 고객 유형이다.

③ 00건설 세일즈 진전에 장애 요소가 무엇인지를 좀 더 명확하게 확인하는 것이 중요하다.

④ 00모임의 이명희 부회장은 자신의 품위나 존재감을 중시하는 서비스에 관심이 많은 장
형 스타일의 고객일 것으로 예상된다.

⑤ 00모임의 이명희 부회장에게는 구체적으로 모임의 비용과 서비스를 빠르게 제안하여 초
기에 관심을 끌어 관계를 지속하는 것이 필요하다.

해설 초회 면담인 만큼 필요성을 부각하고 신뢰를 형성하는 등의 관계 형성에 주력하는 것이 좋다. 장
형 스타일의 고객으로 예상되므로 특히 더욱 그렇다고 볼 수 있다.

46 효과적인 세일즈 상담의 진전을 위해 두 상담 건의 주요 목표를 세일즈 단계에 맞게 가장 바르게 연결한 것은 무엇인가?

① 계약 제안 – 고객 정보 수집

② 고객 정보 및 니즈 확인 – 오픈 마인드 및 신뢰감 확보

③ 필요성 부각 – 고객 정보 및 니즈 개발

④ 필요성 부각 – 고객 저항 및 염려 해결

⑤ 고객 저항 및 염려 해결 – 계약 제안

해설 00건설의 경우 프로세스를 다시 정비하여 고객 정보와 니즈를 재확인하여야 하고 경우에 따라 고객 저항을 확인할 수도 있다. 00모임의 경우에는 초회 면담이므로 오픈 마인드 형성이 가장 중요하며 경우에 따라 필요성을 부각하거나 고객 정보를 파악할 수도 있다.

※ [47~48] 다음은 어느 여행사의 홈페이지에 게시된 고객의 컴플레인이다. (기출)

저는 지난 8월에 00지역으로 여행을 다녀온 사람입니다.

추억에 남는 여행을 준비하고 들뜬 마음으로 시간을 내고 경비를 들여서 다녀온 여행인데 아쉬움이 많이 남아 이렇게 글을 올립니다. 우선, 호텔 객실이 사진에서 보였던 것과는 너무 달랐습니다. 어느 정도 다를 수 있다는 것은 상식적으로 알고 있었지만 화가 나고 기분이 상할만큼 다르다면 문제가 있는 것 아닌가요? 일단 여기까지는 어쩔 수 없어서 기분 좋게 여행을 마무리 하고 싶었지만 제 불만 사항을 들은 여행 가이드의 반응 때문에 기분이 더 나빠졌네요. 원래 다 그런 거라는 식으로 이야기하니 무시 당하는 기분까지 들어서 당황스러웠습니다. 뭔가 해결해 달라고 이야기 한 것도 아닌데 그런 반응을 보이는 이유는 무엇인가요? 00여행사의 가이드는 여행객들이 얼마나 소중한 시간을 내서 설레이는 마음으로 여행을 하는지 모르는 건가요? 그 외에도 이미 마음이 상한 저는 이후 여행 스케줄 내내 기분이 풀리지 않았습니다. 여행을 다녀오자 마자 여행사에서 계약을 진행해준 담당자에게 이야기를 하려고 했지만 흔히들 한다는 해피콜 조차 한 번 없네요. 굳이 기분 나쁜 여행을 떠올리며 전화하려니 업무 시간 중에는 망설여지고 저녁에는 여행사도 통화가 안되니 이렇게 게시판에 남깁니다. 여행사에서는 어떻게 보상해 주실건가요? 제가 다시 이 여행사를 이용하지 않으면 되는 거겠죠?

Answer   45. ⑤   46. ②

47 서비스 제공자가 고객의 컴플레인을 어떻게 이해해야 하는가에 대한 설명이다. 적절치 않은 것은?

① 고객이 기대했던 수준에 못미치는 상황에서 서비스 실패가 발생하게 되었다.
② 고객 서비스 실패의 가장 큰 원인은 고객 불만족을 즉각 해결할 수 있는 현실적이고 구체적인 방법이 없었던 데에 있다.
③ 고객은 실제와 다른 사진이 게시된 것이 판매만을 목적으로 하고 있을 거라는 생각으로 이어져 여행사에 대한 불만이 커지게 된 것이다.
④ 고객 컴플레인이 1차적인 서비스 현장에서 해소 혹은 완화될 수 있는 기회가 있었으나 가이드의 서비스 응대 실패로 인해 고객 컴플레인은 더욱 강화되고 말았다.
⑤ 이 고객에게 여행은 매우 귀중한 시간에 대한 투자였으므로 특별히 더 큰 의미가 있었으며 이러한 고객의 상황이 더욱 강한 컴플레인을 유발하게 된 계기가 되었다.

해설 고객 서비스의 실패를 해결하는 구체적 방법의 문제보다는 고객 감정에 대한 배려의 부족이 더욱 중요한 포인트였다고 할 수 있다.

48 고객 컴플레인에 대한 담당자의 응대에 대한 설명이다. 효과적이지 않은 응대는?

① 고객의 상황에서는 불만이 야기될 수 있음을 인정하고 경청, 공감하는 것이 우선이다.
② 여행사 입장에서 어쩔 수 없었던 부분을 설명하여 고객이 상황을 이해할 수 있도록 한다.
③ 불만족 고객의 부정적 구전을 사전에 예방할 수 있는 기회가 제공되었으므로 고객의 불만족을 최소화할 수 있는 방안을 강구해야 한다.
④ 불만 사항을 알려준 데 대해 감사의 뜻을 전하고 고객에게 여행사의 서비스 개선 노력에 대한 추후 조치 결과를 신속하고 자세하게 알려준다.
⑤ 고객이 제시한 불만 사항을 향후 고객 서비스 개선에 적용하여 해피콜 제도의 도입, 가이드 서비스 응대 지침 전달 등의 방법을 도입한다.

해설 정당화하는 듯한 응대법으로 고객의 초기 컴플레인 처리 시 고객의 불만이 더 증대되는 대표적인 응대이다.

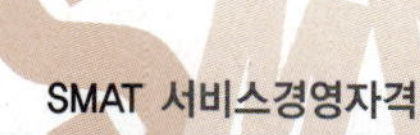

※ [49~50] 다음은 00의류 대리점에 방문한 고객과 서비스 제공자의 대화이다.

고객 : 지난번에 구매한 의류인데요, 여기서 교환이 되나요?
직원 : 네. 영수증을 보여주시겠습니까?
고객 : 여기 있어요.
직원 : 아, 저희 대리점에서 구입하신 제품이 아니시네요.
고객 : 지난주 출장길에 선물로 구입했는데요 사이즈도 안맞고 다른 제품으로 교환하고 싶어서요.
　　　 워낙 멀리 있는 곳이라 구매할 때 물어 봤어요. 가능하다고 하던데요.
직원 : 저희 대리점에 없는 물건이라 반품을 받으면 처리할 방법이 없습니다. 죄송합니다. (A)
고객 : 아니 뭐라구요? 전국 어디서나 다 동일한 브랜드이니 반품이 된다고 안내 받았다니까요.
　　　 여기 00의류 공식 대리점 아닌가요?
직원 : 그렇기는 하지만 다 다른 사업체라서 재고 관리도 별도로 합니다. (B)
고객 : 그러면 본사에다 직접 물어봐야 하나요?
직원 : 네, 죄송하지만 그렇게 하셔야 할 것 같은데요. 구매하셨던 대리점에서 잘못 안내한 것 같
　　　 네요. (C)
고객 : 정말 번거롭네요. 그럼 왜 그렇게 안내했는지 이해가 안되네요.

49 상기 상황에서 유통채널에 대한 고객의 입장을 가장 잘 설명한 것은 무엇인가?

① 고객은 동일 브랜드에 대한 동일한 서비스를 제공받을 수 있을 것이라는 기대를 가지고 있었으나 기대에 충족하지 못하여 서비스 기업 전체에 대해 부정적인 감정을 가지게 되었다.
② 유통채널 내 갈등 및 의견 차이가 고객의 만족에 직접적인 영향을 준 불만족 상황이다.
③ 구매 대리점에서의 안내 미숙으로 인한 문제이므로 상기 상황은 구매 대리점의 서비스 실패로 볼 수 있다.
④ 프랜차이즈 유통채널은 리스크를 분산시킬 수 있어 고객은 이러한 서비스 불만족으로 상기 00대리점이 아닌 다른 대리점을 방문할 것이므로 서비스 기업 전체 매출에는 영향을 미치지 않을 것이다.
⑤ 해당 고객의 서비스 실패의 핵심 이슈는 번거로움이다.

해설 프랜차이즈 유통채널에서 가장 중요하게 다루어야 하는 서비스의 일관성과 동일한 서비스에 대한 기대를 충족하여야 한다.

50 상기 고객의 컴플레인에 대해 서비스 제공자의 응대를 고객 관점에서 수정해 보았다. 초기 불평 응대의 방법으로 가장 효과가 떨어지는 응대는 무엇인가?

① A : 저희 매장에는 없는 제품이라 제가 방법이 있는지 확인해 봐야 할 것 같습니다. 잠시만 기다려 주십시오.

② B : 네. 맞습니다. 같은 회사이기 때문에 동일한 서비스를 해드려야 합니다만 사실은 재고 관리를 매장별로 하고 있어 조금 번거롭게 해드리게 되었습니다. 죄송합니다.

③ C : 제가 직접 본사에 문의해 드리겠습니다. 저희가 해결해 드리도록 노력해 보겠습니다. 잠시만 기다려 주시겠습니까?

④ A : 구매하신 대리점에서 해결해 드려야 할 것 같은데요, 전화번호를 안내해 드리겠습니다.

⑤ B : 저희가 본사에 직접 해당 제품을 반품처리 할 수 있는지 확인해 보겠습니다. 교환이 가능하도록 조치해 볼 테니 교환하고 싶으신 제품을 확인하시는 동안 정확히 다시 알아보고 말씀드리겠습니다.

해설 고객 상황을 충분히 이해하고 있음을 표현하고 서비스 실패가 일어나지 않도록 고객의 요구사항에 대해 적극적으로 수용하고 노력하는 모습을 보여야 한다. 고객은 각 유통채널을 모두 하나의 브랜드로 인지하므로 직접 해결하게 하는 것보다는 해결 방안을 함께 모색하는 적극적인 자세가 필요하다.

참고문헌

박두환, 이경랑 「세일즈커뮤니케이션 스킬12」, 정인출판 (2014.6)

윤남용 「대한민국 영업 마케팅 교과서」 기획출판 (2011.4)

필립코틀러 「마케팅 A to Z」 홍수원 옮김 세종연구원 (2003.11)

마이클 보스워스 「솔루션을 팔아라」 PSI컨설팅 옮김 김앤김북스 (2006.12)

김영걸 「소크라테스와 CRM」 샘앤파커스 (2011.7)

백유성, 「경영과 정보연구 제33권 제 2호」, 2014년 6월

김승환, 「파워 프로세스 관점에서의 서비스 인카운터에 관한 연구」, 인하대학교(2004)

Jochen Wirtz외 3명, 「서비스 마케팅」, 시그마프레스 2nd)

김형수 외 3명, 「고객관계관리 전략 원리와 응용」, 사이텍미디어(2011)

이훈영, 「e-마케팅 플러스 2nd」, 무역경영사(2004)

이득규, 「CRM의 다양한 정의(고객관리론)」, 에듀컨탠츠 · 휴피아(2013)

김형수 외 2명, 「고객관계관리 전략 원리와 응용」, YOUNG 출판사(2014)

서성한 외 3명, 「최신 마케팅」, 삼우사(2005)

관계 마케팅 (시사경제용어사전, 2010.11, 대한민국정부)

번 슈미트, 윤경구 외 3명, 「번슈미트의 체험 마케팅」, 김앤김 북스(2013)

김영한, 「고객경험관리」, 밀리언 하우스(2009)

VOC 경영연구회 「VOC 3.0+ (Voice of the Customer,고객의 소리를 경영하라)」 한국능률협회미디어 (2013..4)

함유근,채승병, 「빅테이터 경영을 바꾸다.」, 삼성경제연구소(2014년3월)

기호익 등 2명, 「글로벌 시대 서비스 경영론」, 대진(2013)

김성대 등 2명, 「서비스 경영론」, 대왕사(2006)

안상현, 「모든 것을 고객 중심으로 바꿔라」, 살림지식총서

안광호, 김상용, 「고객지향적 유통관리」, 학현사(2010)

이유재, 「서비스 마케팅(제5판)」, 학현사(2014)

Jochen Wirtz.외 저 김재욱외 옮김, 「서비스 마케팅(제2판)」, 시그마프레스(2014)

김성영, 라선아, 「마케팅 특강」, 방송대출판부(2010)

신종국, 천명환, 박민숙 저, 「최신 유통원론」, 한국맥그로힐(2008)

김용호, 정기호, 김문태, 「인터넷마케팅.com」, 학현사(2008)

이두희, 「통합적 인터넷 마케팅」, 박영사(2006)

김난도 외, 「트렌드 코리아 2015」, 미래의 창(2014)

교육학용어사전(1995.6.29., 하우동설)

가영희 외, 「성인학습 및 상담」, 동문사(2013)

박성환, 이준우, 「역량중심 인적자원관리」, 법문사(2014)

인터널 마케팅 (사내 커뮤니케이션, 2013.02.25., 커뮤니케이션북스)

이동운 「코칭의 정석」 뷰티플휴먼 (2014.8)

나이젤 니콜슨 외 지음, 「동기부여의 기술」, 21세기북스

박완병, 「임파워먼트 실천 매뉴얼」, 시그마인사이트컴

오석홍, 「조직이론」, 박영사(2009)

이종수, 윤영진, 「새행정학」, 대영출판사(2005)

■ **기획 : SP&S 컨설팅(공동대표 박두환, 이경랑)**

기업 고객 접점의 경쟁력을 높이기 위한 맞춤형 컨설팅, 프로세스 및 커뮤니케이션 화법 제작 전문 기업으로 프로젝트 형식의 맞춤형 서비스, 세일즈 강좌는 물론 회원제 콘텐츠 제공 등을 통해 설립 3년 만에 서비스 현장을 체계화하는 데에 전문적이고 차별화된 영역을 확보하였다.

대표적인 활동으로는,

- ㈜퍼시스 세일즈 프로세스 및 화법 개발, SE 아카데미 자문 및 오피스컨설턴트 과정 진행
- KAIST산하 (재)스마트IT융합시스템연구단 교수진 마케팅 역량강화 과정 개발, 진행
- ㈜일룸 세일즈 프로세스 및 화법 개발, 세일즈 어드밴스 과정 개발 및 진행
- 한동대학교 직업과 진로탐색 과정 진행
- 부산대학교 공대혁신센터 리더십, 마케팅 역량과정 진행
- KB투자증권 고객만족센터 커뮤니케이션 역량강화 과정 진행
- 파란손해사정(주) 경쟁력 강화 프로젝트 및 현장 커뮤니케이션 강화 과정 진행
- 〈세일즈 커뮤니케이션 스킬 12〉 도서 출간
- 월간 시사 저널 〈뉴스메이커〉 선정 '2015년 한국을 이끄는 혁신 리더' 선정
- 조세일보, 여성신문, 뉴스메이커 등 칼럼 기고
- 그 외 NHN Entertainment AD, 삼성화재(주), 알리안츠생명, 교보생명, 카네비컴(주), First Advantage 등 약 50여 개 대기업, 금융기관 및 중소기업 강좌 진행

■ **저자 : 서비스 세일즈 가치 향상 연구회**

- 박두환 : SP&S 컨설팅 공동대표, 〈세일즈 커뮤니케이션 스킬 12〉 공저
- 이경랑 : SP&S 컨설팅 공동대표, 〈세일즈 커뮤니케이션 스킬 12〉 공저
- 박지원 : 국제공인 NLP 트레이너, 한국코치협회 전문 인증코치, 중소기업청 노사발전재단 CEO전문 코치, 동덕여자대학교 객원교수
- 곽건 : 곽건 생존연구소 소장, 국가공인 CS Leaders 1급 심사위원, 저서 : 〈강사를 위한 Prezitation〉, 〈비즈니스 프로파일링 기법〉
- 강정민 : 미래 지능교육개발원 대표, 대덕대학교 외래교수, 한국지식경제진흥원 전문교수
- 조윤진 : 네오패션&이미지 대표, 대덕대학교 외래교수, 코칭코리아 교육이사
- 명노욱 : KB투자증권 WM사업본부 본부장 상무
- 김성천 : (전)대우세계경영연구회 미래창조 위원장, Wilson Learning Worldwide 퍼실리테이터, GLOBIZ Academy 원장, Smart CMS 대표(국제전시 및 국제회의 전문기업)
- 조영렬 : 합동대학교 연구교수, 서울융합산업박사연합회이사, 대덕대학교 외래교수